통시적 음운 변화의 공시적 기술

통시적 음운 변화의 공시적 기술

이진호 지음

삼경문화사

저자의 말

현재 우리가 쓰고 있는 말 중에 역사적 변화로부터 자유로운 것은 아무 것도 없다. 모든 것이 변화의 결과라고 해도 과언이 아니다. 따라서 현재를 잘 이해하기 위해서는 과거를 살피는 것이 당연지사이다. 그런데 과거의 역사를 잘 알더라도 그것을 현재의 관점에서 설명할 때는 예전에 있었던 변화를 그대로 되풀이하지 못하는 경우가 많다. 소위 공시론과 통시론의 내용이 일치하지 않는 경우가 발생하는 것이다. 이 책에서 다루고자 하는 바는 바로 이 문제이다. 통시적 변화 과정과 공시적 기술의 내용이 부합하지 않는 경우를 대상으로 그런 일이 벌어지는 이유는 무엇인지, 그리고 얼마나 달라지는지를 파헤쳐 보고 싶었다.

이 책의 기본 토대는 저자의 박사학위논문인 "음운 교체 양상의 변화와 공시론적 기술"이다. 그러나 박사학위논문은 말 그대로 토대만 되었을 뿐 내용은 대폭 고쳤다. 목차를 새롭게 했으며 같은 단원의 내용이라도 다시 쓴 부분이 많다. 또한 학위를 받은 후 썼던 논문들의 주제 중 관련이 있는 것들도 있어 내용에 추가하였다. 박사학위논문의 기본 정신만 이어받고 다시 집필했다고 해도 과언이 아니다.

이런 대폭적인 수정이 이루어진 이유는 무엇보다도 박사학위논문이 나온 지 너무 오래 되었다는 데 있다. 5년이나 지난 논문을 그대로 출판할 만한 용기나 배짱을 저자는 지니고 있지 않다. 솔직히 학위논문을 읽으며 부끄러운 부분이 적지 않았다. 이것들을 고치지 않고서는 도저히 책으로 낼 엄두를 내지 못했다. 잘못된 부분을 고치는 것은 부족했던 과거의 모습을 있는 그대로 드러내는 것 못지 않게 의미 있는 일이라고 생각한다.

힘이 닿는 데까지 고치고 보완했지만 5년 후 이 책의 내용을 보면 또 다시 부끄러워질 것이다. 그러나 전혀 개의치 않는다. 오히려 부끄러워지는 것이 더 낫다고 생각한다. 5년 후 이 책을 보면서 스스로에게 감동을 한다면 그것이야말로 가장 부끄러운 일이 아니겠는가? 5년 동안 아무런 발전이 없이 더 퇴보했음을 말해 주는 것일테니까. 끊임 없이 고치고 다듬는 것이야말로 공부하는 사람의 중요 의무가 아닐까 한다.

이 책을 쓰면서 두 가지 점에 신경을 썼다. 하나는 어떤 원칙을 스스로 형식화해 보는 것이었다. 국어 연구에서 원칙이나 원리는 외국의 저명 학자 이름을 거론하며 간단히 몇 자 덧붙이는 분위기가 은근히 퍼져 있다. 외국 이론에 대한 의존도가 절대적이라는 사실은 인정하지만 그래도 몇몇 부분은 스스로 만들어 보려는 노력을 해 보았다. 그러나 보니 '조건'이나 '제약'과 같은 용어를 자주 쓰게 되었다. 다른 하나는 이런 원칙이나 형식화의 결과를 일관되게 적용해 보는 것이었다. 잘 되는 소수의 예만 다루는 것이 아니고 되든 되지 않든 더 폭넓은 자료를 똑같은 방식으로 다루어 보고자 하였다. 적용이 안 되는 것은 해결책을 제시하기보다는 어떤 문제점이 도사리고 있는지를 지적하는 데 초점을 두었다.

저자에게는 생각만 해도 흐뭇하게 하는 고마운 분들이 많다. 저자가 국어 음운론을 공부했던 곳은 여러 가지 면에서 세계 최고의 환경을 가졌다고 자부하고 있다. 저자를 가르쳐 주신 스승님들은 말할 것도 없고 선후

배들도 타의 추종을 불허할 만큼 학문적으로나 인격적으로 훌륭한 분들이다. 그 분들 덕분에 그나마 지금처럼 사람 구실을 하면서 살게 되었다. 국어 음운론을 전공하지 않았더라면 어디서 무엇을 하며 살고 있을지 상상조차 하고 싶지 않다.

저자와 같은 학과에 재직하고 계신 여러 선생님들에 대한 고마움도 빼놓을 수 없다. 낯선 곳에 와서도 즐겁게 생활하며 이렇게 책까지 낼 수 있었던 것은 주변에 계신 선생님들의 배려에 힘 입은 바 크다. 또한 저자가 하고 싶은 것을 하며 살 수 있게 항상 배려해 주는 가족들도 든든한 버팀목이다. 그 누구보다 정성스럽게 책을 만들어 주시는 삼경문화사 박종성 사장님을 알게 된 것 역시 행운이라고 할 수 있다. 이렇게 좋은 분들이 주변에 계신 것을 보면 저자가 전생에 덕을 많이 쌓은 모양이다.

이 책은 원래 2008년 1월 17일에 출간하려고 계획했었다. 비록 여러 가지 사정 때문에 출판일이 이보다 늦어졌지만 왜 그 날짜에 책을 내려고 했는지는 간단히 밝혀 두고자 한다. 이 날은 둘째 아이의 첫 생일이기도 하지만 더 중요한 것은 바로 어머니의 進甲日이다. 2007년 1월 17일은 어머니의 회갑일이었다. 그런데 많고 많은 날 중에 하필 그 날 둘째 아이가 태어나는 바람에 제대로 된 축하 자리도 마련해 드리지 못했다. 평생 단 한 번밖에 없는 회갑일을 손자의 탄생으로 놓쳐 버리신 어머님께 죄송한 마음을 금할 길이 없어 책의 출간일이라도 그 날짜로 해서 작은 선물을 드리려고 한 것이다. 결국 그 약속마저도 무산되었지만 이렇게 서문에 그 사연을 담아서 어머니께 감사의 마음을 표해야겠다. 아울러 건강하게 잘 자라고 있는 둘째 아이에게도 뒤늦은 축하의 마음을 전한다.

책의 원고를 끝내면서 오랜 시간 지고 있던 짐을 내려 놓은 느낌이 들었다. 학위논문을 책으로 내야 한다는 의무야 없지만 그 과정을 끝내지 못해 계속 찜찜했었다. 그것을 이제서야 해소할 수 있게 되었다. 공시적 기술 문제를 다루면서 계속 느꼈던 갈증은 사실 그 자체에 대한 탐구였다. 공시적 기술은 사실 그 자체보다도 사실을 어떻게 바라볼 것인가에 초점이 맞추어져 있다 보니 지극히 이론적이고 때로는 비현실적이기까지 했다. 이제는 공시적 기술의 대상이 되는 사실 자체를 깊이 있게 다루고 싶다. 새로운 연구가 순조롭게 진행되어 다른 책의 서문에서 독자들과 다시 만나게 되길 기원해 본다.

2008년 6월 10일

이 진 호 적음

통시적 음운 변화의 공시적 기술

차례

1. 머리말

1.1. 도입

한 언어의 공시태는 이전 시기 언어로부터 이어져 내려온 것들이 축적된 결과이다. 시간의 흐름은 필연적으로 다양한 언어 변화를 동반하게 되며 이러한 변화들이 쌓인 것이 현존하는 언어의 모습이다. 그러므로 변화를 입은 언어 단위는 그 속에 과거의 역사를 담고 있으며 설령 아무런 변화를 입지 않은 언어 단위가 있다고 하더라도 과거로부터 전수되었다고 하는 점에서는 다르지 않다.

이처럼 모든 공시적 음운 기술의 대상은 통시적 음운 변화의 결과일 수밖에 없다. 역동적으로 변화해 온 통시적 산물을 고정된 시각으로 바라보는 것이 공시적 음운 기술이라고 할 수 있다. 그런데 비록 공시적 기술의 대상이 역사적 변화의 산물이기는 하지만 모든 변화를 화자들이 인식하고 있지는 않다. 또한 공시적 문법은 역사적 사실을 있는 그대로 투영하는 것도 아니다. 시기가 달라지면 언어의 질서도 달라질 수밖에 없으므로 과거에 있었던 역사적 변화도 후대 언어의 공시적 기술에서는 반영할 수 없는 경우가 허다하다.

그런 점에서 공시적 음운 기술의 내용은 역사적 변화의 과정과 같을 수도 있고 다를 수도 있다. 이 때 문제되는 것은 당연히 둘의 내용이 달라지는 경우이다. 역사적 변화가 어떻게 진행되었는지를 정확히 알고 있음에도 불구하고 이것을 공시적 음운 기술에 그대로 반영할 수 없는 이유는 무엇인지, 또한 변화의 내용이 공시적 기술에서는 어떻게 달라지는지 등의 문제는 중요한 관심사로 떠오른다. 이 책에서 다루고자 하는 바도 이 문제이다. 다양한 방언에 나타나는 자료들을 대상으로 그것들이 밟아 온 역사적 변화를 추적하고 그러한 변화가 공시적 문법에서 어떻게 바뀌는지, 또한 어떤 문제를 야기하는지를 살피는 것이 이 책의 목적이다.

이 장의 내용은 네 부분으로 나눌 수 있다. 1.2.에서는 공시론과 통시론의 성격에 대해 살핀다. 둘 사이의 차이가 결국 역사적 변화와 공시적 기술의 내용을 다르게 만들기 때문에 이 문제는 이후 논의의 중요한 토대가

된다. 1.3.은 이 책에서 취하는 방법론과 관련된다. 규칙 중심의 음운론과 제약 중심의 음운론 중 이 책에서 규칙 중심의 음운론을 취한 이유와 함께 규칙과 제약 사이의 관계 설정 문제 등을 살피게 된다. 1.4.에서는 음운 현상, 음운 규칙, 음운 변화 등 비슷하게 쓰이는 여러 용어들의 개념을 정의한다. 1.5.에서는 이 책 전체의 구성을 간략히 제시하기로 한다.

1.2. 공시론과 통시론

공시론과 통시론은 모두 언어 현상을 바라보는 시각이다. 언어 현상을 설명해 내는 이론이며 방식이 공시론과 통시론이다. 공시론은 언어 사실들을 고정되고 정태적인 방식으로 기술한다. 공시론에서는 문법의 변화를 초래하는 방식의 기술을 허용하지 않는다.[1] 언어는 비록 끊임 없이 변화하고 있지만 공시론에서는 이것을 정지된 상태로 본다. 반면 통시론은 언어 사실들을 동적인 차원, 즉 변화의 관점에서 설명한다. 통시론에서는 이전 요소가 새로운 것으로 변화하는 현상을 다룬다. 따라서 변화가 없으면 통시론적 고찰도 있을 수 없다.

공시론과 통시론의 성격 차이는 공시론과 통시론에서 다루는 대상의 차이로 이어진다. 가령 어떤 음운이 소실되거나 또는 새로운 음운이 생기는 것과 같은 현상은 공시론에서는 다룰 수 없다. 이런 현상들은 모두 음운 체계의 변화라는 중대한 문법 변화를 일으키기 때문에 공시론의 기본 성격에 위배된다. 한편 한 형태소의 이형태 교체와 같은 현상은 공시론에서만 다루게 된다. 형태소의 교체는 문법의 변화와는 아무런 관계가 없기 때문이다. 이처럼 언어 현상의 기본 성격 때문에 처음부터 공시론 또는

1 문법의 변화가 의미하는 바는 모호할 수도 있다. 여기서는 기존의 언어 상태가 새로운 것으로 대체되면 모두 문법 변화로 보고자 한다. 가령 어휘의 소실이나 기저형의 재구조화 등 어휘부의 정보가 바뀌는 것이 대표적인 문법 변화이지만 음운 체계의 변화, 규칙의 첨가나 소실과 같이 어휘부와 무관한 것도 문법의 변화에 속한다.

통시론의 대상이 구분되는 경우가 많다.

그런데 하나의 현상인데도 공시론과 통시론에서 모두 다룰 수 있는 경우가 있다. 이런 경우에는 공시론에서 다룰 때와 통시론에서 다룰 때 설명하는 내용이 전혀 달라진다. 예를 들어 '밥+만'이 '[밤만]'으로 발음되는 현상을 공시론에서 다룬다면 기저형인 '밥만'에 비음 동화가 적용되어 '밤만'이라는 표면형으로 실현되었다고 기술한다.[2] 여기에는 어떠한 문법 변화도 개입하지 않는다. 그러나 통시론에서는 비음 동화라는 음운 변화가 새로 생김으로써 '밥만'이 '밤만'으로 변화했다고 설명한다. 즉 기존에 존재하던 '밥만'이 비음 동화에 의해 '밤만'으로 대체되었다고 보기 때문에 결과적으로 신형이 구형을 대신하는 변화가 일어난 셈이 된다.

배주채(1994:22)에서 다루고 있는 현상 역시 공시론과 통시론의 성격 차이를 잘 말해 준다. 고흥 방언에서는 '애'와 '에'가 어두에서만 구별되고 비어두에서는 구별되지 않는다. 이 현상은 통시론에서 다룰 때와 공시론에서 다룰 때 그 내용이 상이하다. 통시론에서는 두 음운이 합류되는 변화의 과정으로 다루겠지만 공시론에서는 두 음운이 비어두라는 환경에서 더 이상 구별되지 않는 일종의 '중화'로 기술한다. 같은 현상인데도 다르게 해석되는 것은 모든 것을 변화의 관점으로 보는 통시론과 고정된 관점으로 보는 공시론의 성격 차이에서 비롯되었다.[3]

공시론과 통시론의 차이 못지 않게 중요한 것이 바로 공시론과 공시태의 구분이다.[4] 공시론과 공시태는 구별해야 함에도 불구하고 그 차이점에 대해서는 지금까지 많은 관심이 주어지지 않았다. 이 둘을 동일시하면 자칫

2 이러한 설명 방식은 생성음운론적인 것이다. 제약을 이용하는 최적성 이론에서는 다른 방식으로 기술한다. 그러나 어떤 방식을 취하든 기본적으로 문법의 변화와 무관하다는 점에서 같다. 이 책에서는 생성음운론적인 틀을 견지할 것인데 그에 대한 논의는 1.3.에서 이루어진다.

3 공시론과 통시론의 차이가 구체적인 언어 현상의 상이한 설명으로 이어지는 것은 5장, 6장에서 더 자세히 살피기로 한다.

4 통시론과 통시태 역시 구분해야 한다. 둘 사이의 차이는 공시론과 공시태의 차이와 평행하므로 구체적으로 다루지는 않고 이 절의 뒷부분에서 간략히 언급하기로 한다.

중대한 오해가 빚어질 수 있으므로 구분이 필요하다.[5]

원래 공시태는 동시성의 축에 놓인 언어 상태를 뜻했다. 동시성의 축에 놓인다는 것은 시간의 개입을 배제한다. 시간이 배제됨으로써 자연스럽게 언어 변화와 같은 역동적인 현상들도 공시태에서는 제외된다. 그런데 문제는 어떤 시기의 언어든 변화가 없는 상태는 있을 수 없다는 사실에 있다. 변화를 배제한 언어 상태란 이론적으로는 존재할 수 있을지 몰라도 실제 언어 상태와는 동떨어진 것일 수밖에 없다. 그 결과 변화 중인 요소들도 공시태에 포함시키는 쪽으로의 수정이 일어났다.[6] 이진호(2006ㄱ:47)에서도 지적했듯이 공시태라는 것은 공시론의 대상이 되는 특정 시기의 언어 상태로 보는 것이 더 현실적이기 때문에 인위적으로 어떤 현상을 덧붙이거나 뺀다는 것은 바람직하지 않다. 있는 그대로의 상태를 모두 공시태로 인정하는 것이 타당하다.

공시태가 특정한 시기에 존재하는 언어 상태 그 자체라면 공시론은 그것을 분석하고 설명해 내는 이론이며 도구이다. 즉 공시론은 방법론적인 것이다. 공시론에서는 어떤 언어 현상이든지 정지된 상태로 보고 기술한다. 비록 공시태 속에는 변화 중인 사실이 포함되어 있을지 몰라도 공시론은 그것을 고정된 상태로 바라본다. 그러므로 진행 중인 변화가 포함된 '역동적 공시태'는 존재할 수 있어도 그것을 변화의 관점으로 설명해 내는 '역동적 공시론'은 존재할 수 없다.

그런데 공시태와 공시론의 차이를 인정하지 않고 공시태가 역동적이라는 사실에 기반하여 그 존재만 입증된다면 모두 공시적 음운 규칙으로 인정해야 한다는 주장이 나오게 되었다. 대표적인 논의로 신승용(2004), 소신애(2006)을 들 수 있다.[7]

5 이 문제는 이진호(2006ㄱ : 45~49)에서 자세히 논의하였다.

6 소위 '역동적인 공시태'라 불리는 것이 그것인데 여기에 대한 서구의 논의는 소신애(2006 : 29~31)에 잘 제시되어 있다.

7 아래 제시되는 (1)은 신승용(2004 : 76)에서 발췌한 것이다. 소신애(2006)에서 다루는 자료 역시 기본 성격은 비슷하다.

(1)

포도~포두, 부조~부주, 졸도~졸두, 별로~별루, 따로~따루

(1)은 2음절 이하에서 일어나는 모음 상승(오>우)이 형태소 내부에 적용된 예이다. 많은 방언에서는 변화가 완료되어 신형 또는 구형 중 어느 하나만 남아 있지만 신승용(2004)에서 조사된 방언에서는 변화를 겪은 형태와 겪지 않은 형태가 공존한다. 이것은 여기에 관여된 음운 변화가 현재 존재하고 있음을 뜻하므로 (1)과 같은 변이를 낳은 모음 상승 규칙은 공시적 음운 규칙으로 인정해야 한다고 주장한다. 이러한 주장은 (1)을 설명하기 위한 음운 규칙 '오→우'가 기저형의 변화라는 문법 변화를 초래하기 때문에 공시적 음운 규칙으로서는 부적합하다는 기존 논의를 반박하기 위해 나왔다. 문법의 변화를 일으킨다는 이유 하나만으로 엄연히 존재하는 현상을 공시론에서 제외해 버리는 것은 부당하다고 보는 것이다. 이런 주장은 두 가지 측면에서 문제점을 지니고 있다.

첫째, 공시태와 공시론을 동일시하고 있다는 문제가 있다. (1)과 같은 자료를 다룰 때에는 두 가지 물음을 구분할 필요가 있다. 그것은 (1)과 같은 자료가 존재하는가의 여부이고 다른 하나는 (1)을 설명하기 위한 이론적 장치가 공시적이냐 하는 문제이다. 이 두 가지는 분명 차이가 난다. 자료의 존재 여부는 유무(有無)의 문제이다. 반면 이론적 장치의 공시성 여부는 유무의 문제가 아니다. 공시성 여부는 공시론의 성격에 맞느냐, 맞지 않느냐 하는 문제이다. 이처럼 자료의 존재 여부와 이론적 장치의 공시성 여부는 별개의 문제이다. 자료가 존재한다고 해서 그 자료의 설명 방식도 공시적인 것은 결코 아니다.

이런 관점에서 볼 때 (1)에 제시된 자료가 존재한다는 것이 곧 그 음운 규칙의 공시성을 보장해 주지는 않는다. 존재하는 것은 공존하고 있는 자료일 뿐이다. 이것을 설명하기 위해 음운 규칙을 설정했다면 그 공시성은 자료의 존재 여부가 아니고 공시론의 부합 여부를 통해 판단해야 한다.[8]

그렇지 않으면 존재 여부와 공시성 여부를 동일시함으로써 여러 가지 문제를 야기할 수 있다.[9] 무엇보다도 방법론적인 차이가 아닌 존재 여부로서 공시론과 통시론을 구분한다면 굳이 공시론이나 통시론이라는 개념을 설정할 이유가 없어진다.

둘째, (1)을 설명하기 위한 '오→우'가 통시적 규칙이라고 한 기존 논의를 오해하여 (1)과 같은 자료를 공시론에서 다루지 않는 것으로 파악했다는 문제가 있다. 자료에 관여하는 음운 규칙이 공시적이지 않다고 하는 것은 그런 자료를 공시론에서 다루지 않겠다는 뜻이 아니고 음운 규칙이 아닌 다른 기제를 통해 기술하겠다는 의미이다.[10] 자료는 이미 존재하는 것이므로 공시론의 기술 대상에서 제외할 수 없다. 그러나 그 자료를 다루는 이론적 장치는 공시론의 성격에 맞출 필요가 있다. 그러므로 (1)과 같이 형태소 내부에 적용되는 음운 규칙의 공시성을 부인하는 것과 (1)과 같은 자료를 공시론에서 다루지 않는다는 것은 같은 의미가 아니다. 이런 오해도 크게 보면 공시태와 공시론의 차이를 인정하지 않는 데서 빚어진 것이다. 어떤 자료의 설명 방식이 공시론에 맞지 않다고 해서 그 자료가 포함된 공시태의 존재를 부인할 수는 없다.

공시태와 공시론은 같지 않다. 진행 중인 변화가 공시태에 많이 포함되어 공시태 자체가 매우 역동적인 모습을 지닌다고 하더라도 공시론은 그것을 역동적인 시각으로 보지 않는다. 공시론이 변화의 관점으로 언어 사실을 바라보는 순간 그것은 이미 공시론이 아닌 통시론이 되어 버린다. 이처럼 공시론이 언어 현상을 바라보는 시각이며 이론임이 분명하다면

8 이처럼 '공시적'이라는 것은 공시론의 성격에 부합된다는 의미이므로 '공시론적'이라는 표현이 더 정확하다. 여기서는 '통시적'과의 대비를 위해 '공시론적' 대신 '공시적'이라는 표현을 그대로 쓴다. '공시적'이라는 것은 이론적이고 방법론적인 측면과 관련되므로 이에 부합하는 맥락에서만 사용할 필요가 있다. 자세한 것은 이진호(2006ㄱ : 48)을 참고할 수 있다.

9 구체적인 여러 가지 문제점은 이진호(2006ㄱ : 53~54)에서 논의한 바 있다.

10 문제는 (1)을 공시적으로 기술하는 방법이 무엇인지 아직 명쾌하게 제시된 바가 없다는 점이다. 한 시기의 언어에 존재하는 다양한 변이형들을 공시적으로 어떻게 기술할 것인지의 문제야말로 앞으로 해결해야 할 중요한 과제임에 틀림없다.

공시론의 대상이 되는 공시태와는 분명히 구별해야 할 것이다.

한편 통시태와 통시론의 관계도 기본적으로는 공시태와 공시론의 관계와 비슷하다. 통시태는 언어 변화의 각 단계이다. 각각의 변화 단계를 이어 주는 방식, 또는 그런 변화 과정을 설명해 내는 방법이 곧 통시론이다. 그러므로 변화하지 않은 것은 통시태를 이룰 수도 없고 통시론의 대상도 될 수 없다. 또한 변화를 변화가 아닌 것처럼 설명한다면 그런 설명은 통시론의 성격을 위배하는 것이 된다.

이처럼 통시론이 역동적 변화 과정을 다루고 공시론이 정태적 관계의 총합을 고찰한다고 할 때 한 시기의 언어에 대한 완벽한 설명은 공시론이나 통시론 어느 한 쪽에 의해서만 이루어지는 것이 아니고 양 쪽 모두에 의해 이루어지는 것임을 쉽게 알 수 있다. 화자들은 알 수 없지만 분명 과거에 거쳐 온 변화 과정 또는 현재도 밟고 있는 변화 과정을 통시론에서 해명함과 동시에 고정된 체계 속에서는 언어 현상을 어떻게 해석할 수 있는지를 공시론에서 밝힘으로써 한 시기의 언어에 대한 설명이 완전해진다. 공시론이나 통시론은 각각의 성격에 맞는 내용을 다룸으로써 더 나은 설명을 위한 상호 보완적인 관계를 맺게 되는 것이다.

1.3. 규칙과 제약

음운론에서 채택하는 이론은 크게 규칙 중심의 이론과 제약 중심의 이론으로 나눌 수 있다. 규칙 중심의 이론은 생성음운론(generative phonology)이 대표적이다. 생성음운론에서는 통시적 음운 변화든 공시적 음운 기술이든 규칙을 이용한다. 통시적 음운 변화의 경우 규칙의 첨가나 소실 등의 개념을 이용하며 공시적 음운 기술의 경우 기저형을 설정한 후 여기에 순서 지워진 음운 규칙들을 적용하여 표면형을 이끌어 낸다. 생성음운론에서는 타당한 음운 규칙의 설정, 설정된 음운 규칙 사이의 순서 등이 매우 중요하다.

제약 중심의 이론은 최적성 이론(optimality theory)이 대표적이다. 최적성 이론에서는 규칙을 적용하는 대신 제약을 이용하여 음운 현상을 설명한다. 공시적 음운 기술에서는 위계화된 제약들의 집합을 일종의 여과 장치로 삼아 최적의 후보형이 표면에 나타날 수 있도록 선택의 과정을 거친다. 통시적 음운 변화는 제약들 사이의 위계가 변화한 것으로 설명한다.

이 중 여기서는 규칙을 이용하는 생성음운론적 방법론을 채택하기로 한다. 그 이유는 무엇보다도 이 책의 주제와 관련이 있다. 이 책에서 중점적으로 살피고자 하는 것은 통시적 변화 과정이 공시적 음운 기술에서는 어떤 방식으로 반영되는가이다. 특히 통시적 변화 과정과 공시적 음운 기술의 불일치 또는 공시적 음운 기술에서 일어나는 복잡성 등이 중요한 논의 대상이다. 이런 주제를 다루기 위해서는 각각의 음운 변화를 직접 표시해 주는 이론적 장치, 즉 음운 규칙을 설정하는 것이 유리하다. 그래야만 음운 규칙들의 통시적 적용 양상과 공시적 적용 양상을 직접 비교할 수 있다. 최적성 이론과 같이 제약의 순위를 통해 간접적으로 음운 현상들을 설명할 때에는 통시적 변화 과정과 공시적 기술의 내용의 상관성을 살피기가 매우 어렵다.

그 외에 최적성 이론이 아직 언어 변화를 설명하는 데 적합한지 또는 국어의 많은 음운 변화를 어떻게 최적성 이론의 틀 안에서 설명될 수 있을지에 대한 구체적 논의가 이루어지지 않았다는 점도 규칙 중심의 이론을 택하게 된 이유이다. McMahon(2000)에서 이미 제약 위계의 변화라는 단순한 개념만으로는 언어 변화를 설명할 수 없다는 점이 지적되었을 뿐만 아니라 둘 이상의 음운 변화가 적용된 경우에는 음운 규칙을 사용하는 것이 더 낫다는 논의도 적지 않다. 또한 최적성 이론을 기반으로 한 국어 음운사 연구가 아직은 본격화되지 않았기 때문에 제약 중심의 이론을 채택하기에는 부족함이 많다.

물론 규칙 중심의 음운 이론을 택한다고 해서 제약의 존재를 부인하는 것은 결코 아니다. 다만 제약의 역할이 달라질 뿐이다.[11] 제약 중심의 이론에서는 제약 자체가 음운 현상에 대한 설명의 도구 역할을 한다. 그러나 규칙 중심 이론에서는 제약이 하던 역할을 규칙이 하게 된다. 그 대신 제약은 그 규칙의 적용 동기로서 작용을 한다. 가령 음절말에 자음이 두 개 올 경우 이 중 하나가 탈락되는 것은 음운 규칙으로 설명하지만 그 규칙이 적용되는 이유는 제약으로 해명한다. 이처럼 규칙 중심의 이론에서의 제약은 비록 어떤 입력부를 다른 출력부로 직접 바꿀 수는 없지만 그 배후에서 일정한 역할을 수행한다.[12]

1.4. 음운 현상과 음운 규칙

음운 현상, 음운 변화, 음운 변동, 음운 규칙 등 한 음운이 다른 음운으로 바뀌는 것을 지칭하는 용어는 매우 다양하다. 그런데 정확한 개념 정의가 없어 때로는 혼란을 야기하기도 한다. 여기서는 이 용어들을 구분하여 사용하기 위해 간단한 개념 정의를 하기로 한다.

우선 음운 현상은 음운이 바뀌는 것을 통칭하는 용어로 사용한다. 음운이 바뀌는 것은 여러 가지 차원을 포괄한다. 가령 음운 체계에서 어떤 음운이 사라져 버리는 것일 수도 있고 특수한 환경에서만 다른 음운으로 바뀌는 것일 수도 있다. 또한 공시적인 사건일 수도 있고 통시적인 사건일 수도 있다. 공시적 사건이라면 기저형이 표면형으로 실현되면서 일어나는 것이겠지만 통시적 사건이라면 이전의 음운이 다른 음운으로 바뀌는 변화일 것이다. 이 모든 것을 음운 현상이라고 지칭한다.[13]

음운 현상은 세 가지 요소로 이루어진다. 현상이 일어나기 전인 입력형, 현상이 일어난 후의 출력형, 그리고 그 현상이 일어나는 환경이 그것이다. 이

11 생성음운론이 한창이던 1970년대에도 규칙과 제약의 관련성에 대한 논의가 있었다. 자세한 것은 Sommerstein(1974)를 참고할 수 있다.

12 국어를 대상으로 규칙과 제약의 관계를 살핀 논의로는 김 현(2006ㄱ)을 들 수 있다. 국어의 음운론적 제약에 대해서는 이진호(2005ㄴ)을 참고할 수 있다.

13 '음운 과정(phonological process)'도 음운 현상과 같은 개념으로 쓰일 수 있다.

세 가지 요소는 일반화가 가능한 정보로 이루어질 수도 있고 일반화가 가능하지 않은 정보로 이루어질 수도 있다. 일반화가 가능하다면 범주화시킬 수 있는 내용으로 음운 현상을 기술할 수 있지만 일반화가 불가능하다면 개별 정보를 일일이 나열해 줄 수밖에 없다. 가령 '평파열음(입력형)'이 '비음 앞(환경)'에서 '비음(출력형)'으로 바뀌는 비음 동화 현상은 세 가지 요소가 모두 일반화시킬 수 있는 정보로 되어 있다. 반면 '아프다(<알프-), 고프다(<골프-)' 등에서 보이는 'ㅍ' 앞에서의 ㄹ-탈락은 몇몇 단어에서만 일어났기 때문에 그 환경에 변화가 일어난 단어들을 일일이 밝혀 줄 수밖에 없다. 즉 일반화시킬 수 없는 정보로 이루어진 음운 현상인 것이다.

음운 현상이 음운이 바뀌는 모든 현상을 포함하는 용어라면 음운 규칙은 음운 현상 중 일반화가 가능한 음운 현상만을 가리키는 용어로 사용한다. 즉 음운 현상을 이루는 세 가지 요소가 모두 범주화된 정보만으로 이루어진 것을 음운 규칙이라고 부른다. 음운 규칙은 기본적으로 규칙성을 포착하는 도구이므로 일반화가 가능한 정보로 이루어져야만 한다. 예외가 없거나 있다고 하더라도 소수일 경우에만 음운 규칙으로 설정한다. 음운 현상 중에는 일반화가 불가능한 산발적이고 불규칙적인 것이 많은데 이런 현상은 규칙으로 설정하지 않는다.[14]

공시론에서 설정하는 음운 규칙은 공시적 음운 규칙이 될 것이고 통시론에서 설정하는 음운 규칙은 통시적 음운 규칙이 될 것이다. 공시적 음운 규칙은 형태소의 교체를 설명하는 도구이다. 만약 공시적 음운 규칙으로 설명할 수 없는 교체 현상이 있다면 그것은 불규칙 교체라고 부를 것이다. 통시적 음운 규칙은 문법의 변화를 야기하는 규칙이다. 문법의 변화란 음운 체계의 변화, 기저형의 변화 등을 가리킨다.

한편 음운 변화, 음운 변동은 모두 음운 현상의 하위 부류로 설정한다.

14 지금까지의 음운론은 음운 규칙을 중시했던 것이 사실이다. 그러다 보니 음운 규칙이 아닌 다양한 음운 현상들에 대한 관심이 크지 않았다. 규칙성이 결여된 음운 현상들을 공시적으로 어떻게 다룰 것인지도 앞으로 연구해야 할 중요 주제 중 하나이다.

음운 변화든 음운 변동이든 음운이 바뀌는 현상을 나타내지만 음운 변화는 통시론에서의 용어로 한정하고 음운 변동은 공시론에서의 용어로 제한하고자 한다. 그러므로 음운 변화는 문법의 변화를 야기하는 통시적 사건들을 가리키는 반면 음운 변동은 형태소의 교체에서 보이는 음운의 대치나 첨가, 탈락, 축약 등을 가리킨다.[15]

이상의 여러 가지 용어 중 가장 포괄적인 것은 음운 현상이다. 음운 현상은 다시 공시론에서 다루는 음운 변동과 통시론에서 다루는 음운 변화로 나뉜다. 음운 변동이든 음운 변화든 일반화된 정보로 이루어져 있는 것을 음운 규칙이라고 할 것이다. 음운 변동이나 음운 변화 중 규칙이 아닌 것은 따로 명칭을 부여하지 않는다.

(2)

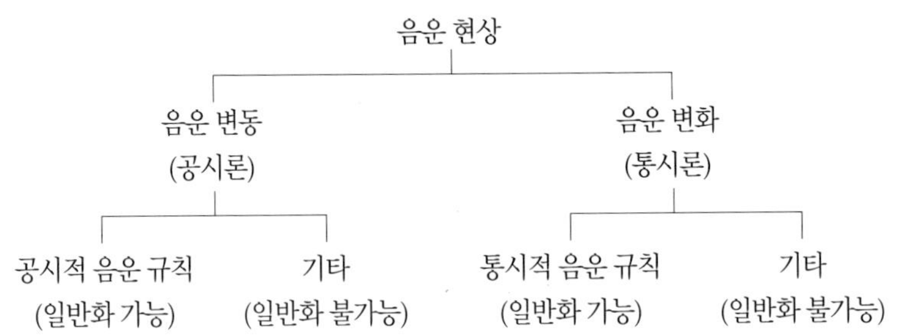

1.5. 논의의 구성

이 책은 모두 7장으로 이루어져 있다. 이 중 1장은 전체 내용에 대한 개략적인 소개와 함께 중요한 몇몇 개념의 정의 등을 담고 있다. 7장은 마무리 부분이다. 2장부터 6장까지가 본문에 해당한다. 본문은 다시 그 내용에 따라 두 부분으로 나눌 수 있다. 전반부인 2, 3, 4장은 통시적 음운

15 음운 변천이라는 용어도 있는데 이것은 음운 변화와 같은 의미를 지닌 것으로 본다.

변화와 공시적 음운 기술의 기본적인 성격을 살핀 후 그 성격을 비교하는 내용으로 구성된다. 전반부에서는 주로 이론적인 측면을 다룬다. 후반부인 5, 6장은 전반부의 논의를 바탕 삼아서 구체적인 국어의 음운 변화를 대상으로 공시적 음운 기술의 양상을 살피는 내용이다. 그 내용을 좀 더 자세히 제시하면 다음과 같다.

2장에서는 통시적 음운 변화와 관련된 여러 가지 사실들을 살핀다. 여기서는 통시적 음운 변화의 성격과 유형, 음운 변화의 지위 변화, 적용 층위, 재구조화 등을 자세히 고찰한다. 3장에서는 공시적 음운 기술과 관련된 문제들을 다루는데 공시적 음운 기술의 대상과 조건, 구조, 유형 등을 알아본다. 4장은 2장과 3장에서 따로 다룬 통시적 음운 변화와 공시적 음운 기술이 어떤 방식으로 관계를 맺는지 살피는 부분이다. 통시적인 변화 단계들이 공시적 기술의 내용과 일치하는 경우와 일치하지 않는 경우를 나누어 일치 여부를 판별하는 기준, 일치하거나 일치하지 않는 이유 등을 고찰한다. 5장은 모음의 통시적 변화에 대한 공시적 기술을 다루며 6장은 자음의 변화를 공시적으로 어떻게 기술할지를 살핀다.[16] 5, 6장은 규칙의 첨가나 적용 환경의 변화와 같은 다양한 음운 변화의 결과를 공시적으로 어떻게 기술할 수 있는지를 다룬다.[17] 새로운 변화의 결과를 있는 그대로 공시적 기술에 반영할 수 없는 경우를 대상으로 그 원인과 기술 방법 등을 고찰한다.

16 이진호(2002ㄴ)에서는 통시적 음운 변화를 규칙의 첨가, 규칙의 소실, 규칙 적용 환경의 변화, 음운 체계의 변화라는 네 가지 부류로 나누어 각각의 공시적 기술 방법을 고찰하였다. 그러나 이러한 변화 유형의 구분이 모호한 경우가 많고 성격이 겹치는 부분도 있기 때문에 여기서는 변화 유형을 따로 구분하지 않고 모음의 변화와 자음의 변화로 나눈다.

17 음운 현상 중 음운 규칙만을 대상으로 하는 것은 공시적 음운 기술이 주로 음운 규칙을 중심으로 이루어지기 때문이다. 일반성을 획득하지 못하여 규칙으로 존재하지 않는 음운 현상은 공시적 음운 기술에서 어떻게 다루어야 할지에 대한 구체적 논의가 아직 부족하므로 여기서는 음운 규칙의 변화에 국한하여 통시적 변화 양상과 공시적 기술 양상을 비교할 것이다.

2. 통시적 음운 변화의 개관

2.1. 도입

통시적 음운 변화는 음운론적 요인에 의해 음운이 바뀌는 것을 뜻한다. 경우에 따라 비음운론적 정보가 포함될 수 있지만 이 때에도 음운론적 요인이 같이 작용한다. 만약 순수하게 비음운론적 요인에 의해서만 음운이 바뀌는 현상이 있다면 이것은 음운 변화로 보지 않는다. 가령 '빛〉빗'이나 '깊-〉기푸-'처럼 유추 또는 재분석과 같은 비음운론적 요인에 의해 변화가 일어난 것은 음운 변화 속에 포함하지 않는다.

국어에 존재하는 다양한 통시적 음운 변화를 개별적으로 살피기에 앞서 형식적인 특징을 개관할 필요가 있다.[1] 여기서는 다섯 가지 하위 주제를 다룰 것이다. 이 중 첫 번째와 두 번째 주제는 음운 변화의 일반적 특성에 대한 내용이고 나머지 주제는 음운 변화가 구체적으로 적용되는 양상과 관련된 것이다. 구체적인 내용은 다음과 같다.

첫 번째는 통시적 음운 변화의 기본 성격이다. 구체적으로는 통시적 음운 변화가 어떤 속성을 지니며 문법에는 어떤 영향을 미치는지를 살핀다. 두 번째는 통시적 음운 변화의 유형이다. 통시적 음운 변화는 그 기준에 따라 다양한 유형 분류가 가능한데 여기에 대해 자세히 알아본다. 세 번째는 통시적 음운 변화의 변천이다. 음운 변화는 생성되어 확산되다가 소멸의 길을 걷는데 이 과정을 더 세분하여 고찰한다. 네 번째는 통시적 음운 변화의 적용 층위이다. 다양한 음운 변화의 적용 양상을 통해 어느 층위에서 변화가 일어나는지 확인한 후 여기서부터 도출할 수 있는 중요한 사실들을 살핀다. 마지막은 음운 변화가 야기하는 재구조화의 문제이다. 음운 변화의 유형에 따라 재구조화의 양상이 달라지는데 이 문제를 자세히 다룬다.

1 음운 변화란 기본적으로 통시론에서 다루는 것이므로 '통시적 음운 변화'라는 것은 잉여적인 표현이다. 그러나 '공시적 음운 기술'과의 명확한 대비를 위해 이 표현을 계속 사용하기로 한다.

2.2. 통시적 음운 변화의 성격

2.2.1. 음운 변화의 속성

통시적 음운 변화의 속성으로 흔히 거론되는 것에는 크게 세 가지가 있다. '음운 변화가 규칙적인가?, 음운 변화는 체계적인가?, 음운 변화는 점진적인가?' 하는 것이다. 이 세 질문에 대한 답을 고려하면서 통시적 음운 변화의 속성을 살피기로 한다.

우선 통시적 음운 변화는 규칙적이라고 보는 견해가 많다. 이것은 소장 문법학자 이래로 이어져 온 '음 변화는 예외가 없다'는 주장에 영향을 받은 바가 크다. 음운 변화가 규칙적이라는 것은 예외를 허용해서는 안 된다는 것과 같다. 예외를 허용하지 않는 음운 변화는 주어진 조건에서는 항상 적용되어야 하며 그 조건을 만족시키지 않으면 절대 적용되지 않아야 한다.[2] 비록 예외가 생기더라도 그 예외를 체계적으로 설명할 수 있다면 큰 문제는 되지 않는다. 그래서 예외를 설명하기 위한 장치로 유추나 차용 또는 문법 간소화 등과 같은 개념들이 다시 제안되기도 하였다.

통시적 음운 변화 중에는 규칙적인 것이 매우 많지만 모든 음운 변화가 규칙적이라고 주장하는 것은 곤란하다. 이것은 이미 선험적으로 널리 인정되고 있는 사실이다. 그러므로 통시적 음운 변화의 설내적 규칙성을 주장하는 것은 타당하지 않다. 오히려 음운 변화의 규칙성 여부에 영향을 미치는 요인이 무엇인지를 살피는 것이 더 중요할 수 있다.

대부분의 경우에는 강력한 음성적 동기를 반영하는 음운 변화가 규칙적이다. 이런 음운 변화들은 입력형이나 출력형 또는 적용 환경에 포함된 정보들을 일반화할 수 있는 경우가 많으며 여러 언어에서 공통적으로 나타나기도 한다. 반면 규칙성이 떨어지는 음운 변화는 특별한 음성

2 이것은 Kiparsky(1971)에서 정의한 규칙의 '투명성(transparency)' 조건과 비슷하다. 투명한 규칙일수록 예외를 허용하지 않는 것은 당연하다.

적 동기도 없고 특수한 몇몇 경우에만 적용됨으로써 적용 환경을 일반화할 수도 없다. 이런 음운 변화는 음운론적 요인에 의해 일어나는 변화가 아닐 가능성이 높으므로 순수한 음운 변화의 목록에서 제외시켜야 할지도 모른다. 부자연스러운 변화를 음운 변화로 인정하지 않으면 음운 변화의 규칙성은 그만큼 더 커질 수 있다. 그러나 여전히 모든 음운 변화가 규칙적이라고 말하기는 어렵다.

다음으로 음운 변화가 체계적인가 하는 것은 음운 변화가 음운 체계와 관련을 맺고 있는지를 묻는다. 음운 변화는 체계와 관련을 맺는 것과 그렇지 않은 것이 모두 존재한다. 음운 체계와 관련을 맺는 음운 변화는 그 적용 동기가 음운 체계 내의 안정성이나 불안정성과 관련이 있으며, 입력형과 출력형의 관계를 음운 체계 내의 대립 관계로 설명할 수 있다.

가령 국어 음운사 연구에서 상정하고 있는 모음 추이나 'ㆍ'의 소실 등은 모두 음운 체계 내의 안정성 여부 때문에 일어난 것으로 보고 있다. 또한 '애, 에, 외, 위'와 같은 전설모음 계열의 확립도 모음 체계와 관련 지어 설명하고 있다. 원순모음화와 비원순모음화 또는 전설모음화와 움라우트 등은 음운 체계 내의 대립 관계에 기반을 둔 음운 변화라는 것이 대체적인 시각이다.

이처럼 많은 음운 변화들은 음운 체계와 밀접한 관련을 맺고 있다. 그러나 체계와 관련을 맺지 않는 음운 변화들도 매우 많다. 가령 비모음화(鼻母音化)나 으-탈락 등이 적용되는 데 있어 음운 체계가 어떤 작용을 했다는 증거는 발견하기 어렵다. 그 외에 소수의 특이한 변화로 분류되는 것들도 모두 음운 체계와 직접적인 관련이 없다. 이런 음운 변화들은 적용 동기는 물론이고 적용된 결과 역시 음운 체계의 안정성이나 대립 관계와 무관하다.

마지막으로 음운 변화는 점진적(漸進的)인지를 살피도록 한다. Wang (1969)의 주장 이후로 음성적으로는 급격하지만 어휘적으로는 점진적인 방식으로 음운 변화가 일어난다는 것이 논의의 큰 흐름이 되었다. 이 중 어휘적 점진성은 음운 변화 자체의 성격이라기보다는 음운 변화가 진행되어 가는 과정과 관련되므로 음운 변화의 속성에 있어서는 음성적 급진성만이

논의 대상이 된다.[3]

김방한(1988:112~123)에 잘 정리되어 있듯이 음운 변화가 음성적으로 급격히 일어나는가 하는 점에 있어서는 두 가지 상반된 입장이 오래 전부터 있어 왔다. 즉 점진적으로 일어난다고 보는 견해와 급격하게 일어난다고 보는 견해가 양립하고 있다. 그런데 이 문제를 살피는 데 있어 반드시 전제해야 할 사실이 있다. 음성적 점진성을 논의하기 위해서는 한 음운에서 다른 음운으로 바뀔 때 밟는 중간 단계들이 음운론적으로 구분되어서는 곤란하다는 점이다. 가령 'A'라는 음운이 'D'로 바뀌는데 있어 'B'와 'C'라는 음을 거친다고 할 때 'B, C'는 모두 'A'의 변이음일 때 음성적 점진성을 주장할 수 있다. 만약 'B, C'가 'A'와 구별되는 음운이라면 'A〉B, B〉C, C〉D'는 모두 별개의 음운 변화가 되므로 'A〉D'라는 음운 변화를 설정할 수 없는 것이다.

국어를 대상으로 한 음운 변화에서 음성적 점진성을 적용한 대표적인 논의로는 하향 이중모음 '애, 에, 외, 위'의 단모음화를 들 수 있다. 한영균(1991:138)에서 지적하고 있듯이 이중모음 '애(ay), 에(əy), 외(oy), 위(uy)'가 전설모음으로 바뀌기에 앞서 'ɛy, ey, öy, üy'의 단계를 거쳤을 가능성이 있는데 이 때의 'ɛ, e, ö, ü'가 각각 '아, 어, 오, 우'의 변이음이라면 이것은 음운 변화의 음성적 점진성을 보여 준다고 할 수 있다. 하향 이중모음의 단모음화 이외에 정인호(2004:26)에 따르면 공명음 뒤에서의 ㅎ-탈락이 음성적으로는 공명음의 속삭임 소리를 거치는데 이것 역시 음운 변화의 음성적 점진성을 보여 준다. 즉 'ㅎ'이 공명음 뒤에서 탈락하기에 앞서 공명음을 속삭임 소리로 바꾸는 음성적 단계를 거친다고 볼 수 있을 것이다.

그러나 모든 음운 변화가 음성적 점진성을 거친다고 보기는 어렵다. 가령 ㄴ-첨가나 어간말의 으-탈락과 같은 음운 변화는 음성적 점진성을

3 음운 변화가 어휘적으로 점진성을 지닐 수밖에 없는 것은 음운 변화의 적용 층위와 밀접한 관련이 있다. 이 문제는 2.5.에서 논의하기로 한다.

보인다고 하기 무척 어렵다. 도치에 속하는 음운 변화 역시 마찬가지이다. 또한 조음의 측면에서는 음운 변화가 점진적으로 일어난다고 볼 수 있어도 인식의 측면에서는 그렇게 볼 수 없다. 한 음운을 다른 음운으로 구별하여 인식하는 것은 한 번에 일어나는 사건일 뿐 점진적인 과정을 거친다고 할 수 없다.

이상에서 살핀 바와 같이 음운 변화의 속성과 관련된 물음은 흑백의 양분 논리로 답할 수 있는 성격이 아니다. 어느 정도의 경향성은 있을지 몰라도 예외 역시 존재한다. 그러므로 음운 변화에 따라 그런 경향성의 지배를 받는지 받지 않는지 개별적으로 살필 수밖에 없다.

2.2.2. 음운 변화의 역할

통시적 음운 변화가 일어나면 음운의 대치나 첨가, 탈락, 축약, 도치와 같은 변화가 일어난다. 어떤 결과가 나타나든 통시적 음운 변화는 이전의 형태를 새로운 형태로 완전히 바꾸는 역할을 한다. 이처럼 구형이 신형으로 바뀌면 필연적으로 문법이 바뀔 수밖에 없다. 통시적 음운 변화는 문법의 변화를 일으키는 것이다. 이것을 형태소 내부에 적용되는 음운 변화와 형태소 경계를 사이에 두고 적용되는 음운 변화로 나누어 살피도록 한다.[4]

(1)

ㄱ. 뎔＞절(寺), 둏다＞좋다

ㄴ. 바티＞바치(밭+이), 바티다＞바치다(밭+이다)

(1)은 구개음화가 형태소 내부에 적용되는 경우와 형태소 경계를

4 형태소 내부에 적용되는 음운 변화란 입력형과 적용 환경이 모두 하나의 형태소 내에 있는 것이고 형태소 경계를 사이에 두고 적용되는 음운 변화란 입력형과 적용 환경이 둘 이상의 형태소에 분산되어 있는 것을 뜻한다. 자세한 것은 2.2.4.의 내용을 참고할 수 있다.

사이에 두고 적용되는 경우의 모습을 보인 것이다. (1ㄱ)과 같이 형태소 내부에 음운 변화가 적용되는 경우에는 형태소의 기저형이 바뀌어 버린다. 구개음화가 적용되면 기존의 기저형인 '뎔, 됴타'는 더 이상 존재하지 않고 '절, 좋다'가 그 자리를 대신한다. (1ㄴ)과 같이 형태소 경계를 사이에 두고 적용되는 음운 변화는 몇몇 활용형에서만 나타나므로 기저형의 변화를 반드시 초래하지는 않는다. 그러나 변화가 완료되고 나면 기존의 활용형 '바티, 바티다'는 더 이상 존재하지 않고 새로운 활용형 '바치, 바치다'만 남게 된다.[5]

(1ㄱ)이든 (1ㄴ)이든 통시적 음운 변화는 문법의 변화를 일으킨다. (1ㄱ)은 기존의 기저형이 새로운 기저형으로 대체된 것으로 어휘부의 정보가 바뀌는 중요한 문법 변화이다. (1ㄴ)은 기존의 표면형이 새로운 표면형으로 바뀐 것인데, 이것은 실재하는 요소의 직접적인 변화를 초래했으며 새로운 표면형이 출현함으로써 새로운 설명 방법이 필요하므로 결국 문법의 변화가 일어났다고 할 수 있다. 두 경우 모두 음운 변화가 일어나서 기존의 것은 없어지고 새로운 것으로 대체되었으며 그 결과 변화 이전과 이후의 문법이 달라졌다.

음운 변화에는 (1)에 제시된 것과 같이 일정한 적용 환경을 지니는 조건 변화도 있지만 적용 환경을 갖지 않는 무조건 변화도 있다. 무조건 변화는 그 특성상 어떤 음운을 완전히 다른 음운으로 바꾸어 버리기 때문에 항상 음운 체계의 변화라는 문법 변화를 초래할 수밖에 없다. 무조건 변화가 중간에 소멸되어 음운 체계의 변화를 일으키지 않는다고 해도 기저형의 변화나 활용 양상의 변화를 초래하므로 결국 통시적 음운 변화라면 적용 환경의 유무와 상관 없이 모두 문법의 변화로 이어진다고 하겠다.

5 여기서는 체언에 조사가 결합된 형태나 용언에 어미가 결합된 형태를 모두 활용형으로 본다.

2.2.3. 음운 변화에 의한 문법 변화의 유형

통시적 음운 변화에 의해 야기되는 문법의 변화는 크게 세 가지로 나눌 수 있다. 그것은 음운 체계의 변화, 기저형의 변화, 교체 양상의 변화이다.

우선 음운 변화는 음운 체계에 직접적인 영향을 줄 수 있다. 음운이 소멸하거나 또는 새로운 음운이 생겨나면 음운 체계는 큰 변화를 입는다. 가령 'ㆍ'의 합류 또는 하향 이중모음 '애, 에, 외, 위'의 단모음화 등은 체계를 이루는 음운의 수를 변화시켰으며 이러한 수적 변화는 곧바로 음운들 사이의 관계까지도 바꾸어 놓았다. 구체적으로 보면 'ㆍ'의 소멸로 모음들 사이의 대립 관계에 큰 혼란이 생겨서 '설축(舌縮)'을 기반으로 하던 모음조화가 극도로 문란해졌을 뿐만 아니라 이전 시기에 별다른 관계를 맺지 않던 '어'와 '오'가 원순성에 의해 대립하는 새로운 대립쌍으로 묶이게 되었다. 하향 이중모음의 단모음화 역시 국어 모음 체계에서 후설모음과 전설모음이 대립하는 새로운 관계를 만들어 내었다.

한편 음운의 수를 바꾸지는 않지만 음운들 사이의 관계에 영향을 미치는 음운 변화도 있다. 중세국어 치음 'ㅅ/ㅆ, ㅈ/ㅊ/ㅉ'의 조음 위치 변화가 대표적이다. 'ㅅ/ㅆ'은 치조음으로, 'ㅈ/ㅊ/ㅉ'은 경구개음으로 조음 위치가 이동하였다.[6] 그 결과 'ㅅ/ㅆ'과 'ㅈ/ㅊ/ㅉ'이 맺고 있던 긴밀한 관계가 깨져 버렸으며 이 자음들이 다른 자음들과 맺고 있던 관계 역시 변화를 입게 되었다. 이런 변화 역시 음운 체계를 질적으로 바꾸었다고 할 수 있다.

다음으로 음운 변화는 기저형의 변화를 초래하기도 한다. '기름>지름' 또는 '형 >성(兄)'에서 적용된 구개음화는 모두 기저형을 바꾼 음운 변화들이다. 그런데 모든 음운 변화가 기저형의 변화를 초래하지는 않는다.

6 현대국어 'ㅅ/ㅆ'와 'ㅈ/ㅊ/ㅉ'의 조음 위치는 여기서와 다르게 설정하는 경우도 있다. 치조음과 경구개음의 차이를 인정하지 않고 모두 묶어 하나의 조음 위치만 설정하기도 하며 다른 치조음은 그대로 둔 채 'ㅅ/ㅆ'만 'ㅈ/ㅊ/ㅉ'과 하나로 묶어 따로 조음 위치를 설정하기도 한다. 조음 위치를 달리 설정하면 그에 따라 자음들 사이의 관계 설정도 달라진다. 여기서는 일반적인 분류 방식에 따라 'ㅅ/ㅆ'은 치조음으로, 'ㅈ/ㅊ/ㅉ'은 경구개음으로 설정하였다.

가령 '먹는>멍는(먹-+-는)'에서 보이는 비음 동화는 이전의 표면형 '먹는'을 '멍는'으로 바꾸는 통시적 음운 변화이지만 이 음운 변화가 적용되었다고 해서 어간이나 어미의 기저형이 바뀌지는 않는다.

기저형을 변화시키는 음운 변화에는 몇몇 유형이 있다. 가장 대표적인 것은 적용 환경과 상관 없이 적용되는 무조건적인 음운 변화이다. 무조건적 음운 변화가 적용되었다는 것은 변화 이전에 존재하던 음운이 없어지는 것을 의미한다. 기저형을 이루던 음운이 사라지면 그 기저형은 반드시 변화할 수밖에 없다. 'ㅸ, ㅿ'의 소멸과 같은 음운 변화가 여기에 속한다. 형태소 내부에 적용되는 음운 변화도 필연적으로 기저형을 변화시킨다. 이런 유형의 음운 변화는 인접하는 형태소의 종류와 상관 없이 한 형태소의 모든 이형태에 적용된다. 그러므로 기저형 자체가 변화할 수밖에 없다. 반면에 형태소 경계를 사이에 두고 적용되는 음운 변화는 기저형의 변화를 초래하지 않는다.[7]

무조건적인 변화나 형태소 내부에 적용되는 음운 변화와 같이 기저형을 변화시키는 음운 현상은 그 속성상 통시적인 음운 변화가 될 수밖에 없다. 이런 음운 현상이 적용되면 기존의 기저형이 새로운 기저형으로 바뀌는 문법 변화가 일어난다. 그러므로 이런 음운 변화를 공시적 음운 규칙으로 설정하는 것은 곤란하다.[8]

마지막으로 음운 변화는 형태소의 교체 양상을 변화시킨다. 새로운 음운 변화가 일어나 기존의 표면형을 새로운 표면형으로 바꾸면 그 표면형에 들어 있는 형태소의 이형태 실현 양상은 변화를 겪게 된다. 가령 역사적으로 비음 동화와 움라우트가 순차적으로 발생했다고 가정했을 때 '밥(飯)'의 이형태 실현은 다음과 같이 변화했을 것이다.

7 일반적으로 기저형의 변화를 재구조화라고 한다. 음운 변화와 재구조화의 문제는 2.6.에서 자세히 살핀다.

8 존재 여부만 가지고 음운 현상의 공시성을 논한다면 무조건적인 음운 현상이나 형태소 내부에 적용되는 음운 현상도 공시적인 것이 될 수 있다. 그러나 1.2.에서 논의한 바와 같이 공시성의 문제는 존재 여부와는 다른 차원이다. 필연적으로 문법의 변화를 초래할 수밖에 없는 음운 현상이라면 존재하든 존재하지 않든 모두 통시론의 영역에 속한다.

(2)

	밥+이, 밥+은, 밥+만, …
■ 시기 Ⅰ (비음 동화 : X, 움라우트 : X)	밥이, 밥은, 밥만, …
■ 시기 Ⅱ (비음 동화 : ○, 움라우트 : X)	밥이, 밥은, 밤만, …
■ 시기 Ⅲ (비음 동화 : ○, 움라우트 : ○)	뱁이, 밥은, 밤만, …

비음 동화라는 음운 변화가 새로 생기면서 '밥만'이라는 표면형은 '밤만'으로 바뀐다. 또한 움라우트가 추가되면서 '밥이'라는 표면형은 '뱁이'로 바뀐다. 새로운 음운 변화가 생길 때마다 '밥'이라는 형태소의 이형태들이 바뀐다. 음운 변화가 형태소의 교체 양상을 직접 변화시키는 것이다. 교체 양상의 변화를 초래하는 음운 변화들은 적용되는 위치에 공통점이 있다. 이것은 2.6.에서 다시 논의된다.

이상에서 살펴본 바와 같이 음운 변화가 일으키는 문법의 변화를 크게 세 가지로 나눌 수 있다. 이 중 이 책에서 관심을 갖는 것은 세 번째 유형이다. 음운 체계의 변화나 기저형의 변화는 공시적 음운 기술의 대상이 될 수 없다. 그러나 형태소의 교체는 공시적 음운 기술의 대상이 된다. 형태소의 교체 양상을 바꾸어 버리는 음운 변화가 공시적 음운 기술에서는 어떻게 반영되는지를 살피는 것이 이 책의 목적이다.

2.2.4. 음운 변화의 적용 위치

음운 변화의 적용 위치는 음운 변화 자체의 성질과 직접 관련이 있지는 않다. 그러나 적용 위치에 따라 음운 변화가 일으키는 결과가 다를 뿐만 아니라 음운 변화의 유형을 나누는 데 기준으로 쓸 수도 있다. 따라서 음운 변화의 적용 위치를 면밀히 검토할 필요가 있다.[9]

음운 변화가 적용되는 위치는 (3)과 같이 분류하기로 한다.

(3)

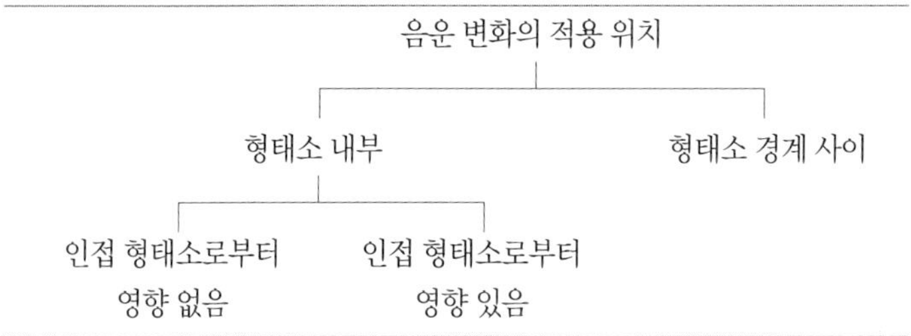

음운 변화가 형태소 내부에 적용된다는 것은 음운 변화의 적용 요건이 하나의 형태소에 들어 있음을 뜻한다. 그러므로 입력형과 적용 환경이 한 형태소에 들어 있는 조건 변화와 적용 환경이 없는 무조건 변화는 모두 형태소 내부에 적용된다고 할 수 있다. 반면 형태소 경계를 사이에 두고 음운 변화가 적용된다는 것은 음운 변화의 입력형과 적용 환경이 두 형태소에 분산되어 있음을 뜻한다. 형태소 경계를 중심으로 한 쪽 형태소는 입력형을, 다른 쪽 형태소는 적용 환경을 지니고 있는 것이다.[10] 이런 변화는 반드시 조건 변화이어야만 하며 서로 다른 형태소가 결합해야만 음운 변화가 일어날 수 있다.

형태소 내부는 인접 형태소의 영향 유무에 따라 다시 구분할 수 있다. 인접 형태소의 영향은 다른 형태소가 결합했을 때 변화가 일어나는지의 여부를 통해 정할 수 있다. 형태소 내부라고 하더라도 주위 형태소의 영향을 받는 위치와 그렇지 않은 위치가 구분된다.

9 이 문제는 이진호(2007ㄴ)에서 자세히 다룬 바 있다.

10 음운 변화가 축약일 경우에는 양쪽 형태소가 모두 입력형을 지닌다고 할 수 있다. 그렇지만 축약은 입력형이 곧 적용 환경이기도 하므로 둘 이상의 형태소에 입력형과 적용 환경이 분산되어 있다는 점은 같다. 이 문제는 2.3.2.1.에서 더 자세히 살피기로 한다.

(4)

ㄱ. *가ᄫᆞ리 > 가오리(魟), *ᄒᆞᄫᆞᆯ > 홀(單)

ㄴ. 누ᄫᅥ, 누ᄫᅳ니, 눕고 > 누워, 누우니, 눕고

(4)는 모두 'ㅸ'의 변화인데 (4ㄱ)은 인접 형태소와 상관 없이 'ㅸ'이 바뀌지만 (4ㄴ)은 인접 형태소의 종류에 따라 'ㅸ'의 변화 여부에 차이가 생긴다. 즉 모음으로 시작하는 어미가 결합할 때에는 'ㅸ'이 그대로 실현되지만 자음으로 시작하는 어미가 오면 'ㅸ'이 'ㅂ'으로 바뀌기 때문에 'ㅸ'의 변화도 자음으로 시작하는 어미 앞에서는 일어나지 않는다. (4ㄱ, ㄴ)의 'ㅸ'은 모두 형태소 내부에 있지만 (4ㄱ)의 'ㅸ'은 인접 형태소의 영향을 받지 않고 (4ㄴ)의 'ㅸ'은 인접 형태소의 영향을 받는 위치에 있다. 이런 위치의 차이 때문에 (4ㄱ)에서는 단순한 기저형의 변화만 일어났음에 비해 (4ㄴ)에서는 기저형도 바뀌었지만 용언 어간의 교체 양상도 규칙적인 것에서 불규칙적으로 것으로 변화하였다.

(4ㄴ)의 'ㅸ'은 형태소 내부라고 하더라도 경계에 인접한 위치에 있다. 그런데 형태소 경계에 인접하지 않은 위치라고 하더라도 인접 형태소의 영향을 받을 수 있다.

(5)

ㄱ. 더:럽따, 더:러워, 더:러운 > 드:럽따, 드:러워, 드:러운(더럽-)

ㄴ. 점:따, 점:꼬, 절머, 절므니 > 즘:따, 즘:꼬, 절머, 절므니

(5) 역시 '어: > 으:'라는 동일한 변화를 나타내지만 변화의 위치에 따라 그 결과에 차이가 난다. (5ㄱ)에서 어간의 1음절 장모음은 인접 형태소의 영향을 전혀 입지 않으므로 '어:'에 모음 상승이 적용되면 단순히 '으:'로 바뀌고 만다. 그러나 (5ㄴ)에서 모음 상승의 적용을 받는 '어:'는 비록 형태소 경계에 인접하지는 않았지만 뒤에 모음으로 시작하는 어미가 오면 단모

음화의 적용을 받는 위치에 있다. 그러므로 모음으로 시작하는 어미와 결합할 때에는 모음 상승이 일어나지 않는다. 이런 차이로 인해 (5ㄱ)에서는 변화 이후에도 활용 양상이 그대로 유지되지만 (5ㄴ)에서는 활용 양상이 규칙적인 것에서 불규칙적인 것으로 바뀌었다.

이처럼 음운 변화가 적용되는 위치는 형태소 내부와 형태소 경계 사이가 구분되고 형태소 내부는 다시 인접 형태소의 영향 유무에 따라 세분된다. 이러한 분류는 형태소 내부와 형태소 경계의 두 가지만 구분하던 기존의 태도와는 사뭇 다르다. 기존의 분류 태도는 두 가지 측면에서 문제가 있다. 하나는 (4), (5)에서 보듯이 형태소 내부라도 순수한 형태소 내부와 인접 형태소의 영향을 받는 형태소 내부가 구분되어야 하는데 그렇지 못하다는 점이다. 다른 하나는 (3)에서 보듯이 '형태소 경계에 인접한 형태소 내부'와 '형태소 경계 사이'를 구별해야 하지만 기존 분류 방식에서는 그런 구분이 쉽지 않다는 것이다. 이것은 아래의 (6)에서 확인할 수 있다.

(6)

ㄱ. 먹디 〉먹지(먹+지), 가디 〉가지(가+지)

ㄱ′. 바티 〉바치(밭+이), 미티 〉미치(밑+이)

ㄴ. 아프고 〉아푸고(아프+고), 아프니 〉아푸니(아프+니)

ㄴ′. 어프면 〉어푸면(엎+으면), 어프니 〉어푸니(잎+으니)

(6)은 구개음화, 원순모음화라는 조건 변화가 형태소 경계에서 일어났으나 구체적인 환경에서는 차이가 있다. (6ㄱ, ㄴ)은 음운 변화의 입력형과 적용 환경이 모두 하나의 형태소 내부에 있으며 다만 형태소 경계가 인접해 있을 뿐이다. 반면 (6ㄱ′, ㄴ′)은 음운 변화의 입력형과 적용 환경이 둘 이상의 형태소에 분산되어 있다. 이런 차이는 다시 (6ㄱ, ㄴ)이 형태소의 기저형을 바꿈에 비해 (6ㄱ′, ㄴ′)은 형태소의 기저형을 바꾸지 않는 결과로 이어진다.[11] 기존의 방식처럼 형태소 경계라는 사실만 중시하면 (6)은 전부 형태소 경계가 인접해 있으므로 구분이 되지 않는다. 그러나

(6ㄱ, ㄴ)과 (6ㄱ′, ㄴ′)은 명백히 구분된다. (3)과 같이 분류하면 (6)의 차이를 잘 반영할 수 있다.

(3)에서 나눈 음운 변화의 적용 위치는 대체로 명확히 구별되지만 때로는 음운 변화가 형태소 경계 사이에서 일어난 것인지 형태소 내부에서 일어난 것인지 혼동되는 경우도 없지 않다.

(7)

쥐:서 > 조:서(주+어서), 눠:도 > 노:도(누+어도)

(7)은 경상도, 강원도 방언에서 흔히 발견된다. 우-말음 어간에 '어'로 시작하는 어미가 결합할 때 어간말의 '우'와 어미초의 '어'가 합쳐져 '오:'로 실현된다.[12] (7)에 제시된 활용형은 역사적으로 활음화, 워-축약이라는 음운 변화에 의해 나타났다. 표면적으로는 (7)에 적용된 워-축약이 형태소 경계를 사이에 두고 적용된 것처럼 보인다. '워'를 이루는 두 음운 중 'w'는 어간의 일부이고 '어'는 어미의 일부이기 때문이다. 그러나 워-축약은 순수하게 형태소가 결합하는 것만으로 입력형이 만들어지지 않는다. 'w'로 끝나는 형태소가 없기 때문이다. 형태소의 결합만으로 입력형이 만들어지지 않는 음운 변화는 형태소 경계 사이에서 적용되었다고 볼 수 없다. 또한 워-축약의 입력형인 'w'는 원래부터 어간의 일부가 아니고 활음화의 적용을 받아 나온 것이다. 이처럼 다른 변화에 의해 나온 음운은 원래부터 어간의 일부였던 음운과는 차이를 보인다.[13] (7)에 적용된 워-축약은 그 성격상 형태소 내부에 적용된 것과 다를 바 없다. 어간과 어미 사이의 형태소 경계는 이미 활음화가 적용되면서 그 의미를 잃어 버려서 워-축약은 형태소 내부에 적용

11 (6ㄴ)에 제시된 어간의 기저형이 원순모음화의 적용을 받은 후 다른 것으로 바뀌는 문제는 5.2.에서 자세히 다룬다.

12 자세한 것은 5.6.에서 논의한다.

13 이것은 2.6.의 (27ㄴ)에서도 확인할 수 있다.

된 것과 동일한 것이다.

2.3. 통시적 음운 변화의 유형

통시적 음운 변화의 분류는 어떤 기준을 삼느냐에 따라 다양하게 이루어질 수 있다. 박창원(1997ㄱ:44~54)에서는 음운 변화의 유형을 음 변화, 관계의 변화, 규칙의 변화로 나누어 다시 하위 분류한 적이 있다. 여기서는 더 다양한 기준으로 음운 변화의 유형을 살피기로 한다.

2.3.1. 음운 변화의 대상에 따른 유형

음운 변화가 일어나면 표면적으로는 음운들이 바뀌는 결과가 초래된다. 그러나 이것을 해석하는 방식에 따라 실제 변화하는 대상이 무엇인지 달라질 수 있다. 즉 단순한 음운의 변화로 보는 입장, 음운들 사이의 대립 관계가 바뀌는 것으로 보는 입장, 규칙이 바뀌는 입장으로 나뉘는 것이다. 하나의 음운 변화라도 세 가지 입장에서는 다른 변화로 해석된다.

이처럼 변화하는 대상에 대한 인식의 차이는 음운 이론의 변화 과정과 일치한다. 단순히 음운이 변화하는 것이라고 보는 입장은 전통적인 역사 언어학으로부터 이어져 내려왔다. 전통 언어학에서는 음운과 음성의 구분조차 제대로 이루어지지 않아서 음 변화(sound change)라고만 했는데 음운 변화의 성격 또는 적용 환경의 유무 등에 따라 몇 가지 음 변화를 분류하였다. 분기나 합류, 조건 변화와 무조건 변화 등은 모두 음운 차원에서 변화를 설명하기 위한 용어들이다.

그러다가 음운과 음성을 구분하고 음운 중심의 음운론 연구가 본격화된 유럽 구조주의 음운론에서는 모든 음운 현상을 대립 관계에 기반한 체계 중심적으로 바라보기 시작하였다. 그리하여 음운이 바뀌더라도 실상은 그 음운이 관여하던 대립 관계가 바뀐 것이라고 해석하였다. 그 결과 음운 변화의 유형은 새로운 대립 관계를 생성하는 음운화, 기존 대립 관계가 사라지는 비음운화, 기존의 대립 관계가 다른 대립 관계로 바뀌는 재음운화로 나뉘었다.

1950년대부터 새로 나타난 생성 문법은 근본적으로 문법을 규칙의 체계로 이해하고 있다. 그러므로 모든 언어 현상도 규칙의 관점에서 해석한다. 음운 변화도 예외가 아니어서 규칙의 생성이나 소멸 또는 단순화와 같은 유형들이 구분되었다.

한편 규칙 이론의 문제점을 극복하고자 한 최적성 이론에서는 음운 변화를 제약의 변화로 본다. 그런데 이전의 이론과는 달리 최적성 이론에서는 어떤 대상이 생기거나 사라지는 변화 유형을 설정하지 않는다. 즉 새로운 제약의 생성 또는 소멸과 같은 변화 유형이 없는 것이다. 최적성 이론에서는 어떤 제약이든 모두 내재해 있으며 다만 표면적으로 드러나지 않는 제약은 순위가 매우 낮아 거의 역할을 하지 못하기 때문이라고 본다.[14] 그러므로 최적성 이론에서의 음운 변화는 제약의 출현이나 소멸이 아니라 이미 존재하던 제약들 사이의 위계 변화가 될 수밖에 없다.

이처럼 음운 이론의 변화와 함께 음운 변화의 대상에 대한 규정도 달라졌다. 여기서는 네 가지 접근 태도 중 앞의 세 가지만을 대상으로 세부적인 음운 변화의 유형을 고찰할 것이다.[15] 최적성 이론에서 해석하는 음운 변화의 유형을 논의 대상에서 제외한 것은 1.3.에서 규칙 중심의 방법론을 채택한 것과 같은 이유 때문이다.

2.3.1.1. 음운의 단순한 변화

음운 변화는 음이 바뀌는 것에 불과하다고 보는 입장은 전통 문법적 사고의 소산이다. 이런 입장에서는 음운 변화를 크게 음운의 수가 바뀌는

14 자세한 내용은 McMahon(2000)을 참고할 수 있다.

15 국어를 대상으로 음운 변화의 유형을 다룬 논의로는 박창원(1990, 1997ㄱ), 신승용(2003ㄱ), 김 현(2006ㄴ)을 들 수 있다.

변화와 음운의 수가 바뀌지 않는 변화로 나눌 수 있다. 앞의 변화는 변화 전과 변화 후에 음운 체계를 이루는 음운의 수에 차이가 생기지만 뒤의 변화는 그러한 차이가 생기지 않는다.

음운의 수가 바뀌는 변화는 다시 음운의 생성, 음운의 소멸로 나눌 수 있다.[16] 음운의 생성이란 새로운 음운이 생기는 변화이다. 그런데 새로운 음운의 생성은 두 가지 서로 다른 과정을 거쳐 이루어질 수 있다. 하나는 변이음의 관계에 있던 음성들이 서로 별개의 음운으로 바뀌는 경우이고 다른 하나는 음성적으로도 존재하지 않던 음이 새로운 음운으로 자리잡는 경우이다. 앞의 변화는 이미 존재하던 음이 음성에서 음운으로 그 지위가 바뀐 것이지만 뒤의 변화는 전혀 새로운 음운이 발생한 것이다. 이 두 가지를 각각 분기(分岐)와 신생(新生)으로 구분하고자 한다.

국어의 음운 변화에서 분기의 예를 찾기는 무척 어렵다. 그것은 이전 시기의 변이음 실현 양상을 확인하기가 무척 어렵기 때문이다. 신생의 예로는 전기 중세국어 시기에 이루어졌을 것으로 추정되는 경음의 발생을 들 수 있다. 경음은 그 이전 시기에는 확인할 수 없는 새로운 음운임에 틀림없다. 하향 이중모음이었던 '애, 에, 외, 위'가 전설모음으로 바뀐 변화 역시 신생에 속한다.[17]

음운의 소멸은 음운의 숫자가 줄어드는 변화이다. 음운의 생성과 마찬가지로 음운의 소멸도 두 가지 방식의 변화가 가능하다. 존재하던 음운이 다른 음운으로 바뀔 수도 있고 존재하던 음운이 단순히 없어질 수도

16 Hoenigswald(1960)의 8, 9장에서는 음운의 수가 바뀌는 변화를 합류와 분기의 개념으로 자세히 설명하고 있다. 여기에서 사용하는 합류와 분기도 Hoenigswald(1960)에서 가져온 것이지만 구체적인 개념이나 분류 방식에는 차이가 있다.

17 신생에 속하는 변화는 구체적 발달 과정에 따라서는 분기로 해석될 수 있는 여지도 없지는 않다. 가령 경음의 경우 처음에 발생했을 때는 평파열음 뒤에서만 실현되던 평음의 변이음이었다가 이후에 독립된 음운으로 바뀌었을 가능성도 충분히 있으며 그럴 경우에는 분기에 해당한다. 하향 이중모음으로부터 바뀐 전설모음 역시 처음에는 다른 음운의 변이음이었다가 나중에 음운으로 바뀌었다면 분기가 된다. 그러나 이전 시기의 변이음 실현 양상은 확인할 방법이 없으므로 분기의 예를 자료로서 직접 검증하기는 무척 어렵다.

있다. 이 두 가지 음운 변화는 각각 합류(合流)와 소실(消失)이라고 부르고자 한다.

음운의 합류는 그 양상에 따라 다음과 같이 세분화될 수 있다.[18]

(8)

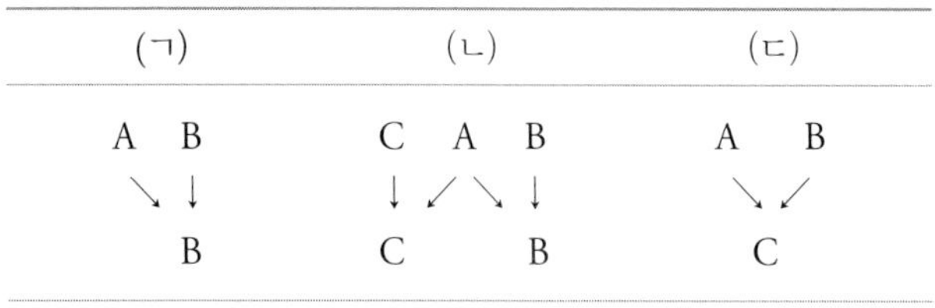

(A, B, C는 모두 구별되는 음운)

(8)은 모두 음운 'A'가 합류된다는 공통점을 지니지만 구체적인 합류 양상은 차이가 있다. (8ㄱ)은 'A'가 'B'에 완전히 합류되는 것이다. 'ㅸ'이 모든 환경에서 'w'로 바뀐다는 기존의 변화 공식이 옳다면 'ㅸ'의 변화가 여기에 속할 것이다.[19] (8ㄱ)과 같은 변화가 일어나면 'A'는 사라져 버리는 경우가 대부분이다. 그러나 'A'가 원래의 음가를 유지하면서 'B'의 변이음으로 바뀌는 합류도 이론적으로는 가능하다. 알타이어와의 비교를 통해 흔히 주장하듯 예전 시기에 'r'과 'l'의 구별이 국어에 있었다면 그 구별이 사라지는 합류가 여기에 해당할 것이다. 비록 두 개의 음운 'r, l'이 하나의 음운으로 바뀌었지만 그 음가는 그대로 유지하고 있다.

한편 현대국어의 많은 방언에서 일어난 단모음 '외, 위'의 이중모음화는 한 음운이 두 개의 음운으로 바뀌었다는 점에서 매우 독특하다. '외, 위'가 'we, wi'로 바뀐 것은 이미 존재하는 다른 음운으로 바뀐 것이며 일관되게

18 합류는 다시 완전 합류와 부분 합류로 나뉜다. 완전 합류는 모든 환경에서 합류가 일어난 것이고 부분 합류는 일부 환경에서만 합류가 일어난 것이다. 이 중 음운의 수가 줄어드는 것은 완전 합류에 국한된다. 여기서 '합류'라고만 표현한 것은 모두 '완전 합류'만을 가리킨다.

19 그러나 기존의 'ㅸ'의 변화 공식에 대한 문제 제기가 여러 번 있어 왔다. 김경아(1991)에서는 변화 공식의 수정 가능성을 제기하였고 김주필(2001)과 이진호(2006ㄴ)은 'ㅸ'이 모든 환경에서 'w'로 단일하게 변화하지는 않았음을 주장하였다.

변화가 일어났으므로 (8ㄱ)에 속한다고 볼 수 있다. 박창원(1997ㄱ:48)에서는 한 음운이 둘로 나뉘었다는 점을 중시하여 분기로 분류하였다.[20] 그러나 '외, 위'의 이중모음화는 음운 체계에서 음운의 수가 줄어드는 변화이므로 여기서는 분기가 아닌 합류로 처리한다.

(8ㄴ)은 한 음운이 둘 이상의 음운으로 합류되는 변화이다. 'ᄋᆞ'의 변화가 대표적이다. 'ᄋᆞ'는 환경에 따라 '아' 또는 '으'로 합류되는 경우가 대부분이고 부분적으로 '어'나 '오'로도 합류하였다. (8ㄷ)은 두 음운이 제 삼의 음으로 합류되는 변화이다. 현대국어에서 현재 진행 중인 '애, 에'의 합류 또는 동남 방언에서 발견되는 '으, 어'의 합류가 여기에 속한다. '애'와 '에', '으'와 '어'는 두 모음의 중간쯤에 위치하는 제 삼의 음(E, ㅋ)으로 바뀜으로써 합류되었다. 그러므로 한 음운이 일방적으로 다른 음운으로 바뀌어 합류되는 (8ㄱ)과는 차이가 난다.

음운의 소실은 음운이 흔적을 남기지 않고 그냥 탈락함으로써 소멸해 버리는 변화이다. 국어 음운사에서는 'ㅿ'의 변화가 대표적이다. '삼짇날(<삼ᄉᆞᆳ날, 三日)' 또는 일부 방언에 나타나는 '거진(<거ᅀᅴ)'와 같이 'ㅿ'이 'ㅈ'으로 바뀐 경우도 없지 않으나 대부분의 환경에서는 'ㅿ'이 다른 음운으로 바뀌지 않고 소실되었다. 모음이 소실되는 경우는 없는데 이것은 모음이 음절핵에 놓이므로 모음이 소실되면 음절이 유지될 수 없는 것과 밀접한 관련이 있다. 모음은 다른 모음으로의 합류를 통해 소멸할 뿐이다.

지금까지 살펴본 변화는 모두 음운의 수가 늘거나 줄어드는 결과를 낳는다. 이런 유형의 음운 변화가 일어나기 위해서는 해당 음운이 출현하는 모든 환경에서 변화가 일어나야 한다. 그러므로 적용 환경을 지니지 않는 무조건 변화는 모두 여기에 속한다. 그런데 조건 변화에 의해서도 음운의 수가 바뀔 수 있다. 만약 조건 변화에 의해 음운이 생성된다면 새로운 음운은 일정한 조건 아래에서만 출현하는 분포상의 제약을 갖게 된다. 조건 변화에

20 박창원(1997ㄱ : 48)에서는 분기를 두 종류로 구분하여 축약에 반대되는 분기와 합류에 반대되는 분기를 설정한 후 '외, 위'의 이중모음화는 축약에 반대되는 분기로 보았다.

의해 음운이 소멸된다면 그러한 변화는 필연적으로 (8ㄴ)과 같은 합류를 겪게 된다. 하나의 조건 변화만으로는 해당 음운이 소멸될 수 없으므로 조건 변화에 의한 음운의 소멸은 반드시 (8ㄴ)과 같이 여러 개의 조건 변화가 함께 일어나는 합류가 되어야만 한다.

음운의 수가 바뀌지 않는 음운 변화에는 일반적인 조건 변화, 음운 분포의 변화, 음운의 전이가 있다. 일반적인 조건 변화는 일정한 환경에서만 음운이 바뀌므로 음운의 수에 변화를 야기하지 않는다. '유음화'나 '비음동화'와 같은 음운 변화는 모두 여기에 속한다. 음운 분포의 변화는 음운이 나타나는 출현 환경의 변화를 뜻한다. 일반적으로 조건 변화가 적용되면 음운의 분포도 함께 변한다. 그러나 그런 경우는 조건 변화의 부수물에 불과하므로 제외해야 한다. 음운 분포의 변화를 보이는 대표적인 예는 음절의 초성과 종성에 모두 올 수 있었던 'ㅇ'이 음절의 종성에만 올 수 있게 된 변화이다. 이것은 조건 변화의 결과가 아닌 순수한 음운 분포의 변화이다. 음운의 전이는 한 음운이 존재하지 않던 새로운 음운으로 바뀌어 버리는 변화이다. 중세국어 시기에 치음이었던 'ㅅ/ㅆ, ㅈ/ㅊ/ㅉ'이 각각 치조음과 경구개음으로 바뀐 것은 음운의 전이에 속한다.

이상의 내용을 정리하면 다음과 같다.

(9)

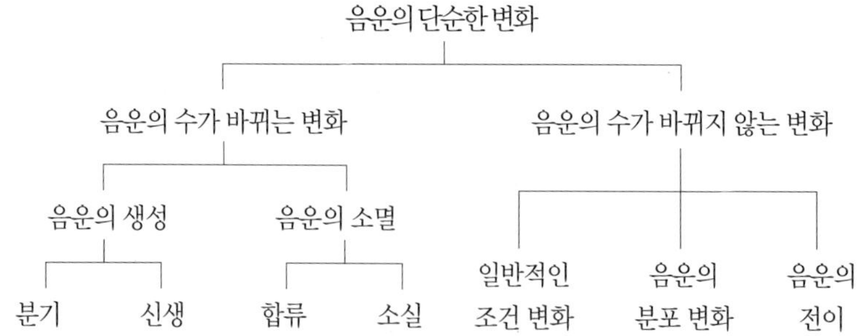

2.3.1.2. 대립 관계의 변화

음운의 변화를 대립 관계의 변화로 보는 입장에서는 음운들이 맺고 있는 관계가 어떻게 바뀌었는지를 중시한다. 즉 표면적으로는 음운이 바뀌었을지 몰라도 실제로 바뀐 것은 음운들의 관계라는 것이다. 이런 입장에서는 음운 변화를 크게 음운화, 비음운화, 재음운화로 구분한다.

음운화란 새로운 대립 관계가 생기는 음운 변화이다. 새로운 대립 관계는 새로운 음운이 생성되었을 때 생긴다. 음운화는 두 가지 유형이 구분된다. 하나는 존재하지 않던 대립 관계가 생기는 변화이고 다른 하나는 이미 존재하던 대립 관계가 그 적용 범위를 확대하는 변화이다. 가령 유기음이나 경음의 출현은 이전 시기에는 존재하지 않던 '평음:유기음:경음'이라는 대립 관계를 새로 만들어 냈다. 반면 근대국어 시기 이후에 전설모음 '외, 위'가 생겨서 '에, 이'와 원순성 유무에 의해 관계를 맺게 된 것은 그 전에 없던 새로운 대립 관계를 도입한 것이라고 볼 수는 없다. 이전 시기에도 '으:우, ㆍ:오(또는 어:오)'에서 보듯이 원순성에 의한 대립쌍은 존재했기 때문이다.

이처럼 음운화에 의해 생겨난 대립 관계는 새로운 것일 수도 있고 이미 존재하다가 더 확대된 것일 수도 있다. 이 차이는 전설모음 계열의 확립 과정에서 더 잘 드러난다. 근대국어 시기부터 생성되기 시작한 전설모음들은 그 이전 시기에는 존재하지 않던 '전설 : 후설'이라는 새로운 대립 관계를 만들었다.[21] 그런데 가장 먼저 생성된 전설모음은 전혀 존재하지 않던 대립 관계를 새로 도입했지만 그보다 늦게 생성된 전설모음은 다른 전설모음에 의해 만들어진 전후 대립 관계를 다른 모음들로 확대시키는 역할만 한다. 가령 '애'가 가장 먼저 생긴 전설모음이고 '위'가 가장 늦게 생긴 전설모음이라고 가정한다면 '애'가 생성되어 '아'와 맺게 되는 전후 대립은

21 국어의 모음 추이가 일어나기 이전에는 모음들 사이에 전후의 대립 관계가 존재했으리라고 추측하고 있다. 그러나 모음 추이 이후에는 이런 대립 관계가 사라져 버렸다. 따라서 근대국어 시기에 형성된 모음의 전후 대립은 이전과는 다른 새로운 대립 관계라고 할 수 있다.

완전히 새로운 대립 관계이지만 '위'가 '우'와 맺게 되는 전후 대립은 이전에 이미 도입된 전후 대립이 원순고모음으로 확대된 것에 불과하다.

비음운화는 음운화와 반대로 존재하던 대립 관계가 사라지는 음운 변화이다. 비음운화는 음운의 소멸과 함께 발생한다. 비음운화 역시 존재하던 대립 관계가 완전히 사라지는 변화와 존재하던 대립 관계의 범위가 축소되는 변화로 나눌 수 있다. 가령 중세국어 시기에 존재하던 유성마찰음 'ㅸ, ㅿ, ㅇ'의 소멸은 장애음 사이에 존재하던 '유성성'에 의한 대립 관계를 사라지게 했다. 반면 'ㆍ'의 소실은 기존에 존재하던 '설축(舌縮) : 설소축(舌小縮)'의 대립 또는 구축(口蹙), 구장(口張)의 대립을 완전히 사라지게 한 것은 아니고 대립의 적용 영역만 축소시켰다. '오 : 우, 아 : 어'에 여전히 '설축 : 설소축'의 대립이 남아 있고 'ㅡ : 우, ㅡ : 어'에 구축과 구장의 대립이 남아 있기 때문이다.[22]

재음운화는 음운의 수적 변화 없이 음운들의 대립 관계가 바뀌는 음운 변화이다. 재음운화가 일어나면 이미 존재하던 대립 관계가 다른 대립 관계로 바뀌는 결과를 초래한다. 재음운화를 초래하는 음운 변화는 음운의 전이에 속한다.[23] 가령 'A'라는 음운이 새로운 음운 'C'로 바뀌는 무조건적 변화가 일어난다면 'A'가 다른 음운들과 맺고 있던 대립 관계는 사라지고 'C'가 새롭게 기존 음운들과 대립 관계를 맺게 된다. 이런 변화는 음운의 수에는 변화를 일으키지 않고 다만 음운들의 대립 관계에만 영향을 미친다.

재음운화의 예로 흔히 드는 슬라브어의 변화를 보면 변화 전에는 파열음으로 'p, t, k'와 'b, d, g'가 유성성에 의해 대립하고 있었는데 'g'가 마찰음 'γ'로 모두 바뀌면서 'k : g' 사이의 유성성 대립은 사라지고 대신 새로 생긴 'γ'이 이미 존재하고 있던 'x'와 유성성에 의한 대립 관계를 다시 맺게

22 'ㆍ'가 모음 대립에서 중심적인 역할을 했기 때문에 'ㆍ'의 소실 이후 '설축'에 의한 대립 또는 '구장, 구축'에 의한 대립도 사라지거나 또는 변화를 입은 것이 사실이다. 그러나 이것은 어디까지나 'ㆍ' 소실 이후 추가로 일어난 변화의 결과이지, 'ㆍ'의 변화 자체가 기존의 대립 관계를 완전히 없애 버린 것은 아니다.

23 음운의 전이에 대해서는 2.3.1.1.의 내용을 참고할 수 있다.

된다. 'g>γ'는 기존 음운이 새로운 음운으로 바뀌는 음운의 전이에 속하며 그 결과 대립 관계의 변화가 일어났다. 국어에서는 'ㅈ, ㅊ, ㅉ'이 치음에서 경구개음으로 바뀐 것을 흔히 재음운화로 분류한다. 'ㅈ'계열의 자음이 경구개음으로 바뀜으로써 'ㅅ'계열의 자음과 맺고 있던 밀접한 관계는 사라졌으며 대신 'ㅅ' 계열은 'ㄷ' 계열의 소리와 새로운 대립 관계를 이루게 되었다.[24]

음운화, 비음운화, 재음운화는 비록 음운들의 대립 관계를 중시하여 음운 변화를 분류한 것이지만 이러한 대립 관계의 변화는 음운의 생성이나 소멸과 같은 변화와 밀접한 관계를 맺고 있다. 그러므로 앞 절에서 분류한 음운 변화의 유형과 여기서 분류한 음운 변화의 유형을 비교해 보는 것도 의미가 있다. 우선 음운의 수에 영향을 미치는 음운 변화는 모두 음운화 또는 비음운화에 속한다. 음운의 생성은 음운화, 음운의 소멸은 비음운화에 직접 대응한다. 다음으로 음운의 수에 영향을 미치지 않는 음운 변화 중 일반적인 조건 변화나 음운 분포의 변화는 음운화나 비음운화, 재음운화 중 어디에도 속하지 않는다. 이런 변화는 기존의 대립 관계에 어떠한 영향도 주지 않는다.[25] 음운의 수에 영향을 미치지 않지만 음운의 전이에 속하는 변화는 기존의 대립 관계를 없애고 새로운 대립 관계를 만들어 내므로 재음운화에 대응한다.

지금까지 살펴본 대립 관계의 변화는 모두 대립 관계를 맺는 음운의 직접적인 변화에 의해 초래되었다. 그러나 때로는 그렇지 않은 경우도 있다. 즉 대립 관계에 있는 음운들의 직접적인 변화가 없었음에도 불구하고 대립

24 재음운화로 거론되는 'ㅈ' 계열 자음의 조음 위치 변화는 대립 관계의 관점에서 좀 더 치밀하게 다루어질 필요가 있다. 조음 위치의 변화가 관계의 변화를 야기한 것은 분명하지만 이것을 '어떤 대립이 어떻게 바뀌었다'라는 방식으로 논의한 적은 많지 않았다. 곽충구(1984 : 9)에서는 '폐쇄, 마찰'이라는 두 가지 대립 요소를 가지고 이 문제를 다룬 바 있다.

25 대립 관계를 더 세분하여 구체적인 환경별로 살핀다면 상황이 달라질 수 있다. 가령 자음의 대립 관계도 음절초와 음절말을 나누어 고려한다면 음절말의 'ㅅ'이 'ㄷ'으로 바뀌는 음운 변화는 비록 음운의 숫자 변화와는 무관하지만 음절말 자음들의 대립 관계에 영향을 주었다고 볼 수도 있다.

관계가 바뀔 수 있는 것이다. 이것은 근대국어 시기 이후에 '오: 어'가 원순성의 유무에 따른 대립쌍으로 바뀐 현상이나 '이: 으'가 전설성에 의해 대립하게 된 변화에서 찾을 수 있다.

원래 원순성 유무에 따라 '오'와 대립하던 모음은 'ᆞ'였다. 'ᆞ'가 존재하던 시기에는 '오'와 '어'가 어떠한 대립 관계도 맺지 않았다. 그런데 'ᆞ'가 소멸되고 난 후 모음 체계가 조정되면서 '오'와 '어'가 새롭게 원순성에 의한 대립쌍으로 자리잡게 되었다. '오'나 '어'는 어떠한 변화도 입지 않은 채 새로운 대립 관계를 이루게 된 것이다. '이 : 으'의 관계도 마찬가지이다. '이'와 '으'가 중세국어 시기에는 '설소축 : 설불축'과 같이 '설축'에 의한 대립을 이룬 것은 사실이지만 이것은 현대국어와 같이 '전설: 후설'의 대립과는 성격이 다르다.[26] '이 : 으'의 대립 관계가 오늘날과 같이 전설성에 의한 것으로 바뀐 이유는 '애, 에, 외, 위'와 같은 다른 전설모음 계열들이 등장하였기 때문이다. '이'와 '으' 어느 쪽도 변화하지 않았지만 다른 음운들의 변화 때문에 대립 관계의 변화를 겪었다.

'오 : 어', '이 : 으'의 대립 관계 변화는 다른 음운들의 변화에 따른 부산물이다. 대립하는 모음들의 직접적인 변화 때문에 나타난 결과가 아니다. 만약 음운 변화를 단순히 변화를 직접 겪은 음운의 차원에서만 다룬다면 이와 같은 변화는 고려의 대상이 될 수 없다. '오'나 '어', 또는 '이'나 '으' 중 어느 것도 변화하지 않았기 때문이다.[27]

그러나 음운 변화를 대립의 차원에서 살핀다면 이 모음들의 관계 변화 역시 다룰 수밖에 없다. 구체적으로 유형을 분류한다면 '오: 어'의 관계

26 이것은 움라우트가 '으'에 적용되는 예가 '아'나 '어'에 적용되는 것에 비해 훨씬 적은 것에서도 알 수 있다. '으'와 '이'는 이미 오래 전부터 존재했던 모음이었으므로 원래부터 '후설 : 전설'의 대립 관계를 가졌더라면 움라우트의 적용을 가장 빠르면서도 폭넓게 적용 받아야 하지만 그렇지 않다. 이것은 '으 : 이'의 대립 관계가 이전에는 전설성 여부에 의한 것이 아니었음을 잘 보여 준다.

27 지금까지 이런 유형의 변화는 관계의 변화에서도 잘 다루지 않았다. 그 이유는 관계의 변화를 음운의 변화와 결부시켜 생각했기 때문이다. 음운의 생성, 소멸 또는 전이 등과 같은 변화가 있을 때의 관계 변화만 논의 대상으로 삼다 보니 대립하는 음운들이 직접 변화를 겪지 않는 경우에는 관심을 두지 못했다.

변화는 두 음운 사이에 없던 대립이 새로 생겼다는 점에서 음운화와 비슷하지만 음운의 수에 아무런 변화가 없기 때문에 재음운화와 가까운 측면도 있다. 이미 있던 음운들 사이의 관계 변화라는 점을 감안하면 재음운화로 분류하는 것이 더 타당한 듯하다. '이 : 으'의 관계 변화는 기존의 '설축'에 따른 대립이 '전설성'에 의한 대립으로 바뀐 것이므로 확실한 재음운화의 예가 될 것이다.[28]

2.3.1.3. 규칙의 변화

생성음운론에서는 문법을 규칙의 관점에서 설명하기 때문에 음운 변화 역시 실제로는 음운 규칙이 변화하는 것으로 해석한다. 규칙의 변화 유형은 논의에 따라 조금씩 차이를 보인다. 최대로 분류할 때에는 규칙 첨가, 규칙 소멸, 규칙 단순화, 재어휘화, 규칙 재배열의 다섯 가지 유형을 설정한다. 이 중 재어휘화와 규칙 재배열은 규칙의 변화 유형에서 제외하기도 하며 규칙 단순화는 규칙 적용 환경의 변화로 수정하기도 한다. 다섯 가지 변화 유형을 구체적으로 살피면서 제외되거나 수정되는 변화 유형은 그 이유가 무엇인지도 함께 다루기로 한다.[29]

우선 규칙 첨가는 새로운 규칙이 생겨나는 변화이다. 이것은 매우 자명하며 가장 흔히 나타나는 변화 유형이다. 국어의 구개음화, 움라우트, ㅎ-탈락 등 많은 음운 규칙들은 15세기 이후에 생겨난 것들로 모두 규칙 첨가의 예가 된다.

박창원(1990:430~432)에서도 지적했듯이 규칙 첨가에 있어서는 두

28 이것은 '이 : 으'가 '전설 : 후설'의 관계로 바뀌기 이전에 '설불축 : 설소축'의 대립 관계를 유지했다는 가정 하에서 나온 것이다. 만약 'ㆍ'의 소멸에 이어 '설축'에 의한 대립도 사라져 버린 후에 새로 '전설 : 후설'의 관계 정립이 이루어졌다면 '이 : 으'의 관계 변화 역시 없던 대립이 새로 생긴 것에 속한다. 그렇지만 '오 : 어'의 관계 변화와 마찬가지로 음운의 수에 변화가 없으므로 결국은 재음운화로 분류된다.

29 국어를 대상으로 규칙의 변화를 다룬 논의로는 박창원(1990), 이동석(2002), 김 현(2006ㄴ)을 들 수 있다. 박창원(1990)은 주로 형식적인 차원에서 규칙의 변화 유형을 논의한 반면 이동석(2002)와 김 현(2006ㄴ)은 구체적인 자료 중심으로 논의를 전개했다. 특히 이동석(2002)에서는 ㄷ-구개음화를 비롯한 여섯 개의 음운 변화를 생성부터 소멸까지 살폈다.

가지 쟁점이 있다. 하나는 무엇이 첨가되는지와 관련된다. 즉 처음부터 첨가되는 것이 규칙인지 아니면 음운의 변화로 시작되었다가 점차 확산되면서 규칙으로 바뀌는 것인지에 있어 이견이 있다.[30] 다른 하나는 규칙이 어디에 첨가되는지의 문제이다. 이것은 이미 존재하던 음운 규칙과 새로운 음운 규칙 사이의 순서 문제이다.[31]

이 외에 사라진 규칙이 다시 생길 수 있는지의 문제도 흥미로운 주제이다. 가령 김완진(1968), 이기문(1968)에서 다룬 고구려어의 ㄷ- 구개음화는 중세국어 시기 이후에 다시 출현하는데 존재하다가 사라진 음운 규칙이 후대에 다시 나타나는 것이 가능한지 다양한 자료를 통해 확인할 필요가 있다.[32] 물론 같은 규칙이 사라졌다가 다시 생겼다고 하더라도 두 시기의 음운 체계나 음운론적 제약에 차이가 있다면 이전의 규칙과 이후의 규칙은 그 지위가 상이하다. 같은 음운 규칙이라도 음운 체계가 다르면 그 역할도 달라지며 관련을 맺는 음운론적 제약의 내용에 따라 성격이 구분될 수밖에 없다.

다음으로 규칙 소멸은 존재하던 음운 규칙이 사라지는 변화이다. 국어의 대표적인 예로는 중세국어 시기에 존재하다가 사라진 ㄱ-약화 규칙을 들 수 있다. 이승재(1996)에서 지적한 바와 같이 ㄱ-약화 규칙은 모음 뒤에서 적용되는 것과 'ㄹ, y' 뒤에서 적용되는 것 두 가지가 있다. 이 두 개의 ㄱ-약화 규칙 중 소멸한 것은 'ㄹ, y' 뒤에서 적용되던 ㄱ-약화 규칙이다.[33] 이 외에 현대국어의 ㅎ-구개음화나 ㄱ-구개음화도 많은 방언에서 소멸 되었다

30 여기서는 음운 변화가 점차 확산되어 규칙으로 바뀐다는 입장을 취한다. 이 문제는 2.4.에서 좀 더 다룰 예정이다.

31 이것은 음운 변화의 적용 층위와 밀접한 관계가 있다. 2.5.에서 자세히 논의하기로 한다.

32 고구려어와 중세국어가 동일한 계통의 언어라는 완전한 보장이 없기 때문에 같은 언어에서 ㄷ-구개음화가 사라졌다가 다시 생겼다고 확신하기는 어려운 측면이 있다.

33 김 현(2006ㄴ:86)에서는 적용 환경이 매우 복잡하다는 사실을 들어 ㄱ-약화를 규칙으로 단정하기는 어렵다는 견해를 밝히고 있다. 그러나 적어도 용언 어간말의 'ㄹ, y' 뒤에서는 ㄱ-약화가 일관되게 적용되었으므로 이 환경에서의 ㄱ-약화는 규칙으로 설정해도 무리가 따르지 않을 것이다. 다만 그 밖의 환경에서 보이는 ㄱ-약화는 김 현(2006ㄴ)의 지적대로 규칙으로 일반화하기에 어려움이 있다.

고 볼 수 있다. 두 음운 규칙이 이미 적용이 끝나서 기저형이 바뀐 '지름(<기름), 심(<힘)' 유형의 자료에서만 그 흔적을 볼 수 있을 뿐 새로운 입력형에 계속 적용되고 있다는 증거를 찾을 수 없다.

존재하던 규칙이 소멸하면 환경에 따라 다른 영향을 미친다. 형태소 내부 또는 이미 하나의 단위로 굳어진 복합어 등에서는 적용된 규칙이 소멸해도 이전에 규칙이 적용된 상태가 그대로 유지되는 것이 일반적이다. 이런 환경에서 규칙이 적용되면 기저형의 변화를 일으키므로 규칙이 사라져도 바뀐 기저형이 그대로 유지되는 것이다. 반면 생산성이 높은 형태소의 결합 과정에서 적용되던 음운 규칙이 사라지면 그 때는 음운 규칙이 적용되기 이전의 상태로 복원된다. 이런 환경에서 적용되는 음운 규칙은 기저형의 변화를 일으키지 못하기 때문이다.

가령 '알+고(知)'와 같이 생산성이 높은 형태소의 결합에 ㄱ-약화가 적용되면 '알오'가 되었지만 ㄱ-약화가 소멸된 후에는 '알고'로 다시 되돌아왔다. ㄱ-약화가 적용되어 '알고'라는 표면형이 완전히 사라져 버렸음에도 불구하고 규칙 소멸 이후에 '알고'가 다시 나타날 수 있는 것은 이런 환경에서의 규칙 적용이 기저형의 변화를 초래하지는 않기 때문이다. 어미의 기저형은 규칙 소멸 전이든 후든 '-고'이기 때문에 규칙 소멸 후에는 '알+고'라는 생산적 결합 과정을 거치면서 ㄱ-약화 적용을 받지 않고 그냥 '알고'로 실현되는 것이다. 만약 ㄱ-약화가 어미의 기저형을 '-고'에서 '-오'로 재구조화시켰다면 규칙이 소멸되어도 '알오'가 그대로 유지되겠지만 그런 재구조화가 없었기에 '알오>알고'라는 변화가 가능했던 것이다.

그러나 생산성이 높은 형태소들의 경계 사이에서 적용된 음운 규칙이 소멸한다고 해서 항상 이전 단계로 되돌아간다고 볼 수는 없다. 여러 개의 음운 규칙이 적용된 경우에는 어느 한 음운 규칙이 소멸한다고 해도 규칙 이전 단계로 복원되기 어렵다. 가령 경남 방언에서 '이기+어서'는 역사적으로 활음화, 여-축약, 모음 상승이라는 세 단계를 순차적으로 밟아 '이기서'로 실현되고 있다. 만약 이 세 규칙 중 어느 하나가 소멸한다고 해도 '이기서'가 이전 단계로 바뀔 가능성은 낮다. 활음화가 소멸한다고 해서 '이기서'가 '이기어서'로 바뀔 수 없으며 여-축약이나 모음 상승이 사라진다고 해서 '이겨서' 또는 '이게서'로 복원될 수도 없다. '이기서'가 나오는 데에는 어느 하나의 규칙만 관여한 것이 아니라 여러 규칙이 관여 했기 때문에 그 중 하나의 규칙이 소멸해도 이전 단계로 소급되기 어렵다.

규칙의 소멸 이유는 정확히 알려져 있지 않다. 가령 ㄱ-약화 규칙이 16세기 이후에 사라진 이유는 명확하지 않다. 그러나 규칙이 소멸되는 이유를 알 수 있는 경우도 있다. 국어에서 일어난 규칙 소멸을 보면 크게 두 가지 원인을 들 수 있다. 규칙 자체의 성격에 의한 소멸과 다른 변화에 의해 규칙의 입력형이 사라져 버림으로써 생기는 소멸이 그것이다. 아래의 논의 과정에서 드러나겠지만 이 두 가지 원인은 필연적으로 규칙의 소멸을 야기할 수밖에 없다.

우선 규칙 자체의 성격에 의한 소멸은 그 규칙이 처음부터 한정된 수의 입력형에만 적용될 수밖에 없을 때 일어난다. 이런 규칙은 다음 두 가지 유형 중 하나이다.

(10)

ㄱ. 적용 환경이 없이 무조건 적용되는 음운 규칙
ㄴ. 형태소 내부에만 적용되는 음운 규칙

(10ㄱ)은 한 음운을 완전히 변화시킬 수밖에 없다. 그러므로 그 음운이 사라지고 나면 더 이상 규칙의 적용을 받을 대상이 없다. 'ㅸ'의 변화를 비롯하여 음운 체계의 변화를 초래한 많은 무조건적 변화들은 (10ㄱ)에 속하며 이런 변화들은 입력 대상인 음운의 소멸과 함께 모두 사라졌다. (10ㄴ)과 같이 형태소 내부에만 적용되는 음운 규칙 역시 형태소의 수는 유한하기 때문에 적용이 완료되는 순간 소멸한다. ㅎ-구개음화나 ㄱ-구개음화는 비록 일부 형태소에만 적용되고 소멸했지만 더 많은 형태소에 계속 적용된다고 하더라도 형태소 내부에만 적용된다는 속성상 언젠가는 사라질 수밖에 없는 운명이었다.

이처럼 (10)에 속하는 음운 규칙은 필연적으로 소멸할 수밖에 없는 성격을 지녔다. 규칙이 살아 남기 위해서는 무엇보다도 규칙의 적용을 받는 입력형이 계속적으로 만들어질 수 있어야 한다. 그런데 (10)에 속하는 유형의 음운 규칙은 처음부터 그 입력형의 한계가 정해져 있었기 때문에 결국 소멸할 수밖에 없다.

(10)에 속하지 않는 음운 규칙은 소멸 여부를 알기 어렵다. 가령 형태소 경계를 사이에 두고 적용되는 조건 변화는 소멸할지 안 할지를 예측할 수 없다. 다양한 형태소들의 결합에 의해 그 입력형이 지속적으로 공급되거나 또는 강력한 음운론적 제약을 기반으로 하는 음운 규칙은 소멸될 가능성이 상대적으로 낮은 것이 사실이다.

다음으로 다른 변화에 의해 규칙의 입력형이 사라져 버림으로써 규칙이 소멸하는 경우도 있다. 이것은 ㄷ-구개음화의 경우를 통해 확인할 수 있다. ㄷ-구개음화는 형태소 내부이든 형태소 경계를 사이에 두든 적용될 수 있다. 이 중 형태소 내부에 적용되는 것은 결국 소멸할 수밖에 없으므로 논외로 하고 형태소 경계를 사이에 두는 적용되는 ㄷ-구개음화는 적용 환경에 따라 아래의 두 가지로 나눌 수 있다.

(11)[34]

ㄱ. 'ㅌ'으로 끝나는 체언 어간 뒤에 주격 조사나 서술격 조사가 결합할 때

(예) 바치(밭+이), 바치고(밭+이고)

ㄴ. 'ㄷ, ㅌ'으로 끝나는 용언 어간 뒤에 부사 파생 접미사 '-이/히-'나 명사 파생 접미사 '-이-', 피사동 접미사 '-이, 히-'가 결합할 때[35]

(예) 구지(굳+이), 해도지(해돋+이), 다치다(닫+히다)

34 ㄷ-구개음화는 원칙적으로 'ㄷ, ㅌ, ㄸ'에 모두 적용되어야 하지만 형태소 경계를 사이에 두고 적용되는 ㄷ-구개음화는 'ㄷ, ㅌ'에만 적용된다. 이것은 국어에 'ㄸ'으로 끝나는 형태소가 없기 때문이다. 또한 체언의 경우에는 많은 방언에서 'ㄷ'으로 끝나던 것들이 사라져 버렸으므로 ㅌ-말음 어간에만 구개음화가 적용된다.

35 '삽삽이' 등과 같이 용언 어간이 아닌데도 접미사가 결합할 때가 있다. 이런 경우는 그 성격상 (11ㄴ)과 동일하므로 따로 다루지 않는다.

이 중 (11ㄴ)은 해당 접미사들의 생산성이 무척 낮기 때문에 ㄷ-구개음화의 존재를 뒷받침하는 예가 될 수 없다. 예전에 ㄷ-구개음화가 적용된 형태가 그대로 굳어져 내려온 것이라고 해석하는 것이 타당하다. 반면 (11ㄱ)은 생산성이 매우 높은 조사들이 결합되면서 ㄷ-구개음화가 적용된 것이므로 문제가 없다.

그런데 현대국어 중 많은 방언은 설단 자음 'ㅈ, ㅊ, ㅌ'의 마찰음화라는 변화에 의해 ㅌ-말음 체언들이 모두 사라지는 변화를 겪고 있다. 이 변화가 완료된 방언에서는 ㅌ-말음 체언이 ㅅ-말음 체언으로 바뀌었다. 결과적으로 ㄷ-구개음화를 겪을 수 있을 체언이 사라짐으로써 ㄷ-구개음화는 소멸하고 말았다.[36]

예전에는 'ㄷ, ㅌ'으로 끝나는 체언도 많았고 접미사들의 생산성도 지금보다 높았으므로 ㄷ-구개음화는 안정적으로 적용될 수 있었다. 그러나 ㄷ-말음 체언은 모두 ㅅ-말음 체언으로 바뀌었고 ㅌ-말음 체언도 많은 방언에서 사라지는 변화를 겪었다. 여기에 파생 접미사들의 생산성도 낮아지자 많은 방언에서 ㄷ-구개음화는 적용될 수 있는 환경을 모두 잃어버리게 되었다. 이처럼 ㄷ-구개음화의 소멸은 규칙 자체의 성격에서 비롯된 것이 아니고 다른 여러 가지 변화들이 복합적으로 일어나 그 입력형을 모두 없애 버렸기 때문에 일어났다.

이 외에 같은 기능을 하는 다른 음운 규칙에 의해 기존 규칙의 출력형이 변화를 입는 경우에도 규칙은 소멸한다. 이것은 중세국어의 치음 'ㅈ, ㅊ, ㅉ'의 음절말 실현 양상과 관련된다. 15세기 국어의 치음 중 음절말에 자유롭게 올 수 있는 자음은 'ㅅ'밖에 없으며 'ㅈ,ㅊ,ㅉ'은 음절말에 놓일 경우 'ㅅ'으로 바뀌었다.[37] 그런데 16세기 중엽 이후 음절말에 올 수 있던 'ㅅ'이 'ㄷ'으로 변화하였다. 새로운 규칙이 생기면서 기존의 'ㅈ,ㅊ,ㅉ'을 'ㅅ'으로 바꾸던 규칙의 출력형이 다시 'ㄷ'으로 바뀌었다. 기존의 규칙과 새로운 규칙은 모두 음절말에 올 수 없는 자음을 다른 자음으로 바꾸는 같은 기능을

36 이동석(2002 : 310~311)에서도 ㄷ-구개음화의 소멸 원인을 비슷하게 분석한 바 있다.

한다. 그런데 새로운 규칙 때문에 기존 규칙의 출력형이 변화를 입음으로써 결국 기존 규칙은 더 이상 존재하지 못하고 소멸하게 되었다. 즉 이후에는 'ㅈ, ㅊ, ㅉ'이 곧바로 'ㄷ'으로 바뀌게 되는 것이다.

규칙 변화의 세 번째 유형은 규칙 단순화이다. 규칙은 크게 입력형, 출력형, 적용되는 환경의 세 요소로 이루어졌으므로 규칙 단순화는 입력형 또는 적용 환경이 더 일반적인 정보로 이루어지는 변화를 가리킨다. 규칙 단순화는 두 가지를 구분할 수 있다. 하나는 규칙의 적용 대상이 확대되면서 단순화되는 것이고 다른 하나는 규칙의 적용 대상이 축소되면서 단순화되는 것이다.

대부분의 규칙 단순화는 규칙의 적용 대상이 확대되는 방식으로 일어난다. 적용 대상이 늘어난다는 것은 규칙의 입력형이나 적용 환경이 더 보편적이고 일반적인 정보로 이루어짐을 의미한다. 그러므로 규칙이 더 단순화된다. 국어의 자음군 단순화는 대표적인 규칙 단순화의 예이다. 현대국어의 자음군 단순화는 종성에 자음이 두 개 놓일 때 예외 없이 적용되지만 예전에는 그렇지 않았다. 자음군 단순화의 발달 과정은 다음과 같다.[38]

(12)

	자음군의 구조			
	파열음 선행 (ㄱㅅ, ㅂㅅ)	마찰음 선행 (ㅅㄱ)	비음 선행 (ㄴㅈ, ㅁㅊ)	유음 선행 (ㄹㄱ, ㄹㅂ 등)
15세기	용언에만 적용	모두 적용	적용 안 됨	적용 안 됨
16세기 이후	모두 적용	모두 적용	모두 적용	모두 적용

37 치음의 음절말 실현 양상은 여러 가지 이견이 있다. 모든 치음은 음절말에서 'ㄷ'으로 실현된다는 견해, 모든 치음은 음절말에서 'ㅅ'으로 실현된다는 견해, 치음 중 'ㅅ'은 그대로 실현되지만 'ㅈ, ㅊ, ㅉ'은 'ㄷ'으로 실현된다는 견해가 존재한다. 이 중 《훈민정음해례본》의 8종성 규정에 가장 충실한 두 번째 견해가 널리 인정되고 있다. 여기서도 두 번째 견해에 따라 논의를 진행한다.

38 (12)에 제시하는 내용은 이진호(1997ㄱ : 63~87)에서 다룬 것을 좀 더 단순화한 것이다.

15세기에 적용되던 자음군 단순화는 현재와 비교하면 매우 제약이 많았다. 우선 파열음이나 마찰음과 같이 장애음이 선행하는 자음군에만 적용되었다. 그나마도 파열음이 선행할 때에는 용언 어간에만 적용되었다. 그러다가 16세기 이후에 점차 다른 환경으로 확산되면서 오늘날과 같이 예외 없이 적용되기에 이르렀다. 자음군 단순화의 발달 단계는 규칙 단순화의 과정을 그대로 보여 준다. 15세기의 자음군 단순화는 적용 환경에서 공명음이 선행하는 자음군을 제외시켜야 할 뿐만 아니라 파열음이 선행할 때에는 용언에만 적용된다는 비음운론적 제약 조건도 포함시켜야만 한다. 그러나 규칙의 변화가 일어난 결과 적용 환경도 넓어졌고 비음운론적 제약도 없어졌다. 그리하여 규칙은 더 단순화되었다.

서남 방언의 후음 탈락도 비슷한 방식의 규칙 단순화를 겪었다. 국어에서는 비어두의 초성 위치에 있는 후음이 탈락한다.[39] 더 구체적으로는 모음과 모음 사이 또는 공명음과 모음 사이에서 후음이 탈락한다. 반면 장애음과 모음 사이에 있는 후음은 탈락하지 않고 장애음과 축약되어 유기음으로 실현된다. 그런데 서남 방언에서는 앞에 장애음이 놓여도 후음이 그냥 탈락한다. '떠가고(떡+하고), 바바고(밥+하고)' 등과 같은 예들이 그것을 말해 준다. 서남 방언의 후음 탈락은 적용 환경이 확대되면서 '{모음, 자음}과 모음 사이'의 후음이 탈락하게 되었다. 이것은 변화가 일어나기 전의 적용 환경인 '{모음, 공명음}과 모음 사이'와 비교해 볼 때 '공명음'이 '자음'으로 일반화되었으므로 규칙이 단순화되었다고 할 수 있다.

이처럼 규칙의 적용 영역이 확대되면 규칙 단순화가 일어나는 경우가 많다. 그런데 규칙의 적용 대상이 축소되어도 규칙이 단순화될 수 있다. 가령 어떤 음운 규칙이 축소되기 전에는 입력형이나 적용 환경이 자연 부류(natural class)를 이루지 않았는데 축소되면서 자연 부류를 이루게 되었다면 이것은 적용 영역의 축소가 규칙 단순화로 이어진 예가 될 수 있다. 이런 방식으로 규칙이 단순화된 예는 국어를 비롯한 다른 언어에서 제시된 적은 없지만

39 후음 탈락은 방언에 따라 수의적으로 일어나기도 한다.

이론적으로는 얼마든지 가능하다.

규칙의 단순화는 크게 보면 규칙의 적용 환경이 바뀌는 것이다. 그런데 규칙의 적용 환경은 항상 단순화되지만은 않는다. 더 복잡해질 수도 있고 복잡성에서는 차이가 없지만 그 내용이 바뀔 수도 있다. 가령 국어의 유음 탈락이 이것을 잘 말해 준다. 15세기의 유음 탈락은 'ㄴ, ㅅ'은 물론이고 'ㄷ, ㅈ, ㅿ'과 같은 자음 앞에서 일어났다.[40] 그런데 현대 국어의 유음 탈락은 방언에 따라 매우 상이한 모습을 보인다. 중앙어를 비롯한 많은 방언에서는 'ㄷ, ㅈ' 앞에서 더 이상 유음 탈락이 일어나지 않는다. 반면 경북의 많은 방언에서는 'ㄷ, ㅈ'은 물론이고 'ㄱ, ㅁ'과 같은 자음 앞에서도 유음이 탈락한다.[41]

이와 같이 유음 탈락의 적용 영역이 축소 또는 확대되는 것은 규칙의 단순화와는 무관하다. 중앙어의 경우 적용 영역이 축소되면서 오히려 유음 탈락의 환경이 이전보다 더 복잡해졌다. 또한 경북 방언은 적용 환경이 확대되었다고 해도 유음 탈락이 이전보다 더 단순화되었다고 볼 수는 없다. 오히려 유음 탈락의 적용 환경이 확대되어 적용 동기가 모호해졌다. 이처럼 규칙의 단순화만으로는 실제로 일어나는 규칙의 변화 양상을 포괄할 수 없는 것이다. 이 때문에 '규칙 단순화' 대신 '규칙 적용 환경의 변화'라는 유형을 설정하는 것이 더 타당하다.

기존의 규칙 단순화를 규칙 적용 환경의 변화로 보면 지금까지 다룬 규칙의 변화는 크게 새로 생기는 것(규칙 첨가), 없어지는 것(규칙 소멸), 그 성격이 달라지는 것(규칙 적용 환경의 변화)으로 나뉜다. 실제로 규칙이 변화한다면 이 세 가지 방식으로 나타날 수밖에 없으므로 이것이 규칙 변화의 중요 유형이 된다. 이 외에 예전에는 '규칙 재배열'과 '재어휘화 (relexicalization)'도 규칙의 변화로 다룬 적이 있지만 지금은 규칙의 변화에서

40 유음 탈락은 용언의 활용과 합성어 형성 과정에서 적용되는데 여기서는 논의의 편의상 용언의 활용만을 대상으로 한다.

41 '우고(울+고), 우면(울+면)' 등으로 나타난다. 자세한 논의는 3.6.1.에서 다시 한다.

제외시키는 경우가 대부분이다. 그것은 두 변화의 성격 때문이다.

규칙 재배열이라는 변화는 규칙들 각각은 그대로이되 규칙들 사이의 순서가 바뀌는 변화 유형을 말한다. 두 개의 규칙 'A, B'가 'A→B'의 적용 순서에서 'B→A'의 적용 순서로 바뀔 때 규칙 재배열이라고 한다. 규칙 재배열은 흔히 방언 차이를 설명하는 데 많이 이용되었다. 가령 '고삐'의 방언형 중 '고뺑이'와 '괴뺑이'의 차이를 설명하기 위해 '고뺑이'는 '이-탈락→움라우트'의 규칙순을 설정하고 '괴뺑이'는 '움라우트→이-탈락'의 규칙순을 설정한 후 둘 중 하나는 규칙 재배열이라는 변화를 겪었다고 설명하는 것이다.[42]

그런데 규칙 재배열의 존재 가능성에 대해서는 문제 제기가 계속 있어 왔다. 박창원(1990:428)에서는 두 개의 규칙 A, B 사이에 재배열이 일어났다면 통시적으로는 'A → B → B → A'의 순으로 규칙들이 적용되어야 하는데 이런 순서 자체가 잘못되었다는 점을 들어 규칙 재배열의 존재를 부인하였다. 이진호(2002ㄴ:71)에서는 국어의 음운 규칙이 적용되는 층위에 비추어 볼 때 규칙 재배열은 성립할 수 없는 변화임을 지적하기도 하였다. 2.5.에서 더 상세히 다루겠지만 규칙 재배열은 국어에서는 일어날 수 없는 변화 유형이다. 규칙 재배열을 부정할 경우 '고뺑이'와 '괴뺑이'의 차이도 규칙 재배열이 아닌 규칙 적용 연대의 차이로 설명한다. 즉 '고뺑이'는 이-탈락이 먼저 적용되고 그 뒤에 움라우트가 적용되었지만 '괴뺑이'는 이-탈락 대신 움라우트가 먼저 적용되었다고 해석하는 것이다.

재어휘화는 기저형의 변화를 가리킨다. 예를 들어 '기름'이 ㄱ- 구개음화의 적용을 받으면 '지름'이 되는데 이것을 재어휘화라고 한다. 지금은 재어휘화보다는 재구조화라는 용어가 더 일반화되었다. 재어휘화는 규칙 자체의 변화를 나타내지는 않는다. 대신 규칙이 적용됨으로써 일어난

42 '이-탈락 → 움라우트'의 순서가 '움라우트 → 이-탈락'의 순서로 재배열된 것인지 아니면 그 반대인지는 알 수가 없다. '고뺑이'와 '괴뺑이' 중 어느 것이 더 시기적으로 앞선 형태인지 알아야만 규칙 재배열이 일어나기 전의 규칙 적용 순서를 정할 수 있다. 자세한 것은 이병근(1976)을 참고할 수 있다.

기저형의 변화를 가리킨다. 그렇기 때문에 규칙의 변화 유형으로 볼 수 없다. 규칙의 변화를 논의하던 초창기에 잠시 다루어졌지만 그 후 규칙의 변화 유형으로부터 제외되었다.

이상에서 살펴본 바와 같이 규칙의 변화 유형으로는 최대 다섯 가지가 거론된 적도 있다. 이 중 규칙 변화가 아닌 기저형의 변화를 나타내는 재어휘화가 빠지고 규칙 재배열도 실제 존재한다고 보기 어려운 변화 유형임이 드러나면서 규칙의 변화 유형은 세 가지로 정착되었다. 세 가지 변화 유형 중 규칙 단순화도 규칙 적용 영역의 변화로 수정되어 최종적으로는 '규칙 첨가, 규칙 소멸, 규칙 적용 환경의 변화'를 규칙의 변화 유형으로 설정하였다.

2.3.2. 음운 변화의 성격에 따른 유형

음운 변화는 그 성격에 따라서도 구분할 수 있다. 음운 변화의 성격은 음운 변화를 이루는 세 가지 요소인 '입력형, 출력형, 적용 환경'에 따라 달라진다. 여기서는 '적용 환경의 유무', '입력형과 출력형의 관계', '입력형과 적용 환경의 관계'라는 세 가지 기준에 따라 음운 변화를 어떻게 분류할 수 있는지 살피기로 한다.

2.3.2.1. 적용 환경의 유무

음운 변화 중에는 구체적인 적용 환경이 있는 것과 없는 것의 두 가지를 구분할 수 있다. 전통적으로는 이것을 조건 변화와 무조건 변화로 구분하였다. 음운 변화를 규칙의 차원에서 볼 때에는 문맥 중화 규칙(context-sensitive)과 절대 중화 규칙(context-free)으로 구분할 수도 있다. 문맥 중화 규칙이 조건 변화에 대응하고 절대 중화 규칙이 무조건 변화에 대응한다.

동화나 이화를 비롯한 많은 변화들은 특정한 환경에서만 일어나므로 조건 변화라고 할 수 있다. 일정한 환경에 구애 받지 않는 변화가 무조건 변화이다. 'ㅸ'이 후행 모음과 결합할 때 원순성과 관련된 음운으로 바뀌는 것이 대표적인 무조건 변화이다. 'ㅸ'의 변화에서 '모음 앞'이라는 것은 적용 환경이나 조건이 아니다. 'ㅸ'은 항상 모음 앞에서만 나타난다는 분포 제약을 지니므로 'ㅸ'이 모음 앞에서 변화한다고 해서 이것을 조건 변화로 볼 수는 없다. 'ㅸ'은 모두 다른 음운으로 바뀔 뿐이다.

적용 환경의 유무란 제삼의 가능성을 허용하지 않는 명확한 문제이므로 조건 변화와 무조건 변화도 쉽게 구분이 가능하지만 때로는 그 구분이 모호한 경우가 있다. 가령 축약이나 도치가 대표적이다. 일반적인 음운 변화에서는 적용 환경이 되는 음운은 바뀌지 않고 입력형만 바뀌므로 적용 환경이 있는지 없는지를 쉽게 알 수 있다. 반면 축약이나 도치는 변화에 참여하는 요소들이 모두 바뀌기 때문에 적용 환경이 없는 것처럼 느껴져 무조건 변화로 분류하기 쉽다.

축약과 도치가 문제되는 것은 입력형과 적용 환경이 특별히 구별되지 않기 때문이다. 그러나 축약이나 도치는 하나의 단위에만 적용되는 것이 아니다. 음운 변화에 관여하는 단위가 두 개의 음운이며 이 두 음운이 시간적인 선후 관계를 맺고 있다는 점에서 축약과 도치는 다른 조건 변화와 동일하다. 축약과 도치는 변화에 참여하는 두 개의 음운이 입력형인 동시에 적용 환경의 역할도 하기 때문에 적용 환경이 없다고 볼 수는 없다. 그런 점에서 축약과 도치는 조건 변화로 보는 것이 타당하다.

이 밖에 '어:>으:'와 같은 모음 상승, 2음절 이하에 위치한 'ㆍ'의 변화도 조건 변화 여부를 결정할 때 문제가 될 수 있다. 장모음 '어:'와 '으:'를 단모음과는 구별되는 별개의 음운으로 설정하면 '어:>으:'는 무조건 변화에 속한다. 그러나 장모음을 별개의 음운으로 설정하지 않고 단모음에 시간 단위를 나타내는 운소가 결합된 것으로 보면 장단이 음운 변화의 환경처럼 해석되어 조건 변화인지 아닌지를 구분하기 어려워진다. 또한 'ㆍ'의 변화 역시 2음절 이하라는 것이 조건인지 아닌지를 판단하기 어렵다. 정인호(2006ㄴ: 346~350)에서는 2음절 이하가 불분명하고 불안정한 위치이며 이 위치의 저모음은 상승하는 것이 자연스럽다는 점 등을 들어 이 위치에서의 'ㆍ'의 변화가 조건 변화일 가능성을 주장한 바 있다. 2음절이라는 것이 단순한 위치의 문제를 떠나 음운 변화가 일어나는 적용 환경으로서 적극적으로 작용했다면 이것도 적용 환경으로 볼 수 있는 여지가 생긴다.

이런 문제는 조건 변화에서의 조건을 어떻게 해석할 것인지와 밀접한 관련을 맺는다. 통합하는 요소에 의해 음운 변화가 일어나는 경우만을 조건 변화라고 한다면 '어:>으:'나 'ᄋᆞ'의 변화는 조건 변화가 될 수 없다. 장단이나 2음절 이하라는 것은 변화를 겪는 음운과 통합 관계를 맺지 않기 때문이다. 그러나 조건의 의미를 넓게 해석하여 음운 변화를 일으키는 요인을 모두 조건이라고 본다면 '어:>으:'나 'ᄋᆞ'의 변화의 변화도 조건 변화에 속할 것이다.[43] 음운 변화의 조건을 통합적인 것에 국한할 이유는 없으므로 타당성이 인정되는 조건이 있다면 조건 변화로 보는 것이 더 나을 듯하다.

적용 환경이 없이 적용되는 무조건 변화는 그 속성상 대부분의 경우에 변화가 완료되면 입력형이 되는 음운이 소멸한다.[44] 반면 특정한 적용 환경이 있는 조건 변화는 그 자체만으로는 음운의 소멸을 일으키기 어렵다. 'ㅿ'의 변화는 적용 환경을 지니지 않은 대표적인 음운 변화이다. 특정한 환경에 놓인 'ㅿ'만 변화한 것이 아니고 모든 'ㅿ'이 변화했다. 반면 전설 모음화나 움라우트와 같은 음운 변화는 일정한 환경에서만 적용되는 음운 변화이다. 그러므로 움라우트가 일어나도 후설모음은 사라지지 않고 그대로 유지된다.

적용 환경의 유무와 직접 대응하지는 않지만 관련되는 것으로 통합적 변화와 계열적 변화를 들 수 있다. 통합적 변화는 변화의 요인을 인접하는 음운들 사이의 통합 관계에서 찾는다. 그러므로 통합적 변화는 적용 환경을 가지고 있을 수밖에 없다. 반면 계열적 변화는 변화의 요인을 음운들의 계열 관계에서 찾는다. 계열 관계를 이루는 요소들이 체계를 이루므로 계열적 변화는 음운 체계 내의 압력이나 대립 관계 등에 의해 일어난 음운 변화이다. 계열적 변화는 인접하는 음운들 사이의 통합 관계가 중요하지 않으므로

43 물론 '어:>으:'나 'ᄋᆞ'의 변화가 진정한 조건 변화로 분류되려면 장단이나 2음절 이하라는 위치가 음운 변화의 적용과 어떤 관련을 맺는지 명확히 드러나야 한다.

44 무조건 변화인데도 음운이 소멸되지 않은 경우는 모두 해당 음운 변화가 모든 입력형에 적용되기에 앞서 그 세력을 잃고 사라졌기 때문에 나타난다.

적용 환경이 반드시 있어야 하는 것은 아니다.

통합적 변화와 계열적 변화를 통합 관계의 변화, 계열 관계의 변화로 이해할 수도 있다. 이것은 통합 관계나 계열 관계를 변화의 요인으로 파악하지 않고 변화의 대상으로 본 것이다. 계열 관계가 바뀐다는 것은 체계의 변화를 뜻하며 음운의 소실이나 첨가 또는 재음운화가 여기에 속한다. 통합 관계가 바뀐다는 것은 음운 사이의 배열 또는 특정 음운의 분포가 바뀌어 음운들의 결합에 변화가 생기는 것을 뜻한다.

2.3.2.2. 입력형과 출력형의 관계

입력형과 출력형을 비교하여 어떻게 바뀌었는지를 기준으로 삼아 음운 변화를 분류할 수 있다. 이 기준에 따르면 음운 변화는 '대치, 탈락, 첨가, 축약, 도치'로 나누는 것이 일반적이다. 대치와 도치는 변화 전과 후에 음운의 수에는 변동이 없다. 다만 대치는 음운의 질적인 변화가 일어나지만 도치는 질적인 변화 없이 두 음운의 순서만 바뀐다는 차이가 있다. 탈락, 축약은 음운의 수가 줄어드는 음운 변화로 탈락은 단순히 음운 수의 변화만 있지만 축약은 질적인 변화까지도 일어난다. 첨가는 음운의 수가 늘어나는 변화이다.

지금까지는 이상의 다섯 가지 유형만 인정했지만 국어의 음운 변화를 위해서는 한 가지 유형을 추가할 필요가 있다. 새로운 변화 유형은 단모음 '외, 위'의 변화 과정에서 발견된다. 중세국어 시기에 하향 이중모음이었던 'oy, uy'는 단모음으로 바뀌었다가 다시 많은 방언에서 이중모음 'we, wi'로 변화하였다.[45] 이 변화는 하나의 음운이 두 개의 음운으로 나뉜 것으로 기존

45 잘 알려져 있다시피 'oy, uy'가 'wi, we'로 바뀌는 변화 과정을 설명하는 방식은 두 가지가 대립하고 있다. 'oy/uy>ö/ü>we/wi'와 'oy/uy>we/wi'가 그것으로 변화의 중간에 단모음으로 바뀌는 단계를 넣을 것인지 아니면 성절성 도치가 일어나 하향 이중모음에서 상향 이중모음으로 곧장 바뀌었다고 볼 것인지의 차이가 있다. 그런데 중간에 단모음으로 바뀌는 단계가 없다면 'oy'가 'we'로 직접 바뀌는 변화를 설명하기 어렵다. 'o'가 성절성을 잃으면 활음 'w'로 바뀌지만 활음 'y'가 성절성을 획득하면 'i'가 되므로 'oy'에 성절성 도치가 일어난다면 'we' 대신 'wi'가 될 수밖에 없다. 이런 문제 때문에 'oy/uy>ö/ü>we/wi'의 변화 단계를 채택한다.

의 다섯 가지 유형 중 어디에도 속하지 않는다. 그러므로 단모음 '외, 위'의 이중모음화를 위해 새로운 변화 유형을 설정할 필요가 있다. 한 음운이 둘로 나뉘었다는 점에서 '분열'이라는 용어를 사용하고자 한다.[46] '분열'은 '축약'과 대칭되는 음운 변화의 유형이다. 분열은 그 속성상 음운 체계의 변화를 초래하게 되므로 항상 통시적 음운 변화로서의 자격만을 지닌다.

2.3.2.3. 입력형과 적용 환경의 관계

음운 변화의 결과 입력형이 적용 환경과 같아지는지 아니면 달라지는지에 따라 동화(同化)와 이화(異化)를 구분한다. 동화는 입력형이 적용 환경과 같아지는 음운 변화로 화자의 입장에서 보면 발음하기가 편리해진다는 의미가 있다. 이화는 동화와 반대로 입력형이 적용 환경과 멀어지는 음운 변화이다. 청자의 측면에서 보면 이화가 일어남으로써 발음을 최대한 구분해서 듣기에 유리해진다는 의미가 있다.

국어에서 일어난 많은 음운 변화 중에는 이화보다 동화가 더 많다. 이화라고 흔히 거론되는 것으로는 비원순모음화 및 동기관적 이화에 의해 일어난 유음 탈락 정도만 들 수 있을 뿐이다.[47] 이화는 그 수도 적지만 그 성격도 강하다고 보기 어렵다. 비원순모음화는 한정된 환경의 '오'에만 적용되었는데 양순음 아래에서 일어난 원순모음화와 비교한다면 너무나 미약한 음운 변화이다. 유음 탈락 역시 모든 지조음 앞에서 일어나지는 않는다는 점에서 이화로서의 성질이 강하다고는 볼 수 없다.

동화나 이화는 기본적으로 인접한 음운 사이의 통합 관계가 매우 중요한 음운 변화이다. 그러므로 단순히 표면적으로 같아지거나 달라진 것만 가지고 동화나 이화라고 판단해서는 안 된다. 통합 관계에 있는 음운들의 특성이 동화나 이화를 어떻게 야기했는지 설명할 수 있어야만

46 변화의 유형을 설명하는 용어는 논의에 따라 매우 다양하게 쓰인다. 중요한 것은 용어 자체가 아니고 개념이므로 일관되게 사용하기만 한다면 큰 문제는 없다.

47 동기관적 이화에 의한 유음 탈락은 이병근(1981)을 참고할 수 있다.

한다. 가령 '능력[능녁], 정리[정니]' 등에서 보이는 비음화를 단순히 'ㄹ'이 선행하는 비음을 닮았다고 해서 동화로 보기는 어렵다. 이러한 비음화는 비음 뒤에서만 일어나는 것이 아니고 '독립[→독닙→동닙], 압력[→압녁→암녁]'에서 볼 수 있듯이 'ㄹ'을 제외한 모든 자음 뒤에서 일어난다. 그러므로 선행 자음이 비음이라는 사실은 중요하지 않다.

이화의 경우도 마찬가지이다. '밥+도[밥또], 밥+과[밥꽈]'에서 적용된 경음화를 보면 두 개의 파열음이 처음에는 모두 평음으로 공통적이었지만 경음화가 일어나고 나면 이런 공통점이 사라지고 만다. 그렇다고 해서 이런 경음화를 이화라고 보는 것은 곤란하다. 통합 관계를 이루는 두 개의 파열음이 어떤 성격을 지녔기 때문에 경음화가 일어났는지 전혀 설명할 수 없기 때문이다. 이것은 비원순모음화와 비교해 보면 더 분명해진다. 비원순모음화는 '양순음'와 '오'가 공유하는 순음성을 모음에서 제거하는 음운 변화이며 통합 관계를 맺는 두 음운의 특성으로부터 왜 그렇게 변화하는지를 쉽게 이해할 수 있다. 그러나 경음화의 경우에는 그런 해석을 하기가 어렵다.

음운 변화 중에는 동화나 이화로 보기 어려운 것도 많다. 가령 음절말에 적용되는 자음군 단순화는 동화나 이화 어느 쪽에도 속하지 않는다. 음운이 첨가되는 변화도 동화나 이화와 무관하다. 이처럼 음운 변화를 동화와 이화로 양분하는 방식은 모든 음운 변화에 적용할 수는 없다.

2.3.3. 음운 변화의 적용 위치에 따른 유형

음운 변화는 어디에서 일어나는지에 따라 유형을 분류할 수도 있다. 2.2.4.에서 살핀 바와 같이 음운 변화가 적용되는 위치는 크게 형태소 내부와 형태소 경계 사이의 둘로 나눌 수 있으며 형태소 내부는 다시 인접 형태소로부터 음운론적 영향을 입을 수 있는 위치와 그렇지 않은 위치로 더 세분할 수 있다. 그러나 음운 변화의 유형을 나눌 때에는 크게 형태소 내부에 적용되는지 아니면 형태소 경계를 사이에 두고 적용되는지만 구별하는 것으로 충분하다. 형태소 내부를 다시 인접한 다른 형태소로부터의 영향 유무에 따라 두 가지 위치로 하위 구분한 것은 그에 따라 음운 변화가 일으키는 재구조화 양상이 다르기 때문이지, 음운 변화가 그러한 구분에 따라 적용 여부를 달리하는 것은 아니기 때문이다. 형태소 내부에 적용되는 음운 변화는 인접한 형태소의 영향이 있는 위치든 없는 위치든 환경만 만족되면 모두 적용될 수 있다.

음운 변화의 적용 위치에 따라 음운 변화의 유형을 구분하면 다음과 같다.[48]

(13)

ㄱ. 형태소 내부에서만 적용되는 음운 변화

ㄴ. 형태소 내부와 경계 사이에서 모두 적용되는 음운 변화

ㄷ. 형태소 경계 사이에서만 적용되는 음운 변화

(13ㄱ)과 같이 형태소 내부에서만 적용되는 음운 변화는 기본적으로 음운 변화의 입력형이 형태소의 결합으로는 만들어질 수 없다. 그렇기 때문에 한 형태소 내부에서만 적용된다. ㄱ, ㅎ, ㄴ-구개음화가 대표적이다. 이 구개음화는 어두에서만 적용되기 때문에 형태소의 결합 과정에서는 적용될 수 없다. 이 외에 적용 환경이 없는 무조건 변화도 형태소 내부에서만 적용되는 음운 변화이다. (13ㄱ)과 같은 음운 변화는 입력형이 유한하기 때문에 반드시 소멸될 수밖에 없다.

조건 변화 중 많은 음운 변화는 (13ㄴ)과 같이 형태소 경계의 개재 여부에 상관 없이 적용된다. 비음 동화를 비롯하여 여러 음운 변화는 적용 환경만 충족된다면 언제나 적용된다. 특히 음운론적 제약을 만족시키기

48 지금까지 이런 기준으로 음운 변화의 유형을 구분한 적은 없다. 이것은 아마도 서구의 많은 언어들이 굴절어적인 성격을 지니므로 형태소 내부인지 아닌지의 여부가 중요하지 않았기 때문인 듯하다. 그러나 국어와 같은 교착어의 경우에는 형태소 내부에 적용되는 것과 형태소 경계를 사이에 두고 적용되는 것에 큰 차이가 나므로 구분할 필요가 있다.

위해 적용되는 강력한 음운 변화일수록 형태소 경계의 유무에 영향을 받지 않는다.

(13ㄷ)은 형태소 내부에는 적용되지 않고 형태소 경계를 사이에 둘 경우에만 적용되는 음운 변화이다.[49] 형태소 경계의 개재 여부가 음운론적으로는 큰 의미가 없다는 점에서 (13ㄷ)에 속하는 음운 변화는 매우 독특하다. (13ㄷ)과 같은 음운 변화는 처음부터 형태소 경계 사이에서만 적용되던 것일 수도 있고 원래는 (13ㄴ)유형의 음운 변화였다가 성격이 바뀐 것일 수도 있다. 이 중 두 번째 유형은 (13ㄷ)에서 제외해야만 한다. (13ㄴ)에 속하는 음운 변화는 형태소 내부에 모두 적용되어 재구조화가 완료되면 결국에는 (13ㄷ)으로 바뀔 수밖에 없기 때문이다.

(13ㄷ)과 같은 모습을 보이는 대표적인 음운 변화로 ㄱ-약화, 용언 어간말 비음 뒤에서의 경음화, 합성어 형성에서의 ㄴ-첨가 등을 들 수 있다. 중세국어 시기에는 형태소 내부에서 'ㄹㄱ' 연쇄가 매우 많이 나타난다. 만약 ㄱ-약화가 형태소 내부에도 적용되었다면 형태소 내부에 'ㄹㄱ'이 나타나지 않든지 그 예가 매우 적어야 하는데 많은 형태소에서 'ㄹㄱ'이 나타나고 있다.[50] 그러므로 ㄱ-약화는 형태소 경계가 사이에 있을 때에만 적용되는 음운 변화이다. 용언 어간말 비음 뒤에서의 경음화나 ㄴ-첨가는 처음부터 비음운론적 제약을 가지고 적용되던 음운 변화이다. 이런 비음운론적 제약을 만족시키기 위해서는 형태소 경계를 사이에 두고 적용될 수밖에 없다.

유음 탈락도 15세기 이래로 형태소 경계 사이에서만 적용되었다. 구체적으로는 체언 어간 뒤에 조사가 결합하는 경우를 제외한 나머지 환경에서 유음 탈락이 일어났다. 그런데 김 현(1997:31)에 따르면 형태소 내부의 음운 연쇄 중 'ㄹ' 뒤에 설음과 치음이 오는 경우는 잘 나타나지 않는다. 이것은

49 (13ㄷ)에 속하는 음운 변화는 다시 형태소 경계의 성격에 따라 파생, 합성, 체언의 곡용, 용언의 활용 등으로 더 세분하여 살필 수도 있다.

50 자세한 예는 김 현(1997 : 30)을 참고할 수 있다.

유음 탈락이 형태소 내부에 적용되어 'ㄹ+설음' 또는 'ㄹ+치음'의 연쇄를 없애 버렸기 때문일 수도 있다. 그러므로 유음 탈락은 (13ㄷ)에 속한다고 단정 짓기 어렵다.

(13ㄷ)에 속하는 음운 변화는 단어의 형태론적 구성에 대한 실마리를 제공할 수 있다. 음운 변화의 적용 여부로 형태소 내부인지 아닌지를 판별할 수 있기 때문이다. 형태소 식별이 용이하지 않더라도 (13ㄷ) 유형의 변화가 적용되었다면 서로 다른 형태소끼리의 결합형임을 알 수 있다. 또한 형태소의 생산성이 낮거나 복합어라고 하더라도 이미 어휘화된 경우에는 (13ㄷ) 유형의 음운 변화가 적용되지 않을 것이므로 형태소의 생산성이나 어휘화 여부를 판단하는 데 쓰일 수 있다.

2.4. 통시적 음운 변화의 변천

음운 변화가 새롭게 생겨나면 시간의 흐름과 함께 그 지위도 변화하게 된다. 처음에 미미한 세력으로 등장한 변화는 점차 확산되면서 세력을 얻었다가 최종적으로는 소멸하는 단계까지 이를 수 있다. 여기서는 음운 변화의 변천 단계를 다음과 같이 설정하고자 한다.

(14)

생성 〉 확산 〉 규칙화 〉 동결 〉 축소 〉 비규칙화 〉 소멸

일반적으로 음운 변화의 변화 단계를 '생성, 확산, 축소, 소멸'의 넷으로 설정하는 것과 비교하면 '규칙화, 동결, 비규칙화'라는 세 단계가 더 추가되었다. 이러한 차이가 나타나는 주된 이유는 무엇보다도 음운 규칙이 처음부터 첨가되지는 않는다는 생각 때문이다. 만약 음운 변화가 처음 생성될 때부터 일반화할 수 있는 정보로만 이루어진 음운 규칙의 자격을

지닌다면 '규칙화'라는 단계는 설정할 수 없다.[51] 그러나 음운 변화가 처음 생겨났을 때는 매우 제한된 환경에서만 일어나기 때문에 그 자체를 규칙이라고 말하기는 어렵다. 음운 변화가 점차 세력을 얻어 가면서 입력형이나 적용 환경이 어느 정도 일반화되었을 때 음운 규칙으로 볼 수 있으므로 음운 변화가 규칙으로 자리잡는 단계를 더 설정할 필요가 있다.[52] 마찬가지로 소멸하는 단계에서도 규칙의 적용 환경이 줄어들면서 규칙으로서의 성격을 잃어 버리는 단계가 있을 터이므로 그것을 반영하여 (14)와 같은 변천 단계를 규정하였다.

각각의 단계를 더 구체적으로 살펴보면 음운 변화의 생성은 말 그대로 없던 음운 변화가 새로 생기는 것이다. 새로운 음운 변화는 일부의 환경에서만 나타난다. 일부 어휘에서만 보이는 이런 변화를 규칙으로 설정하기는 어렵다. 그러므로 음운 규칙이 처음부터 첨가된다고 볼 수는 없다.

음운 변화가 생성되는 원인은 매우 다양하다. 크게 보면 체계 내적 원인과 체계 외적 원인으로 나눌 수 있다. 체계 내적 원인에는 음운 체계 내의 불안정성이라든지 또는 대립 관계의 조정 등이 포함된다. 체계 외적 원인으로는 음운의 기능 부담량, 조음의 편이성, 대립의 극대화 등을 들 수 있다.[53] 어느 경우든지 원인이 분명한 음운 변화일수록 생성된 이후 세력이 확장될 가능성이 더 크다.

새로 생겨난 음운 변화는 소수의 어휘에만 적용된다. 이 때 음운 변화의 적용을 받을 가능성이 높은 어휘는 당연히 빈도수가 높은 것이 될 수밖에 없다. 빈도수가 높다는 것은 그만큼 음운 변화의 적용을 받을 기회가 많음을

---

51 여기서 말하는 음운 변화나 음운 규칙의 개념은 1.4.에서 이미 정의한 바 있다.

52 이것은 태풍의 생성 과정과 동일하다. 바다의 수증기가 상승 기류를 이루면서 태풍이 만들어진다고 보지만 상승 기류 수준일 때는 아직 태풍이라고 말할 수 없다. 상승 기류가 점차 발달하여 일정 수준 이상의 세력이 되어야만 태풍이라고 할 수 있다. 음운 변화도 마찬가지이다. 처음 생겼을 때부터 음운 규칙이라고 보기는 어렵고 더 발달하여 어느 정도의 일반화가 가능할 때 비로소 음운 규칙이라고 할 수 있는 것이다.

53 기능 부담량이 음운 변화에 영향을 줄 수 있는지에 있어서는 상반된 입장이 존재한다. 자세한 것은 King(1967)을 참고할 수 있다.

뜻하기 때문이다.[54]

음운 변화는 생성된 그 순간부터 확산의 단계로 들어선다고 할 수 있다. 그런 점에서 음운 변화의 확산은 생성 단계와 명확히 분리되지는 않는다. 국어의 음운 변화가 확산되는 데 환경별로 차이가 있다는 것은 여러 차례 지적된 바 있다. 'ㅸ'의 변화를 다룬 김완진(1974)나 ㄷ-구개음화의 확산 과정을 다룬 홍윤표(1985)에 따르면 음운 변화가 형태소 내부에 적용되는지 또는 형태소 경계에 인접해 적용되는지에 따라 시기적으로 다른 적용 양상을 보인다. 이것은 음운 변화의 확산에 형태소 경계의 개재 여부와 같은 요인들이 영향을 미침을 말해 준다. 그러나 음운 변화별로 차이가 있어 일률적으로 어떤 환경에서 먼저 확산된다고 단언하기는 어렵다.

음운 변화가 점차 확산되면서 적용 범위가 넓어지면 입력형이나 적용 환경을 일반화할 수 있는 단계에 이른다. 이 단계가 되면 음운 변화는 음운 규칙의 자격을 지닌다. 규칙화는 음운 변화의 확산에 결정적인 역할을 할 것이다. 규칙이 되기 전의 음운 변화는 개별 어휘별로 적용이 되지만 규칙이 되면 적용 영역이 일반화되면서 광범위하면서도 강력하게 적용될 수 있기 때문이다.

음운 변화는 생성된 이후 확산을 통해 규칙화의 단계를 거친 뒤 동결에 이르기 전까지 계속 적용 영역을 넓혀 나간다. 이러한 확산 과정을 도표화하면 일반적으로 S자 곡선과 비슷하다고 알려져 있다. 음운 변화는 처음 생겨나서 완만하게 확산되다가 어느 순간 급격히 확대되고 다시 완만하게 바뀌는 것이다. 아래의 (15)는 이 확산 과정을 나타낸 것이다.

54 빈도수라는 것은 언어 변화에서 양면적인 모습을 보인다. 빈도수가 높으면 음운 변화의 적용을 받을 가능성도 크지만 반면에 이전 형태에 대한 인식이 강해서 변화에 저항하는 일도 없지 않다. 다만 빈도수에 의한 저항은 음운 변화가 어느 정도 확산된 이후에나 가능하기 때문에 생성 무렵에는 빈도수가 음운 변화의 적용에 긍정적인 작용을 할 가능성이 크다.

(15)

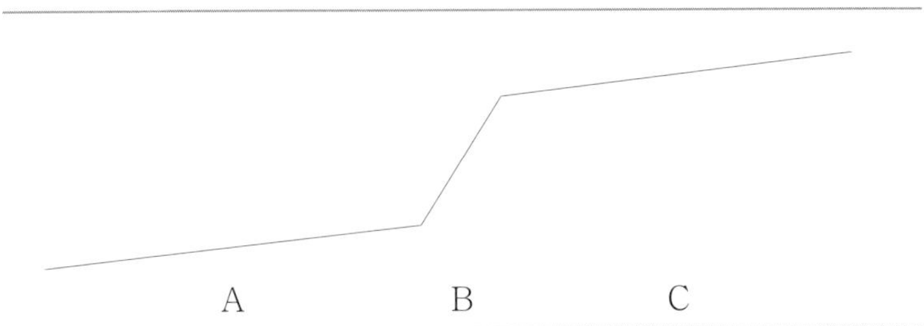

(가로축은 시간의 흐름, 세로축은 변화가 적용되는 비율)

(15)를 여기서 설정한 변화 단계와 대비시킨다면 A는 확산 단계에 해당하고 B는 규칙화가 일어나는 단계에 해당한다. 규칙화를 통해 규칙이 급격히 확산되고 나면 이후에 완만한 확대(C에 해당)를 통해 확산 과정이 마무리된다. 음운 변화의 확산이 최대한으로 이루어지면 예외를 전혀 허용하지 않는 강력한 음운 규칙이 된다. 형태소 내부에서든지 형태소 경계에서든지 음운 규칙이 모두 적용된다. 그 결과 더 이상 규칙의 적용 조건을 만족시킴에도 불구하고 규칙이 적용되지 않는 표면형은 존재하지 않는다. 적용 조건을 만족시키는 모든 형태에 음운 변화가 적용되어 다른 형태로 바꾸어 버리는 것이다.

세력의 정점에 이른 음운 변화는 새로운 단어 또는 새로운 형태소 결합이 만들어지거나 다른 변화에 의해 새로 입력형이 생겼을 때 두 가지 다른 모습을 보인다. 하나는 새로운 입력형이 생겼을 때에도 여전히 적용되는 것이고 다른 하나는 새로운 입력형이 생겼을 때 적용되지 않는 것이다. 새로운 입력형이 생겨도 계속 적용되는 음운 변화는 끊임 없이 확산되는 과정에 있다. 그러나 더 이상 새로운 입력형에 적용되지 못하는 음운 변화는 기존의 적용 영역만 그대로 유지한 채 굳어져 버렸다. 음운 변화가 더 이상 확산되지 못하고 멈추는 것을 동결(凍結)되었다고 할 수 있다.

국어에는 정점에 다다른 음운 변화가 두 가지 다른 모습을 보이는 예가 모두 존재한다. 가령 비음 동화와 같은 음운 변화는 비음 앞의 모든 장애음을 비음으로 바꾸었지만 여전히 새로운 입력형이 생길 때마다 적용되고 있다.

현대국어에서 예외 없이 적용되고 있는 평파열음 뒤의 경음화, 유음화 등도 모두 마찬가지이다. 반면 어미에 적용되는 으-탈락이나 유음 탈락은 이미 오래 전에 동결화를 겪었다.[55]

(16)

ㄱ. 나면(나+으면), 알면(알+으면)

ㄴ. 나으면(<나흐면, 낳+으면), 아르면(<알흐면, 앓+으면)

으-탈락은 'ㄹ'이나 모음으로 끝나는 어간 뒤에서 어미의 두음 '으'가 탈락하는 음운 변화이다. 그런데 (16ㄴ)과 같이 'ㅎ'으로 끝나는 어간에 ㅎ-탈락이 적용되는 경우에는 으-탈락이 일어나지 않는다. 역사적으로 으-탈락은 15세기에도 존재했지만 ㅎ-탈락은 후대에 나타났다. (16ㄴ)은 으-탈락이 이미 동결되었기 때문에 이후 ㅎ-탈락에 의해 새로운 입력형이 생겼어도 적용되지 않았음을 잘 보여 준다.

유음 탈락의 역사적 발달 단계에서도 비슷한 양상을 확인할 수 있다.[56]

(17)

ㄱ. 아ᄂᆞ니라(알+ᄂᆞ니라), 아ᄂᆞᆫ(알+ᄂᆞᆫ)

ㄴ. 알ᄂᆞ니라(앓+ᄂᆞ니라), 알ᄂᆞᆫ(앓+ᄂᆞᆫ)

(17)은 모두 15세기의 활용 양상으로 당시의 유음 탈락은 유음으로 끝나는 용언 어간에서만 일어났다. 'ㄹㅎ' 자음군을 가진 어간에 자음군 단순화가 적용되어 생긴 'ㄹ+ㄴ' 연쇄에는 유음 탈락이 일어나지 않았다. 유음 탈락은 이미 15세기에 동결되어 자음군 단순화에 의해 새롭게 생긴

55 더 자세한 논의는 6.2., 6.3.을 참고할 수 있다.

56 유음 탈락은 여러 자음 앞에서 일어나지만 논의의 편의상 여기서는 'ㄴ' 앞에서 일어나는 유음 탈락만 다루기로 한다.

입력형에는 적용될 수 없었다. 16세기 이후에 'ㄹㄱ, ㄹㅂ, ㄹㅌ' 등 'ㄹ'로 시작하는 어간말 자음군에 자음군 단순화가 적용되면서 유음 탈락의 입력형이 더욱 늘어났지만 역시 유음 탈락은 적용되지 않았다.

으-탈락과 유음 탈락은 모두 이후의 음운 변화에 의해 새롭게 입력형이 만들어졌지만 규칙이 적용되지 않는다. 이것이 동결된 규칙의 전형적인 모습이다. 동결된 음운 규칙은 이전에 적용되던 환경에서는 그대로 적용되지만 새롭게 만들어진 환경에는 적용되지 못한다. 이전의 상태를 그대로 유지하고 있으므로 규칙 동결이 일어나도 적용 영역에 변화는 없어 보인다. 그러나 적용되어야 하는데도 적용되지 않은 예가 늘어났기 때문에 실제적으로는 적용 영역이 축소되는 결과를 낳는다. 무엇보다도 예외가 늘어나게 된다는 문제가 있다. 예외가 늘면 규칙의 세력은 줄어들 수밖에 없다. 결국 음운 변화의 동결은 곧 음운 규칙의 축소가 시작됨을 의미한다.

동결의 단계를 넘으면 음운 변화는 축소된다. 형태소 내부는 음운 변화에 의해 이미 재구조화되었으므로 축소가 일어나도 변화된 상태 그대로 유지된다. 반면 형태소 경계를 사이에 두고 음운 변화가 적용된 경우에는 그 변화가 축소되면서 축소된 환경에서는 변화의 적용을 받기 전 상태로 되돌아간다.[57] 음운 변화가 어떤 환경에서부터 축소되는지는 알 수 없다. 음운 변화의 확산되는 환경이 변화마다 다 다르듯이 축소되는 환경 역시 변화에 따라 차이가 날 것으로 추측된다.

음운 변화가 축소되는 이유로는 경쟁 변화의 출현, 체계 내적 뒷받침의 소멸, 인위적인 교육 등을 들 수 있다. 경쟁 변화가 출현하면 같은 입력형을 두고 두 개의 음운 변화가 서로 다투어야 하므로 결국 축소가 일어나게 된다. 유음 탈락은 15세기 이래로 계속 축소되는 과정을 거치고 있는데 여기에는 같은 입력형에 적용되는 순행적 유음화가 새로 생긴 영향도 없지 않다. 역행적 유음화가 ㄹ의 비음화 때문에 적용 영역이 축소된 것도 마찬가지이다.[58]

57 이것은 이미 2.3.1.3.에서 ㄱ-약화 규칙의 소멸을 다루면서 확인한 바 있다.

음운 체계의 강력한 뒷받침을 받는 음운 변화는 그러한 뒷받침이 사라졌을 때 축소의 과정을 겪기 쉽다. 이것은 모음조화의 축소에서 볼 수 있다. 모음 추이가 일어나기 전의 모음 체계는 전후 대립을 지녔으며 이러한 전후 대립을 그대로 반영한 음운 변화가 바로 모음조화였다. 그러나 모음 추이가 일어나고 'ㆍ'마저 소멸하면서 모음조화는 모음 체계와 동떨어짐으로써 축소되어 지금은 매우 미약한 세력만을 유지할 뿐이다.

인위적인 교육도 음운 변화의 축소에 영향을 미칠 수 있다. 이동석(2002:323)에서는 움라우트의 소멸 원인 중 하나로 이 현상을 인정하지 않는 표준어 교육을 들고 있다. 교육이나 대중 매체가 언어 변화에 영향을 준다는 것은 이미 상식화된 것으로 음운 변화의 축소도 충분히 불러일으킬 수 있다.

이상의 원인들은 음운 변화가 축소되는 원인이기도 하지만 음운 변화가 소멸되는 원인으로 볼 여지도 없지 않다. 축소가 계속 진행되다 보면 소멸되므로 결과적으로는 소멸의 원인이 될 수 있다. 그러나 여기서는 음운 변화의 축소 원인과 소멸 원인을 구분하고자 한다. 축소의 원인은 반드시 음운 변화의 소멸을 초래하지는 않는다. 경쟁 규칙이 출현했다거나 음운 체계의 뒷받침이 사라졌다고 해서 반드시 음운 변화가 사라져야만 하는 것은 아니다. 반면 2.3.1.3.에서 살핀 규칙 소멸의 원인은 필연적으로 소멸을 야기할 수밖에 없다. 그런 점에서 축소의 원인과 소멸의 원인은 차이가 있다.

축소가 더 심화되면 규칙으로서의 지위를 잃어 버리는 비규칙화의 단계에 이른다. 비규칙화를 겪은 음운 변화는 살아 있기는 하지만 더 이상 일반화를 할 수가 없다. 비규칙화가 되면 적용 여부를 예측할 수 없으며 어휘 개별적으로 적용되는 단계에 이르므로 음운 변화의 축소가 가속화될 것이다. 규칙화가 음운 변화의 확산에 기여하듯 비규칙화는 음운 변화의 축소에 큰 영향을 미친다. 비규칙화 이후 계속 축소가 일어나면 결국 소멸의 단계에 이른다.

58 여기에 대해서는 이진호(1998)을 참고할 수 있다.

지금까지 살펴본 음운 변화의 변천 단계를 도표로 나타내면 다음과 같다.

(18)

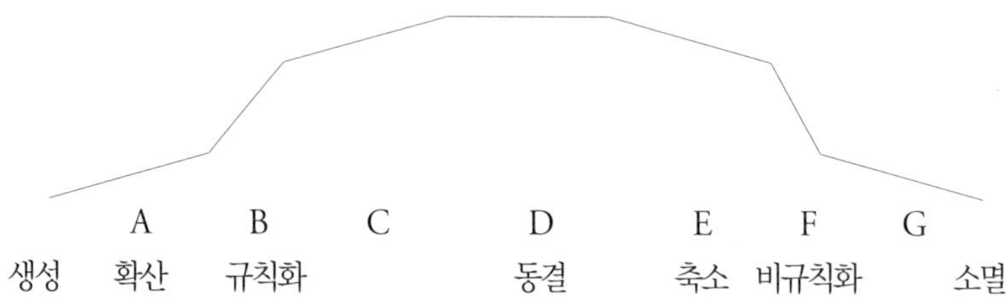

(가로축은 시간의 흐름, 세로축은 변화가 적용되는 비율)

이 책에서와 같이 음운 규칙을 음운 변화와 동일시하지 않고 일반화된 정보로 이루어진 음운 변화만 음운 규칙으로 볼 경우 음운 변화가 규칙의 성격을 갖는 것은 'B~E' 구간까지이다. 나머지 구간에서는 일반화할 수 없는 미약한 음운 변화로만 존재할 뿐이다. 또한 규칙 첨가와 규칙 소멸이 이루어지는 것도 음운 변화가 생성되거나 소멸되는 시점이 아니고 규칙의 지위를 얻게 되거나 또는 규칙의 자격을 잃는 시점으로 보는 것이 더 타당할지 모른다.

(18)은 음운 변화가 거칠 수 있는 변천 단계를 세분화시켜 최대한으로 나타낸 것이다. 음운 변화가 모든 변천 단계를 다 밟는 것은 결코 아니다. 현대국어의 비음 동화와 같이 규칙화된 후 계속 활발하게 적용되는 음운 변화도 있고 '아프다(<알ᄑᆞ다), 고프다(<골ᄑᆞ다)' 등에서 보이는 'ㅍ' 앞에서의 ㄹ-탈락처럼 미처 규칙으로 정착되기도 전에 소멸되는 음운 변화도 있다. 또한 'ㅿ'의 소실과 같이 적용 환경을 지니지 않는 음운 변화나 형태소 내부에만 적용되는 음운 변화는 최대한으로 발달한다고 해도 'A, B, C' 이후의 단계는 밟을 수가 없다. 이런 변화는 한정된 입력형에 다 적용되고 나면 그대로 소멸하기 때문에 적용 영역이 동결되거나 축소되는 과정은 거칠 수가 없다.[59]

2.5. 통시적 음운 변화의 적용 층위

음운론에서의 층위는 논의에 따라 차이가 나지만 기저 층위와 표면 층위를 공통적으로 설정한다.[60] 기저 층위는 기저형이 존재하는 층위인데 기저형은 그대로 발음될 수 없는 상태에 있다. 반면 표면 층위는 표면형이 존재하는 층위이며 표면형은 기저형을 발음할 수 있는 형태로 바꾼 것이다. 이 중 국어의 음운 변화는 표면 층위에서 적용된다고 알려져 왔다. 이런 주장은 주로 불규칙 용언의 생성을 설명하는 과정에서 나왔다.[61]

(19)

<table>
<tr><th></th><th colspan="3">변화전</th><th colspan="3">변화후</th></tr>
<tr><td>기저 층위</td><td>ᄌᆝᇫ+어</td><td>ᄌᆝᇫ+은</td><td>ᄌᆝᇫ+고</td><td rowspan="2">지어</td><td rowspan="2">지은</td><td rowspan="2">짓고</td></tr>
<tr><td>표면 층위</td><td>지ᅀᅥ</td><td>지ᅀᅳᆫ</td><td>짓고</td></tr>
</table>

(19)는 'ㅿ'의 변화에 의해 불규칙 용언이 만들어진 과정이다. 'ㅿ'이 그대로 소멸하면서 'ㅿ'을 가지던 '지ᅀᅥ, 지ᅀᅳᆫ'은 '지어, 지은'으로 변화하였다. 만약 'ㅿ'의 변화가 기저 층위에서 일어났다면 모든 환경에서 어간말음 'ㅿ'이 사라져야 하지만 '짓고(ᄌᆝᇫ+고)'는 변화 후에도 이전의 표면형 '짓고'가 그대로 유지되었다. 이것은 'ㅿ'의 소실이라는 음운 변화가 표면 층위에 적용되어 'ㅿ'을 가지고 있던 '지ᅀᅥ, 지ᅀᅳᆫ'만 변화시키고 'ㅿ'이 없는 '짓고'는 변화시키지 못했기 때문이다. 'ㅸ'의 변화 역시 (19)와 같은 양상을 보인다.

음운 변화가 표면 층위에 적용됨을 보여 주는 예는 이 외에도 매우 다양하다.

59 앞서 2.3.1.3.의 (10)에 제시된 특성을 가진 음운 변화는 모두 마찬가지이다.

60 층위에 대해서는 3.3.2.에서 자세히 다룬다.

61 여기에 대해서는 최명옥(1985), 한영균(1985), 박창원(1986), 김성규(1989)를 참고할 수 있다.

(20)

ㄱ. 즘:찌(《점:찌, 젊+지), 즘:뜨라(《점:뜨라, 젊+더라),
즘:따(《점:따, 젊+다), 절머서(젊+어서), 절머(젊+어)

ㄱ′. 을:지(《얼:지, 얼+지), 으:니까(《어:니까, 얼+니까),
어러따(얼+었다), 어러(얼+어)

ㄴ. 슬푸고(《슬프고, 슬프+고), 슬푸니(《슬프니, 슬프+니),
슬퍼서(슬프+어서), 슬퍼(슬프+어)

ㄷ. 씨고(《쓰고, 쓰+고), 씨니(《쓰니, 쓰+니), 써서(쓰+어서), 써(쓰+어)

ㄹ. 부리고(《부르고, 부르+고), 부리는(《부르는, 부르+는),
불러서(부르+어서), 불러(부르+어)

(20ㄱ, ㄱ′)은 장모음 '어'가 '으'로 상승하는 변화의 예로 경기도 방언을 비롯한 여러 방언에서 나타난다.[62] 그런데 이런 변화는 용언 어간 '젊-, 얼-'의 모든 이형태에서 일어나지 않았다. '젊-'은 자음으로 시작하는 어미와 결합하는 활용형만이, '얼-'은 자음 또는 매개모음으로 시작하는 어미와 결합하는 활용형만이 모음 상승을 보인다. 반면 '아/어'로 시작하는 모음 어미와 결합할 때에는 모음 상승이 일어나지 않는다. 이것은 '아/어'로 시작하는 어미와 결합할 때는 예전부터 단모음화가 일어나서 모음 상승의 입력부인 장모음 '어'가 단모음으로 바뀌었기 때문이다. 표면 층위에서 장모음 '어'가 나타나는 경우에만 모음 상승이 일어남으로써 활용형에 따라 음운 변화의 적용 여부에 차이가 나타났다.

(20ㄴ)은 원순모음화가 적용된 예이다. 이 변화는 매우 많은 방언에서 나타나는데 여기서도 용어 어간의 일부에만 변화가 적용된 것을 알 수 있다. 자음이나 매개모음으로 시작하는 어미와 결합한 활용형만 원순모음화가 일어난다. '아/어'로 시작하는 모음 어미와 결합한 활용형에 원순모음화가 일어나지 않는 이유는 이 활용형들은 이전에 이미 으-탈락의 적용을 받아

62 (20ㄱ, ㄱ′)은 한국정신문화연구원에서 간행한 《한국방언자료집(경기도 편)》에 나온 자료이다.

표면형에 '으'가 나타나지 않기 때문이다. 기저 층위에 음운 변화가 적용되었다면 모든 이형태가 원순모음화의 적용을 받았겠지만 표면 층위에 음운 변화가 적용되어 '으'가 나타나는 활용형들에만 원순모음화가 일어났다. (20ㄷ)에 제시된 전설모음화의 적용 양상 역시 (20ㄴ)과 동일하다.

(20ㄹ)도 마찬가지이다. '르'로 끝나는 어간에 적용된 전설모음화는 '가리(粉), 하리(日)' 등과 같이 'ㄹ' 뒤에서 일어났다. 이런 변화도 '으'가 표면에서 온전하게 실현되는 활용형에서만 일어난다. '아/어'로 시작되는 어미와 결합할 때에는 예전부터 어간말 모음 '으'가 나타나지 않았기 때문에 '으'가 다른 모음으로 바뀌는 변화는 일어날 수 없다.

이처럼 많은 음운 변화들의 적용 양상을 보면 음운 변화가 표면 층위에 적용된다는 사실을 부인할 수 없다. 음운 변화는 표면 층위에 실현되는 표면형에 적용되어 다른 표면형으로 바꾸어 준다. 이것은 그 자체로도 의미가 있지만 다른 여러 가지 중요한 내용들을 알 수 있게 해 준다.

첫째, 새로운 음운 변화가 적용될 때 왜 이형태들 사이의 관계가 복잡해지는지 쉽게 이해할 수 있다. 2.2.3.에서도 살펴보았듯이 음운 변화는 형태소의 교체 양상에 큰 변화를 초래한다. 이것은 음운 변화가 표면 층위에 적용되어 표면형들 사이의 관계를 직접 변화시키기 때문이다.

가령 어간의 활용형만 보더라도 음운 변화가 표면 층위에 적용되면 활용형별로 음운 변화의 적용 양상이 달라진다. 같은 어간의 이형태라고 하더라도 환경에 따라 실현되는 표면형이 다르므로 음운 변화의 적용 여부도 차이가 날 수밖에 없다. (19), (20)이 이것을 잘 보여 준다. 결국 각각의 활용형들은 음운 변화의 적용 여부에서 독자적인 길을 걷게 되는 것이다. 그래서 어떤 이형태는 변화의 적용을 받아 형태가 심하게 변화하여 불규칙적 활용형으로 바뀌기도 하고 어떤 활용형은 새로운 변화에 휩쓸리지 않고 이전 형태를 유지하여 화석화된 활용형으로 남기도 한다.

둘째, 새로운 음운 규칙과 기존 음운 규칙 사이의 순서 문제가 해결된다. 규칙의 변화를 논의할 때 새로 생긴 음운 규칙이 기존 음운 규칙보다 선행할 수 있는지 없는지에 있어서는 논란이 있었다. King (1969:43~45)나

Kiparsky(1982:49)에서는 대부분의 경우 새로운 음운 규칙이 기존 음운 규칙보다 늦게 적용되지만 제한된 경우에 한해서는 새로운 음운 규칙이 기존 음운 규칙보다 먼저 적용될 수도 있음을 지적한 바 있다.[63]

그러나 음운 변화가 표면 층위에 적용된다는 사실을 감안하면 이런 주장은 받아들일 수 없다. 표면 층위에 존재하는 표면형은 기존의 음운 규칙이 모두 적용되고 난 후에 나오는 형태이다. 만약 새로운 음운 규칙이 첨가되었다고 해도 이것은 항상 표면형에만 적용되므로 다른 음운 규칙보다 먼저 적용되지 못한다. 즉 새로운 음운 규칙은 규칙 순서에 있어서 항상 맨 마지막 위치를 점유할 수밖에 없는 것이다.

셋째, 규칙 재배열이라는 규칙의 변화 유형이 존재할 수 없다. 2.3.1.3.에서 잠깐 살핀 '고뺑이'와 '괴뺑이'를 규칙 재배열로 설명하기 위해서는 다음과 같은 설명 과정이 필요하다.[64]

(21)

변화전			변화후	
기저형	고삐-앵이	〉 (규칙 재배열)	기저형	고삐-앵이
이-탈락	고뺑이		움라우트	괴삐앵이
움라우트	----		이-탈락	괴뺑이
표면형	고뺑이		표면형	괴뺑이

(21)에서 가장 문제가 되는 것은 규칙 재배열이 일어나기 전과 후의 입력형이 동일하다는 데 있다. 즉 규칙 재배열이라는 변화가 이전 단계의

63 Kiparsky(1982 : 50)에서는 순수 음운론적 동기를 지니지 않은 규칙이 첨가될 때에 한해 기존 규칙보다 새 규칙이 먼저 적용된다고 하였다.

64 논의의 편의를 위해서 규칙 재배열이 '이-탈락 → 움라우트'에서 '움라우트 → 이-탈락'으로 이루어졌다고 가정하기로 한다. 또한 접미사의 형태는 원래 '-앙이'이지만 이것이 '-앵이'로 변화한 것은 여기서의 논의 전개와 무관하므로 처음부터 '-앵이'로 설정한다.

기저형에 적용된 것이다. 비단 '고뺑이, 괴뺑이'의 경우에 국한된 것이 아니고 지금까지 규칙 재배열로 다루어진 모든 예들은 (21)에서와 같이 규칙 재배열이 변화가 일어나기 전의 입력형에 적용되게끔 설명되어 왔다. 이것은 새로운 음운 변화가 표면 층위에 적용된다는 사실에 비추어 볼 때 성립될 수 없다. 규칙 재배열도 음운 변화이므로 표면 층위에 적용될 수밖에 없는데 그렇게 되면 규칙 재배열은 변화 전의 기저형이 아닌 표면형에 적용되어야만 한다. 따라서 규칙 재배열이라는 변화가 일어나기 전의 입력형과 일어난 후의 입력형은 결코 같을 수가 없다.

규칙 재배열을 다른 음운 변화처럼 표면형에 적용시켜 보면 '고뺑이'로부터 '괴뺑이'가 변화했다고 볼 수 없음이 명백해진다. 규칙 재배열이 이전 시기의 표면형 '고뺑이'에 일어나면 뒤바뀐 규칙순에 따라 '움라우트'와 '이-탈락'이 각각 적용된다. 그런데 '고뺑이'는 움라우트든 이-탈락이든 적용 환경을 만족시키지 않는다. 그러므로 '고뺑이'에 규칙 재배열이 일어나서는 '괴뺑이'가 되는 것을 결코 설명할 수 없다.[65]

이처럼 '고뺑이'와 '괴뺑이'의 관계는 규칙 재배열로는 결코 설명할 수 없다. 규칙 재배열이라는 설명은 음운 변화의 일반적인 적용 층위에 비추어 볼 때 성립할 수 없고 음운 변화의 일반적인 적용 층위에 맞게 규칙 재배열을 적용하면 올바른 결과를 낳을 수가 없다. 이것은 규칙 재배열로 설명된 다른 모든 예들도 마찬가지이다. 규칙 재배열을 음운 변화로 볼 수 없는 이유는 여기에 있다.

넷째, 음운 변화의 적용 층위는 음운 변화의 입력형이나 출력형이 모두 발음 가능한 단위여야 함을 말해 준다. 음운 변화의 입력형은 곧 변화 이전의 표면 층위에 존재하던 표면형이다. 표면형은 실제로 실현되는 형태이므로 발음이 가능하다. 또한 음운 변화의 출력형은 이전 시기의 표면형을 대체한 새로운 표면형이므로 역시 발음 가능한 단위이어야 한다. 만약 음운 변화의

65 이와 반대로 '괴뺑이'에 규칙 재배열이 일어나 '고뺑이'가 되었다고 설명하는 경우에도 마찬가지 문제가 생긴다.

출력형이 발음 가능한 단위가 아니라면 다시 새로운 변화를 겪어야 하는데 이렇게 되면 새로운 변화의 입력형이 발음 불가능한 단위가 되므로 논리적으로 성립될 수 없다.

다섯째, 음운 변화가 어휘에 따라 점진적으로 퍼져 나간다는 어휘 확산 이론도 음운 변화의 적용 층위를 고려해 보면 너무나 당연하다는 것이 형식적으로 입증된다. 음운 변화가 표면 층위의 표면형에 적용된다는 것은 실제로 실현되는 형태에 음운 변화가 일어남을 뜻한다. 모든 어휘들은 동시에 실현되지 않고 각각 다른 실현 양상을 보이므로 음운 변화도 여기에 따라 어휘별로 다른 적용 양상을 보일 수밖에 없다. 구체적인 자료의 뒷받침을 받지 않아도 음운 변화의 적용 층위에 비추어 볼 때 어휘 확산이 이루어질 수밖에 없음이 자명해진다.

이상에서 살펴본 바와 같이 음운 변화가 표면 층위에서 일어난다는 것으로부터 여러 가지 중요한 사실들을 이끌어 낼 수 있었다. 그런데 음운 변화의 적용 층위는 음운 변화의 공식이 타당한지 아닌지 또는 어떤 변화가 음운 변화인지 아닌지를 입증하는 데에도 유용하게 쓰일 수 있다. 이것은 'ㅸ'의 변화 공식과 체언 어간말 자음의 변화에서 찾아볼 수 있다.

'ㅸ'의 변화는 후행하는 모음에 따라 달리 나타난다. '아, 어'가 후행하는 '바, 버'의 경우에는 'ㅸ'이 'w'로 바뀌어 '와, 워'로 변화했다. 'ᆞ, 으'가 후행하는 'ᄫᆞ, ᄫᅳ'에서는 후행 모음과 합쳐져 '오, 우'로 바뀌었으며 'ᄫᅩ, ᄫᅮ'에서는 'ㅸ'이 아무런 흔적을 남기지 않았다.[66] 환경에 따라 구체적으로 변화한 모습은 다르지만 지금까지는 'ㅸ'이 'w'로 바뀐다는 단일 공식으로 모든 것을 설명하였다. 'ᄫᆞ, ᄫᅳ'의 경우에는 'w'로 바뀐 후 다시 이중모음 'w+ᆞ', 'w+으'가 각각 '오, 우'로 바뀌었다고 보았으며 'ᄫᅩ, ᄫᅮ'는 'ㅸ'이 'w'로 바뀌어도 후행 모음이 원순모음이기 때문에 성질이 중복되는 'w'가 단순히 탈락한다고 보았다.

66 'ᄫᅵ'의 경우에는 환경에 따라 약간 복잡한 모습을 보였다. 이 문제는 여기서의 논의와 직접적인 관계가 없으므로 다루지 않는다.

이러한 설명에서 문제가 되는 것은 'ᄫᆞ, ᄫᅳ'의 경우이다. 만약 'ㅸ'이 단일하게 'w'로만 바뀌는 변화 공식이 맞다면 이 변화가 적용된 출력형은 당시에 발음되는 형태이어야만 한다. 이것은 앞서 살핀 바와 같이 음운 변화의 적용 층위가 표면형이라는 사실로부터 자동적으로 예측되는 사실이다. 그런데 'ᄫᆞ, ᄫᅳ'가 'ㅸ>w'라는 음운 변화를 적용하면 당시에 발음할 수 없는 'w+ᄋᆞ, w+으'가 된다.[67] 이 이중모음들은 발음할 수 없기 때문에 표면에 모습을 드러내지 못한다. 발음할 수 없는 출력형을 만들어 내는 변화 공식은 재고의 여지가 있다. 이러한 결론은 음운 변화가 표면 층위에 적용된다는 사실로부터 도출되었다.

한편 음운 변화의 적용 층위를 통해 많은 방언에서 나타나고 있는 체언 어간말 자음의 변화가 음운 변화인지 아니면 비음운론적 요인에 의한 변화인지도 알 수 있다.

(22)

다기(닭-이), 다글(닭-을), 닥또(닭-도), 당만

(22)는 매우 잘 알려진 체언 어간말 자음의 변화 중 하나로 일반석으로는 평준화 또는 재분석과 같이 비음운론적 성격을 가진 변화의 결과로 이해하고 있다. 그런데 (22)를 음운 변화의 결과로 보고 기저 층위에 자음군 단순화가 적용되어 '다기, 다글'과 같은 형태가 나타났다고 해석하는 경우도 없지 않다. 그런 입장에서는 (22)와 같은 유형의 자료를 음운 변화가 표면 층위가 아닌 기저 층위에도 적용된다는 주장의 근거로도 쓸 수 있다.

그러나 (22)와 동일한 성격을 가진 변화를 제외한 일반적인 음운 변화는 모두 표면 층위에서 일어난다. 그러므로 (22) 역시 음운 변화가

---

67 'w+ᄋᆞ, w+으'가 존재하지 않는 것이 체계적 빈칸인지 우연한 빈칸인지에 있어서는 이견이 존재한다. 그러나 이 문제는 여기서의 논의에 별다른 영향을 미치지 않는다. 중요한 것은 'w+ᄋᆞ, w+으'를 발음할 수 없었다는 사실이다.

맞다면 기저 층위가 아닌 표면 층위에 적용되었다고 보아야 한다. 특히 기저 층위에서는 아직 음절 경계가 부여되지 않기 때문에 기저 층위에 자음군 단순화가 적용된다는 것은 있을 수 없다.[68] (22)와 같은 변화가 있기 전의 표면형들은 '달기, 달글, 닥또, 당만'이었으며 '달기, 달글'은 음절말에 자음이 두 개 놓이지 않으므로 자음군 단순화가 적용될 수 없다. 그런데도 자음이 하나 없어졌다면 이것은 자음군 단순화라는 음운 변화가 직접 적용된 결과라고는 할 수 없다. 자음군 단순화는 음절말에 자음이 두 개 오는 표면형에 적용되는 음운 변화이기 때문이다. 이처럼 어떤 변화의 적용 층위를 살펴 그 변화가 음운 변화인지 아닌지를 판별해 낼 수도 있다.

2.6. 통시적 음운 변화와 재구조화

통시적 음운 변화가 일으키는 문법 변화 중에는 재구조화도 포함된다. 재구조화를 일으키는 요인에는 여러 가지가 있는데 음운 변화도 그 중의 하나이다. 음운 변화와 재구조화는 그 유형에 따라 서로 다른 관련성을 보인다. 여기서는 음운 변화의 유형과 재구조화의 양상이 어떻게 관련을 맺는지 살핀다.[69]

2.6.1. 재구조화와 관련된 음운 변화의 유형

음운 변화의 유형을 나누는 기준은 다양하다. 이 중 재구조화와 관련된 음운 변화의 유형을 고려할 때에는 크게 두 가지 기준이 중요하다. 하나는

68 만약 기저 층위에 음절 경계가 부여되어 있다면 모든 자음군 어간, 그리고 'ㅍ, ㅊ'과 같이 음절말에 실현될 수 없는 자음을 어간말에 가지고 있는 모든 어간은 자음군 단순화나 음절말 평파열음화의 적용을 받아 재구조화된 모습을 보여야만 한다.

69 2.6.에서 살필 주제는 이미 이진호(2007ㄴ)에서 다루어졌다. 다만 여기서는 어미의 재구조화도 추가하고 몇몇 예를 수정, 보완하여 논의를 진행한다.

적용 환경의 유무이고 다른 하나는 음운 변화가 적용되는 위치이다.[70] 2.3.2.1.에 서 본 바와 같이 적용 환경의 유무에 따라 조건 변화와 무조건 변화의 두 가지가 구분된다. 또한 2.2.4.에서 살핀 바와 같이 음운 변화의 적용 위치는 세 가지가 구분된다. 이 두 가지 기준을 통합하면 모두 여섯 가지 음운 변화의 유형이 나온다. 이 중 무조건 변화가 형태소 경계를 사이에 두고 적용되는 유형은 논리적으로 있을 수 없으므로 다섯 가지 유형이 남는다.

(23)

	형태소 내부		형태소 경계 사이
	인접 형태소의 영향 없음	인접 형태소의 영향 있음	
무조건 변화	I-부류	II-부류	X
조건 변화	III-부류	IV-부류	V-부류

2.6.2. 음운 변화와 재구조화

I-부류와 같이 인접 형태소의 영향을 받지 않는 형태소 내부에 적용되는 무조건적인 음운 변화는 기저형만 변화시킬 뿐이다. I-부류 음운 변화가 일으키는 재구조화는 가장 단순하다. 반면 II-부류는 무조건 변화라고 하더라도 인접 형태소의 영향을 받는 형태소 내부에 적용되기 때문에 재구조화 이외에 형태소의 교체 양상에도 변화를 초래한다. 이러한 차이는 (24)에서 잘 드러난다.

(24)

ㄱ. ᄆᆞᅀᆞᆯ > 마을, 겨ᅀᅳᆯ > 겨을

ㄴ. 지ᅀᅥ, 지ᅀᅳ니, 짓고 > 지어, 지으니, 짓고

70 재구조화를 음운 변화의 성격과 적용 위치에 따라 구분한 태도는 최명옥(1991, 1993)에서 이미 제시한 바 있다. 다만 구체적인 방식에서는 이 책과 차이가 있다.

(24)는 모두 'ㅿ'의 소멸이라는 무조건 변화의 예이지만 (24ㄱ)은 'ㅿ'이 인접 형태소의 영향을 받지 않는 위치에 있고 (24ㄴ)은 'ㅿ'이 인접 형태소의 영향을 받는 위치에 있다. (24ㄱ)과 같이 I-부류 음운 변화가 적용되면 인접 형태소와 상관 없이 한 형태소의 모든 이형태가 바뀌므로 기저형이 완전히 바뀌고 만다. 그러나 (24ㄴ)에 적용된 II-부류 음운 변화는 어간 뒤에 모음으로 시작하는 어미가 결합되는 경우에만 적용될 뿐이다. 어간 뒤에 자음으로 시작하는 어미가 결합하면 'ㅿ'이 소멸되기에 앞서 이미 다른 자음으로 바뀌기 때문에 'ㅿ'과 관련된 어떠한 변화도 적용되지 않는다. 이로 인해 (24ㄴ)에서는 기저형의 변화는 물론이고 어간의 교체 양상까지도 규칙적인 것에서 불규칙적인 것으로 바뀌었다.[71]

그런데 무조건 변화 중에는 매우 특수한 위치에 적용되는 경우도 있다. 아래의 (25)가 여기에 속한다.

(25)

끈꼬(끊+고), 끈찌(끊+지), 끄너도(끊+어도),

끄느면(끊+으면), 끈는다(끊+는다)

(25)는 어간 '끊-'의 활용 양상으로 다른 방언과 비교해 볼 때 '끈꼬, 끈찌'가 특이하다. '끈코, 끈치'와 같이 유기음이 실현되어야 하는 자리에 경음이 나타나고 있다. 이것은 유기음과 경음 사이의 상호 대응 현상으로 보인다. 산발적이고 소수이긴 하지만 유기음이 경음으로 바뀌거나 경음이 유기음으로 바뀐 듯한 자료가 여러 방언에서 발견된다.[72] (25)는 이런 변화의 결과로 보이며 경상, 전라, 충청, 강원도 방언 등 거의 전역에서 나타난다.[73]

71 음절말 'ㅅ'의 변화는 편의상 변화 과정에서 생략하였다.

72 김 현(2006ㄴ : 136)에서도 이런 변화의 가능성을 언급한 바 있다. 용언 어간 중에는 '닿-'도 (25)와 비슷한 변화를 보인다. '다코(닿+고), 다치(닿+지)'가 '다꼬, 다찌'로 변화한 경우를 폭넓게 찾아볼 수 있다.

73 대방언권으로 보면 한반도 전역에서 나타나지만 대방언권 내에서는 일부 지역만 (25)와 같은

일반적으로 (25)와 같이 한 음운이 다른 음운으로 바뀌는 무조건 변화가 일어나면 기저형의 설정 역시 이전의 음운을 새로운 음운으로 바꾸는 방식으로 이루어진다. 그런데 (25)는 그렇지 않다. 활용형에 나타나는 유기음이 경음으로 나타난다고 해서 기저형을 '끊-'에서 '끊-'으로 설정할 필요는 전혀 없다. (25)와 같은 모습을 보이는 경우의 어간 기저형은 '끈-'으로도 충분하다.[74] 평장애음으로 시작하는 어미가 올 때의 경음화는 용언 어간말 비음 뒤에서 적용되는 경음화를 이용하여 기술할 수 있다. 그 이외의 환경은 어간 기저형이 그대로 실현되는 것으로 볼 수 있다. (25)에서는 단순히 기저형만 바뀐 것이 아니고 어간의 교체 양상도 바뀌었다. 변화 이전의 자음군 어간의 교체 양상과 변화 이후의 단일 자음 어간의 교체 양상은 큰 차이가 있다.

(25)를 낳은 음운 변화는 무조건 변화이므로 형태소 내부에 적용된 것이 분명하나 I, II-부류 중 어디에 속하는지를 명확히 분류하기는 어렵다. 변화의 입력형인 'ㅋ, ㅊ'은 두 형태소의 일부가 축약된 것이기 때문에 인접 형태소의 영향 관계를 논하기가 어렵기 때문이다. 다만 변화 양상을 보면 II-부류 음운 변화와 동일한 모습을 보인다. 이것은 (25)에 나타난 유기음의 경음화가 두 형태소의 접점에서 두 형태소의 일부가 축약되어 나온 음운에 적용됨으로써 그 성격상 II-부류에 더 가깝기 때문일 것이다.

한편 조건 변화인 III, IV-부류 음운 변화 역시 적용 위치에 따라 다른 결과를 가져온다. 아래의 (26)에서 그것을 확인할 수 있다.

모습을 보인다. 경남은 합천, 산청, 김해, 진주 등에서, 경북은 문경, 강원도는 고성, 양구, 충남은 공주, 서천, 연기, 충북은 영동에서 나타난다. 대신 전남은 많은 하위 방언에서 나타난다. 자료는 한국정신문화연구원에서 간행한《한국방언자료집》을 참고할 수 있다. 한편 북한 용정 지역어를 조사한 김춘자(2003 : 32)에 따르면 이 지역에서도 (25)가 나타난다.

74 이처럼 어떤 자음이 다른 자음으로 대치되는 변화가 적용되었는데도 불구하고 기저형 설정에서는 단순히 한 자음을 없애는 방향으로 재구조화가 일어나는 경우는 흔히 볼 수 없는 특이한 경우이다. 이것은 용언 어간말의 비음 뒤에서 적용되는 경음화가 존재하기에 가능한 것이다. 만약 비음 뒤에서의 경음화가 존재하지 않던 시기에 (25)와 같은 변화가 일어났다면 기저형이 '끊-'에서 '끈-'으로 바뀌었다고 볼 수는 없다.

(26)

ㄱ. 아층 > 아침, 즐다 > 질다

ㄴ. 쓰고, 쓰니, 써라 > 씨고, 씨니, 써라 (쓰-, 用)

(26ㄱ)의 전설모음화는 인접하는 형태소와 상관 없이 적용되기 때문에 형태소의 모든 이형태에 적용되어 기저형만 바꿀 뿐이다. 그러나 동남 방언에서 많이 보이는 (26ㄴ)의 전설모음화는 오로지 자음 또는 매개 모음으로 시작하는 어미와 결합하는 경우의 어간 이형태에만 적용될 뿐이다. '어'로 시작하는 어미와 결합할 때에는 전설모음화가 일어나기에 앞서 이미 으-탈락이 적용되어 전설모음화의 입력형이 '으'가 사라지기 때문에 전설모음으로 바뀔 수가 없다. 전설모음화가 적용되기 이전에는 기저형이 '쓰-'였지만 전설모음화가 적용된 이후에는 더 이상 '쓰-'가 기저형이라고 할 수 없다.[75] 또한 이형태 사이의 관계도 변화 전에는 으-탈락으로 설명되었지만 변화 후에는 더 이상 그럴 수 없으므로 교체 양상의 변화가 일어났다.

이상에서 살핀 바와 같이 형태소 내부에 적용되는 음운 변화라고 하더라도 적용 위치에 따라 재구조화 양상에서 차이를 보인다. I, III-부류가 단순히 형태소의 재구조화만을 일으킴에 비해 II, IV-부류의 음운 변화는 기저형의 변화와 어간의 교체 양상의 변화를 모두 일으키는 경우가 많다. II, IV-부류 음운 변화도 기본적으로는 형태소 내부에 적용되기 때문에 재구조화를 일으키지만 인접 형태소의 영향으로 인해 같은 형태소의 이형태라고 하더라도 적용 여부에 차이를 보이며 이것이 형태소 교체 양상의 변화로 이어질 가능성이 높은 것이다.

다만 드물기는 하지만 II, IV-부류의 음운 변화가 적용되었는데도 기저형의 변화가 일어나지 않고 교체 양상만 바뀌든지 또는 기저형만 바뀌고

75 (26ㄴ)과 같은 유형의 공시적 기술 방법은 5.3.에서 자세히 다루어진다.

교체 양상은 그대로인 경우가 있다.

(27)

ㄱ. ᄐᆞ고, ᄐᆞ는, 타서 〉 타고, 타는, 타서(타-, 昇)

ㄴ. 던지고, 던지는, 던져 〉 던지고, 던지는, 던저(던지-, 投)

ㄷ. 먹띠, 가디 〉 먹찌, 가지

(27ㄱ)의 'ᆞ〉아'는 Ⅱ-부류 음운 변화로 이 변화가 적용되어 어간은 'ᄐᆞ-'에서 '타-'로 바뀌었다. 그런데 교체 양상의 변화는 일어나지 않았다. 음운 변화가 적용되기 전이나 후나 모두 자음이나 매개모음으로 시작하는 어미와 결합할 때에는 어간 말모음이 그대로 실현되고 '아'로 시작하는 어미와 결합할 때에는 나타나지 않는다. 교체 양상의 변화를 초래하는 다른 Ⅱ-부류 음운 변화와 구별되는 모습을 보인다.

이것은 변화 전의 'ᆞ'나 변화 후의 '아'가 모두 '아'로 시작하는 어미와 결합할 때에는 탈락한다는 점과 관련된다.[76] 만약 'ᄐᆞ-'의 'ᆞ'가 '오'나 '우'로 바뀌었다면 기저형의 변화와 함께 교체 양상의 변화도 일어났겠지만 어미 '아' 앞에서 탈락할 수 있는 '아'로 바뀌었기 때문에 교체 양상은 그대로 유지할 수 있었다. 대신 '다시'라는 활용형은 'ᆞ'의 변화 전과 변화 후에 설명 방식이 달라진다. 'ᆞ'의 변화 전에는 'ᆞ-탈락'으로 설명되지만 변화 후에는 동일 모음 탈락으로 설명되는 것이다.

(27ㄴ)의 y-탈락은 적용 환경인 'ㅈ'과 입력형인 'y'가 한 형태소에 들어 있으며 'y'는 후행 형태소의 영향으로 나온 것이므로 Ⅳ-부류 음운 변화라고 할 수 있다. 변화 전과 변화 후를 비교하면 어간의 교체 양상은 바뀌었지만 기저형은 바뀌지 않았다. 형태소 내부에 적용되는 음운 변화는 일반적으로 기저형의 변화를 초래한다는 점에서 (27ㄴ)은 매우 특이하다.

76 동일 모음 탈락에서 어간의 모음이 탈락하는지 어미의 모음이 탈락하는지는 논란이 있지만 여기서의 논의에는 별다른 영향을 미치지 않는다.

(27ㄴ)의 특수성은 변화의 입력형이 원래부터 형태소 내부에 있던 것이 아니고 인접 형태소에 영향을 받아 새로 만들어진 것이라는 점 때문에 나타났다. y-탈락의 입력형인 'y'는 원래부터 어간에 있었던 것이 아니고 인접 형태소에 의해 활음화를 겪어 나왔다. 'y'는 형태소 경계를 사이에 두고 적용된 활음화의 출력형이기 때문에 y-탈락은 형태소 내부에 적용되었음에도 불구하고 실제로는 형태소 경계를 사이에 두고 적용된 것과 같은 결과를 낳았다.

(27ㄷ)의 구개음화 역시 Ⅳ-부류 음운 변화인데 (27ㄴ)과는 정반대로 기저형만 변화시키고 교체 양상은 그대로 두었다는 특징이 있다. 이것은 인접 형태소의 영향이 구개음화의 적용 여부에는 아무런 영향을 미치지 못하기 때문에 나타났다. 어미 '-디' 앞에 오는 어간말 자음은 경음화만 시킬 뿐 다른 영향은 주지 않으며 경음화는 구개음화의 적용에는 어떠한 영향도 미치지 못한다. 그러므로 (27ㄷ)에서는 Ⅳ-부류 음운 변화가 적용되었는데도 기저형만 바뀌었을 뿐 어미의 두음이 평음에서 경음으로 바뀌는 교체 양상은 변화하지 않았다.

(27)의 Ⅱ, Ⅳ-부류 음운 변화는 기저형의 변화나 교체 양상의 변화 중 어느 하나만 일으킬 뿐이다. 이것은 두 가지를 모두 변화시키는 다른 Ⅱ, Ⅳ-부류 음운 변화와 비교해 볼 때 특이하다. 그러나 이러한 차이는 개별적인 특수성에 기인한 것이다. 특수한 상황이 없는 한 Ⅱ, Ⅳ-부류 음운 변화는 기저형과 교체 양상을 모두 변화시킨다.

마지막으로 형태소 경계를 사이에 두고 적용되는 Ⅴ-부류 음운 변화는 형태소 내부에 적용되는 여타의 음운 변화와는 달리 어간 재구조화를 일으키지 않는다.

(28)

어프니, 어프면, 업꼬, 엎어서 > 어푸니, 어푸면, 업꼬, 엎어서 (엎-, 覆)

(28)의 원순모음화는 Ⅴ-부류 음운 변화이다. 원순모음화가 적용되어

교체 양상은 달라졌지만 형태소의 기저형은 바뀌지 않았다.[77] 원순모음화뿐만 아니라 V-부류 음운 변화는 기저형을 변화시키지 않는데 여기에는 필연적인 이유가 있다.

재구조화가 일어나는 양상은 두 가지가 있다. 형태소의 모든 이형태에 음운 변화가 일어나서 모든 환경에서 그 형태가 바뀌든지 또는 일부 이형태에만 음운 변화가 일어나되 이전의 기저형으로부터 이형태들의 관계를 설명할 수 없을 때 재구조화가 일어난다. 그런데 V-부류의 음운 변화는 형태소의 모든 이형태에 적용되는 경우가 없다. 조건 변화라면 형태소의 일부 이형태에만 적용되는 경우가 대부분이다. 또한 형태소의 일부 이형태에만 적용되어도 그 음운 변화가 그대로 살아 있는 한 이전 기저형으로부터 이형태들의 관계를 설명할 수 있다. 설령 음운 변화가 소멸해도 V-부류의 경우에는 활용 양상을 이전 상태로 되돌려 놓기 때문에 형태소의 재구조화가 일어나지 않는다.[78] 이런 이유 때문에 V-부류의 음운 변화는 어간의 재구조화를 야기할 수 없다.

다만 매우 특이한 경우로 다음을 들 수 있다.

(29)

ㄱ. 먹씀니다(먹-습니다), 안슴니다(안-습니다), 감니다(가-읍니다)
ㄴ. 먹씀니다(먹-습니다), 안씀니다(안-습니다), 감니다(가-읍니다)

(29)에 제시된 상대높임 어미는 객체존대 선어말어미와 다른 어미가

77 같은 원순모음화라고 하더라도 적용되는 위치에 따라 Ⅲ, Ⅳ, Ⅴ 부류가 구별된다. '믈>물'에서 보이는 Ⅲ-부류 원순모음화는 기저형만 변화시킨다. '아프->아푸-'에 적용된 Ⅳ-부류 원순모음화는 기저형의 변화는 물론이고 어간의 교체 양상도 바꾼다. 반면 Ⅴ-부류 원순모음화는 교체 양상만 바꿀 뿐이다. 이것이야말로 같은 음운 변화라고 하더라도 적용되는 위치에 따라 야기하는 결과가 얼마나 다를 수 있는지를 잘 보여 준다.

78 이것은 ㄱ-약화의 소멸 과정이 잘 말해 준다. 2.3.1.3.에서도 언급한 바와 같이 어간과 어미 사이에서 적용되던 ㄱ-약화가 소멸된 이후에는 다시 'ㄱ'이 복원되어 ㄱ-약화가 일어나기 이전의 활용 상태로 되돌아갔으며 어떠한 재구조화도 일어나지 않았다.

하나의 문법 단위로 굳어지면서 나타났다.[79] (29ㄱ)은 평파열음 뒤에서의 경음화만 존재할 때의 어미 교체 양상이고 (29ㄴ)은 이후에 용언 어간말 비음 뒤에서 일어난 경음화 때문에 어미의 교체 양상이 바뀐 경우로 이 때 적용된 경음화는 V-부류에 속하는 음운 변화이다. 그런데 이 음운 변화 때문에 (29ㄱ)과 (29ㄴ)의 기저형은 달라졌다.

(30)

ㄱ. -습니다('ㄹ'을 제외한 자음 뒤)~-ㅁ니다(그 이외의 환경)

ㄴ. -씁니다('ㄹ'을 제외한 자음 뒤)~-ㅁ니다(그 이외의 환경)

(29ㄱ)의 단계에서는 기저형을 (30ㄱ)과 같은 복수 기저형으로 설정한다. '-습니다'는 평파열음 뒤에서는 경음화의 적용을 받고 비음 뒤에서는 경음화의 적용을 받지 않는다. 또한 모음이나 'ㄹ' 뒤에서는 'ㅁ니다'로 나타난다.[80] 그런데 (29ㄴ)에서는 더 이상 '-습니다'를 기저형으로 설정할 수 없다. 비음 뒤에서도 경음화가 적용되면서 이전의 '-습니다'가 나타나는 환경은 모두 사라졌다. 평파열음 뒤에서든 비음 뒤에서든 항상 경음화가 적용되는 것이다. 비록 역사적으로 볼 때 '-씁니다'가 경음화라는 음운 변화에 의해 나타났지만 표면에서 항상 '-씁니다'로만 나타난다면 더 이상 기저형을 '-습니다'로 할 수는 없다.[81]

이런 결과는 복수 기저형 중 하나가 출현하는 환경과 경음화라는 음운 변화가 일어나는 환경이 정확히 부합했기 때문에 나타났다. 즉 (30ㄴ)에서 '씁니다'라는 기저형이 실현되는 분포는 경음화가 적용되는 환경과 동일한

79 최명옥(1991 : 241)에서는 이것을 형태통사론적 재구조화로 분류하였다. (29)에 제시된 어미는 형태소 분석을 더 할 수도 있지만 분석 여부는 여기서의 논의와 무관하기 때문에 하나의 어미로 보고 논의를 진행한다.

80 'ㅁ니다' 대신 '음니다'를 기저형으로 할 수도 있다.

81 이것은 기저형 설정 조건과 관련된다. 여기에 대해서는 이진호(2007ㄱ)과 이 책의 3.4.1.2.를 참고할 수 있다.

것이다. V-부류에 속하는 음운 변화는 일반적으로 재구조화를 일으키지 않지만 (29ㄴ)과 같이 음운 변화의 적용 환경과 기저형의 출현 환경이 겹치는 경우에는 형태소의 모든 이형태에 음운 변화가 적용되어 결국 기저형도 변화시킨다. 이것은 복수 기저형이라는 매우 특수한 조건 하에서 일어난 우연한 결과이다. 보통의 V-부류 음운 변화는 형태소의 모든 이형태에 적용되지는 않기 때문에 재구조화를 일으키지 않는다.

2.6.3. 음운 변화에 의한 재구조화의 성격

음운 변화는 어휘부의 복잡성에도 영향을 미친다. 음운 변화가 처음부터 어휘부의 기저 표시를 복잡하게 하거나 또는 단순하게 하려는 목적을 지닌 현상은 아니기에 음운 변화가 일으키는 재구조화와 어휘부의 복잡성 문제는 필연적인 관계를 맺지는 않는다. 그러나 실제로 일어난 재구조화의 결과를 보면 어느 정도 경향성이 있다.

음운 변화의 여러 유형 중 I, III-부류는 어휘부의 복잡성과는 관련성이 없다. I, III-부류의 음운 변화는 기저형을 바꾸는 역할만 할 뿐 교체 양상에는 영향을 주지 않는다. 이런 음운 현상이 적용되어 규칙적인 교체가 불규칙적으로 바뀌었다든지 또는 이형태들의 관계가 음운론적으로 더 복잡해지는 것과 같은 결과는 나타나지 않는다. 음운 변화에 의한 어휘부의 복잡성은 교체 양상이 불규칙적으로 바뀌어 기저형의 수가 늘어난다든지 또는 복수 기저형들 사이의 관계가 음운론적으로도 더 멀어질 때 초래되는데 I, III-부류의 음운 변화는 그런 결과와는 무관하다.

반면 II, IV-부류의 음운 변화는 형태소의 교체 양상에 직접 영향을 미치기 때문에 어휘부의 복잡성에 변화를 일으킬 수 있다. II, IV-부류의 음운 변화에 의한 형태소의 재구조화 양상을 보면 어휘부가 단순화되는 쪽으로의 변화는 드물고 복잡성에 변화가 없거나 더 복잡해지는 경우가 대부분이다. 앞에서 살핀 예들은 모두 어휘부의 복잡성에 특별한 변화를 초래하지 않든지 아니면 규칙적 교체를 불규칙적 교체로 바꾸어 어휘부를 복잡하게 할 뿐이었다.

음운 변화가 어미에 적용되어 재구조화가 일어날 때에는 표면적으로 어휘부가 더 단순화된 듯이 보이는 예도 있다. 가령 조사 '-ᄋᆞ로/으로'는 'ᆞ'의 변화 이후에 이형태가 '-으로'로 줄어든다. 이것은 이형태 수를 줄이는 평준화와 매우 비슷하다. 그러나 'ᆞ'의 변화에 의해 사라진 이형태는 이전에 모음조화라는 규칙적 음운 현상에 의해 기술될 수 있었기 때문에 이러한 이형태들이 사라졌다고 해서 어휘부가 단순해졌다고 하기는 어렵다. 기저형과 관련된 어휘부의 복잡성은 단순한 이형태의 수보다는 이형태들 사이의 관계가 더 중요하다. 그러므로 단순히 이형태의 수가 줄어드는 예 대신 이형태들 사이의 불규칙적 관계가 규칙적으로 바뀐 예가 나타나야 하는데 음운 변화에 의한 재구조화에서는 이런 경우를 찾을 수 없다.

이처럼 음운 변화에 의한 재구조화가 어휘부의 단순화를 지향하지는 않는다는 사실이 단순히 우연의 결과인지 아니면 필연적인 결과인지 단정 지을 수는 없다. 그러나 음운 변화의 속성을 고려하면 단순한 우연이라고 보기만은 어려울 듯하다. I, III-부류는 그 속성상 결코 어휘부의 단순화를 불러일으킬 수 없으며 II, IV-부류도 기저형을 규칙적인 것으로 바꾸기보다는 불규칙적인 것으로 바꿀 가능성이 크기 때문이다. 그러므로 음운 변화에 의해 어휘부가 단순화될 가능성보다는 그렇지 않을 가능성이 더 높다고 하겠다.

이것은 비음운론적 요인에 의한 재구조화 양상과는 꽤 차이가 난다. 비음운론적 요인에 의한 재구조화가 항상 어휘부의 단순화를 지향하지는 않지만 재분석이나 유추 등을 통해 일어난 재구조화는 불규칙적인 기저형을 규칙적인 기저형으로 바꾸는 경우가 매우 많다. 이와 같이 음운 변화에 의한 재구조화와 비음운론적 요인에 의한 재구조화가 보이는 비대칭적인 모습은 한 언어가 수많은 변화를 통해 규칙과 불규칙의 단계를 끊임 없이 반복한다는 사실과 잘 부합한다.

3. 공시적 음운 기술의 개관

3.1. 도입

이 장에서는 공시음운론에서 채택하고 있는 방법론을 살펴보고 필요한 이론적 개념들을 고찰한다. 통시음운론에서는 실제 일어났거나 또는 일어나고 있는 언어 변화들을 다룬다고 한다면 공시음운론에서는 변화가 끝난 결과 또는 변화 중이라고 하더라도 일단은 그 변화가 그대로 정지했다고 가정한 상태를 다룬다. 따라서 통시적 음운 변화를 다룰 때의 방법론과 공시적 음운 기술을 할 때의 방법론은 차이가 날 수밖에 없다. 무엇보다도 공시적 음운 기술에서는 실제로 존재하는지를 눈으로 확인할 수 없는 이론적 장치가 많이 필요하다.

여기서는 다섯 가지의 하위 주제를 다룬다. 우선 공시적 음운 기술이 어떤 성격을 지니는지 살핀다. 공시적 음운 기술이 무엇인지를 고찰하면서 그에 부합하는 대상을 규정한다. 다음으로는 공시적 음운 기술이 어떤 구조를 통해 이루어지는지 알아본다. 음운론이 전체 문법 부문에서 어떤 역할을 하며 또한 음운론이라는 문법 부문은 어떤 요소들로 이루어지는지를 개관한다. 이 과정에서 층위에 대한 언급도 하게 된다. 세 번째로는 공시적 음운 기술에 필요한 이론적 장치들을 자세히 살핀다. 기저형과 표면형, 중간형과 같이 도출이라는 과정에서 나타나는 개별 단위들은 물론이고 이 단위들을 이어 주는 음운 규칙이 어떤 성격을 지니며 이런 요소들을 설정하는 데 어떤 제약들이 필요한지를 고찰한다.

이상의 세 가지가 공시적 음운 기술에 필요한 예비 개념이었다면 남은 두 가지 주제는 구체적으로 공시적 음운 기술을 할 때 고려해야 할 사항이다. 즉 공시적 음운 기술의 유형에는 어떤 것이 있으며 이런 기술의 타당성을 검토할 때 어떤 점들을 감안해야 하는지를 살피는 것이다. 현재까지 제안된 공시적 음운 기술의 유형에는 네 가지가 있다. 이 네 가지 방법론을 구체적 자료와 함께 자세히 검토한다. 또한 공시적 음운 기술이 타당한지를 어떻게 평가할 수 있는지 여러 측면에서 고찰한다.

3.2. 공시적 음운 기술의 속성

3.2.1. 공시적 음운 기술의 개념

공시적 음운 기술이란 공시론의 방법론에 입각하여 특정 시기의 언어를 음운론적으로 기술해 내는 것을 뜻한다. 여기서 두 가지 사실을 명확히 할 필요가 있다. 하나는 공시론의 방법론이 무엇인가 하는 것이고 다른 하나는 왜 기술이라고 하는가 하는 점이다.

우선 공시론의 방법론은 공시론의 성격과 직접적인 관련이 있다.[1] 공시론은 어떤 현상을 변화의 차원에서 보지 않는다. 공시론은 모든 것을 고정시켜 보기 때문에 심지어 어떤 현상이 실제로는 역사적인 변화라고 하더라도 공시론에서 다루어질 때에는 변화가 아닌 다른 차원에서 기술된다. 그러므로 공시론에서는 존재하던 것을 없애고 새로운 것으로 대체하는 방식은 사용할 수 없다. 어떤 대상이 새로운 대상으로 바뀌는 것은 변화의 전형적인 속성이기 때문이다.

이것은 형태소의 교체에 대한 공시적 기술 방법에서 잘 드러난다. '먹-'이라는 어간과 어미 '-는'이 결합하여 '멍는'으로 실현될 때 공시적으로는 '먹+는→멍는'과 같은 기술을 한다. 기저형 '먹는'이 표면형 '멍는'으로 실현된다고 풀이할 수 있는데 이것은 '먹는'이라는 기존 형태가 사라지고 '멍는'이 그 자리를 대신한다는 의미가 결코 아니다. 공시적 기술에서 사용하는 기저형 '먹는'은 형태소의 교체를 설명하기 위해 가상으로 만든 것에 불과하며 실제로 표면에 나타나는 것은 '멍는'뿐이다.[2] 그러므로 공시론에서의 '먹는'과 '멍는'은 어느 한 쪽이 다른 한 쪽을 대체해 버리는 관계가 아니다.

1 이 문제는 1.2.에서도 다룬 바 있다.

2 공시론에서는 표면에 나타나는 형태들의 관계를 포착하기 위해 표면이 아닌 심층에 나타나는 형태를 가정하게 된다. 그렇기 때문에 눈에 보이지 않는 이론적 장치가 많이 필요할 수 밖에 없다.

반면 통시론에서는 전혀 다른 방법론을 사용한다. 통시론에서는 기존의 '먹는'이 새로운 형태 '멍는'으로 변화한다고 본다. 변화 전에는 '먹는'이었는데 변화가 일어난 후에는 '먹는'이 사라지고 '멍는'으로 바뀌는 것이다. 통시론에서는 '먹는'과 '멍는'이 모두 실재하는 형태이며 이들은 어느 한 쪽이 다른 한 쪽을 대체해 버릴 수밖에 없는 관계를 맺는다.

이처럼 공시론에서 채택하는 방법론은 통시론과는 큰 차이가 있다. 비록 공시론에서 다루는 것들이 모두 변화의 결과물이기는 하지만 공시론에서는 그 결과물들의 고정된 관계를 다룰 뿐이다. 어떤 변화 과정을 거쳐 현재에 이르렀는지 또는 현재 어떤 방향으로 변화하고 있는지는 공시론의 영역 밖에 있는 문제들이다. 그런 변화를 내포하고 있는 방법론 역시 공시론의 방법론이라고 볼 수는 없다.

다음으로 공시적 음운 기술의 의미를 살펴보기로 한다. 여기서의 초점은 당연히 '기술(description)'이 무엇인지에 맞추어 진다. 언어학에서의 '기술'은 다양한 용법을 가지고 있다. 가령 미국 구조주의 언어학을 '기술 언어학'이라고 할 때의 '기술'은 연구 방법론과 관련이 있으며 문법의 타당성을 평가할 때 말하는 '기술적 타당성'은 문법의 설명력과 관련을 맺기도 한다. 그런데 공시적 음운 기술에서의 '기술'은 공시론의 성격과 관계가 있다.

공시론은 단편적으로 일어난 역사적 변화의 결과를 고정된 관점에서 체계적으로 설명하는 것이다. 그런데 순수하게 이루어지는 공시적 설명은 실제로 일어난 변화와는 전혀 무관할 수 있다. 체계적이면서 일관되게 설명된다면 실제 변화와는 다른 방식도 공시론에서 얼마든지 용인된다.[3] 설명 내용이 역사적 변화 과정과 일치하는가의 여부는 공시론에서는 크게 중요하지 않다. 공시론은 고정된 현재를 보는 것일 뿐 지나온 과거를 추적하지는 않기 때문이다.[4]

---

3 역사적 변화 과정을 잘 알지만 그런 설명을 공시론에서 채택할 수 없는 경우가 허다한 것이 이러한 사실을 잘 말해 준다.

4 물론 공시론의 설명 중 상당수는 역사적 변화 과정과 비슷하다. 현상에 대한 최적의 설명은 역사적 변화 과정을 되풀이하는 경우가 많기 때문이다. 그러나 이것은 의무 사항은 결코 아니다.

이처럼 공시론 자체는 현재의 상태가 어떻게 이루어졌는지에 대한 실제 과정을 다룬다고 보기 어렵다. 오히려 이미 이루어진 사실을 공시론의 성격에 맞게 재해석하는 것이 공시론적 설명이라고 할 수 있다. 즉 공시론은 현재의 상태를 정확히 그려 내는 것이라고 하는 편이 정확하다고 하겠다. 현상에 대한 완벽한 설명은 그것이 과거에 어떤 변화 과정을 거쳤으며 현재는 어떤 양상으로 존재하는지를 제대로 서술해 낼 때 가능하다.[5] 그런데 공시론은 이 두 가지를 모두 수행할 수는 없으므로 진정한 설명이라고 보기 어렵다. 더욱이 공시적 음운 기술은 실재했던 역사적 변화 과정을 그대로 제시하는 것도 아니다. 이런 점에서 공시적 음운 기술이라는 표현을 사용한다.

그렇다면 공시론의 존재 가치는 어디에 있는지를 묻지 않을 수 없다. 공시론의 기술 내용이 실제 변화와도 무관할 수 있고 진정한 설명이 되기도 어렵다면 굳이 공시론이라는 것을 유지할 이유를 찾기 어려울 수도 있기 때문이다. 그런데 화자든 청자든 언중들은 어차피 지나간 역사를 알지 못한다. 언중들은 현재의 언어 상태 즉 공시태만을 배울 뿐이다. 또한 공시태를 실제 변화와는 상관 없는 방식으로 끊임 없이 재해석하기도 한다. 언중들이 새롭게 언어 자료를 해석하는 방식은 그 성격상 공시적 분석 방법과 비슷한 측면이 많다. 따라서 언중들의 실제적 언어 지식을 반영하는 설명 방법은 공시론에 더 가깝다고 할 수 있다.[6]

이상의 논의를 통하여 공시적 음운 기술이 뜻하는 바가 어느 정도 드러났다. 공시적 음운 기술은 공시론의 질서를 따라야만 한다. 이 질서는 변화라는 것을 배제하기 때문에 공시론에서는 실제 일어났던 것 또는 실제로 일어나고 있는 것을 있는 그대로 반영하지 못할 수도 있다. 그러나 이것만으로 공시론의 존재 가치를 부인할 수는 없다. 공시론은 그 나름의

5 가령 현대국어에 대한 완벽한 설명 역시 변화 과정으로서의 현대국어와 정태적 관계의 총합으로서의 현대국어가 모두 밝혀질 때 이루어졌다고 할 수 있다.

6 언어학에서 중시하는 심리적 실재성(psychological reality)이 주로 공시론에서 문제된다는 것도 이와 관련된다.

존재 가치를 가질 뿐만 아니라 통시론과의 협력을 통해 언어 현상에 대한 완벽한 설명을 가능하게 한다.

3.2.2. 공시적 음운 기술의 범위

공시적 음운 기술은 공시태에 대한 음운론적 분석이다. 음운과 관련된 모든 사실들이 공시적 음운 기술의 범위에 포함되지만 크게 보면 세 가지로 나눌 수 있다. 첫째, 음운들의 관계이다. 모든 음운들은 서로 일정한 관계를 맺고 있으며 이것은 대립을 통해 드러난다. 음운들이 맺고 있는 대립 관계를 기술하면 그것이 곧 음운 체계가 된다. 둘째, 형태소의 교체 양상이다. 형태소는 환경에 따라 모습을 바꾸기 마련이며 이러한 변동은 음운론인 이유 때문에 일어나는 경우가 매우 많다. 따라서 형태소의 교체 양상도 공시적 음운 기술에서 다루어야 한다. 셋째, 음운론적 제약이다. 음운론적 단위들은 구성 방식이나 배열에 일정한 제약을 가지는데 이러한 제약은 다양한 음운 현상을 일으키거나 특정 형태소의 존재를 막는 역할을 한다.

이상의 세 가지 중 음운들의 관계나 음운론적 제약은 정적(靜的, static)인 성격을 지닌다. 음운 체계나 음운론적 제약은 변동을 하지 않는다. 공시론에서 음운들의 관계나 음운론적 제약은 고정된 상태에 놓인다. 그러므로 음운 체계나 음운론적 제약은 그 존재를 정확히 밝혀 주는 것으로 공시적 기술의 임무는 끝난다.

반면 교체 양상은 형태소의 모양이 환경에 따라 끊임 없이 바뀌는 것이므로 동적(動的, dynamic)인 특성을 지닌다. 교체 양상의 기술은 특정 형태소의 교체 내용을 단순히 서술하는 것으로 끝나지 않는다. 형태소가 교체하기 전의 형태를 가정하고 이것이 환경에 따라 실제로 어떻게 실현되는지를 일일이 밝혀 낼 때 공시적 기술이 이루어졌다고 할 수 있다. 이 때문에 공시적 음운 기술의 핵심은 형태소 교체 양상에 놓여 있다고 해도 과언이 아니다. 끊임 없이 이루어지는 형태소의 결합 과정에서 일어나는 다양한 교체 양상을 음운론적으로 그려 내는 것이 공시적 음운 기술의 중요

임무인 것이다.

그런데 형태소의 결합 과정에서 일어나는 교체를 모두 공시적 음운 기술에서 다룰 수는 없다. 생산성이 충분한 형태소들의 교체만을 공시적 음운 기술에서 다루어야 한다.[7] 생산성이 낮은 형태소들은 이미 다른 형태소와 결합된 전체가 하나의 단위처럼 행동하므로 이런 환경에서 일어나는 교체 역시 예전의 것이 굳어졌을 가능성이 매우 크다. 파생어나 합성어 형성에서 보이는 교체를 공시적인 현상으로 보지 않는 이유는 여기에 있다.[8]

3.3. 공시적 음운 기술의 구조

3.3.1. 전체 구조

공시적 음운 기술의 구조를 살피기에 앞서 음운론, 더 정확히는 음운부(phonological component)가 전체 문법에서 어떤 역할을 하는지 간단히 고찰할 필요가 있다. 음운 이론은 그 동안 많은 변화를 거쳤지만 음운부의 위상은 초기 생성 문법 이래로 크게 변화하지 않았다. 즉 음운부는 통사부에서 만들어진 구조체를 실제로 발음할 수 있는 형태로 바꾸어 주는 역할을 하는 것이다. 통사부에서 만들어진 구조체는 내부적으로 여러 가지 음운론적 제약을 어기는 형태들이 많고 제약을 어기지는 않아도 음운 론적으로 조정을 받아야 하는 형태들이 적지 않다. 이런 부적격한 형태들은 음운부를 거치면서 음운 규칙의 적용을 받거나 또는 적절한 기저형 선택 과정을 거쳐 표면에 실현된다.[9]

7 이 문제의 중요성은 김성규(1987) 이래로 끊임 없이 강조되었다.

8 형태소의 생산성을 정하는 것은 매우 복잡하고 어려운 일이지만 그렇다고 해서 형태소의 생산성을 무시하고 공시적 음운 기술을 한다면 더 큰 복잡성과 문제점을 낳을 것이다.

9 적절한 기저형의 선택이란 복수 기저형을 설정하는 경우에만 해당한다. 복수 기저형 중 타당한 것을 선택하기 위해서는 인접 형태소에 대한 정보가 필요하며 이러한 정보는 어휘부가 아닌

이러한 음운부의 기능에 비추어 볼 때 문법 부문으로서의 음운부는 음운론적 조정을 거치는 입력형과 실제로 발음되는 출력형, 그리고 입력형과 출력형을 이어 주는 매개 장치가 필요하다. 이것이 공시적 음운 기술의 기본 구조이다. 규칙 중심의 음운론에서는 입력형, 출력형이 층위(level)와 관련이 있고 매개 장치는 음운 규칙에 대응한다.

(1)

A-층위
↓
(음운 규칙)
↓
B-층위

A-층위는 심층에 존재하는 층위로 기저형이 존재한다. 통사부에서 만들어진 구조가 음운부로 넘어 왔을 때 처음 놓이는 층위가 A-층위이다. A-층위는 형태음운 층위라고도 하고 기저 층위라고도 한다. 용어의 차이는 층위의 명칭을 분절음의 성격을 기준으로 할 것인지 존재하는 위치를 기준으로 할 것인지에 따라 생긴 것이다.[10] A-층위는 그대로 표면에 실현될 수 없으므로 조정 과정을 거치는데 이 역할은 음운 규칙이 담당하다. 음운 규칙이 적용되어 최종적으로 표면에서 발음될 수 있는 형태가 존재하는 층위가 B-층위이다. 표면형은 B-층위에 존재한다. B-층위는 음성 층위 또는 표면 층위라고 하는데 이러한 용어 차이의 원인은 A-층위의 경우와 평행하다.

(1)은 형태소의 교체를 공시적으로 설명할 때의 기본 구조이다. 이 구조에서 중요한 것은 층위들을 정확히 구분한 후 각 층위들을 적절히 연결하는 것이라고 할 수 있다. 그런데 여기에는 여러 가지 쟁점들이 놓여

음운부에서 알 수 있다. 자세한 것은 3.4.1.을 참고할 수 있다.

10 층위와 분절음의 관련성 또는 층위의 명칭 문제는 3.3.2.에서 자세히 다루기로 한다.

있다. 층위의 설정이나 구분 방식에는 여러 가지 이견들이 있어 면밀한 검토가 필요하다. 또한 층위를 연결할 때의 원칙도 정확히 규정해 주지 않으면 안 된다. 이 문제는 3.3.2.와 3.3.3.에서 다루기로 한다.

3.3.2. 층위

공시적 음운 기술에 필요한 층위는 크게 두 가지 쟁점 사항을 가진다. 하나는 층위의 수이다. (1)에서는 편의상 두 개의 층위만 인정했지만 세 개의 층위를 인정하기도 하고 두 가지 견해를 절충한 제 삼의 방안도 있어 다양한 견해가 존재한다. 다른 쟁점은 층위와 분절음의 관계이다. 즉 층위를 설정했다면 그 층위의 고유한 분절음도 함께 설정해야 하는지 아닌지에 있어 이견이 있을 수 있다. 이 중 두 번째 문제가 해결되어야만 적절한 층위의 수를 설정할 수 있으므로 두 번째 문제부터 살펴보기로 한다.

지금까지 제시된 층위의 명칭을 보면 직간접적으로 모두 그 층위의 고유한 분절음을 설정하고 있음을 알 수 있다. 아래의 (2)는 지금까지 설정된 대표적인 층위의 명칭이다.

(2)

ㄱ. 형태음운 층위, 음운 층위, 음성 층위

ㄴ. 기저층위, 표면층위

(2ㄱ)은 층위의 명칭에 '형태음운(morphophoneme), 음운(phoneme), 음성(phone)'이라는 분절음을 직접 반영하였다.[11] 이런 입장에 따르면 층위는 분절음과 결부해서 생각할 수밖에 없으며 각 층위는 특정한 성격의 분절음으로만 이루어져 있다. (2ㄴ)은 일반적인 생성음운론에서 채택했던

11 이 책에서는 줄곧 '음소' 대신 '음운'이라는 용어를 사용하였으므로 여기서도 '형태음소' 대신 '형태음운'이라는 용어를 쓴다.

층위로 비록 그 명칭에 분절음의 성격이 들어 있지는 않지만 일반적으로 기저 층위는 '체계 음운(systematic phoneme)', 표면 층위는 '체계 음성(systematic phone)'으로 이루어졌다고 보기 때문에 결과적으로 층위와 분절음은 밀접한 관계를 맺고 있다고 파악한 셈이다.

이처럼 층위에 따라 존재하는 분절음의 지위도 다르다고 보는 입장을 취하면 각각의 층위는 고유성과 독자성이 확보되기 때문에 층위라는 이론적 장치의 실재성을 좀 더 확실하게 규정할 수 있다는 장점이 있다. 그리하여 각각의 층위는 모두가 고유한 분절음과 그 분절음에 대한 제약을 가진다는 주장까지 이어지는 것이다.[12] 층위라는 것이 이론적인 장치인 것을 고려하면 이론적 편의를 위해서라도 구분되는 층위에 별도의 분절음과 제약을 설정하는 것이 타당할지 모른다.

그러나 이 책에서는 네 가지 이유를 들어 분절음과 층위를 결부시키는 태도를 취하지 않으려 한다. 즉 개별 층위에 놓인 분절음들의 개념 규정이 어렵다는 점, 같은 층위에 놓인 분절음들의 성격이 동질적이지 않을 수 있다는 점, 각 층위들의 중간에 존재하는 분절음들의 성격이 애매하다는 점, 층위 사이의 혼란이 있을 수 있다는 점에서 각 층위마다 고유한 분절음을 설정하는 것은 그리 타당하다고 보기 어렵다는 것이다. 구체적인 내용은 다음과 같다.

첫째, 각 층위마다 고유의 분절음을 설정하면 그러한 분절음의 개념 규정이 명확해야 하는데 그 작업이 쉽지 않다. 이것은 형태음운 층위에 놓이는 형태음운에 해당한다. 음운이나 음성은 그 실체가 매우 분명하므로 논란이 되지 않는다. 그러나 형태음운은 정의하는 것부터 쉽지 않다. 음운들의 집합 개념으로 보기도 하고 형태음운론이라는 독자적 문법 부문의 기본 단위로 보기도 한다 이 밖에 기저형을 이루는 분절음이 형태음운이라고 하기도 한다.[13] 게다가 개념 정의의 문제와 별도로 실체가 있는 단위

12 이러한 주장은 Goldsmith(1993 : 28)을 참고할 수 있다.

13 형태음운의 개념에 대한 다양한 견해를 정리한 국외 논의로는 Fischer-Jørgensen(1975),

인지에 있어서도 논란이 많다. 실제로 존재하는 단위라고 보기도 하지만 문법 기술의 편의를 위해 허구적으로 만든 존재라고 보기도 한다.

그런데 좀 더 현실적으로 보면 형태음운이라는 단위를 인정함으로써 생겨 나는 복잡성의 문제도 무시할 수 없다. 분절음의 교체 양상이 다르다면 각각을 모두 별개의 형태음운으로 설정해야 하므로 형태음운의 수는 걷잡을 수 없이 늘어나게 된다. 이것은 (3)에서 알 수 있다.

(3)

ㄱ. 푸르다, 파리

ㄴ. 엎- : 업고, 엄는, 엎어서, 엎어

ㄷ. 읊- : 을꼬, 을른, 을퍼서, 을퍼

(3)과 같은 모습을 보이는 방언의 경우 'ㅍ'만 하더라도 세 개의 형태음운이 구분된다. (3ㄱ)과 같이 전혀 교체를 보이지 않는 'ㅍ', (3ㄴ)과 같이 교체를 보이되 자음으로 시작하는 어미 앞에서 'ㅂ'으로 실현되는 'ㅍ', (3ㄴ)과 비슷하지만 자음으로 시작하는 어미 앞에서 실현되지 않는 'ㅍ'은 모두 표면에서 실현되는 양상이 다르므로 각각을 별개의 형태음운으로 설정해야만 한다. 이것은 'ㅍ'에만 해당하는 것이 아니고 모든 음운에 해당한다. 그러므로 형태음운의 수는 음운의 수보다 최소한 두 배 이상 많을 수밖에 없다.

그런데 과연 이런 처리가 타당한 것인지는 매우 의심이 가지 않을 수 없다. 단순히 복잡성의 문제는 차치하고라도 이렇게 되면 각각의 형태음운들은 그 출현 분포에 심각한 결함이 있을 수밖에 없다. 가령 (3ㄴ)의 'ㅍ'은 어간말 위치에만 놓이며 (3ㄷ)과 같은 'ㅍ'은 어간말 자음군의 후행 자음 위치에만 놓인다. 거의 모든 형태음운이 분포상의 제약을 가지게 되는데 이것은 상당히 부자연스러운 일이다.

Kilbury(1976)을, 국내 논의로는 김경아(2000)을 들 수 있다.

(3ㄱ~ㄷ)의 'ㅍ'이 서로 다른 실현 양상을 보이는 것은 각각이 별개의 형태음운이기 때문이라고 보기는 어렵다. 오히려 'ㅍ'이 놓이는 위치, 그리고 그 방언의 음운 규칙 때문이라고 보는 것이 더 타당하다. 교체 양상의 차이는 단위가 달라서 일어나는 것이 아니고 출현 환경이 달라서 일어나는 것이므로 (3)과 같은 차이를 서로 다른 형태음운으로 해결하는 것은 바람직하다고 볼 수 없다. 형태음운이라는 단위는 그 정체도 불분명할 뿐만 아니라 설정할 경우 나타나는 여러 가지 문제점 때문에 인정하지 않는 것이 더 낫다. 형태음운을 설정하지 않는다면 형태음운 층위라는 것도 더 이상 존재할 수 없다.

둘째, 같은 층위에 놓인 분절음이라도 성격이 동질적이지 않은 경우가 있기 때문에 각 층위마다 고유한 분절음을 설정하는 태도를 유지하기 어렵다. 이것은 비모음화(鼻母音化)의 예에서 찾아볼 수 있다.[14]

(4)

어무~이~, 가마~이~, 구디~이~ (모음 뒤의 '~'이 비모음 표시)

잘 알려져 있다시피 (4)와 같이 형태소 내부에서 일어난 비모음화는 현상을 일으킨 비자음이 완전히 탈락해 버림으로써 표면형에서는 비자음이 더 이상 나타나지 않는다. 이런 경우에는 표면에 실현되는 비모음을 기저형에 그대로 반영할 수밖에 없다. 만약 비모음 대신 비자음을 기저형에 설정하는 방법을 택한다면 세 가지 중대한 문제가 발생한다. 첫째 형태소 내부에 음운 규칙을 적용하여 표면형을 도출하는 문제가 발생한다. 공시적 음운 규칙은 형태소 내부에 적용할 수 없다.[15] 둘째 교체하지 않는 형태의 기저형을 표면형과 달리 설정하는 결과가 초래된다. 이런 경우 필연적으로

14 비모음화의 특징과 여러 가지 문제점은 이진호(2001)에서 지적한 바 있다. 6.2.2.1.에서도 비모음화 문제를 자세히 다룬다.

15 여기에 대한 반론이 없지 않았지만 이진호(2006ㄱ)에서 비판한 바와 같이 공시적 음운 규칙이라면 형태소 내부에는 적용될 수 없다.

추상적 기저형의 설정 문제가 나타난다.[16] 셋째, 기저형에 설정하는 비자음을 자의적으로 선택할 수밖에 없는 문제가 생긴다. (4)의 기저형에 설정할 수 있는 비자음은 'ㅇ'도 될 수 있고 'ㄴ'도 될 수 있는데 표면에는 비자음이 전혀 나타나지 않으므로 둘 중 어느 것을 선택해도 필연성이 결여된 인위적 방법이다.

이런 문제 때문에 (4)와 같이 형태소 내부에 나타나는 비모음은 기저형에 그대로 반영하는 수밖에 없다. 변이음이라고 하더라도 그 출현을 예측할 수 없다면 기저형에 그대로 설정할 수밖에 없다. 역사적으로 변이음의 출현 환경이 바뀌거나 사라져 변이음의 출현을 예측할 수 없는 경우는 매우 많은데 이 때의 변이음은 모두 기저형에 그대로 반영하지 않으면 안 된다.[17]

(4)에서 볼 수 있듯이 기저형에 포함되는 분절음은 대부분 음운으로서의 자격을 가지지만 변이음에 불과한 것도 있다. 만약 각 층위와 그 층위에 나타나는 분절음의 자격을 직접적으로 관련시킨다면 같은 층위에 나타나는 분절음은 같은 자격을 가져야만 한다. (4)의 경우 기저형에 나타나는 비모음을 형태음운 또는 음운과 동등한 성질을 가진다고 보아야 한다. 그러나 이러한 처리는 받아들일 수 없다. 국어에서 비모음이 음운 또는 그보다 더 추상적인 단위라고 주장하기는 어렵다. (4)에서와 같이 동질적이지 않은 분절음이 같은 층위에 나타나는 한 각 층위마다 고유한 분절음을 설정하기는 매우 어렵다.

셋째, 각 층위들의 사이 즉 중간 층위에 존재하는 분절음의 성격이 애매하다는 점도 분절음과 층위를 직접 대응시키기 곤란하게 만든다. 가령 '핥+고'가 '할꼬'로 실현되는 것을 설명하기 위해서는 다음과 같은 단계를 거쳐야 한다.

16 기저형 설정의 추상성 문제는 3.4.1.2.에서 자세히 논의한다.

17 이런 성질의 변이음이 결국 새로운 음운으로 자리잡는 경우가 흔히 있는데 이것이야말로 해당 변이음을 기저형에 그대로 반영해야 한다는 적극적인 증거라고 할 수 있다.

(5)

홅고
↓ -음절말 평파열음화[18]
홃고
↓ -경음화
홃꼬
↓ -자음군 단순화
할꼬

형태음운 층위와 음운 층위를 설정할 경우 (5)에서 '홅고'는 형태음운 층위에 속하고 '할꼬'는 음운 층위에 속한다. 또한 '홅고'를 구성하는 분절음은 모두 형태음운이고 '할꼬'를 이루는 분절음은 모두 음운이 된다. 그런데 문제는 '홅고'와 '할꼬' 사이에 존재하는 '홃고'와 '홃꼬'이다. 형태음운 층위와 음운 층위의 중간에 놓인 이 형태들을 이루는 분절음은 형태음운이라고 할 수도 없고 음운이라고 할 수도 없다.[19] 층위와 분절음을 직접 대응시켜 각 층위마다 고유한 분절음을 설정한다면 중간 층위에 놓인 분절음의 성격을 규정하는 데 어려움이 따른다.

넷째, 설정된 층위 사이의 혼란이 생길 수 있다는 점도 문제이다. 각 층위마다 구별되는 분절음이 설정되면 상위 층위의 분절음이 하위 층위의 분절음으로 실현되어야 한다. 즉 형태음운이 음운으로 실현되는 과정이 선행한 후 음운이 음성으로 실현되는 과정이 뒤따를 수밖에 없는 것이다. 따라서 기저형으로부터 표면형을 설명할 때 '형태음운 층위 → 음운 층위 → 음성 층위'의 순서로 도출 과정을 밟게 된다. 그런데 때로는 그런 순차적인

18 음절말 평파열음화는 기존 논의에서 음절말 중화, 음절말 평폐쇄음화 등으로 불리던 음운 규칙이다. 이 규칙에 대한 다양한 명칭과 문제점 등은 이진호(2005ㄱ : 120)을 참고할 수 있다.

19 두 층위의 중간에 놓인 중간 층위는 애매한 지위를 가지기 때문에 지금까지도 큰 주목을 받지 못했다.

과정으로 설명할 수 없는 경우들이 있다.

(6)

ㄱ. 다니+어도→다녀도, 달리+어도→달려도

ㄴ. 산+이→사˜이˜, 강+이→가˜이˜

(6ㄱ)이 표면에 실현되기 위해서는 다음과 같은 과정을 밟는다.[20]

(7)

taniəto
↓ -활음화
tanyəto
↓ -구개음화
taɲyəto
↓ -구개음 뒤의 y-탈락
taɲəto

'다니+어도'가 '다녀도'로 실현되기 위해서는 (7)에 제시된 세 개의 규칙이 반드시 필요하다. 이 중 활음화와 y-탈락은 음운의 변동과 관련된 음운 규칙이지만 ㄴ-구개음화는 음운이 음성으로 실현되는 음성 규칙이다. 음운 규칙이 형태음운 층위를 음운 층위로 바꾸어 주는 역할을 한다면 음성 규칙은 음운 층위를 음성 층위로 바꾸어 준다. 따라서 음운 규칙이 음성 규칙보다 선행해야만 한다. 만약 음성 규칙이 음운 규칙을 선행한다면 '형태음운 층위→음운 층위→음성 층위'라는 순서를 깨게 된다.

그런데 (7)에서 ㄴ-구개음화라는 음성 규칙이 y-탈락이라는 음운 규칙보다 선행해서 적용됨으로써 층위들의 순서를 깨뜨려 버린다. y-탈락

20 논의의 편의상 '다녀도'의 도출 과정만 제시하기로 한다.

이 적용되기 위해서는 구개음화가 적용되어야 하므로 (7)에 제시된 규칙들의 순서는 타당하다. 물론 음성 규칙이 음운 규칙보다 선행하는 결과를 막는 방법으로 ㄴ-구개음화와 y-탈락 대신 'n+y'가 'ɲ'으로 곧장 축약되는 규칙을 설정할 수도 있다. 그럴 경우 하나의 규칙만 있으면 되므로 층위의 혼란은 일어나지 않는다. 그러나 이 역시 문제가 적지 않다. 무엇보다도 이런 축약 규칙을 설정하면 '이' 앞에서 일어나는 'ㄴ-구개음화'와는 별개의 규칙이 되므로 'ㄴ'이 'i, y' 앞에서 구개음으로 바뀐다는 일반화를 포기해야 한다.

(6ㄴ)도 마찬가지이다. 형태소 경계 사이에서 일어나는 비모음화를 설명하기 위해서는 음성적 과정인 비자음에 의한 비모음화가 음운론적 과정인 비자음 탈락 보다 선행해야만 한다. 이것은 (6ㄱ)과 동일한 문제를 일으킨다. (6) 이외에 경음화나 비음 동화가 일어나기 위해서는 평파열음의 음성적 미파화가 선행되어야 한다고 보는 경우에도 음성 규칙이 음운 규칙보다 선행하는 문제가 발생한다.[21]

이상에서 살핀 네 가지 문제점은 모두 형태음운, 음운, 음성이라는 구별되는 분절음을 기준으로 층위를 설정하였기 때문에 나타났다. 음운이나 음성과 같은 분절음이 존재하는 것은 사실이지만 층위를 반드시 분절음과 결부시킬 필요는 없다.[22] 이것이 층위와 관련된 두 가지 쟁점 중 두 번째 문제에 대해 이 책이 취하는 태도이다.

이제 논의의 초점은 층위와 관련된 첫 번째 쟁점, 즉 층위를 몇 개 설정하는 것이 타당한지에 맞춰진다. 층위에 대한 구체적인 논의에 앞서 여기서는 발화의 측면과 인식의 측면을 구분하는 태도를 취한다는 점을

21 김경아(2000)에서는 음성으로의 실현 과정이 음운의 변동보다 앞서야 하는 여러 가지 경우들을 다루고 있다. 주로 파열음의 음성적 미파화가 음운 변동보다 선행하는 경우들인데 음성적 미파화가 다른 음운 변동에 어떤 영향을 미치는지에 대한 음성학적 해명이 제대로 이루어질 필요가 있다.

22 이런 입장을 취하면 기존의 이론적 논의에서 음운 층위를 설정할 것인가 말 것인가 하는 것도 더 이상 문제 되지 않는다. 특정한 성격의 분절음만으로 이루어진 층위를 고려할 필요가 없기 때문이다.

미리 밝혀 둔다. 이런 입장은 이미 김경아(2000), 이진호(2001)에서도 제시한 바 있다. 언어 행위라는 것이 화자와 청자 사이에 이루어지는 것임에 비추어 볼 때 발화와 인식의 구분은 층위뿐만 아니라 모든 언어 이론에서 고려해야 할 필요가 있다. 그러나 아직까지는 대부분 발화 중심의 접근법이 주류를 이루고 있다. 층위의 문제는 발화와 인식을 구분하는 것이 유리하므로 두 가지를 모두 고려하여 논의를 진행하기로 한다.

여기서는 세 개의 층위를 설정한다. 이 세 개의 층위는 분절음을 기준으로 설정한 것이 아니므로 '형태음운 층위'라든지 '음운 층위'와 같은 명칭을 사용하지 않는다. 대신 '기저 층위, 표면 층위, 중간 층위'라고 부르기로 한다. 이러한 명칭은 기존 논의에서 이미 써 오던 것이지만 부연 설명이 필요하다.

기저 층위는 기저형들이 놓이는 층위이다. 발화의 차원에서 본다면 어휘부에 들어 있던 어휘 항목들의 음운론적 표상(phonological representation)이 음운부로 넘어와 도출 과정을 밟기 전에 놓인 층위가 기저 층위이다. 발화에 있어서의 기저 층위는 출발점이라고 할 수 있다. 인식의 차원에서 본다면 실제 발화된 형태의 원형을 추적하여 최종적으로 분석된 형태가 놓인 층위가 기저 층위이다. 발화 차원과는 달리 인식 차원에서는 기저 층위가 분석의 종착점이라고 할 수 있다.[23]

기저 층위에 놓이는 기저형은 기저형 설정 조건에 위배되지 않아야 한다.[24] 기저형 설정 조건을 따르는 기저형은 대부분 국어에서 음운으로 기능하는 분절음으로 이루어져 있다. 다만 특수한 몇몇 경우에는 변이음임에도 불구하고 기저형의 일부를 이룬다.[25]

표면 층위는 표면형이 놓이는 층위이다. 발화의 차원에서 본다면 음운

23 발화와 인식의 양방향성에 대해서는 김경아(2000)을 참고할 수 있다.

24 기저형 설정 조건에 대해서는 3.4.1.2.에서 더 자세히 살필 예정이다.

25 앞에서 논의한 바와 같이 여기서는 형태음운이라는 단위를 인정했을 때의 복잡성 때문에 형태음운이라는 단위를 따로 설정하지 않는다. 그러므로 기저형을 이루는 분절음도 반드시 형태음운일 필요는 없다.

변동이나 변이음 실현이 완료된 형태가 표면 층위에 실현된다. 그러므로 표면 층위에 놓이는 형태는 모두 국어의 구체적인 변이음들로 이루어진다. 그런데 인식의 차원에서는 조금 달라진다. 그것은 변이음의 경우 화자들에게 잘 인식되지 않기 때문이다. 발음은 구체적인 변이음으로 하지만 인식은 음운의 차원으로 추상화시켜 하기 때문에 인식의 차원에서는 표면 층위에 놓이는 형태가 대부분 음운으로 이루어진다.[26]

표면 층위에 대한 이러한 접근은 언어 변화의 원인을 설명할 때 매우 유용하게 작용할 수 있다. 2.5.에서 살펴본 바와 같이 음운 변화는 표면 층위에 적용된다. 그런데 음운 변화뿐만 아니라 대부분의 언어 변화도 표면 층위에서 일어날 가능성이 크다. 언어 변화가 실제 일어나는 사건이라면 실제 발화되는 형태가 놓이는 층위에서 변화가 이루어질 확률이 높다.

그런 점에서 어떤 변화의 필요 조건에 특정한 변이음 실현이 포함된다면 이런 변화는 화자(話者)의 입장을 반영한 것이라고 볼 수 있다. 화자의 입장에서 표면 층위란 구체적인 변이음으로 이루어진 형태이며 여기에 대한 정보가 필요하다면 그것은 분명 화자와 관련된 변화임에 틀림 없다. 가령 순행적 유음화의 경우 음절말의 'ㄹ'이 설측음 'l'로 실현되어야 하는 음성적 조건이 중요하므로 화자와 관련된 변화라고 볼 수 있다. 이 외에 파열음의 미파화가 전제되어야 하는 여러 음운 변화들도 모두 마찬가지이다.

반면 변이음보다 추상적인 음운에 대한 정보가 필요하다면 그런 변화는 청자(聽者)와 관련되었다고 볼 수 있다. 가령 '무릎>무릅'에서 보이는 재구조화나 기타 재분석으로 분류되는 변화들은 표면 층위의 형태가 어떤 변이음으로 이루어졌는지는 하등 중요하지 않다. 대신 어떤 음운으로 인식되는지가 중요하다. 이것은 표면 층위를 음운의 차원에서 해석하였음을 말해 주므로 청자와 관련된다. 이처럼 표면 층위를 화자의 청자로 구별하여 다

26 발화와 인식의 차이를 반영한 이진호(2001)은 발화에서는 형태음운 층위, 음성 층위만 설정하고 인식에서는 형태음운 층위, 음운 층위만 설정하는 방식을 채택했다. 그러나 각 층위의 고유한 분절음을 인정하지 않는 한 이진호(2001)의 방식은 수정될 수밖에 없으며 그런 수정의 결과가 표면 층위를 발화와 인식으로 이원화한 것이다.

루면 언어 변화의 성격을 파악하는 데 유리한 점이 많다.

기저 층위와 표면 층위가 양 극단에 위치한 층위라면 중간 층위는 그 사이에 끼어 있는 층위라고 볼 수 있다. 기저형과 표면형을 제외한 나머지 형태가 놓인 층위를 중간 층위라고 한다. 도출 과정에서 둘 이상의 음운 규칙이 필요한 경우에 중간 층위가 생긴다. 앞서 제시한 (5)를 층위에 따라 다시 제시하면 다음과 같다.

(8)

ㄱ. 기저층위 : 핥고

ㄴ. 중간층위 : 핥고, 핥꼬

ㄷ. 표면층위 : 할꼬

기저 층위는 표면 층위에 실현되는 여러 이형태를 설명하기 위한 기저형이 존재하는 층위로 이론적 필요성이 충분하다. 표면 층위에 놓이는 표면형은 실제로 발화되는 형태이므로 표면 층위의 존재 역시 부인할 수 없다. 반면 중간 층위는 매우 애매한 성격을 지니고 있다. 중간 층위는 기저 층위와 표면 층위를 이어 주기 위해 이론적으로 만든 가상의 공간에 불과하다. 또한 존재한다고 하더라도 경우에 따라 중간 층위의 크기가 달라진다. (8ㄴ)에서는 중간 층위에 두 개의 형태가 놓이지만 경우에 따라서는 하나만 놓일 수도 있고 세 개가 놓일 수도 있다. 그런데 그나마도 항상 존재하는 것이 아니어서 기저형에 음운 규칙이 하나만 적용되거나 적용되지 않는 경우에는 중간 층위가 불필요하다.

이처럼 중간 층위는 경우에 따라 그 존재나 크기가 유동적인 매우 불안정한 존재이다.[27] 그렇지만 도출 과정에서 중간 층위를 인정하지 않을

27 이와 같이 중간 층위는 독자성이 매우 떨어지기 때문에 그 동안 많은 관심을 받지 못했다. 국어 음운론의 중간 층위에 대한 논의도 최근에 와서야 이루어졌다. 자세한 것은 이진호(2006ㄴ)을 참고할 수 있다.

수는 없다. 그것은 (9)와 같은 경우에 잘 드러난다.

(9)

ㄱ. 핥+는→할른

ㄴ. 핥는→핧는→할는→할른[28]

(9ㄱ)은 (9ㄴ)과 같은 과정을 거치는 것으로 기술되며 이 때 중간 층위에는 '핧는, 할는'라는 형태가 나타난다. 만약 중간 층위를 인정하지 않는다면 (9ㄱ)를 설명하기 위해 두 가지 방법 중 하나를 채택해야 한다. 하나는 복합적 기능을 수행하는 음운 규칙을 설정하는 방법이고 다른 하나는 여러 규칙을 동시에 적용하는 방법이다. 그러나 이 두 가지 방법은 모두 문제가 있다.

우선 복합적 기능을 수행하는 음운 규칙이란 (9ㄴ)에서 세 개의 음운 규칙이 하던 역할을 혼자서 다 하는 규칙을 말한다. 이런 규칙의 부자연성은 굳이 지적할 필요도 없다. 이질적인 변동을 한꺼번에 일으키는 규칙은 설정하기 어렵다. 더욱이 복합적 기능을 담당하는 음운 규칙을 설정하면 동일한 음운 규칙이 적용되었다는 사실을 포착할 수 없는 경우가 많이 생긴다. 가령 '닮+는'에 적용되는 자음군 단순화와 '핥+는'에 적용되는 자음군 단순화는 모두 음절말에 자음이 두 개 오기 때문에 적용된다. 그러나 복합적 기능을 수행하는 음운 규칙을 설정하면 '닮+는'에 적용되는 자음군 단순화와 '핥+는'에 적용되는 복합적 규칙은 서로 별개의 것이므로 둘 사이의 공통점을 더 이상 나타낼 수 없다.[29]

28 (9ㄴ)에서 기저형의 일부인 'ㅌ'은 어차피 탈락할 자음이므로 음절말 평파열음화를 적용하지 않을 수도 있지만 그런 기술은 일관성 있는 기술 방법이라고 할 수 없다. 이 문제는 3.6.3.에서 다룬다.

29 이것은 '닮+고 → 담꼬'와 '담+고 → 담꼬'의 경우도 마찬가지이다. 중간 층위를 설정하지 않기 위해 '닮+고 → 담꼬'를 복합적 기능의 규칙으로 설명하면 '닮+고'에 적용된 경음화와 '담+고'에 적용된 경음화가 동일하다는 사실을 나타낼 수 없다.

여러 규칙을 동시에 적용하는 방법 역시 받아들이기 어렵다. (9ㄴ)의 경우 음절말 평파열음화, 자음군 단순화, 유음화가 적용되었는데 만약 이 세 규칙을 동시에 적용한다면 '핥는'으로부터 '할른'을 이끌어 낼 수 없다. 이진호(1998)에서 자세히 논의되었듯이 유음화는 직접 동화이기 때문에 개재 자음이 제거되어야만 적용될 수 있는데 기저형 '핥는'에 여러 규칙이 동시 적용된다면 개재 자음이 그대로 남아 있어서 유음화는 결코 적용될 수 없다. 이 외에도 중간 단계를 반드시 밟아야 하는 자료들은 모두 규칙을 동시에 적용해서는 설명할 수 없다.

이처럼 중간 층위가 독자성이 떨어지고 모호한 지위를 지녔다고 하더라도 기저 층위와 표면 층위를 자연스럽게 이어 주기 위해서는 반드시 필요하다. 중간 층위를 설정하지 않음으로써 빚어지는 문제점이 너무나 크기 때문이다. 중요한 것은 중간 층위를 일관성 있게 설정하기 위한 다양한 조건이나 제약을 규정하는 일이다. 이것은 3.3.3.에서 다룰 도출, 3.4.2.에서 다룰 중간형의 문제와 깊이 관련이 있으므로 여기서 자세히 다루지는 않는다.

지금까지 층위와 관련된 두 가지 쟁점 사항들을 살피면서 여기서 취할 입장을 제시하였다. 이러한 태도는 같은 문제를 다룬 다른 논의와 비교해 볼 때 중요한 차이점이 몇 가지 있다. 표면적으로 보면 세 개의 층위를 설정했다는 점이나 '기저 층위, 표면 층위'와 같은 용어를 그대로 사용한다는 점에서 기존 논의와 차이가 없다. 그러나 세 개의 층위는 고유한 분절음을 가지지 않는다. 또한 기존 논의에서 설정된 세 개의 층위는 기저 층위 (형태 음운 층위)와 표면 층위(음성 층위) 사이에 음운 층위를 더 두는 것이 었지만 여기서는 기저 층위와 표면 층위를 제외한 나머지를 모두 중간 층위로 보았다. 더욱이 발화와 인식의 차원을 구분하여 똑같은 표면 층위라도 발화의 측면과 인식의 측면이 서로 상이하다는 사실을 지적하였다.

3.3.3. 도출

도출(derivation)이란 기저형으로부터 표면형을 이끌어 내는 과정이다. 층위의 측면에서 본다면 기저 층위와 표면 층위를 이어 주는 것이 도출이라고 할 수 있다. 기저형이 아무런 변동 없이 표면형으로 실현된다면 도출 과정이 특별히 필요 없지만 기저형이 표면형으로 실현되는 도중에 변동이 생기면 도출 과정을 겪는다고 본다. 기저형으로부터 표면형을 도출하기 위해서는 음운 규칙이 필요하다. 그러므로 도출을 다룰 때는 음운 규칙을 떼놓고 생각할 수 없다.

도출에는 일정한 원칙이 있다. 도출의 원칙은 중간 층위의 설정과 밀접한 관련을 맺는다. 도출 과정에 둘 이상의 음운 규칙이 관여하면 필연적으로 중간 층위가 생길 수밖에 없기 때문이다. 또한 도출 과정에 직접 개입하는 것이 음운 규칙이므로 도출의 원칙은 음운 규칙의 적용 방식과 밀접한 관련을 맺는다. 여기서는 다음과 같은 도출 원칙을 설정하기로 한다.[30]

(10)

ㄱ. 도출이 진행될수록 더 자연스럽고 조화로운 형태가 만들어져야 한다.
ㄴ. 음운 규칙은 순서대로 적용된다.
ㄷ. 음운 규칙은 한 단어 내에서 한 번만 적용된다.
ㄹ. 음운 규칙은 일관되게 적용된다.
ㅁ. 수의적인 규칙은 가장 나중에 적용된다.

(10ㄱ)은 도출의 정신을 가장 잘 보여 준다. 도출은 부자연스러운 것을 자연스럽게, 발음할 수 없는 것을 발음할 수 있게 바꾸어 주는 과정이다.

30 (10)은 이진호(2005ㄱ)과 이진호(2006ㄴ)에서 부분적으로 다루어진 것을 수정하여 통합한 것이다.

기저형이 표면 층위에 그대로 실현되기에는 문제가 있을 때 이 문제점이 제거되는 과정이 도출인 것이다. 그러므로 도출 과정이 진행될수록 표면 층위에 가까워지고 표면 층위에 가까워질수록 원래의 문제점들이 점차 없어져야만 한다.

(11)

훑고→훑고→훑꼬→할꼬

위의 도출 과정을 보면 도출의 출발점 즉 기저형 '훑고'는 세 가지 문제점을 지닌다. 음절말에 자음군이 왔고 그 자음군 중 하나는 음절말에 실현될 수 없는 'ㅌ'이며 파열음 뒤에 평장애음이 왔다. 이 세 가지 문제점은 도출 과정을 거치면서 점차 사라진다. 첫 번째 단계를 거치면서 'ㅌ'이 음절말에 올 수 있는 'ㄷ'으로 바뀌었고 두 번째 단계를 통해 파열음 뒤의 평장애음이 경음으로 바뀌었다. 마지막 단계를 거쳐 음절말에 오던 두 개의 자음 중 하나가 탈락하였다. 이처럼 도출 과정은 기저형의 잘못된 부분을 점차 올바르게 수정하는 기능을 한다.

때로는 도출 과정을 거치면서 더 자연스러운 형태로 바뀌었다는 사실이 잘 드러나지 않는 경우도 있다.

(12)

훑는→훑는→할는→할른

(12)에서 기저형 '훑는'은 (11)의 '훑고'와 마찬가지로 세 가지 문제가 있다. 음절말에 자음군이 오며 그 중 하나가 'ㅌ'이라는 점은 '훑고'와 같은데 비음 앞에 파열음이 왔다는 점이 다르다. '훑는'이 가지고 있는 이 문제점은 첫 번째 단계와 두 번째 단계를 거치면서 모두 없어진다. 그런데 두 번째 단계를 거쳐 나온 '할는'은 새로운 문제를 가지고 있다. 'ㄹ'과 'ㄴ'이 직접 연결할 수 없다는 제약을 어기는 것이다. 이 제약은 마지막 단계를 거쳐

만족시키게 되지만 도출 과정을 거치면서 새로운 문제점을 안게 되었다는 점에서 (10ㄱ)에 위배되지 않는가 하는 의문이 생길 수 있다.

그러나 (12)에서 '할는'은 그 직전 단계의 형태 '핥는'과 비교할 때 더 많은 문제를 지녔다고 볼 수는 없다. '핥는'이 음절말에 자음군을 금지하는 제약과 비음 앞에 파열음이 오지 못하게 하는 두 가지 제약을 어김에 비해 '할는'은 'ㄹ+ㄴ' 연쇄를 허용하지 않는 하나의 제약만 어긴다. 따라서 '할는'이 '핥는'에 비해 더 자연스럽고 덜 문제되는 형태임이 틀림 없다. 이것을 고려하면 (12) 역시 (10ㄱ)의 원칙을 잘 따름을 알 수 있다.

(10ㄴ)은 여러 음운 규칙을 동시에 적용할 수 없음을 말해 준다. 즉 각각의 규칙을 순서에 따라 적용해야만 한다는 것이다. 음운 규칙을 동시에 적용할 경우 생기는 문제점은 (9ㄴ)을 설명할 때 이미 지적한 바 있다.

(10ㄷ)은 하나의 도출 과정에서 같은 규칙이 두 번 이상 적용되는 것을 막는 제약이다. 국어의 경우 어간에 조사나 어미, 접사가 결합된 형태가 음운론적으로 하나의 단어이며 음운 규칙은 일차적으로 한 단어 내에 적용된다. 이 때 같은 규칙이 연속해서 적용되든지 또는 먼저 적용된 후 나중에 다시 적용되는 것은 곤란하다. 이것을 '없는'으로부터 '엄는'을 도출하는 방법에서 살펴보기로 한다.[31]

(13)

ㄱ. 없는→ 없는→ 업는→ 엄는

ㄴ. 없는→ 업는→ 엄는

ㄷ. 없는→ 없는→ 엂는→ 엀는→ 엄는

(13)에서 보듯이 '없는'으로부터 '엄는'을 도출하는 방법에는 여러 가지가 있다. 이 중 (13ㄷ)은 비음 동화 규칙을 두 번 적용했다는 점에서

31 '없-'의 기저형은 '없-'이 되어야 한다. 여기서는 편의상 '없-'으로 할 뿐이다. 이 문제는 3.4.1.에서 자세히 다룰 것이다.

(10ㄷ)을 위배한다.[32] 하나의 도출 과정에서 음운 규칙은 오로지 한 번만 적용되어야만 한다. 역사적으로도 국어에서 한 단어에 같은 규칙이 두 번 적용되는 경우는 없었다는 점에서 (10ㄷ)의 타당성을 간접적으로 확인할 수 있다.

(10ㄹ)에서 말하는 규칙 적용의 일관성은 두 가지 측면으로 나눌 수 있다. 하나는 규칙순을 일관되게 유지해야 한다는 점이다. 경우에 따라 규칙순을 달리 하는 것은 받아들이기 어렵다. Anderson(1974:190~218)에서는 국부적 규칙순(local ordering)을 인정하여 경우에 따라 규칙순을 달리 할 수도 있음을 논의했지만 이 역시도 일정한 조건이 충족될 때에만 가능한 것이다. 국어의 경우에는 특정한 조건 아래에서의 국부적 규칙순을 인정해야만 하는 경우를 찾기 어렵다.[33] 다른 하나는 적용 환경이 만족되면 규칙을 일관되게 적용시켜야 한다는 점이다. 앞서 살핀 (12)에서 어차피 사라질 'ㅌ'을 'ㄷ'으로 바꾼 후 탈락시키는 것은 음절말 평파열음화의 적용 환경이 충족되기 때문에 규칙을 일관되게 적용하기 위한 조치이다. 비록 도출 과정이 조금 복잡해진다고 하더라도 규칙 적용 환경을 만족시키고 규칙순에서 문제가 없다면 그 규칙은 적용하는 것이 일관성 있는 방식이다.

(10ㅁ)은 수의적으로 적용되는 규칙의 적용 순서에 대한 원칙이다. 수의적인 음운 규칙은 적용되기 전의 형태도 표면 층위에 나타날 수 있고 적용된 후의 형태도 표면 층위에 나타날 수 있다. 이런 특성을 반영하기

32 (13ㄷ)은 이 외에도 여러 가지 문제가 더 있지만 여기서는 규칙의 반복 적용 문제만 거론하기로 한다.

33 다만 매우 특이한 경우를 어간말 자음군 뒤에서의 경음화에서 찾을 수 있다. 용언 어간의 경우 '훌꼬(훑+고), 할따(핥+다)'에서 보듯이 경음화를 일으키는 자음이 탈락해도 경음화가 일어난다. 이를 위해 경음화를 자음군 단순화보다 먼저 적용시키는 규칙순을 설정한다. 그런데 체언의 경우에는 '여덜보다(여덟+보다), 여덜과(여덟+과), 여덟이, 여덟은'에서 보듯이 같은 환경에서 경음화가 적용되지 않는다. 이러한 차이는 체언의 경우 자음군 단순화를 경음화보다 먼저 적용하여 설명할 수도 있지만 그럴 경우 두 개의 규칙이 용언에 적용될 때와 체언에 적용될 때 서로 다른 규칙순을 가진다는 문제가 발생한다. 여기에는 체언과 용언의 차이가 중요하게 관여할 가능성이 크지만 현재로선 그 이유를 정확히 해명하기 어렵다. 이 경우에도 규칙순이 일관성 없이 바뀌는 것이 아니고 특정한 문법 범주에 따라 일률적인 모습을 보이므로 규칙순의 일관성에 대한 반례라고 보기에는 적합하지 않다.

위해서는 수의적 음운 규칙을 도출 과정의 맨 마지막에 적용해야만 한다.[34] 그렇지 않으면 수의적 음운 규칙을 적용 받지 않은 형태가 표면에도 실현된다는 사실을 포착하기 어렵다.

(14)

ㄱ. 흗고→흔고→흔꼬→흑꼬

ㄴ. 흗고→흑고→흑고→흑꼬

ㄷ. 흗고→흔고→흑고→흑꼬

(14ㄱ~ㄷ)은 기저형 '흗고'로부터 표면형 '흑꼬'를 도출하는 방법이다. 이 중 (14ㄱ)과 같이 수의적 음운 규칙인 위치 동화를 마지막에 적용해야만 그 규칙의 적용을 받지 않은 '흔꼬'와 적용을 받은 '흑꼬'가 모두 표면에 나타난다는 사실을 나타낼 수 있다. 반면 (14ㄴ)은 위치 동화의 적용을 받지 않은 형태가 '흗고'로 이것은 표면에 결코 실현될 수 없는 형태이다. (14ㄷ)의 '흔고' 역시 마찬가지이다. (14ㄴ, ㄷ)은 수의적 규칙의 특성을 제대로 드러낼 수 없다.

이상에서 살핀 다섯 가지 조건은 도출 과정을 체계화하는 데 있어 최소한으로 필요한 원칙이다. 이 원칙들은 어겨서도 안 되지만 만약 어길 수밖에 없는 결과가 초래된다면 이 원칙이 잘못되었다기보다는 도출 과정에 참여하는 규칙의 형식화가 옳지 않거나 또는 규칙순이 잘못되었을 가능성이 더 크다. 물론 기저형이 잘못 설정되었을 수도 있다. 도출 과정은 그 자체로 독립된 것이 아니고 기저형과 표면형, 그리고 음운 규칙과 같은 다양한 이론적 개념들이 합쳐져 구성하기 때문에 여러 가지 요소들을 종합적으로 고려하여 타당성을 판단해야 한다.

34 김경아(2000 : 41)에서는 수의적 규칙이 음운 층위에 적용된다고 했는데 이것은 다른 음운 규칙에 후행하는 것을 의미하므로 여기서와 비슷한 결론이라고 할 수 있다.

3.4. 공시적 음운 기술의 구성 요소

3.4.1. 기저형

3.4.1.1. 기저형의 용법

기저형은 두 가지 구분되는 용법을 가진다.[35] 이것은 기저형이 어떤 문법 부문에서 쓰이느냐와 관련된다. 기저형은 어휘부에서도 쓰일 수 있고 음운부에서도 쓰일 수 있다. 어휘부에서 쓰이는 기저형은 각 어휘 항목(lexical entry)의 음운론적 표상(phonological representation)을 가리킨다. 모든 어휘 항목은 문법적 정보와 함께 그 형태에 대한 음운론적 표상을 지니는데 이것이 어휘부의 기저형이다. 음운부에서 쓰이는 기저형은 음운부의 입력형이며 순서 지어진 음운 규칙을 매개로 하여 표면형과 이어져 있다. 앞서 살펴본 층위 중 기저 층위에 존재하는 형태가 음운부의 기저형이다.

어휘부의 기저형과 음운부의 기저형은 분명 서로 다른 문법 부문에서 쓰이고 있음에도 불구하고 명확한 구분을 하지 않았다. 그 이유는 표면적으로 볼 때 어휘부의 기저형과 음운부의 기지형이 다르지 않기 때문이다. 어휘부의 기저형이 곧 음운부로 넘어오면 음운부의 기저형이 되며 그 형태도 둘이 동일하다. 초기 생성음운론에서는 재조정(readjustment)이라는 특수한 과정을 두어 어휘부와 음운부 사이에서 기저형의 모양이 달라질 수 있게 한 적도 있었지만 복잡성과 추상성 등의 문제 때문에 지금은 그런 과정을 인정하지 않는다. 그러므로 어휘부의 기저형과 음운부의 기저형은 그 모양이 같을 수밖에 없다.

그러나 형태상의 동일성에도 불구하고 이 두 가지는 구분이 필요하다.

---

35 이 문제는 김 현(2006ㄴ)에서 유추의 개념을 설명하면서 잠시 지적한 바 있고 이진호(2007ㄱ)에서는 좀 더 자세히 다룬 적이 있다.

음운부의 기저형은 표면형으로 실현되는 일련의 도출 과정에서 출발점 역할을 한다. 이 때의 기저형은 도출 과정의 일부이며 그 자체로 독립되어 존재하지는 않는다. 반면 어휘부의 기저형은 어휘 항목의 음운론적 정보일 뿐이다. 어휘부의 어휘 항목들은 각각이 독립되어 설정되어 있으며 표면형과는 단절된 상태이기 때문에 어휘부의 기저형은 과정의 일부가 아니라 그 자체로 독립되어 있다.

이런 차이 때문에 '기저형'도 맥락에 따라 그 의미가 달라진다. 가령 3.4.1.2.에서 살필 '기저형 설정 조건'의 기저형은 어휘부의 기저형을 가리킨다. 음운부의 기저형은 어휘부에 있던 것을 단순히 옮겨온 것에 불과하다. 따라서 음운부의 기저형을 설정한다는 것은 성립될 수 없다. 어휘부의 기저형만이 형태소의 교체 양상을 충분히 고려하여 설정할 수 있는 것이다. 반면 3.5.3.2.에서 다룰 '복수 기저형 선택'의 기저형은 음운부의 기저형이다. 복수 기저형이 선택되기 위해서는 인접하는 형태소에 대한 정보가 필요하며 이 정보는 음운부에서나 알 수 있으므로 어휘부 안에서 기저형 선택을 할 수는 없다.

3.4.1.2. 기저형 설정 조건

기저형 설정 조건은 기저형을 설정할 때 지켜야 하는 제약이라고 할 수 있다. 기저형은 표면형들을 음운론적으로 가장 잘 설명해 줄 수 있는 형태로 정한다. 즉 국어에 존재하는 보편적인 음운 규칙으로 그 실현 과정을 설명해 줄 수 있는 것을 기저형으로 삼는 것이다. 그런데 때로는 기저형의 후보가 여럿이 될 수 있다. 이 때 최적의 후보만 남기고 나머지는 없애 주는 여과 장치(filter)가 기저형 설정 조건이다.

기저형 설정 조건이 걸러 주는 기저형 후보는 주로 추상적이고 부자연스러운 것들이다. 아무리 음운 규칙을 통해 표면형을 잘 설명할 수 있다고 하더라도 기저형 설정 조건에 비추어 문제가 있으면 기저형으로 설정할 수 없다. 지금까지 국어 음운론 연구에서 제안된 기저형 설정 조건은 그 성격에 따라 세 가지로 나눌 수 있다.[36] 기저형에 포함된 분절음의 적절성, 기저형에 포함된 분절음 연쇄의 적절성, 교체하지 않는 부분의 구체성 문제가 그것이다. 이 세 가지 측면을 반영하여 지금까지 다음과 같은 기저형 설정 조건들이 제시되었다.

(15)

ㄱ. 변별적 자질의 결합만으로 만들 수 있는 분절음만 기저형에 설정한다.

ㄴ. 기저형의 분절음 연쇄는 음운 배열에서 문제가 없어야 한다.

ㄷ. 교체하지 않는 부분은 표면형과 기저형을 일치시킨다.

(15ㄱ)은 기저형에 포함되는 분절음 각각이 국어에서 허용 가능한 것이어야 함을 나타낸다.[37] 더 구체적으로는 국어에서 음운으로 기능하는 분절음만이 기저형에 포함되어야 한다는 것이다. 변별적 자질은 국어의 음운들을 구분해 주므로 변별적 자질의 결합만으로 이루어지는 분절음은 국어의 음운일 가능성이 매우 크다. 이 조건은 국어에서 음운으로 존재하지 않는 분절음을 기저형에 설정하거나 또는 변이음에 불과한 분절음들을 기저형에 구분하여 설정하는 일련의 추상적 방법들을 막는 데 매우 효과적이다. 음운으로 존재하지 않거나 변이음에 불과한 분절음들은 반드시 국어에서 비변별적인 자실, 즉 음운을 구분하는 데 관여하지 않는 자질을 필요로 하므로 (15ㄱ)을 위배하기 때문이다. 불규칙 어간을 설명하기 위해 제안되었던 과거의 추상적 분석 방법 중 상당수는 (15ㄱ)에 따라 받아들이기 어렵다.

그러나 (15ㄱ)은 두 가지 차원에서 문제의 소지가 있다. 우선 변별적 자질만을 결합해도 국어에 존재하지 않는 음운이 나올 수 있다. 변별적 자질은 서로 자유롭게 결합할 수 있는 것이 아니고 결합에 제약이 있기 때문

36 기저형 설정 조건이 음운론에서는 매우 중요한 주제임에도 불구하고 국어 연구에서 이것만을 따로 다룬 적은 별로 없다. 여기에서 다루는 내용은 이진호(2007ㄱ)의 논의를 확대 보완한 것이다.

37 (15ㄱ)은 박창원(1986 : 7), 이진호(2002ㄴ : 61)에 제시된 조건을 약간 수정한 것이다.

이다.[38] 가령 국어에서 원순저모음은 존재하지 않으므로 '[+원순성 (round)]'과 '[+저음성(low)]'은 결합할 수 없다. 이런 사실을 고려하지 않은 채 단순히 (15ㄱ)만 설정하면 여전히 추상적 분절음이 기저형에 설정될 수 있는 여지가 남는다.

그뿐만 아니라 국어에서는 변별적 자질이 아닌 음성 자질이 포함된 분절음을 기저형에 설정할 수밖에 없는 경우도 있다. 이것은 음운 변화로 인해 변이음의 실현을 예측할 수 없는 경우에 발생한다. 대표적인 예로 비모음화(鼻母音化)를 들 수 있다.

(16)

마~이~(많이), 어무~이(어머니), 기~야~(그냥)

(16)은 형태소 내부에서 비자음(鼻子音)에 의해 음성적 비모음화가 일어난 후 다시 비자음이 탈락한 예들이다. 비자음이 탈락하지 않았다면 비모음화는 음성적으로 예측할 수 있는 단순한 변이음으로의 실현 과정에 불과하지만 비자음이 탈락함으로써 상황이 복잡해졌다. 즉 표면에는 비자음이 전혀 나타나지 않기 때문에 비자음을 기저형에 설정할 수 없으며 설령 비자음을 설정한다고 하더라도 자의적인 선택을 해야 하는 경우가 많은 것이다.[39] 더욱이 (16)에 제시된 단어들은 교체를 하지 않기 때문에 기저형 설정에 더 큰 어려움이 따른다.

(16)의 비모음은 비록 국어에서 모음의 변이음에 불과하지만 음운 변화에 의해 비자음이 완전히 탈락해 버렸기 때문에 그 실현 양상을 전혀 예측할 수 없다. 만약 (15ㄱ)을 그대로 고수한다면 (16)과 같은 예들을 적절히 기술하기 어렵다. 비모음을 나타내기 위해서는 '[비음성(nasal)]'이라는

38 이 제약은 음운을 구성하는 문제와 관련된 제약이기 때문에 음운 구조 제약이라고 할 수 있다. 자세한 것은 이진호(2005ㄴ : 64)을 참고할 수 있다.

39 이미 3.3.2.의 (4)를 설명하면서 지적한 바 있다.

자질이 필요한데 이 자질은 자음에 있어서는 변별적 기능을 하지만 모음에 있어서는 변별적 기능을 하지 못한다. 이처럼 (15ㄱ)은 두 가지 문제점을 가지고 있기 때문에 수정이 필요하다.[40]

다음으로 (15ㄴ)은 표면에서 그대로 실현될 수 없는 두 음운의 배열은 기저형에도 나타나서는 안 됨을 의미한다.[41] 한 형태소의 기저형에 포함된 음운 배열이 결코 표면에 실현될 수 없다면 주위에 인접하는 형태소와 상관없이 항상 다른 형태로 바뀔 수밖에 없다. 이것은 형태소의 기저형이 이미 그 내부적으로 심각한 결함을 안고 있음을 나타낸다. 형태소가 교체하는 것은 주위 환경 즉 인접하는 형태소 때문인데 그와 상관 없이 무조건 변화할 수밖에 없다면 그것은 올바른 기저형이라고 보기 어렵다. 다른 형태소와의 결합 과정에서 영향을 전혀 받지 않는 부분은 그 자체로 온전하게 실현될 수 있어야 한다.

조건 (15ㄴ)은 표면에 실현될 수 없는 음운 연쇄를 기저형에 설정한 뒤 표면형을 이끌어 낼 때마다 매번 음운 규칙을 적용하는 추상적 분석 방법을 배제하는 데 매우 효율적이다. 가령 한 형태소인 '국수(麵)'의 기저형을 '국수'로 하면 이것이 표면에 실현될 때마다 매번 경음화 규칙을 적용해야 한다. 표면에는 언제나 '국쑤'로만 실현되기 때문이다. 그러나 이러한 분석 방법은 'ㄱ+ㅅ'이 표면에 실현될 수 없는 음운 배열이라는 점에서 (15ㄴ)을 위배한다.

물론 (15ㄴ)도 문제가 없지는 않다. (15ㄴ)은 표면에 실현될 수 있는 음운 배열의 문제인데 기저형은 아직 표면에서 실현되기 전 단계이다. 표면형에 가해지는 조건을 기저형에 적용하는 것이 타당한지는 고려할 필요가 있다. 또한 (15ㄴ)은 (15ㄷ)과 부분적으로 중복될 뿐만 아니라 통합될 수 있는 여지도 있다. 여러 가지 상이한 조건들을 통합할 수 있다면 통합하는 쪽이 더 나은 방법이다.

40 구체적인 수정 방법은 이 절의 뒷부분에 제시한다. (15ㄴ, ㄷ)의 경우도 마찬가지이다.

41 (15ㄴ)은 이진호(2002ㄴ : 64)에서 제시한 적이 있다.

마지막으로 (15ㄷ)은 Kiparsky의 교체 조건을 국어에 맞게 수정한 것으로 기저형의 추상성을 막는 데 매우 중요한 역할을 한다.[42] 앞서 살핀 '국수'의 경우 표면에서 항상 '국쑤'로만 실현되는데도 '국수'로 기저형을 정하면 (15ㄷ)을 위배한다. 교체하지 않는 부분은 표면형과 기저형이 같아야 하므로 어떤 형태소가 교체를 보이지 않고 항상 '국쑤'로만 나타난다면 그 형태소의 기저형은 '국쑤'가 될 수밖에 없다.

(15ㄷ)은 기저형의 추상성을 막는 가장 대표적인 조건이지만 교체하지 않는 부분만 효과적으로 제어할 뿐 교체를 보이는 부분은 어떠한 제약도 할 수 없다는 문제가 있다. 가령 (17)의 경우에는 잘못된 기저형을 설정해도 (15ㄷ)이 막을 수 없다.

(17)

덧버선[덛뻐선], 덧신[덛씬~더씬], 덧옷[덛옫], 덧눈[던눈], 덧양말[던냥말]

(17)에 제시된 접두사 '덧-'은 '덛, 더, 던'이라는 세 가지 이형태를 가진다. 이 중 접두사의 초성 'ㄷ'과 중성 'ㅓ'는 교체를 보이지 않고 말자음만이 환경에 따라 다른 모습으로 나타난다. 기저형 조건 (15ㄷ)에 따르면 '더'까지는 표면형을 그대로 기저형에 반영하고 말자음은 어떤 것으로 설정해도 이형태 실현을 설명할 수 있으면 된다. 많은 경우 표기와 동일한 '덧'을 접두사의 기저형으로 설정한 후 음절말 평파열음화, 경음화, ㄴ-첨가, 비음 동화 등을 이용하여 표면형들을 설명해 왔다.

그런데 이것은 적절한 기저형 설정 태도라고 보기 어렵다. (17)의 접두사 말음이 'ㅅ'이라는 음운론적 증거는 전혀 없다. 오로지 표기에서 말음을 'ㅅ'으로 쓰고 있을 뿐이다. 그런데 그 표기마저도 그리 신빙성이 높지 않다. 한글맞춤법 7항 "'ㄷ' 소리로 나는 받침 중에서 'ㄷ'으로 적을 근거가 없는 것은 'ㅅ'으로 적는다."는 규정에서 볼 수 있듯이 이런 환경에서

42 (15ㄷ)은 배주채(1989 : 18)에서 제안하였다.

표기된 받침 'ㅅ'은 그것이 기저형의 일부임을 전혀 보장해 주지 않는다. 'ㄷ'이 확실하다는 근거가 없는 것은 전부 'ㅅ'으로 표기한다는 인위적 조치에 불과하기 때문이다.

또한 '덧'이 기저형이 될 수 있다면 '덪, 덫, 덭' 등도 역시 기저형이 될 수 있다. 어떤 것을 기저형으로 하든 같은 방식으로 표면형들을 설명할 수 있기 때문이다. 이런 여러 가능성 중에 굳이 기저형을 '덧'으로 하는 것은 오로지 표기에만 근거한 인위적인 조치로 음운론적 타당성을 결여했다고 볼 수밖에 없다.[43]

음운론적 관점에서 (17)을 가장 자연스럽게 설명하기 위해서는 '덛-'을 기저형으로 설정해야 한다. 기저형 '덛'을 이루는 분절음들은 모두 표면형에서 온전히 그 모습을 드러내며 '덛'으로부터 표면형을 이끌어 내는 방법도 전혀 무리가 없다. 그러나 기저형 조건 (15ㄷ)만으로는 '덧, 덪, 덫, 덭'과 같은 부적절한 기저형이 설정되어도 막을 수 없다. 접두사의 말자음은 교체를 보이는 부분이라서 (15ㄷ)의 적용을 받지 않기 때문이다.

이상의 논의 과정에서 드러났듯이 기존 논의에서 제안된 기저형 설정 조건들은 기저형 후보 중 잘못된 것들을 막는 데 효과적인 측면이 많지만 보완해야 할 부분도 꽤 있다. 또한 중복되는 기능을 통합할 필요도 있다. 이를 위해 새로운 기저형 설정 조건을 제시하기로 한다. 새로운 조건은 분절음의 성격에 대한 조건과 실현에 대한 조건으로 나뉜다. 타당한 분절음이 적절한 실현을 보인다면 그 기저형은 올바르다고 할 수 있다.

분절음의 성격에 대한 조건은 (15ㄱ)을 수정한 것이다. 이 조건은 다음과 같이 나타낼 수 있다.

43 접두사나 관형사의 말자음이 무엇인지를 정할 때 이 사실을 고려해야 한다는 점은 이진호(2006ㄷ : 57~59)에서 자세히 지적하였다.

(18)

분절음의 성격에 대한 조건

기저형에 포함되는 분절음은 국어에서 음운으로 기능해야 한다. 단, 표면에서의 실현 양상을 예측할 수 없는 분절음은 음운이 아니라도 기저형에 포함시킬 수 있다.

(18)은 두 개의 하위 조건으로 이루어져 있다. 즉 원칙적으로 음운만이 기저형에 포함될 수 있지만 특수한 경우에는 음운이 아닌 분절음 즉 변이음도 기저형에 포함될 수 있다는 것이다. 이것은 (15ㄱ)을 설정했을 때 발생하는 문제점을 해결하기 위한 것이다. 특히 변이음을 기저형에 포함시키는 방법이 남용되는 것을 막기 위해 출현 양상을 예측할 수 없는 경우에만 국한해 음운이 아닌 분절음을 기저형에 포함시키도록 제한하였다.

비모음화의 경우와 같이 변이음이 기저형에 포함되면 그 분절음은 표면에 그대로 실현되어야만 한다. 변이음은 표면에 실현되는 구체적인 음성이므로 이것을 기저형에 설정하는 순간부터 그 변이음이 그대로 표면에 실현된다는 전제가 깔려 있어야만 한다. 만약 변이음을 기저형에 설정하고 이 변이음에 음운 규칙을 적용하여 다른 음으로 바꾼다면 이것은 예전의 추상적 방법을 되풀이하는 것에 불과하다.

분절음의 실현에 대한 조건은 (15ㄴ,ㄷ)을 통합한 것이다. 이 조건은 분절음 사이의 연쇄나 교체 여부를 직접 거론하지 않고도 기존의 조건들과 같은 기능을 하면서 동시에 문제점도 해결할 수 있다.

(19)

분절음의 실현에 대한 조건

기저형에 포함된 분절음은 표면형에 나타나야 한다.[44]

44 이 때의 표면형은 되도록 곡용형이나 활용형에 국한해야 한다. 파생어나 합성어는 화석을 많이

(19)는 기저형에 포함된 분절음이 최소한 하나 이상의 표면형에서 모습을 드러내야 함을 말하고 있다. 이것은 기저형이 표면에 그대로 실현될 수 있어야 한다는 것과는 구별된다. 기저형이 표면에 그대로 실현된다는 것은 기저형을 이루는 모든 분절음이 동시에 표면에서 실현되는 것을 뜻한다. 그러나 (19)에 따르면 기저형을 이루는 분절음 각각이 동시에 나타나든 따로 나타나든 상관 없이 하나 이상의 표면형에서 나타나기만 하면 된다.

이 조건은 기저형을 이루는 분절음의 타당성을 직접적으로 제한한다. 기저형에 포함된 분절음의 타당성을 표면형에서의 실현 여부에 둠으로써 그 존재를 확인할 수 있는 분절음만 기저형에 포함시킬 수 있도록 하는 것이다. 이런 성격 때문에 (19)는 예전의 기저형 설정 조건 (15ㄴ, ㄷ)의 역할을 그대로 수행할 수 있다.

우선 (15ㄴ)을 위배하는 기저형은 반드시 (19)도 위배할 수밖에 없다. 표면에 실현될 수 없는 분절음 연쇄가 기저형에 포함되어 있으면 해당 분절음 중 하나는 결코 표면형에 나타날 수 없다. 즉 (19)를 어기는 것이다. 그러므로 새로운 기저형 조건 (19)는 (15ㄴ)을 대체할 수 있다. 또한 (15ㄷ)을 어기는 기저형 역시 (19)에 의해 걸러진다. 교체하지 않는 부분을 표면형과 기저형이 다르게 하면 기저형에 설정된 분절음은 표면형에 그대로 실현될 수가 없다. 예를 들어 교체하지 않는 '국쑤'의 기저형을 '국수'로 설정하면 두 번째 음절의 'ㅅ'은 결코 표면형에 나타나지 않으므로 (19)를 위배할 수밖에 없다. 이처럼 (15ㄴ, ㄷ)을 어기는 기저형은 모두 (19)를 어김으로써 (15ㄴ, ㄷ) 대신 (19)만으로도 잘못된 기저형을 막을 수 있다.

그뿐만 아니라 (19)는 (15ㄴ, ㄷ)의 문제점도 극복할 수 있다. (19)는 표면에 적용되는 제약을 이용하지도 않으며 기존의 기저형 설정 조건을 통합했기 때문에 내용상의 중복도 일어나지 않는다. 따라서 (15ㄴ)의 약점을

포함하고 있을 뿐만 아니라 어휘화되어 있을 가능성이 크기 때문에 공시적 음운 기술에서는 고려하지 않는 것이 더 낫다.

가지지 않는다. 또한 (19)는 교체를 하지 않는 부분은 물론이고 교체를 하는 부분에 대해서도 제약을 가하기 때문에 (15ㄷ)의 문제점을 없앨 수 있다. (17)에서 문제가 되었던 접두사의 말음은 표면형에 'ㅅ'이나 'ㅈ, ㅊ, ㅌ' 등으로 나타나는 일이 없으므로 (19)에 의해 '덧, 덪, 덫, 덭'과 같은 기저형이 허용되지 않는다.[45]

(19)는 논란이 되어 왔던 '없-(無)'의 기저형 설정 문제에도 해결의 실마리를 제공한다.

(20)

없어서[업써서], 없으니[업쓰니], 없는[엄는], 없고[업꼬], 없더라[업떠라]

'없-'의 기저형은 지금까지 '없-'으로 할 것인지 아니면 '없-'으로 할 것인지에 있어 논란이 있어 왔다. '없-'의 표면형을 보면 (20)에서 보듯이 어간말 자음군 'ㅂㅅ'이 온전하게 실현되는 경우는 전혀 없다. 자음으로 시작하는 어미 앞에서는 자음군 단순화 때문에 'ㅅ'이 탈락하며 모음으로 시작하는 어미 앞에서는 'ㅂㅅ' 대신 항상 'ㅂㅆ'이 나타난다. 만약 기저형을 '없-'으로 설정하면 모음으로 시작하는 어미 앞에서는 항상 경음화 규칙을 적용해야만 한다.

그러나 이런 분석 방법은 여러 가지 측면에서 받아들이기 어렵다. 우선 어간말 자음군의 마지막 자음이 'ㅅ'이라는 증거는 표기 이외에는 아무 것도 없다. 표면에서는 항상 'ㅆ'으로만 나타날 뿐이다. 또한 'ㅂㅅ'을 기저형으로 하여 경음화를 적용한다면 이 때의 경음화 규칙은 입력형과 적용 환경이 모두 한 형태소에 있는 결과가 되어 공시적 음운 규칙으로 인정할 수 없다. 1.2.와 2.6.에서도 논의했듯이 형태소 내부에 적용되는 음운 규칙은 기저형의 변화를 초래하기 때문에 공시적 음운 규칙으로 보기 어렵다.

45 '덧'은 접두사이므로 이것이 실현되는 표면형은 어쩔 수 없이 파생어가 될 수밖에 없다. 그러나 접두사 '덧'은 생산성이 높으므로 각주 44)에서 지적했던 문제는 발생하지 않는다.

마지막으로 '없-'을 기저형으로 할 수 있다면 '엀-'이라는 기저형을 배제할 수 없다는 문제가 있다. '엀-' 역시 음절말 평파열음화만 더 적용하면 '없-'과 동일한 방식으로 표면형을 설명할 수 있으므로 '없-'은 기저형으로 허용하고 '엀-'은 기저형으로 허용하지 못할 이유가 없다.

(20)을 설명하기 위해 기저형을 '없-'으로 설정하든 '엀-'으로 설정하든 모두가 추상적인 방법이다. 기저형에 포함된 분절음이 표면형에 나타나는 경우가 전혀 없다는 점에서 '없-'이든 '엀-'이든 모두 마찬가지의 문제를 가진다. 이러한 사실을 기저형 조건 (19)로 포착할 수 있다. '없-'은 어간말 자음군 중 'ㅅ'이, '엀-'은 어간말 자음군 'ㅍㅅ'이 표면형에 전혀 나타나지 않으므로 (19)를 위배한다. 따라서 '없-'과 '엀-'은 어느 것도 기저형으로 설정할 수 없다.

이처럼 새로 설정한 기저형 조건 (19)는 기존의 두 개 조건이 따로 하던 기능을 한 번에 통합해서 수행할 수 있을 뿐만 아니라 각각의 조건들이 가진 문제점들도 해결할 수 있다는 장점이 있다. 또한 기존 논의에서 논란이 되었던 문제들의 해결에도 도움을 줄 수 있다. 다만 표면적으로 (19)의 예외처럼 보이는 부류가 있다. 현대국어의 ㅎ-말음 용언 어간과 'ㅎ'으로 시작하는 조사가 여기에 속한다.

(21)

ㄱ. 노코(놓+고), 노은~논:(놓+은), 노아라~놔:라(놓+아라),
 논는(놓+는), 노쏘(놓+소)

ㄴ. 너아고(너+하고), 무나고(문+하고), 떠카고(떡+하고), 오타도(옷+하고)

ㄴ'. 너아고(너+하고), 무나고(문+하고), 떠가고(떡+하고), 오다도(옷+하고)

(21ㄱ~ㄴ')은 모두 'ㅎ'이 비어두에 놓인다는 공통점이 있다. 다만 인접하는 형태소가 'ㅎ'에 선행하는지 후행하는지에 있어 차이가 있을 뿐이다. (21ㄱ)은 어간말의 'ㅎ'이 후행하는 형태소에 따라 탈락하기도 하고 다른 자음으로 바뀌기도 한다. 'ㅎ'이 제 모습대로 나타나는 경우는 없다.

(21ㄴ, ㄴ′)은 형태소의 두음 'ㅎ'이 선행하는 형태소에 따라 역시 탈락하기도 하고 축약되기도 하는 모습을 보인다.[46]

(21ㄱ~ㄴ′)은 표면적으로만 보면 'ㅎ'이 표면형에 직접 나타나지 않는다. 그러므로 기저형 설정 조건 (19)를 엄격하게 적용하면 (21)의 경우에는 'ㅎ'을 기저형에 포함시킬 수 없다. 그러나 (21)의 설명에 'ㅎ'이 빠질 수는 없다. (21ㄱ, ㄴ)은 유기음화가 일어나는 것을 설명하기 위해 'ㅎ'이 반드시 있어야 한다. (21ㄴ′)은 비록 유기음화가 일어나지는 않았지만 '오다고(옷+하고)'에서 볼 수 있듯이 선행 자음이 음절말 평파열음화의 적용을 받는다는 점에서 자음이 분명 있으며 이 자음은 비어두의 초성 위치에서 탈락해야 하므로 'ㅎ'일 수밖에 없다.

문제는 'ㅎ'이 어떤 표면형에서도 나타나지 않는다는 사실이다. 그런데 이것은 국어의 'ㅎ'이 비어두에 실현될 수 없다는 제약 때문에 나타났다. 'ㅎ'의 분포 제약은 여러 가지 상이한 하위 제약들이 모여서 이루어진다. 가령 음절말에 'ㅎ'이 올 수 없다는 음절 구조 제약 때문에 '-는, -소' 등과 결합할 때에는 'ㅎ'이 다른 자음으로 바뀐다. 또한 'ㅎ'과 '평장애음'이 결합할 수 없다는 음운 배열 제약 때문에 그런 연쇄가 만들어지면 축약이 일어난다. 마찬가지로 뒤에 모음으로 시작하는 어미와 결합하면 공명자음과 모음 사이 또는 모음과 모음 사이에 'ㅎ'이 올 수 없다는 음운 배열 제약 때문에 'ㅎ'이 탈락하고 만다. 그러다 보니 어간말의 'ㅎ'은 표면에 그대로 실현될 수 없는 결과가 생긴다.

이처럼 (21)에서 'ㅎ'이 표면형에 나타나지 않는 것은 국어의 음운론적 제약 때문이지 기저형 설정 조건이 잘못되었기 때문이라고 볼 수는 없다. 실제로 'ㅎ'와 관련된 여러 제약 중 어느 하나가 없던 시기에는 'ㅎ'도 표면형에 나타날 수 있었다. 가령 공명자음과 모음 사이 또는 모음과 모음 사이에도 'ㅎ'이 올 수 있었던 중세국어 시기에는 '놓-'이 (21ㄱ) 대신 다음과

46 (21ㄴ, ㄴ′)의 차이는 후행하는 'ㅎ'이 선행하는 장애음과 축약되는지 아니면 단순히 탈락되는지에 있다. 잘 알려진 바와 같이 서남 방언에서는 (21ㄴ′)과 같은 양상을 보인다.

같은 교체 양상을 보였다.

(22)

노코(놓+고), 노흔(놓+은), 노하라(놓+아라),

논는(놓+는), 놋숩고(놓+숩고)

비어두에 'ㅎ'이 놓일 수밖에 없는 형태소가 표면적으로 기저형 설정 조건 (19)를 어기는 것처럼 보이는 것은 비어두의 'ㅎ'이 표면에 그대로 실현될 수 없게끔 막는 여러 가지 음운론적 제약 때문이다. 따라서 비어두의 'ㅎ'은 조건 (19)의 예외적인 존재가 될 수밖에 없다. 그런데 이 때에도 'ㅎ'이 직접 나타나지는 않았지만 인접 장애음과 축약되어 유기음으로 실현되는 모습을 보이는 등 간접적인 증거를 통해 'ㅎ'의 존재를 드러내고 있다. 그러므로 (19)를 완전히 위배했다고 보기는 어렵다. 비어두의 'ㅎ'과 같이 특수한 경우 때문에 조건 (19)의 효용성을 부인할 수는 없다.

한편 기저형을 이루는 분절음의 실현을 제약하는 조건 (19)와 관련해서 생각해 볼 또 다른 문제가 있다. (19)는 기저형을 이루는 분절음의 측면에서 그 적절성을 규정한 것이지만 이것을 이형태의 측면에서 바라볼 수도 있다. 즉 (19) 대신 다음과 같이 기저형 설정 조건을 설정해도 결과적으로 같은 기능을 하는 것이다.

(23)

한 형태소의 기저형은 이형태 중 하나와 일치해야 한다.

(23)은 기저형을 이루는 분절음 각각을 독립시켜 파악하지 않고 이형태로 묶어서 파악한다. 실제적으로 기저형이 표면에 실현되는 양상을 보면 올바르게 설정된 기저형은 이형태 중 하나와 일치하게 된다.[47] (19)를

47 물론 (21)에서는 여전히 기저형이 이형태 중 어느 것과도 일치하지 않기 때문에 예외로 남는다.

어기는 추상적 기저형은 모두 표면의 이형태 중 그 무엇과도 일치하지 않는 것들이다. 그런 점에서 (23)은 (19)와 같은 역할을 한다.

그럼에도 불구하고 여기서는 (23) 대신 (19)를 택하기로 한다. 그것은 앞서 살핀 비어두의 'ㅎ'과 관련된다. (21)과 같은 경우에 제기되는 문제는 이형태 전체의 차원이 아니고 비어두의 'ㅎ'에 국한될 뿐이다. 즉 기저형을 이루는 개별 분절음의 분포 제약이 중요하므로 기저형의 적절성 역시 분절음의 차원에서 살필 필요가 있는 것이다. 따라서 이형태 측면보다는 개별 분절음 측면에서 기저형의 적절성을 제한하는 것이 더 나을 듯하다.

결과적으로 올바른 기저형을 설정하기 위한 조건으로 여기서는 분절음의 성격을 제한하는 조건 (18)과 분절음의 실현을 제한하는 조건 (19)를 설정하였다. 이 두 조건을 모두 만족시킨다는 것은 기저형을 이루는 분절음이 그 자체로서도 타당한 자격을 지닐 뿐만 아니라 표면에서도 그 존재를 입증할 수 있음을 뜻한다. 이 두 조건만으로도 지금까지 제안된 추상적 기저형들을 효과적으로 제어할 수 있다.

3.4.1.3. 기저형 설정 조건과 형태소 구조 조건

어떤 언어든지 형태소의 구조에는 제한이 있다. 국어의 경우 'ㅎ'으로 끝나는 체언 어간이 전혀 존재하지 않으며 용언 어간 중에 'ㅇ'으로 끝나는 것도 없다. 이처럼 형태소의 구조에 존재하는 제약을 형태소 구조 조건이라고 한다. 형태소 구조 조건은 음운론적 제약과는 성격이 다르므로 특정한 형태소가 나타나지 않는 이유가 음운론적 제약 때문이라면 이것은 형태소 구조 조건으로 볼 수 없다. 가령 'ㄹ+ㄴ'의 연쇄가 한 형태소 내부에 나타나는 일이 없는데 이것은 이런 음운 연쇄를 허용하지 않는 국어의 음운론적 제약을 지키기 위한 것이므로 형태소 구조 조건이라고 할 수는 없다. 이런 점에서 형태소 구조 조건은 형태소의 내부 구조에 대한 제약이되 음운론적 제약과 관련이 없는 것만 포함된다.[48]

48 음운론적 제약에 의해 특정한 형태소가 나타나지 않는 것도 형태소 구조 조건으로 간주하면

형태소 구조 조건은 여러 가지 역할을 한다. 우선 외국어를 받아들일 때 형태소 구조 조건을 어기는 것은 변화가 일어난다. 대부분의 방언에는 'ㄷ'으로 끝나는 체언이 없기 때문에 'bat, Hollywood'와 같이 't, d'로 끝나는 외국어는 '빼시(bat+이), 빼슬(bat+을), 헐리웃에(Hollywood+에), 헐리웃을(Hollywood +을)'에서 보듯이 'ㅅ'으로 끝나는 체언으로 바뀌어 수용된다. 이것은 현대국어에만 국한된 것이 아니어서 중세국어 시기에 차용된 몽고어 역시 형태소 구조 조건을 만족시키기 위해 약간의 조정을 거쳐 국어에 들어왔다.[49] 또한 형태소 구조 조건은 형태소의 재구조화에도 영향을 미친다. 김성규(2006), 김 현(2006ㄴ)에서 지적하였듯이 형태소 구조 조건에 비추어 어색하거나 부자연스러운 것은 더 자연스러운 형태로 변화가 일어난다.

형태소 구조 조건은 기저형 설정과도 무관하지 않다. 어휘부의 기저형은 대부분 형태소 단위로 되어 있으므로 형태소 구조 조건과 기저형 설정은 직접적인 관계가 있다. 형태소 구조 조건의 성격을 고려하면 기저형이 형태소 구조 조건을 어기는 것은 있을 수 없다. 형태소 구조 조건은 실재하는 기저형들을 검토하여 나온 결과이므로 형태소 구조 조건을 어기는 기저형이 있다는 것은 그 형태소 구조 조건이 타당하지 않든지 또는 기저형이 잘못 설정되었든지 둘 중의 하나라고 볼 수 있다.

그런 점에서 설정된 형태소 구조 조건이 타당한 이상 모든 기저형은 형태소 구조 조건을 어겨서는 안 된다. 즉 형태소 구조 조건의 준수야말로 기저형 설정에 있어 일차적으로 만족되어야 하는 요건이라고 할 수 있다. 그런데 실제로 형태소 구조 조건이 기저형 설정에 관여하는 경우는 매우 제한된다. 복수 기저형을 설정하는 경우에 한해서만 형태소 구조 조건을 고려할 필요가 있을 뿐이다. 단수 기저형을 설정하는 경우에는 형태소 구조

소위 말하는 중복 기술의 문제가 발생한다. 같은 내용인데도 형태소 내부의 문제는 형태소 구조 조건으로 보고 그 이외의 환경은 음운론적 제약으로 봄으로써 불필요한 중복이 일어나는 것이다.

49 자세한 것은 이기문(1991 : 159, 162, 244)를 참고할 수 있다.

조건을 만족시켜야 한다는 것 자체가 하나의 전제가 되기 때문에 문제가 발생하지 않는다.

(24)

ㄱ. 도와, 도우니, 돕고, 돕는(돕-, 助)

ㄴ. 흘러, 흐르니, 흐르고, 흐르는(흐르-, 流)

ㄷ. 와서, 오니, 오고, 오는(오-, 來)

(24)에 제시된 어간들은 모두 불규칙적 교체를 보이므로 복수 기저형을 설정할 수밖에 없다. (24ㄱ, ㄴ)은 ㅂ-불규칙, 르-불규칙 교체를 보이는 어간이다. (24ㄷ)은 활음화가 일어나도 보상적 장모음화가 동반되지 않았다는 점에서 불규칙 어간으로 기술되기도 하였다.[50] 어간들의 불규칙성은 분명히 드러나지만 이러한 불규칙성을 기술하기 위한 기저형 설정 방법에는 차이가 있다. 흔히 (24)를 기술하기 위해 다음과 같이 복수 기저형을 설정한다.

(25)

ㄱ. 도w-(모음 어미 앞) ~ 도우-(매개모음 어미 앞) ~ 돕-(자음 어미 앞)[51]

ㄴ. 흘ㄹ-(모음 어미 앞) ~ 흐르-(매개모음 어미, 자음 어미 앞)

ㄷ. w-(모음 어미 앞) ~ 오-(매개모음 어미, 자음 어미 앞)

그런데 (25)와 같이 설정된 기저형 중에는 형태소 구조 조건에 비추어 볼 때 수용하기 어려운 것들이 있다. (25ㄱ)의 '도w-'는 'w'로 끝나는 형태소가 없다는 조건을 어기며 (25ㄴ)은 'ㄹㄹ'이라는 자음군을 가진 어간이 없다는 조건을 어긴다.[52] (25ㄷ)의 'w'는 활음만으로 이루어진 어간이 없다는

50 이러한 설명은 배주채(1994 : 120)에서 이루어졌다.

51 모음 어미는 '아/어'로 시작하는 어미, 매개모음 어미는 '으'로 시작하는 어미, 자음 어미는 자음으로 시작하는 어미를 가리킨다.

52 '도w-'를 기저형으로 설정할 수 없는 이유를 음절과 관련된 제약 때문으로 파악하는 경우도

조건을 위배한다. (25ㄱ~ㄷ)이 위배하는 형태소 구조 조건은 그 역사가 매우 오래 되어서 중세국어 시기에도 존재했다.

복수 기저형을 설정할 때 이런 문제가 많이 나타나는 것은 단순한 형태 분석의 결과를 그대로 기저형에 반영했기 때문이다. 즉 (24)에서 어미만을 기계적으로 제거하고 남은 형태를 복수 기저형 중 하나로 설정한 결과 형태소 구조 조건을 어기게 되었다. 복수 기저형이라고 하더라도 국어의 형태소 구조 조건을 심각하게 위배하는 것은 곤란하다. 그러므로 (25ㄱ~ㄷ)에 제시된 복수 기저형 중 '도w-, 흘ㄹ-, w-'는 다른 것으로 바꾸는 것이 낫다.

(25ㄱ)의 '도w-'는 '도오-' 또는 '도우-'로 바꿀 수 있다. '도오-'는 후행하는 모음 어미가 '어'가 아닌 '아'로 시작한다는 점을 감안한 형태이다. 즉 모음조화를 배려하여 '도오-'를 설정한 것이다. 그러나 '도오-'의 두 번째 음절 '오'는 표면에 결코 나타나지 않으므로 기저형 설정 조건을 어긴다. 규칙성을 이미 잃어 버린 모음조화를 굳이 기저형 설정에 반영할 필요는 없으므로 '도오-'를 '도우-'로 수정하고 그 출현 분포를 '모음 어미, 매개모음 어미 앞'으로 조정하는 것이 더 타당하다.

(25ㄴ)의 '흘ㄹ-'은 '흘르-'로 바꾸어야 한다. '흘르-'는 형태소 구조 조건을 어기지 않으며 두 번째 음절 '으'는 매개모음 어미나 자음 어미 앞에서는 나타나므로 기저형 설정 조건을 위배하지도 않는다. 그뿐만 아니라 '흘르-'는 '흘르고, 흘르니, 흘러'와 같이 규칙 활용을 하는 어간으로의 변화를 보여 주는 방언에서 직접 확인할 수 있다.

(25ㄷ)의 경우 복수 기저형을 설정하는 것보다는 단수 기저형 '오-'를

있다. 즉 국어에는 하향 이중모음이 존재하지 않기 때문에 '도w-'는 기저형으로 설정할 수 없다는 것이다. 그러나 국어의 어간말에 오는 음운은 음절 구조와 관련된 제약의 적용을 받지 않는다. 후행하는 형태소에 따라 어간말음은 후행 음절로 넘어갈 수도 있고 선행 음절에 그대로 남아 있을 수도 있다. 음절말에 올 수 없는 'ㅋ, ㅊ, ㅎ'과 같은 자음들이 어간말에 올 수 있거나 자음군을 가진 어간들이 존재할 수 있는 것은 모두 어간말이라는 위치에 음절 구조와 관련된 제약을 적용할 수 없기 때문이다. 그러므로 '도w-'와 같은 기저형을 설정할 수 없는 이유 역시 음절 구조가 아닌 형태소 구조에서 찾아야 한다.

설정하고 대신 보상적 장모음화에 예외를 허용하는 방식으로 기술하는 것이 더 타당하다. 보상적 장모음화는 예외 없이 일어나지는 않는다. 많은 방언에서 '이-, 오-'와 같이 단모음으로 이루어졌거나 '경구개음+이'로 구성된 1음절 어간의 경우 활음화가 일어나도 장모음이 실현되지 않는다. 그러므로 어간이 보이는 불규칙성은 그 기저형에 반영하기보다는 음운 규칙에 반영하는 것이 더 낫다.

복수 기저형은 기저형의 수가 두 개 이상이라는 점만 다를 뿐이다. 따라서 기저형을 설정할 때의 기본 태도는 그대로 견지해야만 한다. 즉 앞서 제시한 기저형 설정 조건은 물론이고 형태소 구조 조건도 준수하는 것이 바람직하다. 다만 복수 기저형은 불규칙 교체와 관련되며 복수로 설정된 기저형들이 상보적 분포를 보이고 한정된 이형태 실현에만 관여하기 때문에 기저형 설정 조건과 형태소 구조 조건을 획일적으로 적용하기 어려운 경우도 없지 않다. 이 문제는 3.5.3.3.에서 더 자세히 살피기로 한다.

3.4.2. 중간형

중간형은 중간 층위에 존재하는 형태들로 도출 과정에서 기저형과 표면형을 제외한 나머지 형태를 포괄한다. 기저형을 기차 여행의 출발역이라고 보고 표면형을 종착역이라고 본다면 중간형은 중간에 잠깐 스치고 지나가는 간이역에 불과하다. 즉 중간형은 실제로는 결코 실현되지 않는 가상의 형태인 것이다.

도출 과정에서 중간형은 항상 존재하는 것은 아니다. 기저형으로부터 표면형을 도출하는 데 필요한 음운 규칙이 두 개 이상일 때에만 중간형이 존재할 수 있다. 음운 규칙이 하나만 적용되는 경우에는 기저형과 표면형이 곧장 이어지기 때문에 중간형이 존재할 수 없다. 또한 중간형이 존재한다고 하더라도 각각의 도출 과정에 따라 그 수가 달라진다. 음운 규칙이 두 개 필요한 도출 과정에서는 하나의 중간형이 존재하지만 음운 규칙이 세 개 적용되는 경우에는 두 개의 중간형이 나타난다. 도출 과정에 필요한 음운 규칙이 N개라고 할 때 중간형은 'N-1'개가 출현하게 된다.

중간형은 항상 도출 과정의 전후에 놓인 다른 형태와 함께 있을 때 의미가 있다. 중간형만 따로 떼어 놓으면 아무런 의미가 없다. 가령 '낳+소'라는 기저형이 '나쏘'라는 표면형으로 도출되는 데에는 '낟소, 낟쏘'라는 두 개의 중간형이 필요하다.[53] 그런데 중간형들은 그 자체로는 아무런 의미가 없다. '낟소, 낟쏘'는 '낳소'라는 기저형 외에 '낮소, 낫소'와 같은 기저형으로부터도 나올 수 있으므로 이것들이 '낳소'의 도출 과정에서 나온 중간형이라는 사실은 도출 과정을 벗어나는 순간 그 의미가 사라져 버린다. 중간형은 그 특성상 도출 과정 속에서만 의미가 있을 뿐이다.

이처럼 중간형은 존재 유무나 크기도 일정하지 않고 표면에 결코 실현될 수 없는 가공의 단위이며 독립된 지위도 지니지 않지만 일정한 원칙에 따라 만들어진다. 무엇보다도 중간형은 반드시 도출의 원칙에 따라야만 한다. 앞서 3.3.3.의 (10)에 제시한 도출 원칙을 어기는 중간형은 올바른 것이라고 할 수 없다. 또한 중간형을 만들어내는 음운 규칙은 공시적 규칙으로서의 타당성을 지녀야만 한다. 공시적 규칙의 타당성은 3.4.4.에서 자세히 다루겠지만 그것을 어기는 중간형은 받아들일 수 없다. 결국 타당한 음운 규칙들을 도출의 원칙에 맞게 적용할 때 자연스럽게 나오는 형태가 중간형이라고 할 수 있다.

3.4.3. 표면형

기저형이나 중간형은 표면형을 설명하기 위해 만든 가상의 형태이지만 표면형은 실재하는 형태이다. 그러므로 표면형 설정을 위한 제약이란 있을 수 없다. 표면에 출현하는 형태는 모두 표면형으로 인정할 수밖에 없다.

표면형은 도출 과정의 종착점으로서 존재 여부를 직접 확인할 수 있으

53 '낳소'를 발음해 보면 중간에 폐쇄 과정이 존재하지 않으므로 표면형은 '낟쏘'가 아닌 '나쏘'로 보는 것이 타당하다.

므로 표면형 자체에 대한 이론적 문제는 거론할 것이 별로 없다. 다만 도출 과정을 발화와 인식의 측면으로 구분한 후 인식 측면의 표면형이 무엇인지를 정할 때 논란이 될 수 있는 형태가 있다. 일반적으로 인식의 대상은 음운으로 이루어져 있다. 언중들은 구체적인 변이음으로 발화하지만 추상화시킨 음운으로 인식하기 때문이다.

그런데 모든 표면형을 음운의 차원에서 인식한다고 볼 수 없는 경우가 있다. 우선, 3.4.1.2.의 (16)에서 살펴본 비모음화의 경우가 대표적이다. 형태소 내부에 비모음화가 적용되어 재구조화가 완료된 형태들은 표면형에 비모음만 나타날 뿐 비모음화를 일으킨 비자음은 나타나지 않는다. 이 때의 비모음은 그 출현을 예측할 수 없는 변이음이기 때문에 기저형에 반영해야 한다. 이것을 인식의 측면에서 보면 음운이 아닌 분절음이 포함된 표면형을 인정해야 한다.[54]

다음으로 외국어 수용 과정에서도 비슷한 경우가 나타난다. 국어에서 'r'과 'l'은 한 음운의 변이음에 불과하지만 'r, l'의 차이에 따라 외국어 수용 양상이 달라지는 경우가 많다. 가령 비어두 초성의 'r'은 'ㄹ'로 수용되지만 'l'은 'ㄹㄹ'로 수용되는 것이다.[55] 이것은 비어두 초성에 'l'이 실현되려면 'ㄹㄹ'이 되어야만 한다는 국어의 변이음 실현 양상과 직접 관련이 있다.[56] 중요한 것은 이 때에도 변이음의 차이가 인식의 측면에 반영되었다는 점이다.

---

54 인식의 차원에서 보면 변이음이 표면형에 포함된 것은 부자연스러운 일이기 때문에 많은 방언에서 비모음이 다시 구강모음으로 변화하고 있는 것이 사실이다. 이렇게 되면 결과적으로 비자음이 그냥 탈락하는 셈이다.

55 melody(멜로디), holy(홀리), Helen(헬렌), alone(얼론) … : Mary(매리), orient(오리엔트), miracle(미라클), oral(오랄) …. 이러한 대응에 예외가 없는 것은 아니지만 외국어의 'r'과 'l'이 국어에 수용되는 과정에서 어느 정도 차이를 보인다는 점은 분명하다.

56 국어의 비어두 초성에 'ㄹ'이 올 수 있는 환경은 두 가지이다. 하나는 앞에 모음이 올 때이고 다른 하나는 앞에 자음이 올 때이다. 그런데 앞에 자음이 올 때에는 음운론적 제약 때문에 그 자음은 'ㄹ'만 허용된다. 앞에 모음이 올 때에는 'ㄹ'이 모음 사이에 놓이므로 'r'로 실현되지만 앞에 'ㄹ'이 올 때에는 'l'로 실현된다. 이처럼 비어두 초성 위치에서 'l'이 실현되기 위해서는 'ㄹ'이 하나만 와서는 안 되고 'ㄹㄹ'이 와야만 한다.

일반적으로 화자의 인식 단위는 변이음이 아니라 음운이므로 인식의 측면에서 본 표면형도 음운으로 이루어져야만 한다. 그러나 특수하기는 하지만 인식 측면의 표면형에 변이음이 포함되어 있다고 보아야 하는 경우도 없지 않다. 변이음이 어떻게 인식되는지에 대한 자세한 연구가 뒤따른다면 표면형의 정체에 대한 논의도 더 풍부해질 것이다.

3.4.4. 음운 규칙

음운 규칙은 기저 층위와 표면 층위를 이어 주는 매개 장치이다. 음운 규칙이 적용될수록 기저형은 점차 표면형에 가까워진다. 공시적 음운 기술에 쓰일 수 있는 음운 규칙은 여러 가지 조건을 만족시켜야만 한다. 여기서는 이러한 조건으로 규칙성 조건, 공시성 조건, 독자적 타당성 조건의 세 가지를 제시하기로 한다.

규칙성 조건은 규칙으로서의 자격을 갖추었는지를 판별하는 기준이라고 할 수 있다. 규칙이란 규칙성을 포착하는 도구이며 규칙성이란 일반화된 정보로 이루어졌을 때 포착할 수 있다. 그러므로 규칙성 조건을 위배한다면 그것은 음운 규칙으로 설정할 수 없음을 의미한다.

음운 규칙의 경우 입력형이나 적용 환경이 범주화된 정보로 이루어졌을 때 규칙성 조건을 만족시킨다고 할 수 있다. 만약 음운 규칙이 적용되는 대상이나 환경을 일일이 나열하여 목록화할 수밖에 없다면 그런 규칙은 규칙성 조건을 위배한다고 볼 수밖에 없다. 예외가 지나치게 많고 개별 형태소들에 대한 특수한 정보가 많을수록 일반화는 어려워진다. 그러므로 이런 경우는 음운 규칙을 적용하여 기술할 수 없다.

(26)

음운 규칙의 규칙성 조건

입력형과 적용 환경이 일반화된 정보로 이루어져야 한다.[57]

공시성 조건은 공시론의 성격에 부합하는지를 살피는 기준이다. 공시성 조건을 위배하는 규칙은 통시적 규칙이 된다. 1.2.에서 자세히 논의한 바와 같이 공시론은 언어 현상을 고정된 측면에서 기술한다. 문법의 변화가 개입하는 기술 방식은 공시론에서 채택할 수 없다. 공시론의 성격에 맞는 음운 규칙은 다음과 같은 특성을 지닌다.

(27)

음운 규칙의 공시성 조건

ㄱ. 형태소 경계를 사이에 두고 적용된다.

ㄴ. 음운 체계의 변화를 초래하지 않는다.

(27ㄱ)을 어기는 음운 규칙은 형태소 내부에 적용되는데 이런 경우에는 필연적으로 형태소의 기저형이 바뀐다.[58] 음운 규칙이 기저형의 변화라는 문법 변화를 초래하지 않기 위해서는 형태소 경계를 사이에 두고 적용되어야 한다. (27ㄴ)을 위배하는 음운 규칙 역시 음운 체계의 변화라는 문법 변화를 일으키므로 공시성 조건을 위배한다. (27ㄴ)을 위배하는 음운 규칙은 대부분 무조건 변화이기 때문에 (27ㄱ)을 어긴다. 그런 점에서 (27ㄴ)은 불필요한 잉여적 조건일 수도 있지만 음운이 분포상의 제약 때문에 특수한 환경에서만 나타나는 경우에는 형태소 경계를 사이에 두고 적용되는 음운 규칙이라도 음운의 소실을 일으킬 수 있다. 또한 조건 변화에 의해 새로운 음운이 생겨날 수도 있으므로 (27ㄴ)은 여전히 필요하다.

독자적 타당성 조건은 규칙이 실제로 존재하는지를 판단하는 기준이다. 규칙의 존재는 표면형에서 직접 확인할 수 있을 때 인정할 수 있다. 즉 독자적 타당성을 지닌 규칙들은 기저형과 표면형을 비교하였을 때 실제로

57 이진호(2006ㄱ : 57)에서는 규칙성 조건을 필수 조건과 선택 조건으로 더 세분화한 적도 있는데 여기서 제시한 (26)은 필수 조건에 해당한다.

58 이것은 2.6.에서 이미 확인한 바 있다.

적용되었다는 사실을 명백히 알 수 있는 것이다. 예를 들어 평파열음 뒤의 경음화 규칙이나 후음 탈락은 기저형인 '먹+더라', '좋+은'을 표면형 '먹떠라, 조은'과 비교하면 직접 확인할 수 있다. 기저형 '옮+는'을 표면형 '옴는'과 비교해 보면 자음군 단순화의 독자적 타당성도 확인된다. 이 외에 유음화나 비음 동화 등 공시적 음운 기술에 쓰이는 음운 규칙들도 모두 마찬가지이다. 이 규칙들은 중간형이 필요 없는 도출 과정에서 그 존재를 명확히 드러낸다.

(28)

음운 규칙의 독자적 타당성 조건

기저형과 표면형을 비교하여 규칙의 적용 여부를
직접 확인할 수 있어야 한다.

독자적 타당성이 없는 음운 규칙은 출력형이나 입력형 중 하나 이상이 항상 중간형인 규칙들이다. 규칙의 입력형이 항상 중간형이라는 것은 형태소의 결합만으로는 규칙의 입력형이 만들어질 수 없고 다른 음운 규칙의 출력형에만 적용될 수 있음을 뜻한다.[59] 즉 항상 다른 규칙에 의존할 수밖에 없는 것이다. 또한 기저형에 직접 적용되지 않기 때문에 기저형과 표면형을 비교해서는 그 규칙이 실제로 적용되었는지 확인할 수도 없다. 한편 출력부가 항상 중간형인 음운 규칙은 반드시 그 뒤에 다른 음운 규칙이 더 적용되어야만 표면형이 도출된다. 이런 음운 규칙 역시 표면형을 직접 이끌어내지 못하므로 기저형과 표면형의 비교만으로는 그 존재를 확인할 수 없다.

독자적 타당성이 떨어지는 음운 규칙은 다음에서 확인할 수 있다.

59 규칙의 입력형은 형태소들의 끊임 없는 결합 과정을 통해 만들어질 수 있어야 하는데 중간형만을 입력형으로 삼는 규칙은 그렇지 못하다.

(29)

ㄱ. 이기+어서→이게서

ㄴ. 이기어서→이겨서→이게서

'이기+어서'의 표면형은 방언에 따라 '이겨서, 이게서, 이기서'의 세 가지가 있으며 (29ㄱ)와 같은 방언형은 전남, 평안남북, 경북, 강원도 방언 등에서 나타난다. 그런데 '이게서'를 공시음운론적으로 기술할 때 (29ㄴ)과 같은 도출 과정을 설정하는 경우가 많다. 즉 기저형에 먼저 활음화를 적용한 후 '여-축약'을 적용하여 표면형을 도출하는 것이다. 통시적으로 본다면 '이게서'는 분명 활음화와 여-축약을 거쳤지만 공시적 기술에도 이런 과정을 그대로 반영하면 문제가 발생한다.[60]

무엇보다도 여-축약이 문제이다. 이 규칙의 입력형은 순수한 형태소 결합만으로는 만들어지지 않는다. 현대국어 중 온전하게 'y'로 끝나는 형태소가 없기 때문이다.[61] 이런 문제점은 이 규칙의 독자적 타당성 측면에서도 그대로 드러난다. 항상 다른 규칙, 즉 활음화가 적용된 후에만 여-축약이 적용될 수 있기 때문에 기저형과 표면형만을 대비해서는 이 규칙이 적용되었는지를 직접 확인할 수 없다. 여-축약은 항상 중간형만을 입력형으로 삼는다는 점에서 독자적 타당성이 떨어진다고 판단된다.

여-축약뿐만 아니라 공시적 음운 기술에 이용되었던 음운 규칙 중에는 독자적 타당성이 떨어지는 것들이 적지 않다. 가령 경구개음 뒤의 y-탈락도 그런 규칙 중 하나이다. '다치+어서'가 '다처서'로 실현될 때 일반적으로

60 이처럼 통시적 변화 과정과 공시적 음운 기술의 내용이 일치하지 않는 경우가 많으며 이런 것들이 모두 여기서의 중요 연구 대상이다.

61 관형격 조사 '-의'는 'y'로 끝나는 유일한 형태소이지만 실제로는 '의'로 실현되는 경우가 적으며 뒤에 '어'로 시작하는 형태소가 결합하는 일도 없다. 또한 '의'로 끝나는 한자(漢字) 역시 여-축약이 적용되는 환경을 형태소 결합만으로는 조성할 수 없기 때문에 여-축약은 형태소 결합에 의해서는 입력형이 만들어질 수 없다.

활음화와 y-탈락을 순차적으로 적용하지만 y-탈락은 오로지 활음화가 적용된 후 나오는 중간형에만 적용된다는 점에서 역시 독자적 타당성이 부족하다. 이런 유형의 공시적 기술 방법은 새로운 시각에서 접근할 필요가 있다.[62]

공시적 음운 기술에 쓰이는 음운 규칙은 규칙으로서의 성격을 지녀야 하며 공시론의 성격에도 맞아야 할 뿐만 아니라 그 존재가 분명히 드러나야 한다. 이것을 규칙성 조건, 공시성 조건, 독자적 타당성 조건으로 나누어 살펴보았다. 만약 이 세 가지 조건 중 어느 하나라도 위배한다면 그것은 더 이상 규칙으로 설명할 수 없다. 공시적 음운 기술은 항상 음운 규칙만을 이용하지는 않는다. 다양한 공시적 음운 기술의 유형에 대한 논의는 다음 절에서 다루어진다.

3.5. 공시적 음운 기술의 유형

공시적 음운 기술이란 한 언어의 음운론과 관련된 제반 사실들을 공시적 관점에서 기술해 내는 것을 의미한다. 음운론적 사실들은 여러 가지가 있지만 여기서는 형태소의 교체 현상에 국한하여 논의를 진행하기로 한다. 음운 체계나 음운론적 제약 등은 기술 방법이 비교적 단순하지만 형태소의 교체에 대한 음운론적 기술 방법은 매우 다양하기 때문이다. 형태소의 교체를 공시적으로 기술할 수 있는 방법에는 크게 네 가지가 있다. 순수 음운 규칙을 설정하는 방법, 비음운론적 제약을 가진 규칙을 설정하는 방법, 복수 기저형을 설정하는 방법, 형태소 결합형을 그대로 어휘부에 등재하는 방법이 그것이다.

62 이 문제는 5.3.2.1.에서 자세히 논의한다.

3.5.1. 순수 음운 규칙의 설정

순수 음운 규칙이란 규칙에 쓰이는 모든 정보가 음운론적 성격을 가지고 있는 것을 말한다. 음운 규칙은 입력형과 출력형, 적용 환경의 세 가지 요소로 이루어져 있다. 이 중 입력형과 출력형은 모두 개별 분절음이거나 분절음의 연쇄가 되므로 결국 적용 환경을 음운론적으로 규정할 수 있는가의 여부가 순수 음운 규칙을 판단하는 데 중요한 기준이 된다.

적용 환경이 분절음이나 분절음의 집합으로 이루어진 규칙은 순수 음운 규칙이다. 또한 적용 환경에 경계 요소가 포함되어 있더라도 이 경계 요소가 음운론적 단위를 나타내는 것이면 역시 순수 음운 규칙이다. 가령 음절 경계라든지 음운론적 단어 경계는 모두 음운론적 단위를 나타내는 경계 요소이므로 음절 경계나 단어 경계가 규칙의 환경에 포함되어 있더라도 이 규칙은 순수 음운 규칙이라고 할 수 있다. 반면에 규칙의 환경에 '체언 어간' 또는 '용언 어간' 등과 같이 비음운론적인 정보가 포함되어 있으면 이 규칙은 순수 음운 규칙이라고 할 수 없다.

순수 음운 규칙의 예로는 평파열음 뒤의 경음화, 유음화, 음절말 평파열음화 등을 들 수 있다. 경음화나 유음화는 경계 요소와 무관하게 음운과 음운이 결합하면 적용되는 규칙이다. 경음화는 평파열음 뒤에 평장애음이 올 때 적용되며 유음화는 'ㄹ'과 'ㄴ'이 만날 때 적용된다. 음절말 평파열음화는 음절 경계를 필요로 하는 규칙으로 평파열음 'ㅂ, ㄷ, ㄱ'을 제외한 다른 장애음이 음절말에 놓일 때 평파열음 중 하나로 바꾸어 준다. 이 규칙들을 형식화할 때에는 음운론적인 정보 이외에 다른 비음운론적인 정보는 전혀 필요 없다. 따라서 이 규칙들을 이용한 음운 기술은 순수 음운론적 기술 방법이라고 할 수 있다.

순수 음운 규칙은 몇 가지 특징이 있다. 우선 순수 음운 규칙은 대부분 음성적인 동기를 지닌다. 음성적 동기가 있다는 것은 조음음성학적이든 음향음성학적이든 규칙이 적용되어야 하는 이유가 존재함을 의미한다. 그러므로 이런 규칙은 비음운론적 제약과는 무관하게 적용될 가능성이 크며 언어 보편적으로도 널리 나타나는 경우가 많다. 동화에 속하는 음운 규칙이 대표적이다.

또한 순수 음운 규칙은 음운론적 제약을 반영한다. 이진호(2005ㄴ)에서 언급한 바와 같이 음운론적 제약은 음운론적 단위들의 구조와 배열에 대한 제약인데 이런 음운론적 제약을 반영하는 음운 규칙은 필연적으로 순수 음운 규칙이 될 수밖에 없다. 비음운론적 정보가 포함된 규칙이라면 음운론적 제약과 무관하기 때문에 순수 음운 규칙이 될 수 없다. 앞서 제시한 순수 음운 규칙 중 평파열음 뒤의 경음화는 음운들 사이의 배열에 대한 제약을 만족시키기 위해 적용되며 음절말 평파열음화는 음절 구조에 대한 제약을 지키기 위해 적용된다.

3.5.2. 비음운론적 제약을 가진 규칙의 설정

비음운론적 제약을 가진 규칙은 적용 환경에 비음운론적 정보가 포함된다. 비음운론적 정보에는 형태론적 정보, 통사론적 정보, 의미론적 정보가 모두 속한다. 이 중에서 형태론적 정보나 통사론적 정보가 흔히 이용된다. 한 때 국어의 모음조화를 설명하기 위해 의미 자질이 동원된 적도 없지 않았지만 그대로 받아들이기에는 어려움이 따른다.[63]

비음운론적 제약을 가진 규칙 중 대표적인 것에는 비음 뒤에서 일어나는 경음화 규칙을 들 수 있다. 잘 알려졌다시피 비음 뒤에서 일어나는 경음화는 용언의 활용에서만 적용되고 체언의 곡용에서는 적용되지 않는다. 따라서 비음 뒤에서의 경음화 규칙에는 그것이 용언 어간 뒤에서만 일어난다는 비음운론적 정보를 반드시 포함시켜야 한다.

비음운론적 제약을 가진 규칙도 음운 규칙이기 때문에 음운 규칙의 조건은 만족시켜야만 한다. 즉 규칙성 조건, 공시성 조건, 독자적 타당성 조건을 모두 충족시켜야만 한다. 용언 어간말 비음 뒤에서의 경음화는

63 모음조화와 의미 자질의 문제는 Kim-Renaud(1976)을 참고할 수 있다.

예외를 허용하지 않으며 형태소 경계 사이에서 적용되고 음운 체계의 변화도 일으키지 않는다. 또한 기저형 '안+고, 담+지'와 표면형 '안꼬, 담찌'를 비교하면 규칙이 적용되었다는 것도 직접 확인할 수 있으므로 음운 규칙의 세 가지 조건을 모두 지킨다.

비음운론적 제약을 가진 규칙의 경우 비음운론적 제약의 내용도 문제가 된다. 규칙에 포함된 비음운론적 정보들은 범주화시킬 수 있는 일반성을 띠고 있어야 한다. 만약 공통점을 지니지 않는 몇몇 형태소 부류에만 적용되는 규칙이 있다면 이것은 규칙으로 설정할 수 없다. 이런 경우의 비음운론적 정보는 개별적인 형태소 목록들을 단순히 모아 놓은 것에 지나지 않으므로 이런 정보를 필요로 하는 음운 규칙 역시 규칙성 조건을 어긴다는 점에서 규칙의 지위를 부여하기 어렵다.

몇몇 논의들은 공통점이 없는 일부 형태소에만 산발적으로 적용되는 규칙도 모두 비음운론적 제약을 가진 음운 규칙으로 다루었다. 규칙의 적용을 받는 부류들이 어떤 공통적 모습을 보이지 않는다면 결국 규칙의 적용 여부를 해당 부류에 일일이 표시해 주어야 한다. 이것은 규칙의 입력형을 일일이 외워야 함을 의미하며 단순한 기억의 대상은 결코 규칙이라는 기제로 기술할 수 없다.[64]

어떤 규칙이 비음운론적으로 제약되었다고 하는 것은 단순히 그 규칙이 비음운론적 정보를 필요로 한다는 것 이상의 의미를 담고 있다. 규칙이 아무리 많은 비음운론적 정보를 포함하고 있어도 그 정보들 사이에 공통점이 찾아지지 않는다면 그 규칙은 비음운론적으로 제약되었다고 하기 어렵다. 규칙에 포함되는 비음운론적 정보는 양적으로 많은 것보다는 질적으로 공통적인 것이 더욱 중요하다. 만약 어떤 규칙의 적용이 개별 어휘나 개별 형태소에 국한된다면 그것은 이미 규칙이라고 보기 어렵다.

64 이런 이유로 강창석(1985)에서는 비음운론적 제약을 가진 음운 규칙이란 존재할 수 없다는 주장까지 한 적이 있다.

3.5.3. 복수 기저형의 설정

한 형태소의 기저형은 하나만 설정할 수도 있지만 둘 이상을 설정해야 하는 경우도 있다. 음운 규칙을 사용하여 모든 이형태들을 음운론적으로 설명할 수 없을 때에는 기저형을 복수로 설정해야 한다. 불규칙적 교체를 보이는 형태소들은 대부분 복수 기저형을 설정해야 한다. 복수로 설정된 기저형 사이의 관계는 더 이상 음운 규칙으로 포착할 수 없다.

3.5.3.1. 복수 기저형의 설정 조건

복수 기저형을 설정해야 하는 형태소는 항상 불규칙적 교체를 보이지만 모든 불규칙적 교체를 복수 기저형으로 기술할 수 있는 것은 아니다. 복수로 설정된 기저형들의 출현 환경이 일반화될 수 있는 경우에 한해서만 복수 기저형을 설정할 수 있도록 제한할 필요가 있다. 예를 들어 주격 조사의 경우 비록 불규칙적 교체를 하지만 '-이'는 자음으로 끝나는 어간 뒤에 나타나고 '-가'는 모음으로 끝나는 어간 뒤에 나타나므로 그 출현 환경을 일반화할 수 있다. 3.4.1.3.의 (25)에서 살핀 불규칙 용언 역시 복수로 설정된 각각의 기저형이 나타나는 환경은 범주화시켜 나타낼 수 있다. 이런 경우에는 복수 기저형을 설정하여 기술하는 것이 선혀 문제되지 않는다.

반면 복수로 설정된 기저형 중 어느 하나의 출현 환경이 극도의 편재성을 보이든지 또는 출현 환경이 일반화할 수 없는 몇몇 경우에 국한될 경우에는 복수 기저형을 설정하지 않는 것이 타당하다. 출현 환경을 일반화할 수 없는 경우에는 결과적으로 각 기저형의 개별적인 출현 환경을 일일이 다 외워야 한다. 이것은 다른 형태소와의 결합형 전체를 그대로 기억하는 것과 크게 다르지 않다. 가령 어떤 형태소가 불규칙적 교체를 보이며 이 중 한 이형태는 특수한 형태소와 결합할 때에만 나타난다면 복수 기저형으로 설정하여 기술하는 것보다는 특수한 형태소와 결합한 전체를 어휘부에 등재하는 것이 더 타당할 수 있는 것이다.[65]

불규칙적 교체를 보이지만 복수 기저형으로 설정하기 어려운 경우는 언어 변화가 한창 진행 중인 시점에서 흔히 나타난다.

(30)

꼬시, 꼬슬, 꼬슨, 꼬츠로, 꼬체 (꽃)

(30)은 곽충구(1984)에서 설단 자음의 마찰음화로 보았던 변화가 완전히 끝나지 않은 시점에서 나타날 수 있는 활용 양상이다. 이 변화는 일반적으로 생략이 잘 되는 조사 앞에서는 흔히 일어나지만 생략이 잘 되지 않는 조사 앞에서는 더디게 일어난다. 그러므로 구격 조사 '-으로'나 처격 조사 '-에' 앞에서는 변화가 더디게 일어났을 것으로 추정된다.

(30)은 단수 기저형을 설정해서는 표면형들을 설명할 수 없다. 만약 복수 기저형을 설정한다면 다음과 같은 결과가 예측된다.

(31)

꽃('-에, -으로' 앞) ~ 꼿(그 이외의 환경)

(31)과 같은 복수 기저형을 설정했을 때의 문제는 '꽃'이 나타나는 환경을 일반화할 수 없다는 점이다. 처격 조사 '-에'와 구격 조사 '-으로'는 둘만이 공유하는 특징이 없기 때문에 범주화할 수 없다. 그러므로 복수 기저형의 출현 환경도 그대로 기억할 수밖에 없다. 이처럼 단순한 기억의 대상은 규칙적으로 기술하는 것이 불가능하다.

설정된 복수 기저형의 선택 과정은 규칙적으로 이루어질 필요가 있다. 그렇지 않다면 굳이 형태소 분석을 하여 복수 기저형을 설정하는 의미가 없다. (31)과 같이 일반화할 수 없는 정보를 단순히 목록화하는 것은 마치 음운 규칙의 적용 환경에 범주화할 수 없는 개별 정보를 그대로 나열하는 것과 다를 바 없다. 음운 규칙의 적용 환경에 들어 있는 정보가 일반화할 수

65 이것은 3.5.4.에서 더 자세히 다루기로 한다.

있어야 하듯이 복수 기저형의 출현 환경에 들어 있는 정보도 일반화할 수 있어야 한다. (31)은 복수 기저형을 설정할 경우 그 출현 환경을 일반화할 수 없다는 점에서 복수 기저형으로 설정하기 어렵다.

(31)보다 더 극단적인 경우는 불규칙적 교체를 보이는 형태소의 이형태가 오직 하나의 형태소와 결합할 때이다.

(32)

하나, 하나가, 하나를, 하나로, 하나부터, 하나보다, 하나토/하나투 (하나)

경기도 방언 중 일부에서는 '一'을 뜻하는 '하나'의 활용형 중 유독 보조사 '-도/두'와 결합하는 경우에만 한해서 '하나토'로 실현된다. 이것은 이전 시기에 '하나'가 ㅎ-말음 체언이었을 때의 흔적이 그대로 유지된 결과로 보인다. 어간말의 'ㅎ'이 '-도'와 결합하면서 축약되어 '하나토'가 되었다. 그런데 다른 환경에서는 'ㅎ'이 전혀 모습을 드러내지 않는다. 만약 (32)를 복수 기저형으로 설정한다면 '하낳('-도/두' 앞) ~ 하나(그 이외의 환경)'과 같이 될 것이다. 앞서 본 (31)과는 달리 '하낳'이 출현하는 환경은 하나밖에 없으므로 이질적인 둘 이상의 환경이 단순히 나열되지는 않는다.

그러나 이러한 기술 방법을 택하기란 어렵다. '하낳'이라는 기저형이 '-도/두' 앞에서만 나타난다는 것은 이미 '하나토/하나투'라는 형태가 하나의 단위로 굳어져 있을 가능성이 큼을 말해 준다. '하나토/하나투'라는 활용형을 기계적으로 분석하면 '하낳'이 '-도/두' 앞에서만 나타난다고 할 수 있지만 항상 '-도/두' 앞에서만 나타난다면 형태소의 결합형 전체를 그대로 기억하고 있다고 보는 것이 더 타당하다. 게다가 복수 기저형의 하나인 '하낳'은 'ㅎ'으로 끝나는 체언 어간이 존재하지 않는다는 형태소 구조 조건을 위배하고 있다. 규칙적 교체를 보이는 체언 어간은 'ㅎ'으로 끝나는 것이 없고 오로지 불규칙적 교체를 보이는 어간의 활용형을 단순히 분석한 결과 'ㅎ'으로 끝나는 어간이 생겨났다면 이것은 어간의 정상적인 기저형이라고 할 수 없다.

불규칙적 교체를 보인다고 하더라도 이형태의 출현 환경이 이질적인 정보의 단순한 나열로 되어 있거나 또는 극도로 제한되어 있는 경우에는 복수 기저형을 설정하는 기술 방법이 타당하다고 보기 어렵다. 이미 이런 특수한 경우는 개별 정보를 그대로 외우는 것에 불과하다. 복수 기저형을 설정하는 것은 단순히 형태소들을 기계적으로 분석하여 분석된 형태들을 기저형으로 삼는 것 이상의 의미를 가진다. 비록 불규칙적이기 때문에 복수 기저형을 설정한 것이지만 설정된 기저형들의 출현 환경은 규칙적으로 규정해 줄 수 있어야만 한다. 그래야만 복수 기저형을 설정하는 의미가 그대로 유지된다.

3.5.3.2. 복수 기저형의 선택

복수 기저형을 이용하는 기술 방법에서는 기저형 각각을 정확한 환경과 함께 설정하는 것 못지 않게 각각의 기저형이 제대로 선택되게 하는 것도 중요하다. 복수 기저형은 어휘부에 들어 있는 것이지만 복수 기저형을 선택하는 과정은 어휘부에서는 일어날 수 없다. 복수 기저형의 출현 환경은 다른 형태소와의 결합 과정에서 확인할 수 있으므로 복수 기저형의 선택 역시 어휘부 밖에서 일어난다고 보아야만 한다.

복수 기저형의 선택은 규칙을 적용해서도 할 수 있고 각 기저형에 출현 환경을 명시하는 방법으로도 할 수 있다. 만약 규칙을 이용한다면 (33ㄱ)과 같은 모습이 될 것이며 출현 환경을 명시한다면 (33ㄴ)과 같은 모습이 될 것이다.[66]

(33)

ㄱ. 기저형 : [이, 가]

주격 조사 → 이 / 자음 ____

↘ 가 / 모음 ____

ㄴ. 기저형 : [이(자음 뒤) ~ 가(모음 뒤)]

규칙을 이용하여 복수 기저형을 선택할 경우에는 기저형 표시와 함께 선택 규칙이 따로 필요하다. 반면 출현 환경을 명시하는 방법으로 복수 기저형을 선택할 경우에는 기저형 속에 출현 환경을 밝혀야만 한다. (33ㄱ)에서는 규칙이 더 필요한 대신 기저형 표시가 단순하고 (33ㄴ)에서는 규칙은 필요 없지만 대신 기저형 표시가 조금 더 복잡하다. 따라서 단순한 경제성의 측면에서는 어느 쪽이 더 낫다고 말하기 어렵다.

그러나 (33ㄱ)보다는 (33ㄴ)과 같은 방법이 더 나을 듯하다. 복수 기저형을 선택해 주는 규칙은 불규칙적 교체를 보이는 형태소마다 따로 필요하다. ㅂ-불규칙이나 ㄷ, ㅅ-불규칙과 같이 동일한 불규칙 양상을 보이는 경우에는 해당 부류를 하나의 선택 규칙으로 기술할 수 있지만 그렇지 않은 경우에는 형태소마다 별개의 규칙을 설정해 주어야 한다. 이런 일회성 규칙은 지나치게 비용이 많이 들 뿐만 아니라 일반성이 결여되어 있다. 불규칙적 교체의 양상은 형태소마다 다르므로 복수 기저형의 출현 환경도 개별 형태소의 기저 표시에 그대로 반영하는 것이 더 타당할 것이다.

3.5.3.3. 복수 기저형 설정과 관련된 몇 문제

복수 기저형은 단수 기저형과 비교할 때 한 형태소에 대해 기저형을 둘 이상 설정한다는 점만 다를 뿐이므로 기저형 설정 조건의 적용을 받으며 형태소 구조 조건도 어겨서는 안 된다. 그러나 복수 기저형은 각각의 기저형이 제한된 환경에서만 나타난다는 특수성 때문에 단수 기저형의 경우와는 달리 기저형 설정 과정에서 문제가 발생하는 경우가 있다. 여기서는 두 가지 유형을 살피기로 한다. 하나는 기저형 설정 조건을 복수 기저형에 획일적으로 적용하기 어려운 경우이고 다른 하나는 복수 기저형을 설정할 때 기저형 설정 조건과 형태소 구조 조건이 서로 충돌하는 경우이다.

66 편의상 주격 조사를 가지고 살피기로 한다.

(34)

걷꼬, 걷는, 거르니, 걸어서 (걷-, 步)

(34)는 소위 ㄷ-불규칙 어간의 활용 양상이다. 자음으로 시작하는 어미와 결합할 때의 어간 이형태와 모음으로 시작하는 어미와 결합할 때의 어간 이형태는 음운 규칙으로 설명할 수 없기 때문에 복수 기저형을 설정해야만 한다. 그런데 (34)의 경우 복수 기저형을 설정할 때 기저형 설정 조건을 획일적으로 적용하면 곤란한 결과가 나온다.

(35)

ㄱ. 걷-(자음 어미 앞) ~ 걸-(매개모음 어미, 모음 어미 앞)

ㄴ. 걷-(자음 어미 앞) ~ 거르-/걿-/겂 -(매개모음 어미, 모음 어미 앞)

(35ㄱ)은 활용형들을 기계적으로 형태 분석하여 복수 기저형을 설정한 것이다. 여기서 문제는 매개모음 어미 앞의 어간형이다. 매개모음 어미 앞에서의 어간이 (35ㄱ)과 같이 'ㄹ'로 끝났다면 매개모음 어미와 결합할 때의 형태는 '거르니'가 아니라 '거니'가 되어야만 한다.[67] 'ㄹ'로 끝나는 '알-, 얼-, 갈-'은 모두 매개모음 어미와 결합할 때 어미의 두음 '으'가 나타나지 않으며 '-으니'와 결합할 때에는 유음 탈락까지 적용된다. 물론 방언에 따라 순수한 ㄹ-말음 어간 뒤에서 매개모음 어미의 두음 '으'가 그대로 실현되는 경우도 있지만 이것은 어디까지도 수의적인 것임에 비해 ㄷ-불규칙 어간 뒤에서는 항상 매개모음 어미의 두음 '으'가 나타난다.[68] 그러므로 매개모음 어미 앞의 어간 기저형은 단순히 '걸-'이 되어서는 곤란하다.

67 이 문제는 이미 김성규(1988)에서 지적한 바 있다.

68 매개모음 어미의 기저형은 '으'가 포함된 단수 기저형을 설정할 수도 있고 복수 기저형을 설정할 수도 있다. 여기서는 일단 단수 기저형을 설정하는 것으로 가정하고 논의를 진행한다.

(35ㄴ)은 (35ㄱ)의 문제점을 보완한 것이다. 모음으로 시작하는 어미와 결합하는 어간형을 '거르-, 겄ㅎ-, 겄ㆆ-' 중 하나로 하면 매개모음 어미의 두음 '으'가 실현되는 것을 설명할 수 있다. '거르-'의 경우 '으'를 어간의 일부로 설정했으며 '겄ㅎ-'이나 '겄ㆆ-'은 어간말에 후음을 설정하여 매개모음의 두음 '으'가 그대로 실현되게끔 한다. 이 중 기저형 설정 조건에 비추어 보면 '거르-'가 타당하다.[69] '거르-'의 '으'는 매개모음 어미와 결합할 때의 활용형에서 나타나지만 '겄ㅎ-'이나 '겄ㆆ-'의 'ㅎ, ㆆ'은 표면형에 전혀 나타나지 않는다.

그런데 과연 '거르-'라는 기저형이 타당한 것인지는 의문이 들지 않을 수 없다. 우선 '거르-'의 '으'가 어간의 일부라는 보장이 없다.[70] '거르니'의 '으'가 매개모음 어미의 두음이라고도 볼 수 있다. 또한 ㄷ-불규칙 어간 중 일부는 방언에 따라 'ㄹ+후음'으로 끝나는 규칙 어간으로의 변화를 보인다.[71] 그런 점을 고려하면 오히려 '거르-'보다는 '겄ㅎ-'이나 '겄ㆆ-'이 더 적절할 수도 있다. 그러나 '겄ㅎ-'이나 '겄ㆆ-'의 어간말 자음 'ㅎ, ㆆ'은 (34)와 같은 활용형을 보이는 한 기저형 설정 조건을 위배한다는 점에서 문제가 있다. 이 자음들은 오로지 매개모음 어미의 두음이 탈락하는 것을 방지하기 위해 어간에 인위적으로 첨가한 자음에 불과한 것이다. 이런 경우 기저형 설정 조건만을 고려하여 복수 기저형을 설정하는 것이 정말 타당한지는 결정하기 어렵다.[72]

이처럼 복수 기저형을 설정할 때에는 기저형 설정 조건을 기계적으로 적용하기 어려운 경우도 있지만 기저형 설정 조건과 형태소 구조 조건이

69 김성규(1988)에서는 기저형 설정 조건이 아닌 다른 측면에서 불규칙 활용 어간의 복수 기저형 설정 문제를 다룬 바 있다.

70 김성규(2007:73)에서는 중세국어 매개모음 어미의 두음 'ᄋᆞ/으'의 성조 실현 양상을 통해 볼 때 '드르니, 드르며' 등의 형태 분석은 '드르+니, 드르+며'로 되어야 함을 지적하였다. 이 논의에 따르면 '으'는 어간의 일부가 된다. 그러나 형태 분석은 성조에만 의지해서 할 수는 없다. 분절음 측면에서도 이 어간이 2음절이었다는 증거가 제시될 필요가 있다. 더욱이 현대의 많은 방언에는 성조가 존재하지 않으므로 중세국어의 양상만으로 '드르니'를 '드르+니'로 형태 분석 하기는 어렵다.

71 이런 변화는 여러 방언에서 산발적으로 일어나고 있다.

72 복수 기저형과 기저형 설정 조건의 문제는 6.6.에서 다시 다루어진다. 6.6.에서는 단순히 기저형 설정 조건만을 중시할 때 발생할 수 있는 문제가 더 구체적으로 논의된다.

상충되는 경우도 있다.

(36)

ㄱ. 모르고, 모르는, 모르니, 몰라서

ㄴ. 모리고, 모리는, 모리니, 몰라서

(36ㄱ)은 일반적인 르-불규칙 어간의 활용 양상이다. 그런데 유음 뒤에서 전설모음화가 일어난 방언에서는 (36ㄴ)과 같은 불규칙 활용 양상을 보인다.[73] 3.4.1.3.에서 이미 살핀 바와 같이 (36ㄱ)은 복수 기저형을 '모르-(자음 어미 앞) ~ 몰ㄹ(모음 어미 앞)'와 같이 설정하는 것으로 충분하다. 이러한 복수 기저형은 형태소 구조 조건이나 기저형 설정 조건을 잘 준수하고 있다. 그러나 (36ㄴ)은 사정이 다르다.

(37)

ㄱ. 모리-(자음 어미, 매개모음 어미 앞) ~ 몰르-(모음 어미 앞)

ㄴ. 모리-(자음 어미, 매개모음 어미 앞) ~ 뫏-(모음 어미 앞)

만약 (36ㄴ)을 위해 복수 기저형을 (37ㄱ)과 같이 정할 경우 '몰르-'는 기저형 설정 조건을 어기게 된다. (36ㄱ)에서는 '몰르-'의 어간 말음 '으'가 자음 어미나 매개모음 어미 앞에서 나타나므로 아무런 문제가 되지 않았지만 (36ㄴ)에서는 자음 어미, 매개모음 어미 앞에 나타나던 '으'가 모두 '이'로 바뀌었기 때문에 더 이상 '으'를 표면형에서 찾을 수 없다. 그러므로 '몰르-'는 기저형 설정 조건에 비추어 볼 때 타당하지 않다. 그렇다고 해서 (36ㄴ)을 위한 복수 기저형으로 (37ㄴ)을 설정한다면 이번에는 'ㄹ+ㄹ'이라는 동일 자음 연쇄로 끝나는 어간이 존재할 수 없다는 형태소 구조 조건을

73 유음 뒤에서의 전설모음화는 동남 방언에서 활발하게 일어났다. 자세한 것은 5.3.2.2.를 참고할 수 있다.

어긴다.[74] (36ㄴ)을 위한 복수 기저형으로 (37ㄱ, ㄴ) 이외의 다른 대안을 생각하기 어렵다는 점을 감안하면 (36ㄴ)은 형태소 구조 조건이나 기저형 설정 조건 중 어느 하나를 포기할 수밖에 없는 특수한 경우이다.

이처럼 복수 기저형을 설정할 때에는 단수 기저형에서는 발생하지 않던 문제들이 나타날 수 있다. 가령 (34)에 기저형 설정 조건을 엄격히 적용하면 심리적 실재에 비추어 어색한 기저형이 나온다. 만약 좀 더 심리적 실재에 가까운 기저형을 정하면 기저형 설정 조건에 어긋나는 기저형이 나오는 경우가 생길 수도 있다 또한 (36)과 같이 기저형 설정 조건과 형태소 구조 조건이 서로 충돌하는 경우도 나올 수 있다. 이것은 기저형 설정 조건이나 형태소 구조 조건이 잘못되었기 때문이 아니고 복수 기저형을 설정해야 하는 특수한 상황 때문에 초래된 것이다.

3.5.4. 형태소 결합형의 어휘부 등재

생산성을 갖춘 형태소들의 결합형은 어휘부에 등재하지 않는다.

74 국어에는 오래 전부터 어간말에 동일 자음의 연쇄가 올 수 없다는 형태소 구조 조건이 존재했다. 현재 어간말 자음군 중 같은 자음만으로 이루어진 것이 없음이 이것을 잘 반영하고 있다. 다만 여기에 대한 중대한 예외가 경상도 방언이나 함경도 방언에 존재하는 '사ퟢ-(<삶-, 烹), 구ퟢ-(<굶-, 飢)'과 같은 어간이다. 최명옥(1980 : 203~204)에 따르면 이 어간들은 '상꼬/궁꼬, 삼떠라/굼떠라, 삼무모/굼무모, 삼마도/굼머도'와 같이 활용해서 'ㅁㅁ'을 어간말 자음군으로 가지는 어간처럼 보인다. 그런데 최명옥(1980 : 203)에 제시된 '다ퟢ-(<담-), 시다더ퟢ-(<시다덤-, 撫, 쓰다듬-)'을 통해 '사ퟢ-, 구ퟢ-' 등이 기원적으로 존재하던 'ㅁㅁ' 자음군은 아님을 알 수 있다. '다ퟢ-, 시다더ퟢ-'은 '담-, 시다덤-'에서 변화한 것으로 이 어간이 매개모음 어미나 모음 어미와 결합하는 형태 '다므X, 다마X', 시다더므X, 시다더머X'에 'ㅁ'이 복사되어 결과적으로 'ㅁㅁ' 자음군을 가진 것처럼 분석된 것이다. '사ퟢ-, 구ퟢ-'도 역시 매개모음 어미나 모음 어미와 결합하는 형태 '살므X/굴므X, 살마X/굴머X'에 'ㅁ'이 복사된 후 자음군 단순화를 겪어 '삼마, 굼머'가 되었을 가능성이 크다. 비록 표면적으로는 'ㅁㅁ' 자음군과 같이 동일 자음의 연쇄로 이루어진 어간이 존재하는 것처럼 보이지만 역사적으로 보면 'ㅁㅁ' 자음군을 가진 적은 한 번도 없었다는 점을 주목해야 한다. 자음 어미와 결합할 때의 형태는 'ㅁㅁ' 자음군과는 전혀 무관하다. 다만 공시적으로 분석하는 과정에서 'ㅁㅁ' 자음군에 자음군 단순화를 적용하면 자음 어미와 결합할 때의 표면형을 이끌어 낼 수 있기 때문에 'ㅁㅁ' 자음군을 설정한 것뿐이다. 이런 점에서 '사ퟢ-, 구ퟢ-'에서 보이는 'ㅁㅁ'을 기원적으로 온전한 어간말 자음군이라고 할 수는 없으므로 '동일 자음으로 이루어진 어간말 자음군은 있을 수 없다'는 형태소 구조 조건은 여전히 유효하다.

각각의 형태소만 어휘부에 등재해도 이들의 정상적인 결합 과정으로 결합형을 이끌어낼 수 있다. 그러나 형태소의 생산성이 떨어지는 경우에는 사정이 달라진다. 생산성을 객관적으로 측정하기 쉽지 않지만 어떤 형태소의 생산성이 현저하게 낮다면 그런 형태소가 결합된 형태소 결합형은 개별 형태소의 결합 과정으로 만들기에는 적절치 않다. 이런 경우는 주로 파생어나 합성어에서 찾아볼 수 있으며 여기에 대해 어휘화(lexicalization)가 일어났다는 설명을 해 왔다.[75]

파생어나 합성어와 달리 어간에 어미나 조사가 결합된 활용형에 대해서는 형태소의 결합형을 어휘부에 등재해야 한다는 논의가 거의 없었다. 이것은 무엇보다도 어미나 조사의 생산성이 워낙 높으며 어간과 어미를 쉽게 분석할 수 있다는 점에 기인한다. 그러나 활용형이라도 앞에 제시된 세 가지의 기술 방법이 쓰일 수 없는 경우에는 활용형을 어휘부에 등재하는 방식의 공시적 기술을 채택할 수밖에 없다. 여기에 속하는 유형으로는 크게 네 가지가 있다.

(38)

ㄱ. 공시적인 형태 분석이 어려운 경우

ㄴ. 복수 기저형 설정과 관련된 조건을 어기는 경우

ㄷ. 어간이나 어미에 결합할 수 있는 형태소가 극히 제한된 경우

ㄹ. 보충법에 의해 활용형이 만들어지는 경우

(38ㄱ)은 활용형을 어간과 어미로 분석하는 것이 어려운 경우를 가리킨다. 대부분의 경우에 조사나 어미는 어간으로부터 잘 분리되지만 이전 시기의 활용형이 굳어져 버린 경우에는 어간과 어미의 형태 분석이 어려워진다.

75 둘 이상의 형태소가 하나의 단위처럼 굳어졌다는 점에서 어휘화 대신 단일어화라는 용어를 사용하기도 한다.

(39)

ㄱ. 절라도 싸람 하내, 동네 여자 하내 (하나+가)

ㄴ. 쇠:게 실었다 (소+에게)

ㄷ. 내 집 (나+의), 제 집(저+의)

(39ㄱ, ㄴ)은 유필재(2001:61, 70)에 제시된 것이다. (39ㄱ)의 '하내'는 '하나'에 주격 조사가 결합된 형태로 '하나가'로 실현되는 것이 일반적이다. '하내' 뒤에는 주격 조사 '-가'가 결합될 수 없다는 점을 보아도 '하내'에는 주격 조사가 이미 결합되어 있음을 알 수 있다.

'하내'는 역사적으로 '하나히'에 소급한다. ㅎ-말음 체언이던 '하낳'에 주격 조사 '-이'가 결합하여 만들어진 '하나히'가 ㅎ-탈락과 모음 축약을 일으켜 '하내'가 되었다. 역사적으로는 '하나히 > 하나이 > 하내[hanay] > 하내[hanɛ]'의 과정을 거쳤다고 하겠다.[76] '하내[hanay]' 단계까지만 해도 활용형으로부터 주격 조사 '-이'를 분석하는 것이 어렵지 않지만 단모음으로 완전히 굳어진 다음에는 더 이상 활용형으로부터 주격 조사를 분리해 낼 수 없다.

(39ㄴ) 역시 마찬가지이다. '쇠:게'는 '소'에 여격 조사 '-에게'가 결합된 형태이지만 '소'와 '에게'가 결합하면 '소에세'가 되이야 한다. '쇠: + 게'로 형태 분석을 할 수도 있지만 '쇠'를 여격 조사 앞에 나타나는 '소'의 이형태로 분석하는 것은 자연스럽지 못하다. '쇠:게' 역시 중세국어 시기의 활용형 '쇠게(쇼+의게)'가 그대로 지금까지 이어져 내려온 것이다.

중세국어 시기에는 '외 '가 하향 이중모음이었으며 '쇼'에 주격 조사가 결합할 때 활음화가 적용되어 '쇠'로 실현되었다. 이것은 '쇠게'로부터 체언 어간 '쇼'를 형태 분석하는 것도 얼마든지 가능함을 말해 준다. '쇼+ㅣ게'로 분석할 수 있는 것이다. 그러나 현대국어에서는 '쇠:게'로부터 어간 '소' 또는 '쇠'를

76 모음 연쇄 '아+이'가 단모음 '애'로 바뀌기에 앞서 하향 이중모음의 단계를 거쳤을 가능성이 있으므로 변화의 단계를 좀 더 세분화한다.

분석할 수 없다. 단모음 '외'는 더 이상 쪼갤 수 없으므로 '쇠'로부터 '소'를 분리할 수는 없다. 또한 '쇠'를 분리하면 남아 있는 '게'의 자격이 문제가 된다.[77] 즉 '쇠:게'는 어떤 방식으로도 분석이 어려운 곡용형인 것이다.

(39ㄷ)에 제시된 '내, 제'도 어간과 조사를 분석하기 어렵다. '내, 제'는 대명사 '나, 저'에 속격 조사가 결합된 형태이지만 '애, 에'가 단모음으로 바뀐 이상 어간과 조사를 나눌 수 없다. 어간과 조사가 결합된 형태 전체가 하나의 단위처럼 굳어져 버렸다.

(39)에 제시된 활용형들은 어간과 조사가 결합되어 만들어졌음에도 불구하고 현대국어 관점에서는 어간과 어미를 분석할 수 없다. (39)는 공통적으로 하향 이중모음의 단모음화가 진행되어 어간과 어미가 녹아 붙음으로써 하나의 단위가 되었다. 이런 경우에는 어간과 조사가 결합된 활용형을 그대로 어휘부에 등재할 수밖에 없다.

(39)와 비슷한 경우는 제주도 방언에서도 발견된다. 정승철(1995: 198)에 따르면 제주도 방언에서 역사적으로 ㅌ-말음을 가졌던 체언 어간들은 처격 조사와의 결합형이 매우 특이하다.

(40)

끋디(끝-에), 묻디(뭍-에), 받디(밭-에), 솓디(솥-에)

기원적으로 'ㅌ'을 말음으로 가지던 체언들은 현재 제주도 방언에서 모두 ㅅ-말음 체언으로 바뀌었다. 이것은 앞서 (30)에서도 살핀 바와 같이 체언 어간말 설단 자음들이 'ㅅ'으로 바뀐 결과이다. 처격형을 제외하면 모음으로 시작하는 조사와 결합할 때 어간 말음이 'ㅅ'으로만 나타난다. 또한 제주도 방언의 처격 조사는 (40)과 같은 경우를 제외하면 '-에, -예, -이'로 나타난다. '이'는 '에>이'로부터 결과된 것이며 '예'는 모음 충돌을 회피하기

77 이것은 '쇠고기, 쇠가죽' 등에서 보이는 '쇠'도 마찬가지이다. '쇠'는 기원적으로 어간 '소'에 속격 조사가 결합된 것이지만 현대국어에서는 '쇠'를 어간과 어미로 분석할 수 없다.

위해 '에'에 'y'가 첨가된 형태이므로 '-에, -예, -이'는 기원적으로 같은 형태였음이 분명하다.

(40)을 형태 분석한다면 체언 어간과 '-디'로 분석할 수밖에 없다. 그러나 이런 분석의 결과로 나온 '-디'를 처격 조사의 이형태로 설정할 수 있는가 하는 것은 단순한 문제가 아니다. '디'는 다른 처격 조사의 이형태와 비교할 때 그 형태가 매우 이질적일 뿐만 아니라 그 분포도 일부 명사에만 국한되어 있다. 이처럼 형태가 이질적이며 분포도 극도로 제한된 이형태를 굳이 형태 분석하여 처격 조사의 이형태로 설정하는 것은 대단한 부담이 아닐 수 없다. 게다가 처격 조사의 이형태로 '디'를 설정하면 복수 기저형의 설정 조건을 위배한다는 문제도 발생한다. 복수 기저형으로 설정된 기저형들의 출현 환경은 일반화할 수 있어야 하지만 '디'는 개별 어휘에 따라 분포가 결정되므로 출현 환경을 일반화할 수 없다.

이처럼 체언 어간에 조사가 결합되는 것은 매우 생산적인 과정이며 체언 어간이 자립해서 쓰일 수 있기 때문에 어간과 조사의 형태 분석이 훨씬 더 용이함에도 불구하고 체언 어간과 조사를 분석하기 어려운 경우가 많다. 형태소 결합형을 그대로 어휘부의 등재 단위로 설정한다는 것도 적지 않은 부담을 주지만 분석할 수 없는 활용형을 인위적으로 분석하는 것은 더 큰 부담을 일으킬 수 있다. 그런 점에서 (39), (40)과 같은 유형은 형태소 결합형을 그대로 어휘부에 등재하는 방식의 기술이 더 낫다.

다음으로 (38ㄴ)은 3.5.3.1.에서 복수 기저형의 출현 환경을 일반화할 수 있어야 한다는 조건을 부여한 것과 관련이 된다. 복수 기저형을 설정해야 하는 경우든 형태소 결합형을 어휘부에 등재해야 하는 경우든 형태소의 교체를 음운 규칙으로는 설명할 수 없다는 공통점을 가진다. 그런데 복수 기저형을 설정하는 방법으로 기술하려면 각각의 기저형이 출현하는 환경을 범주화해서 나타낼 수 있어야 한다. 만약 그 환경을 범주화할 수 없다면 그것은 이질적인 출현 환경을 일일이 기억해야 함을 의미하며 결과적으로는 형태소 결합형을 그대로 외우는 것과 다르지 않다. 따라서 복수 기저형의 설정 조건을 어기는 경우에는 복수 기저형을 설정하기보다는 형태소의 결합형 전체를 어휘부에 등재하는 것이 더 타당하다. 앞서 3.5.3.1.에서 살펴본 (30), (32)와 같은 경우가 여기에 해당한다.

복수로 설정된 각 기저형의 출현 환경을 규칙화할 수 있어야 한다는 복수 기저형 설정 조건을 직접 위배하지는 않지만 이와 관련된 것으로 매우 흥미로운 예를 함북 육진 방언에서 발견할 수 있다.[78] 이 방언에서는 'ㅇ'으로 끝나던 체언들이 'ㅇ'을 잃어 버리는 변화를 겪고 있다. 가령 '병(病)'의 경우 (41)과 같은 교체 양상을 보인다.

(41)

베(병#), 베이(병+이), 베으(병+을), 베에(병+에), 베도(병+도)[79]

후행하는 조사와 결합할 때 'ㅇ'이 전혀 나타나지 않으므로 어간의 기저형은 '베'라고 할 수 있다. '병'이 '베'로 변화한 데에는 이중모음 '여'가 '에'로 변화한 것 외에 비모음화가 크게 작용했음이 분명하다. 비모음화에 의해 'ㅇ'이 탈락한 후 모음의 비음성마저 사라지면 '베'가 나오는 것이다. 비모음화는 모음으로 시작하는 문법 형태소가 결합할 때 일어나므로 '병'의 활용형 중 '베(병#)'와 '베도(병+도)'는 비모음화가 직접 적용된 결과가 아니고 다른 환경에서 만들어진 '베'가 출현 환경을 확대함으로써 나타난 것이다.

어간이 항상 '베'로만 나타난다면 기저형을 '베'로 설정하는 것으로 모든 공시적 기술은 끝나는 것이 보통이다. 그러나 위의 경우에는 그러기 어렵다. 만약 기저형이 '베'라면 '베이(병+이), 베으(병+을)'를 설명하기 어렵다. 이 방언은 다른 방언과 마찬가지로 모음으로 끝나는 체언 어간 뒤에는 주격 조사와 목적격 조사가 각각 '가, 르'로 실현된다. 따라서 '베이, 베으'는 일반적인 양상에 따르면 '베가, 베르'로 나타났어야만 한다. 그런데도 '베이,

78 육진 방언 자료는 소신애(2006)에서 가져온 것이다.

79 물론 이 방언에서는 'ㅇ'을 온전히 가진 형태도 나타난다. 여기서는 변화를 겪은 형태를 논의 대상으로 삼는다.

베으'로 실현된 것은 '베이, 베으'가 이전 시기의 화석형임을 말해 준다. 비자음에 의한 비음성을 간직한 '베˜이˜, 베˜으˜' 단계에서 비음성만 사라진 '베이, 베으'가 지금까지 그대로 유지되면서 생긴 결과이다.

이 방언의 주격 조사나 목적격 조사는 불규칙적 교체를 보이므로 '이~가, 으~르'의 복수 기저형을 설정해야 하며 각 복수 기저형의 출현 환경은 '자음 뒤, 모음 뒤'라는 매우 규칙적인 정보로 이루어진다. 따라서 복수 기저형의 설정 조건을 잘 따른다. 그런데 '베이, 베으'를 기술할 때 단순히 기저형을 '베'라고 하고 여기에 '이, 으'가 결합된다고 하면 이 경우 때문에 주격 조사나 목적격 조사의 출현 환경이 불규칙적으로 바뀐다. 즉 대부분의 경우에는 '자음 뒤, 모음 뒤'라는 조건을 유지하지만 일부에 한해서만 이 조건을 어긴 채 모음 뒤에서도 '이, 으'가 나타나게 되는 것이다. '베이, 베으'와 같은 화석형 때문에 주격 조사나 목적격 조사가 보이는 출현 환경의 규칙성을 포기하는 것은 타당하지 않다. 비록 체언 어간은 항상 '베'로 나타나지만 '베이, 베으'와 같은 활용형은 그 전체를 어휘부에 등재하는 방식으로 기술하는 것이 더 낫다. 그렇지 않으면 기존 문법 형태소의 복수 기저형 설정에 큰 영향을 미쳐 더 복잡한 결과를 초래한다.

(38ㄷ)은 (38ㄴ)보다 더 극단적인 경우로 매우 제한된 환경에서만 불규칙적인 이형태가 나타나는 경우를 가리킨다. 이것은 불완전 용언의 활용에서 흔히 나타난다. 가령 '데리-'는 활용형으로 '데리고, 데리러, 데려다(가)' 등만 가능하다. '데려오다, 데려가다' 등에 '데려'가 남아 있지만 '데려오다, 데려가다'는 합성어이므로 여기에 쓰인 '데려'는 활용형이라고 보기는 어렵다. '데리고, 데리러, 데려다(가)'가 어간과 어미의 결합 과정을 통해 만들어진다면 어간 '데리-'의 어휘 항목 속에 이 어간이 '-고, -러, -어다(가)' 이외의 어미와는 결합할 수 없다는 정보를 넣어야 한다.[80] 그런데 이것은 '데리고, 데리러, 데려다가'와 같은 활용형이 어휘부에 등재되어 있다고 하는 것과 별반 다를 것이 없다. 특히 '데리-'와 결합하는 어미인 '-고,

80 '데리-'가 오직 '-고, -러, -어다(가)'와 결합할 수만 있다고 표시할 수도 있다.

-러, -어다(가)'는 공통점을 전혀 발견할 수 없다. 용언 어간이 공통 부류를 형성하지 않는 소수의 특정 어미와만 결합한다면 그 때의 활용형은 어간과 어미의 공시적 결합을 통해 형성된다고 보기 어렵다. 이 경우에는 '데리고, 데리러, 데려다(가)'와 같은 활용형 자체가 어휘부에 등재되어 있을 가능성이 더 크다.[81]

'데리-'와 같은 불완전 용언이 아니라도 불규칙적인 이형태가 극히 제한된 분포를 가지는 경우는 얼마든지 존재한다. 앞서 살핀 (32)가 그러하며 그 외에도 다음과 같은 경우가 더 있다.

(42)

바시, 바슬, 바슨, 바스로, 바시다, 바테, 바테도 (밭)

(42)는 (30)과 마찬가지로 체언 어간말의 설단 자음류가 'ㅅ'으로 바뀌는 변화이다. 이 변화는 어간의 모든 이형태에서 나타나기도 하지만 일부 이형태에서는 이전의 어간말 자음을 그대로 유지하기도 한다. '밭'과 같이 'ㅌ'으로 끝나는 어간은 처격 조사와 결합할 때에 'ㅅ'으로의 변화에 저항하는 경향이 매우 강하다. 즉 어간의 이형태가 '밧'과 '밭'으로 나타나는데 '밭'은 오로지 처격 조사 앞에서만 나타날 뿐이고 다른 환경에서는 모두 '밧'이 나타나는 것이다. (42)가 바로 여기에 속한다.

이런 경우 복수 기저형을 설정하여 어간의 교체를 기술하는 것은 그리 타당하지 않다. '밭'이 처격 조사 앞에서만 나타난다면 이미 '밭'과 처격 조사가 결합된 형태 전체가 하나의 단위처럼 쓰인다고 보는 것이 나을 것이다. 특수한 환경에서만 나타나는 이형태를 굳이 복수 기저형 중 하나로 설정하고 특수한 출현 환경까지 더 기억한다고 기술하는 것보다는 활용형 전체를 기억한다고 보는 것이 합리적이다.

(42)와 관련하여 한 가지 더 고려해야 할 사실이 있다. '밭'이라는

81 불완전 동사의 활용형에 대한 공시적 기술은 채현식(1994 : 65~71)을 참고할 수 있다.

이형태가 처격 조사 앞에서만 나타나는 것은 사실이지만 '바테도, 바테는, 바테서도, 바테서만 …'과 같이 처격 조사 뒤에 다른 조사가 더 결합되는 경우에도 '밭'이라는 이형태가 나타난다. 만약 '밭에'라는 활용형을 어휘부에 등재한다면 '바테도, 바테는, 바테서도, 바테서만 …'과 같이 매우 많은 활용형들도 모두 어휘부에 등재해야 하는가 하는 문제가 발생할 수 있다. 그런데 '바테도, 바테는, 바테서도, 바테서만 …' 등은 모두 처격 조사 뒤에 다른 조사가 결합된 것들이므로 '바테'나 '바테서'만 어휘부에 등재하면 나머지는 등재된 활용형에 다른 조사들을 결합시켜 이끌어 낼 수 있다.[82] 그러므로 '밭'이 나타나는 모든 활용형을 기계적으로 어휘부에 등재할 필요까지는 없다.[83]

(38ㄹ)은 활용형의 생성에 보충법이 관여하는 경우이다. 보충법은 이형태의 형태상 이질성은 물론이고 분포상의 편재가 극단적으로 표출되는 경우이다. 보충법이 가장 심하게 표출될 경우 앞서 거론한 (38ㄱ, ㄴ, ㄷ)의 문제가 모두 나타날 수 있다. 영어에서 'go'의 과거형 'went'가 거기에 속한다. 'went'와 같은 극심한 경우는 아니라고 하더라도 보충법이 개재되어 있으면 (38ㄴ, ㄷ)과 같은 문제가 복합적으로 작용한다.

(43)

ㄱ. 나에게 공책을 다오.

ㄴ. 공책을 달라고 조른다.

(43)의 '다오, 달라'는 '달-'이라는 어간을 따로 설정하면 불완전 용언

82 처격 조사 '-에서'가 '에+서'로 형태소 분석이 가능하다면 '바테'만 있어도 충분하다. '바테서'는 '바테'에 '-서'를 결합하여 만들어 낼 수 있기 때문이다. 그러나 '-서'가 독립된 형태소로 존재하지 않는 방언에서는 '바테'와 함께 '바테서'도 어휘부에 등재해야만 한다. 이런 방언에서는 '바테서'를 '바테'로부터 만들어 낼 수 없다.

83 이 사실을 고려하여 어휘부에 등재된 활용형의 형태는 '바테X, 바테서X'라고 할 수도 있다. 'X' 자리는 빌 수도 있고 다른 조사가 들어갈 수도 있다.

어간이 되지만 특수한 환경에서만 나타나는 '주-(與)'의 보충법이라고 할 수 있다.[84] (43)과 같이 매우 한정된 명령형 어미 앞에서만 나타나는 '달-'을 '주-'와 함께 복수 기저형으로 설정하여 기술하면 제한된 출현 환경을 일일이 밝힐 수밖에 없으며 이것은 앞에서 살핀 문제점을 고스란히 떠안는 것이다. 그런 점에서 보충법에 의해 생성되는 활용형은 그 전체를 어휘부에 등재하는 것이 더 타당하다.

지금까지 몇 가지 유형을 나누어 어간과 어미의 결합형을 어휘부에 등재하는 방식으로 기술할 수밖에 없는 경우를 살펴 보았다. 어간과 어미의 형태 분석이 어려운 경우는 물론이고 어간과 어미의 단순한 형태 분석이 가능하다고 해도 그러한 분석이 공시적으로 더 큰 문제를 야기하는 경우에는 활용형 전체를 하나의 어휘부 등재 단위로 인정하는 것이 더 낫다. 그런데 형태소 결합형을 어휘부에 등재하는 기술 방법은 너무 강력하면서도 극단적인 방법이다. 형태소 결합형을 등재할 수 없는 경우란 없다. 그러므로 그 쓰임을 제한할 필요가 있다. 앞서 형태소 결합형을 어휘부에 등재하는 방식으로 기술해야 한다고 한 네 가지 유형은 그 쓰임을 최대한으로 제한한 것이다. 이 네 가지 유형은 음운 규칙을 적용하거나 복수 기저형을 설정하는 방식으로는 기술할 수 없다. 이런 경우에 한해서만 활용형의 어휘부 등재를 허용해야 할 것이다.

활용형이 어휘부에 등재된다는 것은 활용형이 하나의 언어 단위로서 기능하거나 또는 인식된다는 뜻이다. 활용형이 하나의 단위로 작용한다는 증거는 여러 가지가 있다. 첫 번째로 활용형 전체가 단어 형성 과정에 참여하는 경우가 많다는 점을 들 수 있다. 송원용(1998)에서 지적한 바와 같이 용언 어간에 어미가 결합되어 만들어진 명사형, 관형사형, 연결형 같은 다양한 활용형이 단어 형성 과정에 쓰이고 있다. 단어 형성 과정에서 쓰이려면 활용형이 하나의 단위로 작용해야 한다.

두 번째로 활용형이 유추에 의한 재분석의 대상으로 기능하는 사실을

84 고영근(1989 : 49)에서는 보충법으로 처리하였다.

지적할 수 있다. 곽충구(1994ㄴ), 정인호(1997), 김 현(2001)을 비롯한 여러 논의에서는 활용형이 재분석되어 새로운 어간으로 재구조화된 예들이 다수 등장한다. 가령 '구워(굽- + -어)'를 '궇- + -어'로 재분석하여 ' 궇-'이라는 새로운 어간이 형성되는 경우를 흔히 찾아 볼 수 있다. 또한 활용형 자체가 새로운 어간으로 자리잡는 경우도 있다. 김세환(2005:44)에 따르면 청송 지역어에서는 '곁(傍)'이 '젙에도[HLL](곁-도), 젙에를[HLL](곁-을), 젙에가[HLL](곁-이)'와 같은 활용 양상을 보인다. 즉 이 지역어에서는 '곁'에 처격 조사가 결합된 '곁에'가 새로운 어간으로 자리잡게 되었다.[85] 이런 변화는 이 지역뿐만 아니라 다른 방언에서도 널리 확인된다. 이처럼 활용형을 재분석하거나 활용형이 새로운 어간으로 정착하는 것은 활용형이 하나의 단위로 인식됨을 뜻한다.

마지막으로 활용형이 언어 변화의 단위로서 작용한다는 사실도 중요하다. 이미 2.5.에서 살폈지만 음운 변화는 표면 층위에서 일어난다. 즉 음운 변화는 표면에 실현되는 개별 활용형에 적용되는 것이다. 이처럼 개별 활용형이 언어 변화의 단위가 되는 것을 볼 때 활용형이 하나의 인식 단위로서 기능한다고 볼 수 있다.

활용형은 생산성이 높은 형태소들의 매우 규칙적인 과정에 의해 만들어지기 때문에 그 자체를 어휘부의 등재 단위로 인정하기 어려웠다. 그러나 활용형 중에는 그런 규칙성이 떨어지는 것도 적지 않으며 활용형을 하나의 단위로 인식한다는 명백한 증거도 존재하므로 활용형을 어휘부에 등재해서는 안 된다는 논리는 성립하기 어렵다. 더욱이 언어의 실제적 사용 양상을 중시하는 입장에서는 규칙적이거나 잉여적인 정보도 기억의 대상이 된다는 실험적 증거를 계속 제시하고 있다. 가령 Bybee(2001 : 28)은

85 호격 조사가 결합된 활용형이 새로운 어간으로 바뀌는 경우도 있다. 이 변화가 가장 잘 나타난 단어는 '아기'이다. '아기'의 활용 양상은 '아가가, 아가는, 아가도, 아가만'과 같이 나타나는 경우도 있고 '아가야가, 아가야는, 아가야도, 아가야만'과 같이 나타나는 경우도 있다. 앞의 경우는 '아기'에 호격 조사가 결합된 형태가 새로운 어간으로 바뀐 경우이고 뒤의 경우는 '아가'라는 호격형에 다시 호격 조사가 결합된 '아가야'가 새로운 어간으로 바뀐 경우이다. 처격 조사나 호격 조사는 생략이 잘 되지 않으므로 이 조사들과 결합된 활용형 전체가 어간으로 인식되는 일이 많다.

영어에서 규칙적으로 '-ed'가 붙어 형성되는 동사의 과거 시제형이 머리 속에 기억된다고 보아야 하는 여러 가지 근거가 제시되고 있음을 지적한 바 있다. 이런 여러 가지 정황에 비추어 볼 때 활용형이라도 얼마든지 어휘부의 등재 단위가 될 수 있다고 하겠다.

형태소의 결합형을 등재하는 경우에는 어휘부 등재 단위들 사이의 연관성 포착이 무엇보다도 중요하다. 이 때의 연관성은 두 가지로 나눌 수 있다. 하나는 형태소 결합형과 그 구성 요소들 사이의 연관성이고 다른 하나는 등재된 형태소 결합형들 사이의 연관성이다.

하나의 요소로 굳어져 버린 복합어라고 하더라도 그 속에 포함된 구성 요소가 명확하다면 복합어와 구성 요소는 어떤 방식으로 관련을 맺기 마련이다. 가령 '찹쌀'의 경우 공시적인 형태 분석이 용이하지 않다고 하더라도 그 속의 구성 요소 중 하나인 '쌀'과의 관련성을 유지한다. '오솔길'과 같은 복합어도 분명 '길'과의 연관성이 없지 않다. 어휘부에 등재되는 활용형의 경우도 마찬가지이다. 활용형에 포함된 어간 또는 어미와 활용형은 서로 독립된 무관한 존재라고 볼 수 없다.

이러한 관련성은 활용형의 저지 현상에서 잘 드러난다. 가령 (39)에서 살핀 '하내(하나 + 가), 쇠:게(소 + 에게), 내(나 + 의), 제(저 + 의)'와 같은 활용형들은 어휘부에 등재되어 있기 때문에 '하나가, 소에게, 나의, 저의'와 같은 활용형의 출현을 막는다.[86] 이것은 파생어 형성에서 흔히 볼 수 있는 저지 현상이 활용 패러다임에 있음을 말해 주는 것으로 등재된 활용형이 그 구성 요소인 어간이나 어미와 전혀 무관하지 않음을 잘 보여 준다.[87] 만약 활용형이 따로 존재한다면 같은 구성 요소로 이루어진 다른 활용형의

86 '하내(하나 + 가), 쇠:게(소 + 에게), 내(나 + 의), 제(저 + 의)'와 같은 활용형이 쓰여도 '하나가, 소에게, 나의, 저의'와 같은 활용형이 나타나는 경우는 표준어의 영향 등과 같은 언어 외적인 요인이 작용했기 때문이다.

87 활용 패러다임에서의 저지 현상은 이미 굴절형 경제성 원리(Inflectional Parsimony Principle)나 단일 항목 조건(Unique Entry Condition) 등의 개념으로 언급된 바 있다. 자세한 것은 Carstairs-McCarthy(1992 : 78)을 참고할 수 있다.

출현을 막을 수 없을 것이다.[88]

한편 등재된 여러 활용형들 사이의 연관성도 고려해야 한다. 한 어간의 활용형 중 둘 이상이 어휘부에 등재되어야 하는 경우가 있다. 불규칙적인 모습을 보이는 어간 이형태가 나타나는 출현 환경들을 일반화할 수 없는 경우 즉 (38ㄴ)에 해당하는 경우에는 복수 기저형을 설정할 수 없으며 이 때에는 여러 개의 활용형들이 어휘부에 등재되어야 한다. 그런데 이들 중 형태상의 공통점을 공유할 경우에는 많은 수의 활용형을 기계적으로 등재하는 것보다는 형태상의 동질성을 포착하는 방식을 택하는 것이 더 낫다. 이미 (42)를 설명하는 과정에서 지적했듯이 대표적인 몇 개의 활용형만 등재하면 나머지 활용형들은 대표형으로부터 충분히 만들 수 있으므로 같은 성격을 가진 많은 활용형들을 모두 어휘부에 등재할 필요는 없다.

3.5.5. 종합적 검토

시금까지 형대소의 교체를 공시음운론적으로 기술할 수 있는 네 가지 방법들을 차례대로 살펴보았다. 각각의 기술 방법들은 음운론적인 성격을 얼마나 지니고 있는가에 따라 다음과 같이 연속선상에 배열할 수 있나.

(44)

(순수 음운론적 처리)			(비음운론적 처리)
◀--▶			
(순수 음운 규칙)	(비음운론적 제약 규칙)	(복수 기저형)	(활용형 등재)

88 이런 점에서 어휘부 속의 활용형은 어간과는 다른 별도의 어휘 항목을 이룬다고 보는 것보다는 어간의 어휘 항목 속에 포함되었다고 보는 것이 나을 듯하다. 어간의 여러 가지 정보 속에 특정한 어미와의 결합형도 포함시키는 것이다.

순수 음운 규칙은 모든 교체를 순수하게 음운론적으로 기술할 수 있을 때 사용하는 방법이다. 순수 음운 규칙으로 어떤 교체를 기술할 수 있다는 것은 적어도 그 교체에 대해서는 어떠한 비음운론적 정보도 필요로 하지 않음을 의미한다. 비음운론적 제약을 가진 규칙 역시 음운 규칙이 갖추어야 할 기본 형식은 지닌다. 다만 적용 환경 속에 비음운론적인 정보가 포함될 뿐이다. 이 두 가지 기술 방법은 형태소의 교체를 음운부 안에서 처리한다고 볼 수 있다.

반면에 활용형을 어휘부에 등재하는 것은 순수 음운론적 처리와 정반대의 기술 태도이다. 활용형을 어휘부에 등재함으로써 형태소의 교체는 음운론적으로 기술할 필요가 없다. 교체가 일어난 형태가 그대로 어휘부에 등재되기 때문이다. 활용형을 어휘부에 등재하는 것은 교체 자체에 대한 기술을 하지 않는 것이며 이런 경우에는 음운부가 어떠한 역할도 하지 못한다.

복수 기저형을 설정하는 것은 교체 현상을 음운부에서만 다루는 기술 방법과 교체 현상을 전혀 기술하지 않는 방법의 중간에 위치한다고 볼 수 있다. 복수 기저형의 설정은 형태소의 교체를 음운 규칙으로 기술하지 않는다는 점에서 음운부에서의 처리 방법과는 구별된다. 그렇지만 어휘부의 기저 표시를 통해 형태소의 교체를 다룬다는 점에서 교체 자체를 기술하지 않는 방법, 즉 활용형의 어휘부 등재와도 차이가 있는 것이다.

이상의 네 가지 기술 방법의 성격은 다음과 같이 정리할 수 있다.

(45)

	순수 음운 규칙	비음운론적 제약규칙	복수 기저형	활용형의 등재
어간과 어미의 분석	분석함	분석함	분석함	분석 안 함
기저형 유형	단수 기저형	단수 기저형	복수 기저형	해당 사항 없음
교체의 처리 부문	음운부	음운부	어휘부	해당 사항 없음

교체의 설명 기제	음운 규칙	음운 규칙 +비음운론적 제약	어휘부의 기저 표시	없음

3.6. 공시적 음운 기술의 타당성

공시적 음운 기술의 타당성은 구체적으로 존재하는 현상 자체에 대해서는 검토할 수 없다. 실재하는 언어 현상은 그대로 받아들여야 할 뿐 타당성을 논할 수는 없다. 공시적 기술의 타당성 검토는 공시적 음운 기술에 사용되는 이론적 장치 또는 그런 장치를 이용한 기술 방안을 대상으로 한다. 지금까지 층위, 규칙, 기저형, 도출 등 여러 가지 이론적 장치들을 개별적인 차원에서 살펴보았는데 이론적 장치 각각은 비록 타당하다고 하더라도 이것들이 합쳐져 기저형으로부터 표면형을 이끌어 내는 과정에서는 타당성을 인정하기 어려운 방법도 얼마든지 있을 수 있다. 하나의 현상에 대한 공시적 기술 방법이 둘 이상일 경우 최적의 방법을 선택해야만 한다. 이러한 선택을 위한 기준으로 여기서는 자연성, 일반성, 일관성의 세 가지 기준을 제시하기로 한다.[89]

3.6.1. 자연성의 측면

공시적 음운 기술은 자연성을 지니고 있어야 한다. 그런데 자연성을 정의하기란 만만치가 않다. 음운 이론이나 연구자에 따라 자연성에 대한 개념이 조금씩 다르다. Postal(1968)에서 언급하는 자연성은 표면형과 기저형 사이의 긴밀성을 의미하며 Stampe(1972)에 제시된 자연성은 제약을 받지

89 이밖에 이진호(2002ㄴ : 36~37)에서는 경제성, 심리적 실재성, 통시적 음운 변화와의 일치성 등을 공시적 음운 기술의 타당성을 살피는 기준으로 더 제시하였다. 그러나 이 기준들은 주관적 측면이 강할 뿐만 아니라 독자적인 평가 기준으로 쓰이기에는 제한이 많기 때문에 여기서는 다루지 않는다.

않은 이상적인 언어 상태를 가리킨다. Hyman(1975 : 142~143)에서와 같이 자연성을 무표성과 비슷한 개념으로 사용한 경우도 있고 Schane (1972 : 207)과 같이 언어 활동의 최적성, 즉 최대의 조음 편리성 및 최대의 변별 가능성을 자연성과 대등하게 규정한 적도 있다. 한편 Vennemann(1974), Hooper(1976)에서는 추상적 분석 방법에 대한 대안으로 자연성 개념을 사용하고 있다.

이 중 공시적 음운 기술의 이론적 장치에 대한 타당성을 검토하는 기준으로서의 자연성은 Postal(1968), Vennemann(1974), Hooper(1976)에서 논의된 것으로 한정된다. 나머지는 이론적 장치의 자연성을 고려하지는 않았다. 그런데 Postal(1968)과 같은 의미의 자연성은 이미 기저형의 추상성을 막기 위한 기저형 설정 조건을 다룰 때 논의한 바 있다. Vennemann (1974)이나 Hooper(1976)의 자연성 역시 추상성과 관련되므로 크게 다르지 않다. 그런 점에서 여기서 언급하는 자연성은 위에 제시된 것 중 어느 것과도 일치한다고 보기 어렵다.

공시적 음운 기술이 자연성을 지닌다는 것은 그것이 개연성이 높으며 수긍 가능하고 인위적인 것이 최소화되었음을 의미한다. 자연성을 이렇게 정의하는 것은 매우 모호하지만 자연성이 결여된 몇몇 공시적 기술 방법을 통해 좀 더 명확히 할 수 있다. 규칙 중심의 공시적 음운 기술에서는 규칙의 자연성이 주로 문제가 된다.

규칙의 자연성은 크게 두 가지 측면에서 살필 수 있다. 하나는 규칙이 음성적 동기를 지니고 있어야 한다는 점이다. 규칙이 음성적 동기를 지니고 있다는 것은 규칙 적용에 음성학적 이유가 있음을 의미하는 것이므로 이러한 규칙은 많은 언어에서 발견될 가능성이 크다. 많은 언어에서 동화로 분류되는 규칙들은 모두 음성적 동기가 명확하다. 이런 규칙들은 자연성을 가졌다고 말할 수 있다.

다른 하나는 규칙의 입력이나 출력, 적용 환경을 이루는 음운들이 자연 부류(natural class)를 형성해야 한다는 점이다. 자연 부류는 그 정의가 명확하지는 않지만 일반적으로 두 개 이상의 음운이 체계에서 밀접한 관련을 맺고 있으면 자연 부류를 이룬다고 할 수 있다.[90] 이 때 음운들의 관계가 밀접한지의 여부는 음운들의 집합을 변별적 자질로 간단하게 표시할 수 있는가의 여부로 결정할 수 있다.

이러한 규칙의 자연성을 공시적 기술에 고려할 수 있는 경우로 중세국어 어간말 자음의 교체 양상을 들 수 있다.

(46)

ㄱ. 덥고(덥+고), 덥더라(덥+더라), 더ᄫᅳ니(덥+으니), 더ᄫᅥ(덥+어)

ㄴ. 짓고(짓+고), 짓더라(짓+더라), 지ᅀᅳ니(짓+으니), 지ᅀᅥ(짓+어)

(46)과 같은 활용 양상을 공시음운론적으로 기술하는 방법에는 두 가지가 있다. 하나는 자음 어미 앞의 어간 이형태 '덥-, 짓-'을 기저형으로 삼고 어간말의 'ㅂ, ㅅ'을 모음 어미 앞에서 'ㅸ, ㅿ'으로 바꾸는 음운 규칙을 설정하는 것이다. 다른 하나는 모음 어미 앞의 어간 이형태 '덯-, 짛-'을 기저형으로 삼고 어간말의 'ㅸ, ㅿ'을 자음 어미 앞에서 'ㅂ, ㅅ'으로 바꾸는 음운 규칙을 설정하는 것이다. 이 두 가지 기술 방법 중 기저형만 고려하면 어떤 방식이 더 나은지 쉽게 판별할 수 없다. 두 기저형 모두 기저형 설정 조건에 비추어 볼 때 아무런 문제가 없다. 그러나 규칙의 자연성을 고려하면 상황이 달라진다.

'덥-, 짓-'을 기저형으로 설정했을 때 필요한 규칙은 오로지 (46)과 같은 경우만을 위해 설정한 것이며 예외가 매우 많다. 즉 어간말의 'ㅂ, ㅅ' 중에는 '잡-, 업-, 벗-, 솟-' 등에서 보듯이 모음 어미 앞에서 'ㅸ, ㅿ'으로 바뀌지 않는 것이 매우 많다. 이런 예외 때문에 어간말의 'ㅂ, ㅅ'이 모음 어미 앞에서

90 Hyman(1975 : 139~140)에서도 두 개의 분절음 'A, B'가 자연 부류에 속하는지를 판별하는 기준을 몇 가지 제시하고 있다. 두 분절음이 음운 규칙의 입력 또는 환경으로 함께 작용하거나 'A'가 음운 규칙에 의해 'B'로 바뀌면 두 개의 분절음은 자연 부류에 속한다고 했다. 그런데 이러한 기준은 음운 규칙 자체가 자연스러운 규칙이라는 전제를 깔아야만 기능할 수 있다. 만약 음운 규칙 자체가 자연성이 떨어진다면 Hyman의 기준은 적용하기 어려워진다.

'ㅸ, ㅿ'으로 바뀌는 것은 규칙으로 보기 어려우며 규칙으로 인정해도 자연성이 떨어진다.[91] 반면 '덥-, 짓-'을 기저형으로 설정했을 때 필요한 규칙은 음절말에 올 수 없는 자음을 음절말에 올 수 있는 자음으로 바꾸는 것으로 (46)뿐만 아니라 다른 경우에도 적용된다. 또한 음절말의 'ㅸ, ㅿ'을 'ㅂ, ㅅ'으로 바꾸어 주는 것은 모음으로 시작하는 어미 앞의 'ㅂ, ㅅ'을 'ㅸ, ㅿ'으로 바꾸는 것과 비교할 때 자연성이 훨씬 더 높다.

이처럼 자연성은 둘 이상의 공시적 기술 방법 중 좀 더 타당한 것을 결정하는 데 도움을 줄 수 있다. 물론 자연성이라는 기준을 항상 명쾌하게 적용할 수 있는 것은 아니다. 자연성으로는 우열을 가리기 어려운 경우도 있다. 이것을 유음 탈락에서 확인하기로 한다.

유음 탈락은 방언에 따라 일어나는 환경이 다르다. 방언에 따라 'ㄴ, ㅅ' 앞에서만 유음이 탈락하기도 하지만 더욱 많은 자음 앞에서 유음 탈락이 일어나기도 한다.

(47)

ㄱ. 우는(울+는), 우니까(울+니까), 우시고(울+시고), 울지(울+지)
울고(울+고), 울면(울+면), 울더라(울+더라), 울리라(울+리라)

ㄴ. 우는(울+는), 우이께네(울+니까),[92] 우시고(울+시고), 우지(울+지),
우고(울+고), 우면(울+면), 우더라(울+더라), 우리라(울+리라)

(47ㄱ)은 중앙어를 포함한 많은 지역에서 일어나는 동기관적 이화에 의한 유음 탈락의 일반적인 양상이다. 'ㄴ, ㅅ' 앞에서 유음이 탈락하며 다른 자음 앞에서는 탈락하지 않는다. 매개모음 어미와 결합할 때에는 매개모음 어미가 탈락하지 않는 형태 '우르니까, 우르시고, 우르면'이 '우니까, 우시고,

91 예외가 너무 많으면 규칙성 조건을 위배하기 때문에 규칙으로 설정할 수 없다. 규칙성 조건은 3.4.4.에서 이미 다룬 바 있다.

92 어미 '-이께네'는 역사적으로 '-니께네'에서 변화한 것이다. 따라서 '우이께네'도 'ㄴ' 앞에서 유음이 탈락한 자료로 해석된다.

울면'과 공존하기도 하지만 이것은 유음 탈락의 적용 여부와는 무관하다. 반면 (47ㄴ)은 영주, 안동을 비롯한 경북 방언에서 일어나는 유음 탈락의 적용 양상으로 (47ㄱ)에 비해 규칙의 적용 환경이 훨씬 넓다. 'ㄱ, ㅁ'과 같이 'ㄹ'과 조음 위치가 다른 자음은 물론이고 'ㄹ' 앞에서도 유음이 탈락한다. 일반적으로 동일 자음의 연쇄가 매우 안정적이라는 점을 감안하면 'ㄹ' 앞에서 'ㄹ'이 탈락하는 것은 흔치 않은 일이다.

(47ㄱ, ㄴ)의 유음 탈락은 어느 것이 더 자연스러운 것인지를 판단하기가 무척 어렵다. (47ㄱ)의 유음 탈락은 비록 적용 환경을 자연 부류로 묶을 수는 없지만 동기관적 이화라는 음성적 동기를 부여할 수 있다.[93] 반면 (47ㄴ)의 유음 탈락은 동기관적 이화라는 음성적 동기는 가지고 있지 않지만 모든 평자음 앞에서 유음이 탈락하고 있으므로 적용 환경을 자연 부류로 묶을 수 있다. 이것은 규칙의 자연성을 잴 수 있는 음성적 동기와 자연 부류의 두 가지 조건이 상충하는 경우로 둘 중 어느 쪽에 무게를 두느냐에 따라 자연성 판단이 달라진다. (47)은 서로 다른 방언의 두 규칙을 비교하는 것이므로 공시적 기술의 타당성을 결정하는 것과는 직접적인 관련이 없지만 자연성의 판별이 쉽지 않음을 잘 말해 준다.

3.6.2. 일반성의 측면

일반성은 일반화(generalization)와 밀접한 관련이 있다. 올바른 일반화가 이루어졌을 때 일반성을 획득했다고 말할 수 있다. 올바른 일반화를 위해서는 같은 성격을 가진 것들은 묶어서 기술하고 다른 성격을 가진 것들은 분리해서 기술해야만 한다. 만약 올바른 일반화가 이루어지지 않았다면 그것은 공시적 음운 기술로서의 타당성이 결여되었다고 하겠다.

93 물론 모든 치조음 앞에서 유음 탈락이 일어나지는 않으므로 동기관적 이화라는 음성적 동기가 완벽하게 작용하고 있다고 볼 수는 없다.

(48)

ㄱ. 벨(<별), 메레치(<멸치), 쎄(<혀)

ㄱ′. 숨게서(숨기 + 어서), 갈게서(갈기 + 아서), 비베(비비 + 어)

ㄴ. 꽁(<꿩), 꼰투(<권투)

ㄴ′. 노:서(누 + 어서), 조:서(주 + 어서)

(48)은 여러 방언에서 발견되는 것인데 공통적으로 이중모음이 단모음으로 축약되는 과정을 보여 준다.[94] 이 변화는 형태소 내부인 (48ㄱ, ㄴ)는 물론이고 형태소 경계 사이인 (48ㄱ′, ㄴ′)에서도 일어났다. (48ㄱ, ㄱ′)과 (48ㄴ, ㄴ′)은 각각 여-축약과 워-축약으로 표면상 별개의 현상처럼 보인다. 그러나 이중모음을 이루는 활음 'y'와 'w'가 스스로의 음운론적 특징을 후행 모음에 전수하고 탈락한다는 점에서 같은 현상으로 분류된다. 그러므로 (48ㄱ′)과 (48ㄴ′)에 대한 공시적 음운 기술은 이 두 가지 현상을 하나로 묶어서 기술할 때 일반성을 유지할 수 있다.

한편 유음화와 유기음화는 (48)과는 정반대의 방향에서 공시적 음운 기술과 일반성의 관련성을 보여 준다. 유음화에 관여하는 'ㄹ'과 'ㄴ', 유기음화에 관여하는 'ㅎ'와 평장애음은 그 순서에 상관 없이 유음화와 유기음화가 일어난다. 그래서 유음화와 유기음화는 종종 거울 영상 규칙(mirror image rule)으로 기술되기도 한다. 즉 음운 규칙에 관여하는 두 음운의 순서와 상관 없이 인접하기만 하면 규칙이 적용된다는 것이다. 그러나 유음화나 유기음화를 거울 영상 규칙으로 통합하는 기술 방법은 일반성에 비추어 볼 때 타당하지 않다.

우선 유음화를 보면 'ㄹ + ㄴ'에 적용되는 순행적 유음화와 'ㄴ + ㄹ'에

94 (48)을 단순한 이중모음의 축약이 아닌 다른 변화로 보기도 한다. 중요한 것은 변화의 기제가 아니라 (48ㄱ, ㄱ′)과 (48ㄴ, ㄴ′)이 서로 공통점을 지닌다는 사실이므로 이중모음의 축약으로 보든 아니든 여기서의 논의에 큰 영향을 미치지는 않는다. 자세한 것은 5.6.을 참고할 수 있다.

적용되는 역행적 유음화는 그 성격이 무척 다르다.[95] 첫째, 순행적 유음화는 음운 배열 제약을 만족시키기 위해 적용되지만 역행적 유음화는 음절 배열 제약을 따르기 위해 적용된다. 두 규칙과 연관된 음운론적 제약의 성격이 다른 것이다. 둘째, 순행적 유음화는 단어와 단어 사이에서도 적용되지만 역행적 유음화는 오로지 한 단어의 내부에서만 적용된다. 두 규칙의 적용 영역에서 큰 차이가 보인다. 셋째, 역행적 유음화는 비음화와 경쟁 관계에 놓여 있어서 '음운논~음울론' 등과 같이 두 개의 음운 규칙이 적용된 형태가 공존하지만 순행적 유음화는 비음화와 전혀 경쟁 관계를 가지지 않는다. 만약 유음화가 하나의 음운 규칙이라면 역행적 유음화만 비음화와 경쟁하고 순행적 유음화는 그렇지 않은 상황이 나타날 수 없다. 이처럼 순행적 유음화와 역행적 유음화는 다른 성격을 가졌기 때문에 공시적 음운 기술에서도 두 개의 유음화를 분리해서 기술해야만 한다.

유기음화도 유음화와 마찬가지로 'ㅎ'이 선행하는 순행적 유기음화와 'ㅎ'이 후행하는 역행적 유기음화를 구분할 수 있다. 'ㅎ'과 평장애음이 순서와 상관 없이 인접하면 대부분 유기음화가 일어나기 때문에 두 개의 유기음화를 하나의 규칙으로 통합하여 기술하는 경우가 많다. 그러나 이러한 기술 방법 역시 일반성을 지닌다고 볼 수는 없다.

우선 순행적 유기음화는 모든 방언에서 공통적으로 일어나지만 역행적 유기음화는 그렇지 않다. 잘 알려져 있듯이 서남 방언의 경우 '부다고(붖+하고), 떠가고(떡+하고)' 등과 같이 역행적 유기음화가 일어날 환경에서 유기음화 대신 ㅎ-탈락이 일어난다. 만약 두 개의 유기음화가 하나의 규칙이라면 어느 하나만 적용되고 다른 하나는 적용되지 않는 일은 일어날 수 없다. 또한 두 개의 유기음화가 하나의 규칙이라면 다음 사실을 설명할 때에도 문제가 발생한다.

95 순행적 유음화와 역행적 유음화의 차이와 관련된 자세한 논의는 이진호(1998, 2005ㄱ, ㄴ)을 참고할 수 있다.

(49)

ㄱ. 놓+고→노코

ㄴ. 붓+하고→붇하고→부타고

(49)는 순행적 유기음화와 역행적 유기음화가 모든 일어나는 방언에서 유기음화와 음절말 평파열음화의 규칙순을 보여 준다. (49ㄱ)에서는 유기음화가 음절말 평파열음화보다 먼저 적용되어야 하지만 (49ㄴ)에서는 반대로 음절말 평파열음화가 유기음화보다 먼저 적용되어야만 한다. 순행적 유기음화와 역행적 유기음화가 하나의 규칙이라면 (49)는 유기음화라는 하나의 규칙이 상황에 따라 음절말 평파열음화보다 선행할 수도 있고 후행할 수도 있음을 말해 주는데 이것은 정상적인 경우가 될 수 없다. 같은 성격의 자료에서는 두 규칙 사이의 순서가 고정되어야 한다. (49)는 순행적 유기음화와 역행적 유기음화가 서로 다른 음운 규칙이라는 점을 고려하지 않으면 설명하기 어렵다.[96]

이상에서 살핀 바와 같이 동질적인 현상을 분리해서 기술하거나 이질적인 현상을 통합해서 기술하는 것은 모두 일반성의 측면에서 볼 때 타당하지 않다. 표면적인 현상만 관찰하면 자칫 일반성을 어기는 기술 방법이 나올 수 있다. 하나의 규칙이라면 항상 하나처럼 행동해야 할 것이며 다른 규칙이라면 여러 가지 측면에서 이질성이 드러나야 할 것이다. 이 사실을 제대로 반영했을 때 일반성 있는 기술이라고 평가할 수 있다.

96 배주채(1989 : 75~79)에서도 순행적 유기음화와 역행적 유기음화를 구분하고 있지만 그 근거는 여기서와는 전혀 다르다. 즉 '놓코(놓+고)'라는 표면형 때문에 두 유기음화를 거울 영상 규칙으로 묶지 않은 것이다. 그런데 '놓코'라는 표면형의 존재도 의심되지만 '놓코'가 존재한다고 하더라도 이것은 '노코'에 다른 음운 규칙이 적용된 결과로 해석되므로 '놓코'는 유기음화의 거울 영상성과 직접적인 관련이 있다고 볼 수는 없다.

3.6.3. 일관성의 측면

일관성 있는 기술 방법이란 같은 방식을 항상 일정하게 유지하는 것이다. 규칙순은 물론이고 규칙의 적용 방식도 상황에 따라 바뀌어서는 곤란하다. 종래의 분석 방법에서는 지나치게 경제성을 추구하여 규칙의 적용 환경이 만족됨에도 불구하고 규칙을 적용하지 않고 넘어가는 경우가 적지 않았는데 이런 기술 방법은 일관성이 있다고 보기 어렵다. 여기서는 세 가지 경우를 대상으로 일관성 있는 기술 방법이 무엇인지 살피기로 한다.

(50)

ㄱ. 앞하고→아파고

ㄴ. 앞하고→압하고→아파고

(50)은 '앞+하고'가 '아파고'로 실현되는 것을 기술하는 두 가지 방식을 제시한 것이다. 유기음과 'ㅎ'은 어떤 순서로 만나든지 유기음으로 실현되므로 'ㅎ'이 유기음 뒤에서 그냥 탈락한다고 기술한 것이 (50ㄱ)이다. 하나의 규칙만 적용하면 되므로 매우 간단하다. 반면 (50ㄴ)은 음절말에 놓인 'ㅍ'에 음절말 평파열음화를 적용하여 'ㅂ'으로 바꾼 후 유기음화를 적용하여 '아파고'를 도출하였다. (50ㄴ)은 결국 'ㅍ'으로 실현되는 것을 굳이 'ㅂ'으로 바꾼 후 유기음화를 적용했다는 점에서 경제적이지 않다는 비판을 받을 수도 있다. 그러나 '부타고(붓+하고), 저타고(젖+하고)'를 고려하면 '아파고'도 음절말 평파열음화를 적용하여 도출하는 방식이 일관된 기술 방식임을 쉽게 알 수 있다.

(51)

ㄱ. 없다→업다→업따

ㄴ. 없다→없다→없따→업따

'없다'로부터 '업따'를 도출하는 방식으로 크게 (50ㄱ, ㄴ)의 두 가지를 들 수 있다. (51ㄱ)은 (51ㄴ)에 비해 음운 규칙을 하나 덜 적용했으며 더 간결하다. 반면 (51ㄴ)은 어차피 탈락할 자음에 음절말 평파열음화를 적용함으로써 좀 더 복잡해졌다. (51ㄱ, ㄴ)은 규칙이 하나 더 필요하다는 점도 서로 다르지만 어떤 자음이 경음화를 일으켰는지도 다르다. (51ㄱ)에서는 탈락하지 않고 남은 자음이 경음화를 일으키지만 (51ㄴ)에서는 자음군 단순화에 의해 탈락하는 자음이 탈락 전에 경음화를 일으킨다.

이 두 가지 기술 방법 중 일관된 방식은 당연히 (51ㄴ)이다. 비록 '없다'를 '업따'로 도출하는 경우에는 (51ㄱ)으로도 충분하지만 '훑다, 핥고'가 '훌따, 할꼬'로 발음되는 것을 설명하기 위해서는 반드시 자음군 단순화가 일어나기 전에 경음화가 일어나야 한다. 또한 경음화가 일어나기 위해서는 선행 자음이 'ㅂ, ㄷ, ㄱ' 중의 하나여야 하므로 음절말 평파열음화가 일어나야 한다.[97] (51ㄱ)에서는 음절말 평파열음화나 경음화가 일어나기도 전에 자음군 단순화가 일어났으므로 '훌따, 할꼬'와 같은 표면형을 도출하는 방식과 달라져 일관성을 어긴다.

한편 아래의 (52)에서도 자음군 단순화와 경음화가 적용되지만 (50)과는 조금 다르다.

(52)

ㄱ. 젊고→점고→점꼬

ㄴ. 젊고→젊꼬→점꼬

(52)에 적용된 경음화는 (51)과는 달리 비음 뒤에서 적용되었으며 이것은 그 비음이 용언의 어간말에 위치해야 한다는 제약을 지니므로

97 이러한 설명은 경음화가 평파열음 뒤에서만 일어난다고 보았을 때 성립된다. '훑다'에서의 경음화가 'ㅌ' 뒤에서 일어난 것이라고 보면 음절말 평파열음화가 반드시 적용될 필요는 없다. 그러나 경음화의 적용에는 선행 자음의 폐쇄 과정이 중요하게 작용하는 것으로 보이므로 음절말 평파열음화가 적용된 후 경음화가 적용된다고 보는 것이 더 나을 듯하다.

평파열음 뒤에서 적용되는 경음화와는 다른 규칙이다.[98] 그렇다고 해도 (52ㄱ)과 (52ㄴ) 중에서는 (52ㄴ)이 좀 더 일관성 있는 기술 방법이라고 할 수 있다. 비음 뒤의 경음화와 평파열음 뒤의 경음화가 서로 다른 규칙이라고 해도 후행 자음을 경음으로 바꾼다는 공통의 기능을 하므로 모든 경음화가 자음군 단순화보다 일찍 적용되도록 하는 것이 더 일관성 있는 방식일 것이다.

(53)

ㄱ. 없는→업는→엄는

ㄴ. 없는→없는→업는→엄는

(53ㄱ)과 (53ㄴ) 중 더 일관성 있는 기술 방법은 (53ㄴ)이다. 이미 (51ㄴ)에서 확인한 바와 같이 비록 자음군 단순화에 의해 탈락하는 자음이라고 하더라도 음절말에 올 수 없는 자음이라면 음절말 평파열음화의 적용을 받아야 한다. 이러한 원칙은 (53)에서도 그대로 유지되어야만 일관성 있는 기술 방법이 된다.

98 경음화를 일으키는 비음이 용언의 어간말에 와야 한다는 것은 4.3.2.에서 다룬다.

4. 통시적 음운 변화와 공시적 음운 기술의 관련 양상

4.1. 도입

공시적 음운 기술의 대상은 모두 통시적 음운 변화가 일어난 결과물이므로 공시론의 내용과 통시론의 내용은 밀접한 관련이 있다. 그럼에도 불구하고 공시론과 통시론이 항상 일치하는 것은 아니다. 이러한 불일치가 일어나는 이유는 여러 가지가 있으며 그 양상도 다양하다. 이 장에서는 이 문제를 개략적인 차원에서 다룬다. 5, 6장에서 구체적인 자료들을 대상으로 자세한 논의를 하기에 앞서 우선 형식적인 차원에서 일반적인 내용을 검토하는 것이다.

이 장의 내용은 크게 두 부분으로 나뉜다. 우선 공시적 접근과 통시적 접근의 기본적인 시각 차이를 살핀다.[1] 이것은 두 가지 내용이 서로 어긋날 수밖에 없는 가장 중요한 이유이기도 하다. 다음으로 공시적 접근과 통시적 접근의 일치와 관련된 내용을 다룬다. 일치 여부를 판단하기 위해서는 어떤 측면을 고려해야 하며 이것은 다시 어떤 요건으로 이어지는지를 고찰한다. 이런 요건을 충족시킬 수 없는 경우에 불일치 현상이 일어난다.

4.2. 통시적 접근과 공시적 접근의 상이한 태도

형태소의 교체에 대한 통시적 접근과 공시적 접근은 매우 다른 입장을 보인다. 형태소의 교체를 통시적으로 고찰하는 것은 개별적이고 개체적인 특징을 가진다. 즉 어떤 형태소의 이형태가 어떻게 변화했는지 그리고 그러한 변화는 무엇인지를 밝히면 된다. 이형태들 사이의 관계나 변화 사이의 관계는 고려하지 않아도 된다. 반면 공시적인 고찰에서는 관계가 매우 중요하다. 단순히 변동을 보이는 개별 이형태나 그런 변동을 일으킨 개별 규칙도 중요하지만 한 형태소를 이루는 이형태들 사이의 관계나 규칙

1 이 문제는 1.2.에서도 간략히 다룬 바 있으나 여기서는 좀 더 구체적으로 살핀다.

사이의 관계가 더 중요하다. 공시적 기술에서 중시하는 기저형이나 규칙 순은 모두 이러한 관계를 반영한 장치들이다.

이러한 차이는 같은 현상을 어떻게 바라보는가에서 확연히 드러난다. 가령 '엎+는'이 '업는'으로 실현되다가 이후에 새로운 변화에 의해 '엄는'으로 바뀌는 현상은 통시적으로 접근할 때와 공시적으로 접근할 때 매우 다른 양상을 보인다. 통시적으로는 기존의 표면형 '업는'이 비음 동화라는 음운 변화에 의해 '엄는'으로 대체되었다고 설명한다. 이 때 '엄는'에 들어있는 어간의 새로운 이형태 '엄'이 기존의 다른 이형태인 '업'이나 '엎'과 어떤 관계를 맺는지 또는 새로 생긴 비음 동화가 기존의 다른 규칙과 어떤 관계를 맺는지는 고려할 필요가 없다. 적용 환경을 만족시키는 음운 변화가 적용되어 새로운 형태가 나왔다는 사실이 중요하다. 이처럼 형태소의 교체에 대한 통시적인 고찰이 개별적이고 개체적인 것은 통시적 음운 변화가 표면 층위에 적용된다는 사실에 기인한다. 표면 층위에 적용된다는 것은 한 형태소의 이형태별로 변화가 따로 일어남을 의미하므로 개별적이고 개체적인 특성을 지니는 것이 당연하다.

반면 공시적으로 기술할 때에는 달라진다. 공시적 기술에서는 어간의 이형태들을 모두 설명할 수 있는 기저형을 고려하게 되며 기저형으로부터 표면형을 이끌어 내기 위해 필요한 규칙은 무엇이고 규칙들의 순서는 어떻게 되는지를 결정해야만 한다. 그러므로 공시적으로는 '엄는'에 대해 기저형 '엎+는'이 음절말 평파열음화와 비음 동화를 거쳐 표면형 '엄는'으로 실현된다고 기술한다. 통시적 접근과 비교해 보면 설명의 출발점도 다르고 설명 대상도 다르다. 통시론에서는 그 출발점이 '업는'이었으며 여기에 적용되는 음운 변화만 다루면 되지만 공시론에서는 그 출발점이 '업는'이 아니라 '엎는'이며 비음 동화와 관계를 맺는 음절말 평파열음화까지 고려해야만 한다.

통시적 접근 태도와 공시적 접근 태도의 차이점은 더 나아가 통시적 변화 양상과 공시적 기술 방식이 일치하지 않는 결과를 낳는다. 앞서 살펴본 '엎는[엄는]'의 경우 비록 통시론에서 다룰 때와 공시론에서 다룰 때 설명의 초점이 다른 데 맞추어져 있기는 하지만 관여하는 음운 현상이나 음운 현상 사이의 순서는 통시론과 공시론이 서로 다르지 않다. 역사적으로도 '없는>업는>엄는'의 단계를 거쳤으며 공시적으로도 '없는→업는→엄는'으로 기술한다.

그런데 개체적이고 개별적인 통시적 접근 방식과 관계를 중시하는 공시적 접근 방식의 성격 차이로 인해 둘의 내용이 일치하지 않는 경우가 흔히 발생한다. 우선 이형태들 사이의 관계를 고려해야 한다는 공시적 기술의 특징 때문에 통시적 변화 양상과 공시적 기술 내용이 달라지는 경우로는 원순모음화의 적용을 들 수 있다.

(1)

ㄱ. 프고, 프더라, 프니, 퍼서, 퍼라

ㄴ. 푸고, 푸더라, 푸니, 퍼서, 퍼라

(1ㄱ)은 원순모음화가 적용되기 이전이고 (1ㄴ)은 원순모음화가 적용된 이후의 어간 활용 양상이다. (1ㄴ)은 통시적으로 자음 어미나 매개모음 어미와 결합하는 어간 이형태에만 원순모음화가 적용되어 나왔다. 따라서 '프고>푸고, 프더라>푸더라, 프니>푸니'라는 개별 활용형들의 변화만 고려하면 된다. '퍼서, 퍼라'는 원순모음화가 적용되어도 아무런 변화가 없었기 때문에 통시적 변화 과정에서는 고려 대상이 되지 않는다.

그러나 (1ㄴ)을 공시적으로 볼 때에는 달라진다. 공시적 음운 기술에서는 어간의 모든 이형태를 고려해야만 한다. 따라서 '푸고, 푸더라, 푸니'에 들어 있는 '푸'와 '퍼서, 퍼라'에 들어 있는 'ㅍ'의 관계가 매우 중요하다. 이 두 이형태 사이의 관계를 공시적으로 기술하기 위해 기저형을 설정해야만 한다. 그런데 그 기저형은 '프-'로 할 수 없다.[2] 통시적 변화의 측면에서는 분명 '프'에 원순모음화가 적용되거나 또는 으-탈락이 적용되어 (1ㄴ)이 만들

2 그 이유는 여러 가지가 있는데 5.2.2.에서 다룬다.

어졌지만 공시적 기술의 측면에서는 더 이상 같은 방식을 유지할 수 없다. 이것은 통시적 변화에서는 고려할 필요가 없던 이형태 사이의 관계가 공시적 기술에서는 중요하기 때문에 나타난 결과이다.

다음으로 규칙들 사이의 관계를 고려해야 한다는 공시적 기술의 특징 때문에 통시적 변화 양상과 공시적 기술 내용이 달라지는 경우로는 유음 탈락과 순행적 유음화를 들 수 있다. 유음 탈락과 순행적 유음화는 모두 'ㄹ+ㄴ'에 적용된다. 공시적 기술에서는 두 규칙이 같은 입력형을 가지므로 인위적인 규칙순을 정해 주어야 한다. 이 때 '유음 탈락→자음군 단순화→순행적 유음화'의 규칙순을 정해 주어 '알+는, 울+는'과 같이 'ㄹ'로 끝나는 어간에는 유음 탈락이 일어나고 '앓+는, 훑+는'과 같이 'ㄹ'이 선행하는 자음군으로 끝나는 어간에는 순행적 유음화가 일어나는 것을 설명한다. 공시적 기술의 관점에서 본다면 유음 탈락과 순행적 유음화는 일종의 경쟁 관계에 있는 것으로 해석된다.

그러나 통시적인 측면에서 본다면 조금 달라진다. 용언의 활용형에 적용되는 유음 탈락과 순행적 유음화는 경쟁 관계에 있지 않았다. 통시적인 변화로서의 순행적 유음화는 유음 탈락이 일어나지 않고 그대로 남아 있는 'ㄹ+ㄴ' 연쇄에만 적용되었다. 순행적 유음화는 16세기부터 모습을 보이는데 그 시기에 'ㄹ'로 끝나는 어간은 이미 유음 탈락의 적용을 받고 있었다. 반면 'ㄹ'이 선행하는 어간말 자음군의 경우에는 유음 탈락이 적용되지 않았다.[3]

(2)

ㄱ. 아ᄂᆞᆫ(알눈+ᄂᆞᆫ), 우는(울+는)

ㄴ. 알ᄂᆞᆫ(앓+ᄂᆞᆫ), 끌는(끓+는), 일ᄂᆞ니(잃+ᄂᆞ니)

ㄷ. 늙ᄂᆞ니(늙+ᄂᆞ니), ᄇᆞᆲ놋다(ᄇᆞᆲ+놋다)

3 유음 탈락과 유음화의 통시적 적용 양상에 대해서는 이진호(1997ㄱ, ㄴ)을 참고할 수 있다.

(2ㄱ)에서 알 수 있듯이 'ㄹ'로 끝나는 어간은 순행적 유음화가 생기기 이전부터 유음 탈락의 적용을 받았기 때문에 순행적 유음화가 나타난 후에도 유음화가 적용될 수 없다. 새로 생긴 유음화는 다른 음운 변화와 마찬가지로 표면형에 적용되므로 이미 유음 탈락이 일어난 (2ㄱ)은 유음화와는 무관한 존재였다. 반면 (2ㄴ)은 15세기에도 이미 'ㅎ'이 사라진 모습을 보이는데 흥미롭게도 유음 탈락이 적용되지 않았다.[4] 그렇기 때문에 (2ㄱ)과는 달리 유음화의 적용을 받을 수 있었다. 한편 (2ㄷ)은 유음화가 발생한 16세기에도 아직 자음군 단순화의 적용을 받지 않았기 때문에 유음화가 적용되지 않았다. (2ㄷ)은 이후에 자음군 단순화가 적용되어 'ㄹ'이 아닌 다른 자음이 탈락하는 경우에 순행적 유음화가 적용되었다.

이처럼 역사적으로 보면 용언 어간의 경우 유음화는 유음 탈락과 경쟁 관계에 있지 않았다. 유음 탈락의 적용을 피한 경우만 유음화가 적용되었을 뿐이며 인위적인 규칙순은 불필요하다. 그러나 공시적 기술에서는 (2ㄱ)과 같은 경우에도 일단 기저 층위에서는 'ㄹ'과 'ㄴ'이 직접 만나므로 유음화의 적용 환경을 만족시킨다. (2ㄱ)에 유음화가 적용되는 것을 막기 위해서는 유음 탈락이 먼저 적용된다는 인위적 규칙순이 없어서는 안 된다. 유음 탈락과 유음화의 관계를 고려해야 하는 공시적 기술의 특성 때문에 통시적 변화 과정에서는 전혀 문제 삼을 필요가 없던 두 규칙의 인위적 규칙순을 따로 정해줄 수밖에 없다.

지금까지 살펴본 바와 같이 통시적 음운 변화는 적용 조건이 충족되면 적용될 뿐이다. 따라서 통시적 변화를 다룰 때에는 적용 환경을 고려하여 어떤 변화가 일어났는지 살피는 것으로 충분하다. 그러나 공시적 기술을 할 때에는 단순히 변화가 일어난 형태만 고려해서는 안 된다. 변화하지 않고 그대로 남아 있는 다른 이형태와의 관계는 물론이고 다른 규칙들과의 관계도 모두 기술의 대상이 된다. 그렇기 때문에 공시적 기술의 내용이

4 (2ㄴ)이 유음 탈락의 적용을 받지 않는 것은 이미 15세기에 유음 탈락이 동결된 단계에 있었기 때문으로 보인다. 음운 규칙의 동결에 대해서는 이미 2.4.에서 간단히 다룬 바 있다.

통시적 변화 양상과 달라지는 것은 물론이고 일반적으로는 더 복잡한 모습을 보이는 경우가 많은 것이다.

4.3. 통시적 변화 양상과 공시적 기술 양상의 비교

4.3.1. 통시적 변화와 공시적 기술의 일치 여부 판별

공시음운론의 주된 임무를 형태소 교체에 대한 음운론적 기술이라고 할 때 공시적 음운 기술이 통시적 변화 양상과 일치하는지는 크게 세 가지 사실을 고려해서 판단하게 된다. 이 세 가지는 기저형과 입력형의 일치, 규칙의 실재성, 규칙순의 일치와 관련이 된다. 세 가지 사실이 모두 충족될 때에만 공시적 음운 기술과 통시적 음운 변화의 내용이 일치한다. 세 가지 사실에 대한 구체적 설명은 다음과 같다.

첫째, 공시적 음운 기술에서 설정하는 기저형이 통시적 변화의 입력형과 일치해야만 한다. 예를 들어서 '빛+도'가 '빋또'로 실현되는 과정을 공시적으로 기술할 때 설정하는 기저형은 통시적 변화가 적용되는 입력형과 동일하다. 역사적으로도 '빛도'에 음절말 평파열음화와 경음화가 차례대로 적용되었고 공시적으로도 같은 방식으로 기술한다. 이러한 일치는 공시적 기술에서의 기저형과 통시적 변화의 적용을 받는 입력형이 동일하므로 가능하다.

그런데 공시적 기술에서 설정하는 기저형이 통시적 변화의 적용을 받는 입력형과 달라지는 경우도 없지 않다. 가령 '지ᅀᅥ(짓+어)'가 'ᅀ'의 소멸로 인해 '지어'로 바뀌는 통시적 변화를 현대국어 공시적으로 기술할 때에는 그 기저형을 '짒어'로 할 수가 없다. 'ᅀ'이 현대국어에서는 음운으로 존재하지 않기 때문이다. 이처럼 공시적 음운 기술에서의 기저형과 통시적 변화의 적용을 받는 입력형이 서로 다르면 공시론과 통시론의 내용은 달라진다.

둘째, 공시적 기술에 사용하는 음운 규칙이 통시적 음운 변화로 실재해야만 한다. 공시적 음운 기술에서 설정한 음운 규칙이 실존했던 변화가 아니라면 그런 규칙을 사용하는 기술 방법은 통시적 변화와 달라질 수밖에 없다. 공시적 기술에서 설정하는 많은 음운 규칙들은 역사적으로도 실재했으나 항상 그런 것은 아니다. 대표적으로 다음을 들 수 있다.

(3)

개:서(개+어서), 깨:서(깨+어서), 패:서(패+어서)

5.8.에서 자세히 다루겠지만 (3)을 공시적으로 기술할 때에는 모음의 완전순행동화로 보기도 하고 모음 탈락으로 보기도 한다. 어떤 규칙을 설정하든 그것은 역사적으로 실재한 규칙이라고 보기는 어렵다. (3)은 역사적으로 보면 하향 이중모음의 부음 'y'와 관련된 음절 경계 조정 및 상향 이중모음의 축약을 거쳐 만들어졌다. 그러므로 모음의 완전순행동화나 모음 탈락은 공시적인 기술을 위해 새로 만든 규칙일 뿐 실제로 존재했던 음운 규칙은 아니다.

이와 비슷한 경우로 경구개음에 적용되는 음절말 평파열음화를 들 수 있다. 경구개음 'ㅈ, ㅊ, ㅉ'은 음절말에서 'ㄷ'으로 바뀌며 이것은 현대국어에서 예외 없이 적용되는 매우 강력한 음운 규칙이다. 그러나 이 규칙은 역사적으로는 실재한 적이 없다. 역사적으로는 'ㅈ, ㅊ, ㅉ'이 경구개음으로 바뀌기 이전 즉 치음이던 시기에 이미 음절말에서 'ㅅ'으로 바뀌었고 이것이 다시 'ㄷ'으로 변한 것이므로 음절말의 경구개음을 'ㄷ'으로 직접 변화시키는 규칙은 실제로는 없었다.[5]

이처럼 공시적 기술에서 기저형으로부터 표면형을 도출하는 데 이용하는 음운 규칙 중에는 역사적으로 존재하지 않은 규칙들이 없지 않다. 이런 규칙들은 역사적 변화들이 만들어 낸 결과물을 공시적으로 도출해 낼 수는 있지만 그 방식은 실제 일어난 변화 과정과 다르다. 실재하지 않은

5 여기에 대해서는 6.4.에서 자세히 다룬다.

규칙을 공시 기술에서 이용할 때 공시적 기술의 내용과 통시적 변화의 양상이 달라지는 것은 이 때문이다.

셋째, 공시적 기술에서 채택한 규칙순은 통시적인 음운 변화의 연대순과 일치해야만 한다. 음운 변화 'A, B'가 통시적 변화 과정에서는 'A→B'의 순서이지만 공시적 기술에서는 'B→A'의 순서로 적용된다면 이 때에도 공시론과 통시론의 내용이 달라진다. 두 개의 음운 규칙이 역사적으로 실재했지만 통시적인 적용 연대순과 공시적인 규칙순이 다른 경우는 흔치 않아도 엄연히 존재한다.

(4)

ㄱ. 없고 〉 업고 〉 업꼬

ㄴ. 없고 → 없고 → 없꼬 → 업꼬

(4ㄱ)은 '없고[업꼬]'의 통시적 변화 과정을 제시한 것이다. '없-'은 15세기부터 이미 예외 없이 자음군 단순화가 적용되었다.[6] 15세기 이전에는 '없-'의 어간말 자음군이 모두 실현되었을 가능성도 있지만 음절말 'ㅅ' 뒤에서는 경음화가 일어나기 어려우며 또한 15세기 또는 그 이전에는 음절말에 'ㅅ'이 올 수 있었으므로 역사적으로 '없고'가 '업꼬'로 변화한 과정은 (4ㄱ)임에 틀림없다. '없고'에 자음군 단순화가 먼저 적용되고 난 후에 어간말 자음군 중 선행 자음인 'ㅂ'에 의해 경음화가 일어나 '업꼬'가 되었다.

(4ㄴ)은 같은 자료의 공시적 도출 과정을 제시한 것이다. (4ㄱ)과 비교해 볼 때 공시적 기술 방식은 역사적 변화 과정과는 매우 상이하다. 역사적 변화에서는 자음군 단순화가 경음화보다 먼저 적용되었지만 공시적

6 동일한 어간말 자음군 'ㅂㅅ'을 가진 체언 어간은 15세기에 자음군 단순화가 적용되지 않았다는 점이 흥미롭다. 가령 '값과(월인석보 8 : 94), 값 업슨(월인석보 17 : 30), 값 기드리ᄂᆞ니(법화경언해 2 : 187)'를 보면 음절말에 자음군을 온전히 표기하고 있다. 예외 없이 자음군 단순화가 반영된 표기를 하는 '없-'과는 대조적이다. 더 자세한 내용은 이진호 (1997ㄱ : 63~65)를 참고할 수 있다.

기술에서는 경음화가 자음군 단순화보다 먼저 적용된다. 이것은 '훑고[훌꼬]' 유형의 자료와 일관된 방식으로 기술하기 위해서이다. '없고'와 '훑고'는 모두 어간말 자음군이 있으며 자음군 중 후행 자음이 음절말에 실현될 수 없다는 공통점을 지닌다. 그런데 '훑고'의 경우 자음군의 선행 자음 'ㄹ'은 경음화를 일으킬 수 없기 때문에 '음절말 평파열음화→경음화→자음군 단순화'의 순서로 규칙을 적용해야 올바른 표면형을 이끌어 낼 수 있다. '훑고'에 적용된 규칙들의 순서는 다른 경우에도 일관되게 유지할 수밖에 없다. 이 때에는 어간말 자음군의 후행 자음이 경음화를 일으킨다.

통시적 변화 과정과 비교해 보면 경음화를 일으킨 자음의 종류에도 차이가 있지만 무엇보다도 자음군 단순화와 경음화의 적용 순서가 뒤바뀌어 있다. 역사적으로는 '없고'에 자음군 단순화가 먼저 적용되고 이어서 경음화가 적용되었지만 공시적 기술에서는 이러한 규칙의 연대순을 그대로 반영할 수 없다.[7] 그 결과 공시적 기술의 내용이 통시적 변화의 과정과 일치하지 않게 되었다.

형태소의 교체에 대한 공시적 기술의 내용이 실제로 일어난 통시적 변화의 양상과 일치하기 위해서는 공시론에서 설정하는 기저형이나 규칙, 규칙순이 모두 통시적 변화가 일어날 때의 모습과 같아야만 한다. 그러나 위에서 살펴본 바와 같이 이 세 가지 조건 중 하나 이상이 달라지는 경우가 많다. 이런 경우에는 실제 일어난 변화 과정과는 다른 방식으로 공시적 기술이 이루어진다. 이런 불일치는 여러 가지 이유 때문에 발생한다. 그 이유는 4.3.3.에서 살피도록 한다.

7 역사적으로 자음군 단순화가 경음화에 선행한 것은 '없-'에만 국한된다. 다른 어간말 자음군을 가진 형태소의 경우에는 역사적으로도 자음군 단순화가 경음화보다 늦게 적용되었다. 이처럼 단어에 따라 두 규칙의 적용 순서가 다른 것은 자음군 단순화가 오랜 시간에 걸쳐 적용되었으며 자음군의 구조에 따라 자음군 단순화가 적용된 시기가 달랐기 때문이다. 자음군 단순화의 통시적 적용 양상은 이진호(1997ㄱ)을 참고할 수 있다.

4.3.2. 통시적 변화와 공시적 기술의 일치와 그 의미

다른 조건이 동일하다면 통시적 변화 과정과 공시적 기술 양상이 일치하는 것이 더 좋다. 무엇보다도 공시적 기술에 사용되는 규칙이나 규칙순이 실제로 존재했던 것이라면 그만큼 신빙성이 있다고 볼 수 있다. 게다가 통시적 변화 과정을 통해 공시적 기술의 타당성을 간접적으로 확인할 수 있는 경우도 있다. 이것은 16세기까지 존재하다가 사라진 ㄱ-약화의 공시적 기술 과정에서 찾을 수 있다.[8]

(5)

ㄱ. 알오(알+고), 되어든(되+거든)

ㄱ′. 몰ᄀᆞ니(맑+으니), 몰가(맑+아)

ㄴ. 너와(너+과), 기구오(기구+고), 아비옷(아비+곳)

중세국어 시기에 존재하던 ㄱ-약화는 적용 환경에 따라 크게 둘로 나눌 수 있다. 하나는 (5ㄱ)과 같이 'ㄹ, y' 뒤에서 적용되는 것으로 (5ㄱ′)이 말해 주듯 형태소 경계를 사이에 둘 때에만 적용될 뿐 형태소 내부에서는 적용되지 않는다. 다른 하나는 (5ㄴ)과 같이 모음 뒤에서 적용되는 것인데 이승재(1996:73)에서 지적하였듯이 접속 조사 '-과'나 의문 첨사 '-고', 지정 첨사 '-곳' 등에만 적용되었다.

두 가지 ㄱ-약화는 같은 현상으로 보고 통합할 수도 있고 분리할 수도 있다. 만약 통합해서 기술한다면 규칙의 수에서는 더 간단할지 몰라도 그 내용이 매우 복잡해진다.[9] 분리해서 기술한다면 기술 방법이 수적으로 늘어났으므로 복잡해지지만 대신 통합 기술할 때의 복잡성을 일부 피할 수

8 ㄱ-약화가 아닌 ㄱ-탈락으로 볼 수 있는 여지도 없지 않다. 약화든 탈락이든 여기서의 논의에는 영향을 미치지 않으므로 이 문제는 다루지 않는다.

9 김 현(2006ㄴ : 86)에서 ㄱ-약화를 규칙으로 보기 쉽지 않다고 한 것도 이 때문이다.

있다.[10] 이처럼 두 가지 기술 방법은 나름대로의 장단점을 가지지만 역사적인 변화 양상을 고려하면 분리해서 기술하는 것이 타당하다.

ㄱ-약화는 16세기를 거치면서 소멸하는데 소멸 이후에 두 가지 ㄱ-약화는 서로 다른 모습을 보인다. (5ㄱ)과 같이 형태소 경계 사이에서 적용되던 ㄱ-약화는 소멸 이후에 'ㄱ'이 다시 복원되었다. 이것은 형태소 경계 사이에서 적용되던 규칙들이 소멸했을 때의 일반적인 양상으로 '알오, 되어든'은 '알고, 되거든'으로 바뀌었다. 반면 (5ㄴ)과 같이 모음 뒤에서 적용되던 ㄱ-약화는 여전히 계속 적용되어 오늘날까지 이르고 있다. 만약 두 가지 ㄱ-약화가 하나의 현상이라면 이러한 차이를 설명할 수 없다. 그런 점에서 공시적 기술에서는 두 개의 ㄱ-약화를 구분할 필요가 있다.

한편 비음이 선행하는 자음군 어간 뒤에 평장애음으로 시작하는 어미가 올 때의 경음화를 기술하는 경우에도 역사적 변화 과정과 비슷한 방식이 더 나음을 알 수 있다.

(6)

ㄱ. 안꼬(앉+고), 안떠라(앉+더라), 안찌(앉+지)

ㄱ'. 앉고〉앉고〉앉고〉앉꼬〉안꼬

ㄴ. 앉고→앉고→안고→안꼬

ㄷ. 앉고→앉고→앉꼬→안꼬

(6ㄱ)과 같이 '비음+장애음'으로 이루어진 어간말 자음군 뒤에 평장애음이 오면 항상 경음화가 일어난다. 이런 경음화는 역사적으로 (6ㄱ')의 단계를 거친 것으로 보인다. 중세국어 시기에는 공명음이 선행하는 경우 음절말에 자음군이 놓일 수 있었으며 'ㅅ'이 음절말에 올 수 있었기 때문에

10 ㄱ-약화 중 복잡한 모습을 보이는 것은 (5ㄴ)과 같은 유형인데 분리 기술을 하면 (5ㄱ)은 규칙으로 처리하고 (5ㄴ)만 불규칙적이거나 또는 복잡한 것으로 제한할 수 있으므로 통합해서 기술할 때보다는 유리한 측면이 있다.

'앉고'와 같은 형태로 실현되었다. 그 뒤 음절말 'ㅅ'이 'ㄷ'으로 바뀌고 'ㄷ' 뒤에서 경음화가 일어나 현재와 같은 표면형이 나타나게 되었다.

그런데 이것을 공시적으로 기술할 때에는 두 가지 방법이 있다. (6ㄴ)과 (6ㄷ)이 그것인데 이 둘의 가장 큰 차이점은 경음화를 일으키는 자음에 있다. (6ㄴ)은 용언 어간의 비음이 경음화를 일으킨 것이고 (6ㄷ)은 평파열음이 비음화를 일으킨 것이다. 일반적으로 용언 어간의 비음에 의한 경음화는 그 비음이 어간의 마지막에 위치해야 한다고 보기도 한다.[11] 그럴 경우 '앉-'의 'ㄴ'은 어간말에 위치하지 않았으므로 경음화를 일으킬 수 없다. 따라서 (6ㄴ)은 처음부터 성립되지 않는다. 그러나 어간말의 비음만 경음화를 일으킨다는 직접적인 증거를 제시하기 어렵기 때문에 (6ㄴ)을 무조건 배제할 수는 없다.

이 중 역사적 변화 과정을 고려하면 (6ㄷ)을 택하는 것이 나은데 그 타당성은 다른 측면에서도 확인된다. 우선 모든 도출 과정에서 평파열음 뒤에 평음이 오면 항상 경음화가 일어나며 이것은 평파열음에 의한 경음화로 보아야만 한다. '욷꼬(욧+고), 훌꼬(훑+고)'를 비롯한 모든 경우에 예외가 없다. '앉고'의 도출 과정에서도 평파열음 뒤에 평음이 오는 단계가 있으므로 평파열음에 의한 경음화로 기술하는 (6ㄷ)이 더 타당하다.

다음으로 (6ㄴ)과 같은 방법을 택하면 경음화와 자음군 단순화의 규칙순이 단어에 따라 달라지는 문제가 생긴다. 즉 '안꼬(앉+고), 옴꼬(옮+고)'를 위해서는 경음화를 자음군 단순화보다 늦게 적용하고 '훌꼬(훑+고), 일꼬(읽+고)'를 위해서는 경음화를 자음군 단순화 보다 먼저 적용시켜야 하는 것이다. 비록 평파열음 뒤에서의 경음화와 비음 뒤에서의 경음화가 서로 다른 규칙이라고 하더라도 후행 자음을 경음으로 바꾸어 주는 공통의 작용을 하므로 다른 규칙과의 순서를 정할 때 동일하게 하는 것이 더 낫다. 그런 점에서 경음화가 자음군 단순화보다 먼저 적용되는 (6ㄷ)이

11 그러므로 '앉+고'가 '안꼬'로 실현될 때의 경음화는 비음 뒤에서 일어난 것이 아니고 'ㅈ'이 음절말 평파열음화에 의해 'ㄷ'으로 바뀐 후 'ㄷ'에 의해 일어났다고 본다.

(6ㄴ)보다 더 타당하다.

마지막으로 용언 어간의 비음 뒤에서 경음화가 일어나지 않는 방언에서도 '앉-' 뒤에서는 경음화가 일어난다는 점을 통해 (6ㄷ)의 타당성을 알 수 있다. 용언 어간의 비음 뒤에서 적용되는 경음화는 아직 존재하지 않는 방언도 있다. 경남 동부 방언을 비롯하여 경북, 강원도의 동해안 쪽에 위치한 방언이 여기에 속한다. 이 방언에서는 '안+고, 안+지'가 '안고, 안지'로 나타난다. 그러나 '앉-' 뒤에 '-고, -지'와 같은 평장애음으로 시작하는 어미가 오면 경음화가 반드시 적용된다. 이것은 '앉-' 뒤에서 적용되는 경음화가 비음 뒤에서 적용되는 경음화가 아님을 말해 주므로 공시적 기술 방법 역시 (6ㄴ)이 아닌 (6ㄷ)이 더 타당하다.

이처럼 통시적 변화 과정이 공시적 기술에 그대로 투영될 때 여러 가지로 유리한 점이 많다. 그러나 이 두 가지를 일치시키기 위해서 다른 중요 조건들을 위배해야 한다든지 또는 공시론의 기본 성격을 어기는 것은 곤란하다. 공시적 기술은 공시론의 틀 안에서 이루어져야 하므로 역사적 변화 과정과의 일치 여부는 어디까지나 다른 중요 조건들이 모두 충족되었을 때에나 고려할 수 있다.

때로는 이 사실을 이용하여 문헌에서 확인되지 않는 역사적 변화 과정을 공시적 도출 과정으로부터 재구해 낼 수도 있다. 즉 다른 모든 여건들이 충족되는 것으로 확인된다면 공시적 기술 내용을 곧 통시적 변화 과정으로 보아도 무방한 것이다. 소위 내적 재구의 방법이 가능한 것인데 'ㄹㅌ'으로 끝나는 용언 어간의 활용형이 여기에 속한다.

(7)

ㄱ. 할꼬(핥+고), 할찌(핥+지), 할떠라(핥+더라)

ㄴ. 핥+고→핥고→핥꼬→할꼬

앞에서도 보았듯이 'ㄹㅌ' 어간말 자음군 뒤에 평장애음이 오면 경음화가 일어나는데 이 때에는 음절말 평파열음화, 경음화, 자음군 단순화를 순서대로 적용하여 기저형으로부터 표면형을 도출한다. 그런데 이러한 역사적 변화 과정은 문헌에 드러나지 않는다. ㄹㅌ-자음군의 경음화와 관련된 표기는 아래와 같다.

(8)

할꼬(핥+고, 여사서언해 4:19), 할ㅅ다(핥+다, 몽어유해 상:49),
할따(동문유해 상:62)

문헌에서 확인할 수 있는 자료는 이미 모든 변화가 끝난 후의 모습만 보여 준다. 그 중간 과정은 전혀 드러나지 않는다. 이것은 'ㄹㅌ'을 어간말 자음군으로 가진 어간의 수가 매우 적을 뿐만 아니라 그나마도 '핥-'은 이전 시기의 '핧-'에서 변화한 것이고 '훑-'이나 '홅-'은 근대국어 시기에 들어와서 모습을 보이기 시작했다는 특수성 때문이다. 이처럼 문헌 자료에 의지해서는 (7ㄱ)의 역사적 형성 과정을 알 수 없지만 비슷한 ㄹ-계 어간말 자음군의 변화 양상을 통해 (7ㄴ)이 (7ㄱ)의 역사적 변화 과정과 동일하다는 사실을 알 수 있다. 가령 'ㄹ'로 시작하는 다른 어간말 자음군은 역사적인 발달 단계를 문헌 자료에서 확인할 수 있으며 공시적 도출 과정 역시 이와 동일하다.

(9)

ㄱ. 엷꼬(엷+고, 박통사언해 중 : 2), 묽찌(맑+지, 마경초집언해 하 : 54)

ㄱ′. 늘꼬(늙+고, 마경초집언해 하:27), 널꼬(넓+고, 관성제군명성경언해 33),
발꼬(밟+고, 조군영적지 16), 말께(맑+게, 규합총서 3)

ㄴ. 맑+지 → 맑찌 → 막찌~말찌

(9ㄱ)은 'ㄹㄱ, ㄹㅂ'으로 끝나는 용언 어간 뒤에서 경음화만 적용되고 자음군 단순화는 적용되지 않은 단계이다. (9ㄱ′)은 자음군 단순화까지 적용되어 지금과 같은 모습으로 바뀐 단계를 보여 준다. 이러한 역사적 변화

과정은 (9ㄴ)과 같은 공시적 도출 과정에도 그대로 반영된다. 어간말의 'ㄹㅌ' 뒤에서 일어나는 경음화는 (9)에 제시된 다른 ㄹ-계 어간말 자음군 뒤에서 일어나는 경음화와 그 성격이 동일하다. 다른 ㄹ-계 어간말 자음군의 경우 공시적 도출 과정이 곧 역사적 변화 과정이므로 ㄹㅌ-어간말 자음군 역시 공시적 도출 과정으로 설정한 (7ㄴ)이 통시적 변화 과정이었다고 추론할 수 있는 것이다. 이와 같이 통시적 변화와 공시적 기술이 일치한다는 점만 명확히 알 수 있다면 문헌에 드러나지 않은 역사적 변화 과정도 얼마든지 공시적 기술에 의지해 재구해 낼 수 있다.

4.3.3. 통시적 변화와 공시적 기술의 불일치와 그 원인

통시적 변화와 공시적 기술이 일치하지 않는다는 것은 4.3.1.에서 살핀 세 가지 요건 중 어느 하나가 충족되지 않았음을 의미한다. 즉 공시적 기술에서의 기저형과 통시적 변화의 입력형이 일치하지 않든지 공시적 기술에서 설정한 음운 규칙이 역사적으로는 존재하지 않았든지 공시적 규칙순과 통시적 변화의 연대순이 다를 때 불일치가 일어나는 것이다. 물론 이런 문제가 발생하는 근본적인 원인은 4.2.에서 보았듯이 두 접근 태도가 지닌 차이에 있다. 그러나 세 가지 측면의 관점에서 보면 더 구체적인 원인이 존재한다.

우선 공시적 기술에서 설정한 기저형과 통시적 음운 변화의 입력형이 일치하지 않는 이유는 통시적 음운 변화 중에 기저형의 변화를 일으키는 것이 있기 때문이다. 2.6.에서 살핀 바와 같이 음운 변화는 그 유형에 따라 기저형의 변화나 교체 양상의 변화를 일으킨다. 형태소 내부에 적용되는 음운 변화는 필연적으로 기저형의 변화를 일으킨다. 이 중 인접 형태소의 영향을 받지 않는 위치에 음운 변화가 적용되면 단순히 기저형만 변화시키므로 이것은 공시적 기술의 대상이 되지 않는다. 재구조화만 일어난 셈이 된다. 그러나 형태소 내부에 적용되더라도 인접 형태소의 영향을 받는 위치에 적용된 음운 변화는 형태소의 교체와 관련되기 때문에 공시적 기술의 대상이 된다. 이 때 통시적 음운 변화가 적용되는 입력형은 통시적 변화가 일어난 후의 공시적 음운 기술에서는 결코 기저형이 될 수 없다. 이것은 이미 4.3.1.의 '짒어〉지어'에서도 확인한 바 있다. 'ㅿ'의 변화는 '짒어'에 적용되었지만 'ㅿ'의 변화가 완료된 이후의 공시적 기술에서는 '짒어'를 기저형으로 설정할 수 없다.

기저형이 달라지면 표면형을 이끌어 내는 방법도 달라져야 하기 때문에 통시적 변화 과정과 공시적 기술의 내용은 일치할 수 없다. 이런 경우는 주로 음운의 소멸과 같이 음운 체계의 변화 때문에 일어나는 경우가 많다. 그러나 음운 체계와 무관한 변화가 적용되어도 같은 결과가 초래되기도 한다.

(10)

ㄱ. 삳기(삯+이), 삳글(삯+을), 삳도(삯+부터)〉사티, 사틀, 삳도

ㄴ. ᄎᆞ고(ᄎᆞ+고, 치-[篩]), ᄎᆞ니(ᄎᆞ+니), 처서(ᄎᆞ+어서)〉치고, 치니, 처서

(10ㄱ)은 현대국어 '삿'의 선대형 '삯'이 'ㄱ〉ㅎ'에 의해 어간 재구조화를 일으킨 경우이다. 이 변화가 있기 전에는 '삯'이 기저형이며 모음으로 시작하는 어미 앞에서는 어간말 사음군 'ㄷㄱ'이 모두 실현되고 자음으로 시작하는 어미 앞에서는 자음군 단순화가 적용되었다. 그런데 'ㄱ〉ㅎ'이 적용되면서 더 이상 기저형을 '삯'으로 할 수 없게 되었다. 변화 후에는 어간말 자음이 'ㅌ' 또는 'ㄷ'으로 나타나므로 'ㄷㄱ'과 같은 어간말 자음군을 기저형에 설정할 수는 없다.

통시적 변화 과정을 고려하면 변화의 입력형은 '삯'이며 모음으로 시작하는 어미와 결합할 때에 한해 'ㄱ〉ㅎ'이 적용되어 '사티, 사틀'이 나왔다. 자음으로 시작하는 어미와 결합하는 형태는 이전 시기부터 자음군 단순화가 적용된 것 이외에는 어떠한 변화도 겪지 않았다. 그러나 공시적 기술은 전혀 다른 방식으로 이루어진다. 공시적 기술에서의 기저형은 '삯'이 아니고 '샅'이다. 또한 '사티, 사틀'은 기저형이 그대로 실현된 것에 불과하며 '삳도'는

음절말 평파열음화가 적용되었다고 기술한다. 'ㄱ〉ㅎ'이 적용된 이후의 어간 교체에 대한 공시적 기술은 모든 활용형에 있어 역사적 변화 과정과는 전혀 다른 방식으로 이루어진다. 이것은 'ㄱ〉ㅎ'이 어간의 재구조화를 일으킴으로써 이에 따라 표면형의 도출 방식도 달라졌기 때문이다.

(10ㄴ)도 마찬가지이다. 현대국어 '치-(篩)'의 선대형은 '츠-'이며 여기에 전설모음화가 적용되어 '치-'가 되었다. 전설모음화가 적용되기 이전에는 '츠-'가 기저형이고 자음이나 매개모음 어미 앞에서는 어간이 그대로 실현되고 모음 어미 앞에서는 '으'가 탈락하였다. 그런데 전설모음화가 적용되면서 자음이나 매개모음 어미 앞의 어간 이형태만 '치'로 바뀌었다.

통시적 변화의 관점에서 보면 전설모음화가 일어난 이후의 활용형 '치고, 치니, 처서'는 전설모음화와 으-탈락을 거쳐 나왔다. 그러나 같은 활용형에 대한 공시적 기술은 다른 방식으로 이루어진다. 우선 기저형이 더 이상 '츠-'가 아니고 '치-'가 될 수밖에 없다. 또한 '치고, 치니'는 기저형이 그대로 실현된 것이며 '처서'는 활음화에 이은 활음 탈락 또는 이-탈락으로 기술할 수밖에 없다. 이처럼 각각의 활용형들이 통시적으로 밟아 온 변화 과정이 공시적 기술 내용과 달라지는 것은 전설모음화에 의해 어간의 기저형이 바뀌었기 때문이다.

다음으로 공시적 기술에 사용하는 음운 규칙이 통시적으로 실재하지 않은 경우에도 통시적 음운 변화와 공시적 음운 기술은 일치하지 않는다. 4.3.1.에서 본 바와 같이 일부 음운 규칙은 역사적으로는 존재한 적이 없다. 그런데 이와 반대로 통시적으로 실재했지만 공시적 기술에 사용할 수 없는 음운 규칙도 있다. 이 때에도 통시적 변화와 공시적 기술은 서로 어긋날 수밖에 없다.

통시적으로 실재한 규칙을 공시적 규칙으로 인정할 수 없는 경우는 두 가지가 있다. 첫째, 음운 규칙이 소멸해 버린 경우이다. 소멸해 버린 음운 규칙을 공시적 기술에 이용할 수는 없다. 대표적인 경우로 음절말 'ㅈ'이 'ㄷ'으로 실현되는 과정을 들 수 있다. 역사적으로는 음절말에 놓인 'ㅈ'이 'ㅅ'을 거쳐 'ㄷ'으로 바뀌었지만 공시적으로는 이런 단계를 밟을 수 없다.

음절말의 'ㅈ'을 곧바로 'ㄷ'으로 바꾸어야만 한다. 이것은 음절말의 'ㅈ'을 'ㅅ'으로 실현시키는 음운 현상이 소멸했기 때문에 벌어진 일이다.

둘째, 음운 규칙이 소멸하지 않았지만 공시적 기술에 이용할 수 없는 경우도 있다. 3.4.4.에서도 다루었듯이 공시적 기술에 이용될 수 있는 규칙은 여러 가지 조건을 만족시켜야만 한다. 이런 조건을 만족시키지 못한다면 통시적 규칙으로서 존재한다고 하더라도 공시론에 채택할 수는 없다. 1.2.에서 존재 여부와 공시성 여부를 동일시하면 안 된다고 한 것도 이 때문이다. 형태소 내부이지만 인접 형태소의 영향을 받는 위치에 적용되는 음운 규칙이 주로 문제가 되며 이런 규칙은 그 속성상 공시적 규칙이 될 수 없다.

여기에는 (10ㄴ)에서 살핀 전설모음화가 속한다. 현재 여러 방언에서는 '느진 (늦+은), 차지니(찾+으니)'에서 알 수 있듯이 전설모음화가 소멸하지 않고 여전히 남아 있다. 그렇지만 이런 방언에서도 (10ㄴ)의 '치고, 치니'를 기술할 때 전설모음화를 적용할 수는 없다. 그러기 위해서는 어간의 기저형을 '츠-'로 해야 하는데 이런 기저형이 기저형 설정 조건을 어긴다는 문제점은 차치하고라도 여기에 적용되는 전설모음화가 형태소 내부에 적용됨으로써 음운 규칙의 공시성 조건을 어긴다는 문제가 발생한다. 따라서 이런 규칙은 실재하고 있더라도 공시적 규칙으로는 실징될 수 없다. 통시적 음운 규칙으로나 존재할 수 있을 뿐이다.

통시적 변화 과정과 공시적 기술 방식이 다른 마지막 경우는 여러 규칙들의 역사적 연대순과 공시적 규칙순이 서로 일치하지 않을 때이다. 일반적으로는 두 개의 규칙이 있을 때 역사적인 연대순과 공시적 규칙순이 일치한다. 그러나 어느 하나의 규칙이 오랜 시간에 걸쳐 확산 과정을 거치다 보면 다른 규칙과의 역사적 연대순이 어휘에 따라 달라질 수 있다. 4.3.1.에서 본 자음군 단순화와 경음화의 관계가 그러하다. 자음군 단순화가 빨리 적용된 단어는 그 후에 경음화가 일어났지만 자음군 단순화가 늦게 적용된 단어는 자음군 단순화가 적용되기에 앞서 경음화가 일어났다. 비록 역사적으로는 두 규칙의 순서가 단어에 따라 다르다고 하더라도 공시적 기술에서는 일관된 규칙순을 유지해야 한다. 따라서 두 규칙의 순서를 역사적 순서와는 달리 고정되게 설정할 수밖에 없다. 여기서 규칙들의 역사적 적용 순서와 공시적 기술에서의 규칙순이 달라진다.

5. 모음의 통시적 변화와 공시적 음운 기술

5.1. 도입

통시적 음운 변화를 규칙의 측면에서 본다면 규칙의 첨가, 규칙의 소멸, 규칙 적용 환경의 변화로 볼 수 있다. 이 세 가지 유형의 변화가 공시적 음운 기술에 그대로 반영된다면 그 양상은 무척 단순할 것이다. 규칙 첨가는 새로운 규칙을 공시적 기술에서도 그대로 적용하면 될 것이다. 규칙 소멸은 사라진 규칙을 공시적 기술에서도 빼면 되며 규칙 적용 환경이 바뀐다면 바뀐 대로 규칙을 적용하거나 적용하지 않는 것으로 충분하다. 그러나 이러한 변화 양상이 공시적 기술에 그대로 반영되지 않는 경우가 많다.

우선 규칙 첨가의 경우 새로 생긴 음운 규칙은 표면형에 적용되는데 이것은 같은 형태소라 하더라도 이형태에 따라 변화의 적용 여부에 차이가 남을 의미한다. 또한 새로운 규칙이 적용되면서 기존의 이형태들 사이의 관계가 불규칙적으로 바뀐다거나 또는 새로운 규칙이 기존의 규칙과 복잡한 관계를 맺게 될 수도 있다. 더욱이 새로운 규칙이 공시론의 성격을 위배함으로써 공시적 기술에 이용할 수 없는 경우 역시 존재한다. 이 때에는 새로운 규칙을 단순히 공시론에 채택하는 방식만으로는 올바른 기술을 할 수 없다.

규칙 소실도 마찬가지이다. 규칙이 소실되면서 형태소의 교체 양상이 이전 상태로 복귀된다면 규칙을 적용하지 않는 것으로도 충분하지만 규칙 소실이 이런 단순한 양상만을 보이지는 않는다. 특히 어떤 규칙이 다른 규칙들과 선후 관계를 맺으며 적용되다가 소멸될 때에는 단순히 소멸된 규칙만 문제가 되지 않고 이 규칙과 선후 관계를 맺고 있던 다른 규칙들도 영향을 받을 수밖에 없다. 가령 규칙 'A, B, C'가 'A〉B〉C'의 순서로 적용되다가 규칙 'B'가 소멸할 경우 공시적 기술에서는 'A→B→C'의 순서를 유지할 수 없다. 게다가 'B'만 소멸했을 뿐 'A, C'는 여전히 규칙으로 존재하기 때문에 이 세 규칙이 모두 관여하고 있던 형태를 기술할 때에는 적지 않은 복잡성이 초래된다.

한편 규칙의 적용 환경은 다른 변화에 의해 늘어나거나 줄어들기도 한다. 새로운 변화가 기존 규칙의 적용 환경을 만들어 내거나 또는 반대로 없애 버리면 이것은 소위 말하는 급여 또는 출혈 관계가 성립한다. 일반적으로 새로운 환경이 만들어지면 기존 규칙이 더 적용되고 적용 환경이 없어지면 더 이상 기존 규칙은 적용되지 않는다. 그러나 새로운 입력형이 만들어졌음에도 불구하고 기존 규칙이 적용되지 않거나 적용 환경이 사라져 버렸는데도 불구하고 계속 적용되는 경우가 있다. 규칙의 불투명성(opacity)이 야기된 것인데 이런 경우의 공시적 기술은 매우 어려워 진다.[1]

이처럼 규칙의 통시적 변화 양상이 공시적 기술에 그대로 반영될 수 없거나 또는 복잡성을 야기하는 경우가 이 장에서 다룰 내용이다. 이 장에서는 음운 변화 중 모음의 변화를 대상으로 한다. 모음과 관련된 다양한 음운 변화들이 공시적 기술에서는 어떤 방식으로 반영되는지를 자세히 다룬다. 개별 음운 변화들이 갖는 특이성은 무엇이며 이 특이성이 공시론 에서는 어떻게 기술될 수 있는지를 주로 살핀다.

이 장에서 다룰 모음의 변화는 모두 일곱 가지이다. 이 중 원순모음화, 전설모음화와 같은 음운 변화는 음운 체계의 직접적인 변화와 무관하지만 모음의 합류나 이중모음의 변화는 음운 체계의 변화를 야기한다. 음운 변화가 음운 체계에 미치는 영향의 유무 또는 방식의 차이는 그 변화를 공시적으로 기술하는 과정에서도 그대로 느러난다.

1 규칙의 불투명성은 두 가지로 규정할 수 있다. 하나는 규칙이 적용되어야 하는데 적용 되지 않는 것이고 다른 하나는 규칙이 적용되면 안 되는데 적용되는 것이다. 두 가지 경우는 모두 규칙의 예외를 증가시키므로 불투명한 규칙일수록 매우 복잡한 모습을 띠며 결국에는 일반성 포착이 어려워져 규칙으로서의 자격조차 잃어 버리게 된다. 규칙의 불투명성에 대해서는 Kiparsky (1973a : 79)를 참고할 수 있다.

5.2. 원순모음화와 공시적 음운 기술

5.2.1. 문제 제기

원순모음화는 비원순모음이 원순모음으로 바뀌는 현상을 통칭한다. 비원순모음 중에서는 '으'가 '우'로 바뀌는 것을 주로 다루었으며 방언에 따라 'ᄋᆞ'가 '오'로 바뀌는 것도 원순모음화에 포함되었다. 여기서의 논의는 '으'에 적용되는 원순모음화에 국한된다.[2]

(1)

ㄱ. 물(<믈), 풀(<플), 업우니(업+으니), 잡우면(잡+으면)

ㄴ. 묶우니(묶+으니), 붙우면(붙+으면)

ㄷ. 사루다(사르+다), 치루다(치르+다)

원순모음화는 적용 환경과 적용 위치에 따라 여러 종류가 있다. 적용 환경에 따라서는 양순음 뒤에서 적용되는 것(1ㄱ), 원순모음 뒤에서 적용되는 것(1ㄴ), 유음 뒤에서 적용되는 것(1ㄷ)의 세 가지가 구별된다.[3] 이들은 모두 적용 환경이 존재하지만 (1ㄱ, ㄴ)이 동화임을 명확히 알 수 있다면 (1ㄷ)은 동화 여부를 정확히 알 수 없으며 매우 산발적인 모습을 보인다.[4] 이 중 (1ㄴ)은 공시적 기술에 큰 문제가 없으며 (1ㄷ)은 규칙으로 설정하기에는 너무나 미약한 변화이기 때문에 역시 논의의 대상이 되기 어렵다. (1ㄱ)은 다시 적용 위치에 따라 세분할 수 있다.

2 원순모음화와 관련된 개략적 내용은 곽충구(1990)을 참고할 수 있다.

3 논의에 따라서는 '어듭->어둡-'과 같이 종성에 위치한 양순음 앞에서의 원순모음화도 인정하지만 여기서는 다루지 않는다. 이런 원순모음화는 공시적 기술의 대상이 되지 않는다.

4 (1ㄷ)과 같은 원순모음화는 경기도, 강원도 방언에서 많이 보이며 이금화(2007)에 따르면 평양 방언에서도 존재하는 것으로 보고되었다.

(2)

ㄱ. 불(<블), 묽다(<믉다)

ㄴ. 푸고(<프고, 푸+고), 푸니(<프니, 푸+으니), 퍼서(프+어서)

ㄴ′. 아푸고(<아프고, 아프+고), 아푸니(<아프니, 아프+으니),
아파서(아프+아서)

ㄷ. 넓우니(넓+으니), 너무면(넘+으면), 엎우면(엎+으면)

적용 위치에 따라서는 완전한 형태소 내부(2ㄱ), 인접 형태소의 영향을 받는 형태소 내부(2ㄴ, ㄴ′), 형태소 경계 사이(2ㄷ)의 세 가지가 구분된다. 이 중 완전한 형태소 내부에 적용되는 원순모음화는 공시적 기술과 상관이 없다. 음운 변화에 의해 재구조화된 형태가 공시적 기술에서는 기저형이 되므로 (2ㄱ)과 같은 환경에서 적용된 원순모음화는 공시적 기술에서는 인정할 수 없다. (2ㄷ)의 경우에는 통시적 변화 과정을 공시적 기술에 그대로 반영할 수 있다. 공시적으로도 원순모음화를 설정하여 환경이 만족될 때 적용하는 것으로 충분하다.

반면 (2ㄴ, ㄴ′)과 같은 환경에서 적용된 원순모음화는 사정이 다르다. 형태소 내부에 적용되었기 때문에 형태소의 기저형에 변화를 일으키지만 한 편으로 인접 형태소의 영향을 받는 위치에 적용되었기 때문에 교체 양상에도 변화를 일으킨 것이다. 그러므로 (2ㄴ)은 공시적 기술의 대상이 되는데, 공시적으로 기술할 때에는 통시적 변화 과정처럼 어간의 기저형을 '프-, 아프-'로 하고 여기에 원순모음화 규칙을 적용하거나 으-탈락을 적용하여 기술하기 어렵다. 어간말의 모음 '으'가 어떤 표면형에도 그 모습을 드러내지 않으므로 기저형 설정 조건을 위배할 뿐만 아니라 '프-, 아프-'에 적용되어야 하는 원순모음화는 형태소 내부에 적용되기 때문에 공시적 음운 규칙이라고 보기도 어려운 것이다.[5] 따라서 (2ㄴ, ㄴ′)은 통시적 변화 양상

5 '프-, 아프-'와 같은 기저형이 기저형 설정 조건을 어긴다는 것은 단순히 인위적으로 제안된

과는 다른 방식을 통해 공시적으로 기술해야만 한다.

5.2.2. 공시적 기술 방안

잘 알려진 바와 같이 (2ㄴ, ㄴ′)의 공시적 기술이 복잡하게 된 이유는 원순모음화가 어간의 모든 이형태에 적용되지 않고 어간이 자음 어미나 매개모음 어미와 결합할 때에만 적용되었기 때문이다. 원순모음화가 적용되기 전에는 '프고, 프니, 퍼서'와 같이 교체하였으므로 교체형들 사이의 관계를 단순히 으-탈락만으로 기술할 수 있었다. 그런데 원순모음화가 적용되면서 자음 어미나 매개모음 어미와 결합할 때 실현되는 어간 이형태 '푸'와 모음 어미와 결합할 때 실현되는 어간 이형태 '퍼'와의 관계는 더 이상 으-탈락으로 기술할 수 없게 되었다.[6] 더욱이 어간의 기저형을 '프-'로 설정할 수도 없기 때문에 비교적 단순했던 통시적 변화 과정과는 달리 공시적 기술은 매우 복잡하다.

(2ㄴ, ㄴ′)과 같은 환경에서 적용되는 원순모음화를 공시적으로 기술할 때에는 몇 가지 변수를 고려하지 않으면 안 된다. 우선은 자음 뒤에 활음 'w'가 올 수 없다는 제약의 유무를 고려해야 한다. (2ㄴ, ㄴ′)에서 문제가 되는 경우는 어간과 모음 어미가 결합할 때이며 이 때에는 활음화의 적용 여부가 공시적 기술에 중요한 영향을 미친다. 활음화가 적용되면 자음 뒤에 'w'가 와야 하는데 이런 연쇄를 막는 제약이 있는 경우와 없는 경우의 공시적 기술 방법은 달라질 수밖에 없다. 다음으로 어간의 음절수도 고려해야 한다.

조건을 위배한다는 것 이상의 의미를 담고 있다. 국어에서 '양순음＋으'의 연쇄는 극히 제한되며 특히 어휘 형태소의 내부에서는 좀처럼 그 예를 찾기 어렵다. '프-, 아프-'는 일반적인 형태소 구조를 벗어난다는 점에서도 타당한 기저형이 아니다.

6 모음 어미와 결합할 때의 어간 이형태는 'ㅍ'으로 분석할 수도 있다. '퍼서'의 형태 분석은 '퍼-서'도 가능하지만 'ㅍ-어서'도 가능하다. 전자와 같은 분석에서는 동일 모음 탈락이 적용되어 어미의 두음이 탈락했다고 봐야 하고 후자와 같은 분석에서는 아무런 변화가 없거나 동일 모음 탈락이 적용되어 어간말 모음이 탈락했다고 봐야 한다. 이 중 공시적 기술을 감안하면 어간의 이형태를 '퍼'로 보는 것이 유리하다. 자세한 내용은 후술된다.

이 역시 활음화와 관련되는 것으로 활음화는 일반적으로 보상적 장모음화를 일으키는데 어간이 1음절인 경우에만 장모음이 온전하게 나타날 뿐 2음절 이상인 경우에는 장모음의 분포 제약 때문에 장모음이 나타날 수 없다. 이상의 두 가지 변수를 고려하여 두 유형의 방언권을 구분한 후 각각의 공시적 기술 방안을 검토하기로 한다.

우선 자음과 활음 'w'의 연쇄를 허용하는 방언의 원순모음화를 어떻게 기술할 수 있는지부터 살핀다. 여기에는 주로 한반도의 서쪽에 위치한 방언, 즉 경기도, 충청도, 전라도 방언 등이 속한다. 이 방언에서 (2ㄴ, ㄴ')을 기술하는 방안으로 우선 생각할 수 있는 것은 음운 규칙을 이용하는 것이다. 이때 어간의 기저형은 '푸-, 아푸-'와 같이 '양순음+우'로 끝나도록 설정해야 한다.[7]

(3)

ㄱ. 양순음 뒤의 'w'는 탈락한다.

ㄴ. 푸+어서→풔서→퍼서

(3)은 양순음 뒤에 위치한 'w'를 탈락시키는 규칙을 새로 설정하여 기술하는 방안이다. 이긴이 자음 어미와 결합할 때에는 그대로 실현되고 매개모음 어미와 결합할 때에는 어미의 두음 '으'가 탈락하며 모음 어미와 결합할 때에는 활음화를 거친 후 활음 탈락이 적용되어 모든 표면형들이 도출된다. (3)은 '우'로 끝나는 어간 뒤에 모음 어미가 결합하면 '춰:서(추+어서), 나눠서(나누+어서)'에서 보듯이 활음화가 적용되는 경우가 일반적이라는 사실을 감안한 방법이다. '푸-, 아푸-'도 다른 경우와 마찬가지로 활음화가 먼저 적용되되 양순음 뒤라는 특수한 환경에서

7 앞에서도 여러 차례 지적했듯이 (2ㄴ, ㄴ')을 위해 어간의 기저형을 '양순음+으'로 끝나게끔 정하기는 어렵다. 남은 대안은 '양순음+우'로 끝나도록 기저형을 설정하든지 또는 복수 기저형을 설정하는 것이다. 그런데 음운 규칙을 적용하여 기술한다는 것은 단수 기저형을 택한다는 의미이므로 '양순음+우'로 끝나는 어간 기저형을 설정한다.

활음화의 출력형 'w'가 탈락함으로써 '퍼서, 아파서'와 같은 올바른 표면형이 나오는 것이다.

그러나 이러한 기술 방법은 중대한 결함을 가진다. 우선 '자음+w'의 연쇄가 허용되는 방언에서는 '양순음' 뒤에 'w'가 와도 탈락하지 않는다. 가령 '봐:서(보+어서), 붜:서(붓+어서)' 등에서 볼 수 있듯이 양순음 뒤에 'w'가 자연스럽게 온다. 빠른 발화에서는 'w'가 탈락하기도 하지만 이것은 발화 유형의 차이에 근거한 것에 불과하다. (2ㄴ, ㄴ')은 발화 유형에 상관없이 항상 'w'가 나타나지 않으므로 '봐:서, 붜:서, 뭐:' 등이 종종 '바:서, 버:서, 머:'로 실현되는 것과는 성격이 다르다. 이처럼 양순음 뒤의 'w-탈락'은 규칙성이 떨어지므로 음운 규칙으로 설정하기 어렵다.

또한 '푸-'에 적용되는 활음화가 보상적 장모음화를 수반하지 않는 이유도 설명할 수 없다. 모음만으로 이루어진 1음절 단모음 어간인 '이-(戴)'나 '오-(來)', '경구개음+이'로 끝나는 어간을 제외하면 활음화가 일어났을 때 보상적 장모음화가 함께 일어난다.[8] 그러나 (3ㄴ)과 같은 기술 방법을 채택하려면 이 때에는 보상적 장모음화가 일어나지 않는다고 해야만 한다. 비슷한 구조를 지닌 '봐:서(보+어서), 붜:서(붓+어서)'에 보상적 장모음화가 일어나는 것을 볼 때 '퍼서'에 보상적 장모음화가 일어나지 않는 것을 설명하기 어렵다.

다음으로 w-탈락이 규칙으로서의 요건을 가지지 못한다는 점도 지적할 수 있다. (3ㄱ)에서 알 수 있듯이 w-탈락 규칙의 적용 환경인 양순음과 입력형인 'w'는 모두 하나의 형태소 내부에 있으므로 이 규칙은 형태소 내부에 적용되는 것이라는 문제가 발생한다.[9] 형태소 내부에

8 두 가지 환경에서 보상적 장모음화가 일어나지 않는 이유를 명쾌히 설명하기는 어렵다. 다만 '이-, 오-'는 자음이 선행하지 않는다는 점, '경구개음+이'로 끝나는 어간은 활음화의 적용을 받아 나온 'y'가 경구개음 뒤에 올 수 없다는 점 등이 보상적 장모음화 여부와 관련을 맺을 것으로 추정된다.

9 물론 w-탈락의 입력형인 'w'는 처음부터 어간의 일부였던 것이 아니고 인접 형태소와의 결합 과정에서 다른 음운 규칙의 적용을 받아서 나왔으므로 w-탈락 규칙 역시 순수하게 형태소 내부에 적용되는 다른 규칙과는 구별되는 측면이 없지는 않다.

적용되는 규칙은 형태소의 재구조화를 초래하여 공시론의 성격에 부합하지 않으므로 공시적 기술에 사용할 수 없다.

마지막으로 w-탈락 규칙은 독자적 타당성도 지니지 않는다. 기저형과 표면형을 비교하여 w-탈락 규칙이 적용되었음을 직접 보여 줄 수 있는 경우가 없다.[10] w-탈락은 항상 활음화가 적용된 다음에만 적용될 수 있다. 즉 항상 중간형만을 입력형으로 삼기 때문에 독자적 타당성을 인정하기 어렵다.[11]

이처럼 (3)과 같은 기술 방법의 문제점은 주로 활음화와 관련되어 있다. 그러므로 문제점을 없애기 위해서는 활음화를 개입시키지 말아야 한다. 활음화가 아닌 다른 음운 규칙을 이용하는 기술 방법도 없지 않다.

(4)

ㄱ. 양순음 뒤의 '우'는 모음 어미 앞에서 탈락한다.

ㄴ. 푸 + 어서 → 퍼서

(4)는 양순음 뒤의 '우'를 탈락시키는 규칙을 새로 설정하여 활음화를 통하지 않고 곧바로 표면형을 도출한다. 활음화와 무관하므로 활음화와 관련된 문제는 모두 사라진다. 또한 이 규칙은 형태소 경계 사이에서 적용되는 것일 뿐만 아니라 국어의 어간 중 '양순음 + 우'로 끝나면서 (2ㄴ, ㄴ')과

10 음운 규칙의 독자적 타당성은 3.4.4.에서 다룬 바 있다.

11 서구의 음운 이론에서도 공시적인 규칙이 갖추어야 할 조건을 규정한 경우가 있는데 그 중 대표적인 것이 1970년대에 제안된 엄밀 순환 조건(Strict Cycle Condition)이다. 그 내용을 간략히 요약하면 순환적으로 적용되는 공시적 규칙은 형태소 경계 사이에서 적용되거나 다른 순환 규칙이 적용된 다음에만 적용되어야 한다는 것이다. 이에 따르면 어떤 규칙이 비록 형태소 경계 사이에서 적용되지 않더라도 다른 순환 규칙이 이미 적용되었다면 그 출력형에는 적용될 수 있다. w-탈락은 이런 경우에 해당한다. 그러므로 엄밀 순환 조건만을 고려하면 w-탈락을 적용하는 것이 큰 문제가 되지 않는다. 그러나 3.4.4.에서 이미 살펴본 바와 같이 여기서는 항상 중간형에만 적용되거나 항상 중간형만을 만들어 내는 규칙은 독자적 타당성을 부여하지 않기 때문에 엄밀 순환 조건과 상관 없이 w-탈락과 같은 성격을 가진 규칙은 공시적 기술에서 인정할 수 없다.

다른 교체 양상을 보이는 것은 존재하지 않으므로 규칙의 예외도 발생하지 않는다. (4ㄱ)과 같은 규칙으로 (2ㄴ, ㄴ')을 기술할 수 있다면 더 이상 (2ㄴ, ㄴ')을 우-불규칙 어간으로 분류할 수 없다.

그러나 (4ㄱ)도 자연스러운 음운 규칙이라고 보기는 어렵다. 다른 경우에는 어간말의 '우' 뒤에 모음 어미가 올 때 활음화가 적용되는데 유독 양순음 뒤의 '우'만 특별히 활음화 대신 우-탈락의 적용을 받아야 하는 이유를 찾기 어렵다. 또한 (4ㄱ)과 같은 우-탈락 규칙을 설정하면 이 규칙이 반드시 활음화 규칙보다 먼저 적용되어야 한다는 외재적 규칙순을 설정해야 한다. 그런데 이러한 규칙순은 오로지 '푸 + 어서, 아푸 + 아서'에서 '퍼서, 아파서'를 도출하기 위해 설정한 것에 불과하다. 다른 경우에는 이런 외재적 규칙순의 타당성을 입증할 수 없다.[12] 외재적 규칙순을 이용하지 않으려면 활음화가 양순음을 제외한 자음 뒤의 '오, 우' 에만 적용된다는 제약을 추가해야 하는데 이런 제약 자체가 매우 인위적이고 부자연스럽다.

이상에서 살펴본 바와 같이 단수 기저형을 설정한 후 여기에 음운 규칙을 적용하는 기술 방식은 여러 가지 문제를 야기한다. 무엇보다도 설정된 규칙의 성격이 문제가 된다. 규칙 자체의 타당성은 물론이고 다른 규칙과의 관계에서도 적지 않은 문제점을 지니고 있다. 음운 규칙을 이용할 수 없다면 다음으로 고려할 수 있는 기술 방안은 복수 기저형을 설정하는 것이다. 복수 기저형을 설정하는 방법으로는 (5ㄱ~ㄷ)의 세 가지가 있다.[13]

12 외재적 규칙순은 가급적 적게 설정하는 것이 좋다. 또한 설정된 외재적 규칙순은 그 필요성이 여러 경우에서 확인되어야 한다. 오로지 한정된 부류를 위해 설정된 특수한 음운 규칙에만 필요한 외재적 규칙순이라면 그 타당성이 매우 의심된다.

13 여기서는 '푸-'의 복수 기저형 설정 방법만 다룬다. '아프-'와 같이 2음절 이상 어간의 경우는 '푸-'와 동일한 방식으로 복수 기저형을 설정할 수 있다.

(5)

ㄱ. 푸-(자음 어미, 매개모음 어미 앞) ~ 프-(모음 어미 앞)

ㄴ. 푸-(자음 어미, 매개모음 어미 앞) ~ ㅍ-(모음 어미 앞)

ㄷ. 푸-(자음 어미, 매개모음 어미 앞) ~ 퍼-(모음 어미 앞)

복수 기저형의 설정에서 문제가 되는 것은 모음 어미 앞의 어간 기저형이다. 자음 어미나 매개모음 어미와 결합할 때의 어간 기저형은 '푸-' 이외의 다른 것이 될 수 없다. 그러나 모음 어미 앞의 어간 기저형은 세 가지가 가능하다. 이 중 (5ㄱ)과 같이 '프-'로 설정하는 것은 타당하지 않다. 'ㅍ' 뒤의 '으'는 어떤 표면형에도 나타나지 않으므로 기저형 설정 조건을 위배하기 때문이다. 더욱이 단수 기저형으로 '프-'를 설정할 수 없었는데 복수 기저형으로 '프-'를 설정한다는 것은 매우 곤란하다.

(5ㄴ)의 'ㅍ'은 '퍼서, 퍼도'와 같은 활용형을 어간 'ㅍ-'과 어미 '-어서, -어도'로 형태 분석 했을 때 설정할 수 있는 어간형이다. 그러나 이 역시 받아들이기 어렵다. 이미 3.4.1.3.에서도 지적했듯이 기계적인 형태 분석을 하여 복수 기저형을 설정할 경우 국어의 형태소 구조 조건을 위배할 가능성이 매우 높다. (5ㄴ)의 'ㅍ'은 하나의 자음으로만 이루어진 어간이 존재하지 않는다는 국어의 형태소 구조 조건을 어기고 있다.[14] 이것은 '퍼서, 퍼도'에서 어미 '-어서, -어도'를 기계적으로 분석하고 남은 것을 어간의 기저형으로 삼았기 때문이다. 형태소 구조 조건을 어기는 형태는 단수 기저형이든

14 이것은 '푸다'뿐만 아니라 '예쁘-, 기쁘-'의 경우도 마찬가지이다. 'ㅍ'을 복수 기저형으로 설정한다면 '예뻐서, 기뻐서'의 경우 '옢-, 깁-'과 같은 형태를 복수 기저형 중 하나로 설정해야 한다. 그러나 'ㅃ'으로 끝나는 어간은 국어의 형태소 구조 조건을 어기므로 곤란하다. 국어사적으로 볼 때 어간말 자음이 경음만으로 이루어진 경우는 흔치 않다. 원래부터 경음으로만 끝나는 어간은 없었다. 현대국어에서 유일하게 경음이 어간말에 오는 것은 'ㄲ'으로 끝나는 여러 어간과 'ㅆ'으로 끝나는 '있-'이다. 이 중 ㄲ-말음 어간은 원래 'ㅅㄱ'으로 끝나던 것이 여러 단계의 변화를 거친 결과이며 '있-' 역시 '잇-'으로부터 변화한 것이다. 그런 점에서 경음인 'ㅃ'으로 끝나는 어간이 없다는 것은 그 역사가 무척 오래 되었으며 국어의 중요한 형태소 구조 조건 중 하나임을 말해 준다.

복수 기저형이든 설정하지 않는 것이 바람직하다.

그런 점에서 (5ㄷ)의 '퍼'가 가장 타당하다고 볼 수 있다. '퍼'를 기저형으로 설정하고 여기에 모음 어미가 결합하면 동일 모음 탈락이 적용된다고 기술함으로써 기저형 설정 조건도 지킬 수 있고 형태소 구조 조건도 어기지 않을 수 있다. 게다가 '퍼-'라는 형태는 몇몇 방언에서 일어나고 있는 어간 재구조화에서도 그 존재를 확인할 수 있다.

(6)

퍼고(푸+고), 펀다(푸+은다), 퍼서(푸+어서), 퍼도(푸+어도),

퍼니(푸+으니), 퍼면(푸+으면)

경남과 경북의 일부 방언에서는 (6)과 같이 '푸-'가 '퍼-'로 재구조화하고 있다.[15] 이러한 재구조화는 활용형을 재분석한 결과로 해석하기도 하고 불규칙적 교체를 보이는 어간 이형태의 단일화로 해석하기도 한다.[16] 중요한 것은 '퍼-'라는 어간형이 나타나고 있다는 점이다. 이것은 복수 기저형의 하나로 설정한 '퍼-'의 심리적 실재를 나타내며 '퍼-'라는 기저형이 전혀 엉뚱한 형태가 아님을 말해 준다.

(2ㄴ, ㄴ')의 공시적 기술은 음운 규칙을 통해서는 어려우며 대신 복수 기저형을 설정했을 때 큰 문제 없이 할 수 있음을 보았다. 그런데 (2ㄴ, ㄴ')은 활용형을 어휘부에 등재하는 방식으로도 기술할 수 있다. 모음 어미와 결합하는 활용형을 어휘부에 등재하고 그 밖의 경우는 기저형 '푸-, 아푸-'에 적절한 음운 규칙을 적용하면 모든 표면형의 출현을 기술할 수 있다.[17]

15 구체적인 자료는 한국정신문화연구원에서 간행한 《한국방언자료집》을 참고하였다. 앞으로도 출처에 대한 특별한 명기가 없으면 《한국방언자료집》에서 추출한 자료이다.

16 '푸-'가 원순모음화의 적용을 받기 전인 '프-'의 단계에서 '으:어'의 대립이 중화되면서 (6)과 같은 변화가 나타났다는 해석도 있을 수 있다. 경남 방언에서 일어나는 변화는 이런 설명이 가능하지만 '으'와 '어'가 명확히 구별되는 경북 방언에서도 같은 변화가 나타나므로 (6)을 일률적으로 '으:어'의 중화와 관련시키기는 어렵다.

17 이 때에도 모음 어미와 결합하는 활용형의 수는 매우 많으므로 대표적인 하나의 활용 형만

활용형의 어휘부 등재는 어떤 경우에도 택할 수 있는 매우 강력한 기술 장치이다. 그러나 (2ㄴ, ㄴ′)은 복수 기저형을 설정하는 것으로도 충분하므로 굳이 활용형의 어휘부 등재와 같은 극단적인 기술 방법을 채택할 필요는 없다.

한편 자음과 'w'가 결합될 수 없는 방언에서는 원순모음화의 공시적 기술이 달라진다. 주로 한반도의 동쪽에 위치한 경상도, 강원도 방언 등에서는 모든 자음 뒤에 'w'가 오지 못한다. 앞서 살펴본 (3), (4)와 같은 공시적 기술 방안에서는 '양순음 뒤'라는 제한된 조건이 문제가 되기도 했지만 경상, 강원 방원에서는 이 조건이 '자음 뒤'로 확대되면서 좀 더 일반성 있는 기술을 할 수 있게 된 것이다. 가령 우-불규칙 어간으로 흔히 다루는 '푸-, 아푸-' 등과 규칙 어간으로 분류되는 '누-, 주-, 바꾸-' 등의 활용 양상이 완전히 같은 방언도 존재한다.

(7)

ㄱ. 누구(누 + 고), 누던데(누 + 던데), 누무(누 + 면), 너서(누 + 어서), 너두(누 + 어도), 너라(누 + 어라)

ㄴ. 바꾸구(바꾸 + 고), 바꾸더이(바꾸 + 더니), 바꾸무(바꾸 + 면), 바까서(바꾸 + 어서), 바끼두(바꾸 + 어도), 바까라(바꾸 + 어라)

(7)은 함북 명천 지역어의 자료로 (7ㄱ)과 같은 1음절 어간이든 (7ㄴ)과 같은 2음절 어간이든 모음 어미와 결합할 때 표면형에서는 어간말 모음 '우'가 나타나지 않는다.[18] 역사적으로는 활음화와 활음 탈락의 적용을 받아 나타난 것임에 틀림 없다. (7)은 '푸-, 아푸-'의 활용 양상과 완전히 일치

어휘부에 등재하고 다른 활용형들은 등재된 활용형과의 공통점을 포착하는 방식으로 기술해야 할 것이다.

18 명천 지역어 자료는 이춘영(2004)에서 발췌하였다. 1음절 어간은 '누-'뿐만 아니라 '주-, 추-'도 모두 (7ㄱ)과 같은 활용 양상을 보이며 2음절 어간 역시 '바꾸-' 외에 '거두-, 심구-(심-), 쫄구-(졸이-)' 등이 (7ㄴ)과 같은 모습을 보인다.

한다. 자음이나 매개모음 어미와 결합할 때에는 어간말 모음이 그대로 유지되지만 모음 어미와 결합할 때에는 어간말 모음이 나타나지 않는다.

(7)과 같은 모습을 보이는 방언에서 '푸-, 아푸-'의 활용 양상을 공시적으로 기술할 때에는 '자음+우'로 끝나는 다른 어간과 동일하게 하면 된다. 일반적으로는 (7)을 역사적 변화 과정과 같이 활음화에 이은 활음 탈락으로 기술한다. 그러나 이 때의 활음 탈락은 (3ㄱ)의 활음 탈락과 동일한 문제를 가진다. 형태소 내부에 적용되며 독자적 타당성도 떨어지는 것이다. 그런 점에서 (7)은 다음과 같은 규칙으로 기술하는 것이 더 타당하다.

(8)

자음 뒤의 '우'는 모음 어미 앞에서 탈락한다.

규칙 (8)에서 입력형은 '우'이고 적용 환경은 '자음과 모음 어미 사이'가 된다. '우' 앞에 자음이 온다는 사실이 꼭 필요한 이유는 '배와서(배우+어서), 데와서(데우+어서)'에서 보듯이 '우' 앞에 자음이 없는 경우에는 정상적인 활음화가 일어나기 때문이다. 명천 지역어와 같은 경우에 '푸-, 아푸-'는 '자음+우'로 끝나는 다른 어간과 마찬 가지로 규칙적인 교체를 보인다고 할 수 있다.[19]

(7)은 매우 특수한 경우로 자음 뒤에 'w'가 올 수 없는 방언이라도 '푸-, 아푸-' 등이 '자음+우'로 끝나는 다른 어간 가령 '두-, 주-, 바꾸-' 등과 똑같은 활용 양상을 보이는 경우가 많지 않다. 음장 실현 또는 성조 실현에서 서로 차이를 보이는 경우가 많다. 그런 방언은 자음 뒤에 'w'가 올 수 있는 방언과 마찬가지로 음운 규칙을 사용하여 공시적 기술을 하기는 어렵다. '푸-, 아푸-' 등과 '누-, 두-, 바꾸-' 등의 차이를 규칙으로는 제대로 포착할 수 없기 때문이다.

19 이런 지역어에서는 우-불규칙 어간이 존재하지 않는다.

5.3. 전설모음화와 공시적 음운 기술

5.3.1. 문제 제기

전설모음화는 특정한 자음 아래에서 '으'가 '이'로 바뀌는 음운 현상을 가리킨다.[20] 전설모음화를 일으키는 자음은 방언에 따라 매우 다양하다. 공통적으로는 'ㅈ, ㅊ, ㅉ' 뒤에서 일어난다. 그러나 방언에 따라서는 'ㅅ, ㅆ' 뒤에서 전설모음화가 일어나기도 하며 여기에 'ㄹ' 또는 'ㄴ, ㄷ' 등이 추가되기도 한다.[21]

(9)

ㄱ. 아침(〈아츰), 질다(〈즐다), 씨치문(씻+으면)

ㄴ. 씰개(〈쓸개), 싱겁다(〈승겁다), 이씽개(있+으니까)

ㄷ. 가리(〈가르, 粉), 하리(〈하르, 日), 시리문(싫+으면)

ㄹ. 어디문(얻+으면), 노니로(논+으로), 사니로(산+으로)

(9ㄱ)은 'ㅈ, ㅊ, ㅉ' 뒤에서 일어난 전설모음화로 전국적인 분포를 지닌다. 다만 'ㅈ, ㅊ, ㅉ'이 경구개음이 아닌 방언에서는 전설모음화기 잘 일어나지 않는다. 평안도 방언이 그러한데 이것은 'ㅈ, ㅊ, ㅉ' 뒤에서의 전설모음화가 선행 자음의 조음 방식이 아닌 조음 위치와 관련된 것임을 암시한다. (9ㄴ)은 'ㅅ, ㅆ' 뒤에서의 전설모음화로 역시 많은 방언에서 나타난다. ㅅ-계 자음과 ㅈ-계 자음은 이전 시기에 치음이었으며 그 이후로도 조음

20 후설모음 중 오로지 '으'에만 적용되는데도 전설모음화라는 명칭을 쓰는 것은 그리 합당하다고 보기는 어렵다. 간혹 움라우트를 전설모음화라고도 하는데 움라우트는 훨씬 다양한 후설모음에 적용된다는 점에서 매우 타당한 조치로 보인다.

21 김옥화(2001:151~153)에 따르면 부안 지역어는 매우 다양한 자음 뒤에서 전설모음화가 일어나고 있다.

위치 변화 과정에서 같은 행동을 보였다.[22] 그러므로 ㅈ-계 자음 뒤에서의 전설 모음화와 ㅅ-계 자음 뒤에서의 전설모음화는 자음의 조음 위치에 의해 일어났다는 공통점을 지닌다.[23]

(9ㄷ)은 'ㄹ' 뒤에서 전설모음화가 일어났다. 주로 경남, 경북 방언에서 활발하게 일어나고 있는데 ㅈ, ㅅ-계 자음 뒤에서의 전설모음화와는 달리 동화 여부를 명확히 판별하기 어렵다. (9ㄹ)은 치조음인 'ㄴ, ㄷ' 뒤에서 일어난 전설모음화로 김옥화(2001:151~152)에 따르면 전북 부안 지역어에서 나타난다. (9ㄷ, ㄹ)은 (9ㄱ, ㄴ)에 비해 동화 여부도 불분명하고 지역적으로도 제한되어 있는데 특히 (9ㄹ)이 더 편재되어 있고 산발적으로 일어나기 때문에 여기서는 (9ㄱ, ㄴ, ㄷ)만을 논의 대상으로 삼는다.

(9ㄱ~ㄷ)은 적용되는 환경에 따라 세 가지를 구분할 수 있다.

(10)

ㄱ. 아침(<아츰), 질다(<즐다)
ㄱ'. 씰개(<쓸개), 싱겁다(<승겁다)
ㄱ". 가리(<가르, 粉), 하리(<하르, 日)
ㄴ. 치고, 치니, 처서(<츠고, 츠니, 처서, 치-[篩])
ㄴ'. 씨고, 씨니, 써서(<쓰고, 쓰니, 써서, 쓰-[用, 苦, 着])
ㄴ". 모리고, 모리니, 몰라서(<모르고, 모르니, 몰라서)
ㄷ. 느진(늦+은), 마지문(맞+으면), 시치문(씻+으면)
ㄷ'. 부시로(붓+으로), 저실래도(젓+을래도), 이씽개(있+으니까)
ㄷ". 시리문(싫+으면)

22 비록 대부분의 논의에서 'ㅈ, ㅊ, ㅉ'은 경구개음으로, 'ㅅ, ㅆ'은 치조음으로 분류하고 있지만 논의에 따라서는 'ㅈ, ㅊ, ㅉ'과 'ㅅ, ㅆ'의 조음 위치를 구분하지 않기도 한다. 특히 국어사적으로 볼 때 구개음화나 y-탈락 등을 비롯한 여러 음운 변화에서 'ㅅ, ㅆ'과 'ㅈ, ㅊ, ㅉ'은 동질적인 모습을 보이기 때문에 'ㅅ, ㅆ'도 어느 시기엔가 'ㅈ, ㅊ, ㅉ'과 비슷한 경구개 부근으로 조음 위치가 이동했다가 현재와 같이 바뀌었을 가능성이 있다.

23 ㅈ-계 자음과 ㅅ-계 자음은 조음 방식의 측면에서 볼 때 치찰음이라는 공통점도 지닌다. 그러나 치찰음이라는 특징과 전설모음화는 큰 관련이 없어 보인다. 평안도 방언에서 알 수 있듯이 전설모음화에서 중요한 것은 자음의 조음 방식이 아니라 조음 위치이다.

(10ㄱ, ㄱ′, ㄱ″)은 형태소 내부에서 일어난 전설모음화인데 인접하는 형태소와 상관 없이 모든 이형태에 전설모음화가 적용되었기 때문에 형태소의 재구조화만 일어났다. 이런 경우에는 전설모음화된 형태를 새로운 기저형으로 설정하는 것으로 공시적 기술은 끝나므로 여기서의 논의 대상이 되지 못한다. 반면 (10ㄷ, ㄷ′, ㄷ″)은 형태소 경계를 사이에 두고 일어난 전설모음화이다. 어간 뒤에 매개모음 '으'로 시작하는 조사나 어미가 올 때 적용된다. 어떤 방언은 '버시야(벗+어야), 아리야(알+아야), 사리야(살+아야)'와 같이 모음 어미 앞에서 전설모음화가 일어나기도 하지만 이것은 모음 어미 중 일부가 매개모음 어미로 바뀐 결과일 뿐 모음 어미 앞에서도 전설모음화가 일어나는 것은 아니다.[24] 형태소 경계 사이에서 적용되는 전설모음화는 주로 용언 어간 뒤에서 일어나며 체언 어간의 경우에는 '-으로'에만 적용될 뿐만 아니라 그 빈도나 분포도 용언 어간에 비해 매우 제한된다. (10ㄷ) 유형의 전설모음화는 공시적 음운 규칙으로 설정하여 환경이 만족될 때마다 적용하는 것으로 공시적 기술은 충분하다. 그러므로 (10ㄷ) 역시 더 이상의 논의가 불필요하다.

결국 (10ㄴ, ㄴ′, ㄴ″)과 같이 형태소 내부이지만 인접 형태소의 영향을 받는 위치에 적용된 전설모음화가 문제가 된다. 이런 환경에서의 전설모음화는 일부의 활용형에만 적용되고 다른 활용형에는 적용되지 않는다. 그러나 형태소 내부에 적용되었기 때문에 기저형이 변화하였다. (10ㄴ, ㄴ′, ㄴ″)을 공시적으로 기술할 때 기저형을 '츠-, 쓰-, 모르-'로 할 수는 없다. 어간말의 모음 '으'는 표면형에 결코 나타나지 않는 것이다. 더욱이 (10ㄴ, ㄴ′, ㄴ″)에 적용된 전설모음화는 형태소 내부에 적용된 것이기 때문에 공시적 음운 규칙으로 인정할 수도 없다. 이런 여러 가지 사정으로 (10ㄴ, ㄴ′, ㄴ″)에 속하는 전설모음화는 역사적 변화 과정과는 다른 방식으로 공시

24 모음 어미가 매개모음 어미로 바뀐 것은 주로 '-어야'나 '-어라'에서 잘 나타난다. '-어야'가 '-으야'로 바뀌는 변화는 전북이나 충남 방언에서 많이 보이며 여기에 대한 자세한 논의는 김옥화(2000)에서 이미 이루어졌다. 명령형 어미 '-어라'가 '-으라'로 나타나는 것은 경남 방언에서 발견할 수 있다.

적 기술을 해야만 한다. 여기서는 ㅈ, ㅅ-계 자음 뒤에서 일어나는 전설모음화와 'ㄹ' 뒤에서 일어난 전설모음화를 구분하여 살피기로 한다.

5.3.2. 공시적 기술 방안

5.3.2.1. 치찰음 뒤의 전설모음화

ㅈ-계 자음 뒤에서 일어난 전설모음화의 예는 '츠-(篩)'의 재구조화가 대표적이다. 논의의 편의를 위해 (10ㄴ)을 다시 가져오기로 한다.

(11)

츠고, 츠니, 처서 〉 치고, 치니, 처서

전설모음화가 적용되기 전에는 모음 어미와 결합할 때에 으-탈락이 적용되고 나머지 환경에서는 어간의 마지막 모음이 그대로 실현되었다. 그런데 자음 어미나 매개모음 어미와 결합할 때의 활용형에만 전설모음화가 적용되면서 현대국어와 같은 모습을 보이게 되었다. 이처럼 활용형마다 서로 다른 음운 변화를 겪을 경우에는 불규칙적 교체를 보이는 경우가 많다. 그러나 (11)은 그렇지 않다. 기저형을 '치-'로 설정하면 모든 어간의 이형태들을 규칙적으로 기술할 수 있다.

그 대신 공시적 기술 방식은 통시적 변화와는 전혀 다르게 이루어진다. 기저형을 '츠-'가 아닌 '치-'로 해야 하기 때문에 전설모음화나 으-탈락을 적용해서는 표면형들을 도출할 수 없다. 즉 역사적으로 실재했던 규칙들을 공시적 기술에 이용해서는 (11)의 활용형들을 설명할 수 없다. 대신 자음 어미나 매개모음 어미와 결합할 때에는 어간말 모음이 그대로 실현되고 모음 어미와 결합할 때에만 어간말 모음이 탈락하는 방식으로 기술하게 된다. 문제는 어간말 모음의 탈락을 어떤 방식으로 기술할 것인지에 있다. 일반적으로 '치 + 어서'가 '처서'로 실현되는 것은 활음화에 이은 활음 탈락으로 기술한다.

(12)

치+어서→쳐서→처서

이러한 도출 과정은 '지-, 치-, 찌-'와 같이 원래부터 'ㅈ, ㅊ, ㅉ+이'의 구조를 가진 어간의 역사적 변화에서도 확인된다. 또한 각 규칙의 음성적 동기도 명확하다. '이'로 끝나는 어간 뒤에 모음 어미가 오면 모음 충돌을 회피하기 위해 활음화가 적용되는 것이 일반적이며 경구개음과 'y'는 조음 위치가 중복되므로 경구개음 뒤에는 'y'가 오지 않는 것이 국어의 중요한 음운론적 특징 중의 하나이다.[25] 이 때문에 거의 대부분의 논의에서는 '경구개음+이'로 끝나는 어간 뒤에 모음 어미가 결합할 때에는 활음화와 활음 탈락을 통해 표면형을 도출하였다.

그러나 (12)에서 적용되는 y-탈락은 공시적 음운 규칙으로 설정하기에 적지 않은 문제가 있다. 우선 이 규칙은 형태소 내부에 적용된다. 규칙의 입력이나 적용 환경이 모두 하나의 형태소 내부에 있다.[26] 또한 이 규칙은 항상 중간형에만 적용될 뿐이다. 이 규칙이 기저형에 직접 적용되는 경우는 존재하지 않는다. 이것은 규칙의 독자적 타당성에 비추어 볼 때 정상적인 공시적 규칙으로 받아들일 수 없음을 의미한다.

이런 문제점을 해결하기 위해 다음과 같은 규칙을 설정할 수도 있다.

(13)

경구개음 뒤의 '이'는 모음 어미 앞에서 탈락한다.

25 정인호(2006ㄱ : 38)에서는 화순 지역어의 경우 일정한 환경에서 'ㅈ, ㅊ, ㅉ' 뒤에서도 'y'가 온다는 보고를 한 바 있다. 이것은 여타의 다른 방언과 비교해 볼 때 매우 특이한 일이다.

26 탈락하는 활음 'y'는 처음부터 형태소 내부에 있던 것이 아니고 다른 음운 규칙의 적용을 통해 나온 것은 사실이지만 여전히 적용 환경과 같은 형태소에 속해 있다는 점에서 활음 탈락은 한 형태소 내부에 적용되는 음운 규칙이다. 이것은 앞서 5.2.2.의 규칙 (3ㄱ)이 가진 문제점과 동일하다.

규칙 (13)은 '처서(치+어서)'에서 보이는 어간말 모음의 탈락을 중간 단계 없이 곧바로 기술한다.[27] 활음화를 거치지 않으므로 활음 탈락과 관련된 어떠한 문제도 발생하지 않는다. 또한 규칙 (13)을 이용하면 보상적 장모음화와 관련된 문제도 해결할 수 있다. '저서(지+어서), 처서(치+어서), 쩌서(찌+어서)'에 활음화를 적용할 경우 보상적 장모음화가 일어나지 않는 이유를 공시적으로 기술하기 어려웠다. 그러나 규칙 (13)처럼 어간 모음이 직접 탈락하는 것으로 기술하면 '저서, 처서, 쩌서'는 활음화를 거치지 않으므로 애초부터 보상적 장모음화와 관련이 없는 것으로 다룰 수 있기 때문이다.

그렇지만 (13)은 5.2.2.에서 살핀 규칙 (4ㄱ)의 문제점을 고스란히 지니고 있다. 다른 '이' 말음 어간 뒤에 모음 어미가 올 때에는 활음화가 적용되는데 왜 ㅈ-계 자음 뒤에서는 이-탈락이 적용되어야 하는지를 설명하기 어려우며 외재적 규칙순도 문제가 된다. 그렇다고 해서 규칙 (13)을 포기하고 복수 기저형을 설정하여 기술하는 것도 쉽지 않다. 모음 어미 앞에 나타나는 어간의 복수 기저형은 '츠, ㅊ, 처' 중 하나로 설정할 수밖에 없는데 그 어느 것도 만족스럽지 않기 때문이다. 만약 규칙 (13)을 포기한다면 '경구개음 + 이'로 끝나는 어간은 모음 어미와 결합할 때의 활용형을 어휘부에 등재하는 방식으로 기술해야만 한다. 그러나 이런 기술 방법이 최선인지는 쉽게 판단할 수 없다.

ㅈ-계 자음 뒤에서의 전설모음화에 비해 ㅅ-계 자음 뒤에서의 전설모음화는 좀 더 복잡하다. 우선 특이한 점은 (10ㄴ')과 같은 양상을 보이는 어간이 '쓰-'밖에 없다는 점을 들 수 있다. 중세국어의 어형을 고려할 때 'ᄃᆞᄉᆞ-, 드스-(따뜻하-)'로부터 변화한 '따시-, 뜨시-'가 '쓰-'와 같은 모습을 보일 것으로 추측되지만 그 양상이 전혀 다르다.

---

27 이 규칙은 한성우(1996 : 62)에서 이미 제안한 바 있다. 한성우(1996 : 63)에서는 y-탈락의 문제보다는 장단 교체의 문제 때문에 활음화에 이은 활음 탈락보다 어간말 이-탈락이 더 효과적이라고 보았다.

(14)

ㄱ. 쓰고, 쓰니, 써서 〉 씨고, 씨니, 써서

ㄴ. 드스고, 드스니, 드서서 〉 뜨시고, 뜨시니, 뜨서서

ㄷ. 뜨시고, 뜨시니, 뜨시서

ㄷ′. 뜨시고, 뜨시니, 뜨세서

(14ㄴ)은 중세국어 시기의 '드스-'가 정상적인 전설모음화의 적용을 받았을 때 예상되는 활용 양상이다. 모음 어미와 결합할 때에는 이미 그 이전에 으-탈락이 적용되므로 전설모음화의 적용을 받을 수 없다. 따라서 자음 어미나 매개모음 어미와 결합할 때에만 전설모음화가 적용되며 그 결과 (14ㄴ)과 같은 모습이 나타나야만 한다. 그런데 실제로는 (14ㄷ, ㄷ′)과 같은 모습을 보인다. (14ㄷ)은 경남 방언의 일반적인 활용 양상으로 이 방언에서는 이-말음 어간 뒤에 모음 어미가 올 때 모음 어미의 두음이 표면에 나타나지 않는다.[28] (14ㄷ′)은 경북 방언의 활용 양상으로 이 방언에서는 어간말의 '이'와 모음 어미의 두음 '어'가 합쳐져 '에'로 실현되는 것이 일반적이다.

이처럼 '쓰-'와 같은 환경을 가진 '드스-, 드스-'는 전설모음화가 적용된 이후 완전히 이-말음 용언 어간의 활용 양상과 동일해졌기 때문에 (14ㄱ)과는 구분된다. 기원적으로 'ㅅ, ㅆ + 으'로 끝나면서 전설모음화가 적용된 이후 (14ㄱ)과 같이 활용하는 경우는 '쓰-'에서만 발견된다. ㅅ-계 자음 뒤에서의 전설모음화에 대한 공시적 기술은 그 대상이 극도로 제한되어 있다.

(14ㄱ)에 대한 공시적 기술 방법은 방언에 따라 차이가 있다. (14ㄱ)과 같은 모습을 보이는 방언은 크게 경남 방언과 경북 방언으로 나눌 수 있는데

28 이것을 모음의 완전순행동화로 기술하기도 하고 모음 탈락으로 기술하기도 한다. 자세한 것은 5.8.에서 다룬다.

두 방언은 '으 : 어'의 변별 여부, 'ㅅ, ㅆ + 이'로 끝나는 어간 뒤에 모음 어미가 올 때의 활용 양상에 차이가 있다.[29] 이 차이는 (14ㄱ)의 기술 방안에도 큰 영향을 미친다. 여기서는 편의상 경남 방언을 대상으로 한다.

(14ㄱ)에 대한 공시적 기술 방법으로 우선 단수 기저형을 설정한 후 음운 규칙을 적용하는 방안을 고려할 수 있다. 앞서 고려한 바와 같이 '쓰-'라는 기저형은 여러 가지 문제가 많기 때문에 단수 기저형을 설정하려면 '씨-' 외의 다른 방법은 없다. 기저형이 '씨-'일 경우 자음 어미나 매개모음 어미와 결합할 때의 어간 이형태는 기저형이 그대로 실현되는 것이므로 아무런 문제가 없다. 대신 모음 어미와 결합할 때 어간말 모음 '이'가 나타나지 않는 것을 음운 규칙으로 기술할 수 있어야만 한다.

(15)

ㄱ. 'ㅅ, ㅆ' 뒤에서 'y'는 탈락한다.
ㄴ. 씨 + 어서 → 쎠서 → 써서

(15)는 'ㅅ, ㅆ' 뒤에서의 y-탈락 규칙을 설정한 후 '써서'를 (15ㄴ)과 같이 활음화와 활음 탈락으로 기술하는 방안이다.[30] 그러나 (15ㄱ)과 같은 활음 탈락은 앞서 (12)를 설명하기 위해 적용하는 활음 탈락과 동일한 문제점을 지닌다. 그러므로 (15ㄴ)과 같은 도출 과정은 공시적으로는 타당하지 않다. 이를 해결하기 위해 앞서 제안한 규칙 (13)과 동일한 기능을 하는 규칙을 설정하는 방법도 있다.

29 경남 방언에서는 '으'와 '어'가 변별되지 않는 경우가 대부분이지만 경북 방언에서는 변별되는 경우가 많다. 또한 (14ㄷ, ㄷ')에서 확인했듯이 'ㅅ, ㅆ + 이'로 끝나는 어간 뒤에 모음 어미가 올 때 경남 방언은 (14ㄷ)과 같은 모습을 보이지만 경북 방언에서는 (14ㄷ')과 같은 모습을 보이는 방언이 많다.

30 이러한 기술 방안은 이미 정인상(1982 : 61)에서 제안한 바 있다.

(16)

ㄱ. 'ㅅ, ㅆ' 뒤의 '이'는 모음 어미 앞에서 탈락한다.

ㄴ. 씨 + 어서 → 써서

(16ㄴ)과 같은 도출 과정에서는 활음화를 거치지 않으므로 (15)의 문제점이 나타나지 않는다. 또한 (16ㄱ)을 (13)과 통합하여 치찰음 뒤의 '이'를 모음 어미 앞에서 탈락시키는 좀 더 일반화된 탈락 규칙을 설정할 수도 있다. 그러나 (16ㄱ)과 같은 규칙을 설정하기는 매우 어려워 보인다. (13)이 지닌 문제점은 차치하고라도 경남 방언에서 'ㅅ, ㅆ' 뒤의 '이'가 모음 어미 앞에서 항상 탈락하지는 않기 때문이다.

(17)

ㄱ. 시:서(시 + 어서, 酸), 시:서(쉬 + 어서, 休)

ㄴ. 마시서(마시 + 어서), 부시서(부시 + 어서), 쑤시서(쑤시 + 어서)

(17ㄱ)은 'ㅅ, ㅆ + 이'로 끝나는 1음절 어간 뒤에 모음 어미가 올 때의 모습이다. 비록 이 어간들이 기원적으로는 '이'로 끝나는 어간이 아니지만 모음의 변화를 겪어 현재는 '이'로 끝나는데 모음 어미 앞에서 어간말 모음 '이'가 단순히 탈락하지는 않는다. (17ㄴ)은 같은 구조로 끝나는 2음절 어간의 모습으로 역시 (16ㄱ)의 적용을 받지 않는다. 실제로 경남 방언에서 '자음 + 이'로 끝나는 어간 뒤에 모음 어미가 올 때 (16ㄱ)의 적용을 받는 것은 '씨-(〈쓰-)'에만 국한되며 다른 경우에는 모두 모음 어미의 두음 '어'가 표면에 드러나지 않는다. 이것은 규칙 (16ㄱ)이 이 방언의 언어 사실을 제대로 포착하지 못할 뿐만 아니라 오로지 '쓰-'로부터 변화한 '씨-'에만 적용되는 매우 특수한 규칙임을 말해 준다.

이상에서 살핀 바와 같이 기저형을 '씨-'로 하여 음운 규칙을 적용할 경우 설정된 규칙을 공시적 규칙으로 설정하기에는 많은 무리가 따른다.

음운 규칙을 설정하여 기술하기 어려울 경우 차선책으로 복수 기저형을 설정하는 문제를 고려할 수 있다. (14ㄱ)을 기술하기 위한 복수 기저형 설정 방법으로는 다음의 세 가지가 있다.

(18)

ㄱ. 씨-(자음 어미, 매개모음 어미 앞) ~ 쓰-(모음 어미 앞)

ㄴ. 씨-(자음 어미, 매개모음 어미 앞) ~ ㅆ-(모음 어미 앞)

ㄷ. 씨-(자음 어미, 매개모음 어미 앞) ~ 써-(모음 어미 앞)

자음 어미나 매개모음 앞에서는 어간이 항상 '씨-'로 일정하게 나타나므로 결국 모음 어미 앞의 어간 기저형을 어떻게 설정하는가에 논의의 초점이 맞추어 진다. 세 가지 방안 중 가장 합당한 것은 (18ㄷ)이다. (18ㄱ)의 '쓰-'는 앞서 단수 기저형으로 '쓰-'를 설정했을 때의 문제를 그대로 안고 있으므로 곤란하다. (18ㄴ)은 자음만으로 이루어진 어간이 존재하지 않으므로 국어의 형태소 구조 조건을 위배한다. 그런 점을 감안했을 때 '써-'가 가장 타당하다. '써-'라는 기저형은 실제로 몇몇 방언에서 확인할 수도 있다.

(19)

써고, 써니, 써면

(19)는 《한국방언자료집(경남편)》에 나오는 몇몇 하위 방언의 활용형들로 이 활용형에 들어 있는 어간의 형태는 '써'임에 틀림없다. 물론 '써고, 써니, 써면'의 '써-'는 이전 시기의 '쓰-'에서 '으:어'의 대립이 사라져 나온 것일 가능성이 높지만 이런 형태의 존재 가능성을 분명히 뒷받침한다는 점에서 의미가 있다.

지금까지 (14ㄱ)과 같이 교체하는 어간의 기저형을 설정하기 위해서는 단수 기저형에 음운 규칙을 적용하는 방법으로는 어렵고 복수 기저형을 설정할 경우 (18ㄷ)이 가장 타당함을 살펴보았다. 그런데 (14ㄱ)을 기술하기 위해 활용형을 등재하는 방안도 생각할 수 있다. 특히 (14ㄱ)과 같은 모습을 보이는 어간이 '쓰-' 하나밖에 없다는 사실은 이 어간의 특이한 활용형을 그대로 어휘부에 등재하는 것이 결코 다른 기술 방법에 비해 치뤄야 할 대가가 더 크지는 않음을 말해 준다. 활용형을 어휘부에 등재하는 경우 어휘부에 들어 있는 어간의 어휘 항목에는 다음과 같은 정보가 들어간다.

(20)

[씨-(기저형), 써(기저형+어)]

모음 어미와 결합하는 활용형들은 매우 많지만 가장 단순한 '써'만 어휘부에 등재하면 '-어'를 제외한 다른 모음 어미와 결합하는 활용형들은 '써'로부터 자연스럽게 만들어낼 수 있다.[31] 모음 어미가 아닌 다른 어미와 결합할 때에는 기저형 '씨-'에 적절한 음운 규칙이 적용되어 표면형이 올바르게 도출될 수 있다. 특이한 교체 양상을 보이는 어간이 극소수에 불과하다면 (20)과 같이 활용형을 어휘부에 등재하는 방식도 얼마든지 고려할 수 있다. 그러나 (18ㄷ)의 복수 기저형 설정과 (20)의 활용형 등재 중 어느 것이 더 타당한지는 판단하기 어렵다.

5.3.2.2. 유음 뒤의 전설모음화

유음 뒤의 전설모음화 중 공시적 기술 과정에서 역사적 변화 과정을 그대로 답습할 수 없는 경우는 (10ㄴ″)과 같은 르-불규칙 어간뿐만 아니라 르-규칙 어간에서도 나타난다. 따라서 두 가지를 구분하여 논의를 진행할 필요가 있다. 르-규칙 어간 중 대표적인 것은 '따르-(隨)'이다. '따르-'의

31 '써' 대신 '써X'가 어휘부에 들어간다고 할 수도 있다. 어간과 모음 어미가 결합할 때 중요한 부분은 '써'이며 그 뒷부분은 모음 어미의 두음 '어'를 제외한 나머지에 불과하므로 '써X'로 표시하는 것이 더 타당할지도 모른다.

일반적인 활용 양상은 아래의 (21)과 같다.

(21)

따르고, 따르니, 따라서

르-규칙 어간과 르-불규칙 어간의 가장 큰 차이는 모음 어미와 결합할 때이다. 르-규칙 어간은 으-탈락만 일어나 '따라서, 따랐다, 따라도'와 같은 활용형들이 나타난다. 그런데 여기에 전설모음화가 적용되면 활용 양상이 다음과 같이 바뀐다.[32]

(22)

따린다, 따리지, 따라서

전설모음화는 어간의 모든 이형태에 적용되지 않고 자음 어미나 매개모음 어미와 결합할 때에만 적용되었다. 모음 어미와 결합할 때에는 전설모음화가 적용되기 이전에 이미 으-탈락이 적용되었기 때문에 전설모음화는 적용될 수 없다. 그 결과 (22)와 같이 되었다.

(22)와 같은 활용형들을 공시적으로 기술할 때 역사적 변화 과정을 그대로 따를 수는 없다. (22)의 어간 기저형은 더 이상 '따르-'로 설정하기 어렵다. 어간말의 모음 '으'는 표면형에서는 전혀 나타나지 않는다. 또한 '따르-'가 기저형이라고 하더라도 여기에 적용되는 전설모음화는 적용 환경과 입력형이 모두 하나의 형태소 내부에 있기 때문에 공시적 음운 규칙으로 설정할 수 없다.

(22)를 공시적으로 기술할 때 단수 기저형에 음운 규칙을 적용하는 방법을 쓰기는 어렵다. 단수 기저형을 설정하려면 '따리-' 이외의 다른 대안이 없는데 '따리-'에 모음 어미가 올 때 '따라서, 따라도'로 바꿀 수 있는

32 경북의 선산, 영일, 성조, 경산 등지에서 (22)와 같은 모습을 보인다.

음운 규칙은 설정할 수 없다. 'ㄹ + 이'로 끝나는 어간 뒤에 모음 어미가 오면 방언에 '따랴서/따려서, 따래서, 따리서'와 같이 활음화나 모음 축약 또는 모음의 완전순행동화만 적용될 뿐이다.[33] 'X리 + 아서'를 'X라서' 로 바꾸어 주는 규칙은 그 어떤 경우에도 찾을 수 없다. 이처럼 단수 기저형을 설정할 수 없다면 다음으로는 복수 기저형을 고려할 수밖에 없다.

(23)

ㄱ. 따리-(자음 어미, 매개모음 어미 앞) ~ 따르-(모음 어미 앞)

ㄴ. 따리-(자음 어미, 매개모음 어미 앞) ~ 딸-(모음 어미 앞)

(23ㄱ, ㄴ) 중 기저형 설정 조건을 고려하면 (23ㄴ)이 더 타당할 듯하다. '따르-'로 설정하면 마지막 모음 '으'가 표면형에 전혀 실현되지 않는다는 문제점을 지닌다. 비록 기원적으로 (22)의 '따라서'는 어간말 모음이 모음 어미 앞에서 없어짐으로써 나타났지만 복수 기저형을 설정하여 공시적으로 기술할 때에는 어간말 모음을 설정하지 않는 편이 더 낫다.

한편, 르-규칙 어간 중에는 전설모음화를 겪은 후 다시 변화를 더 거친 경우도 없지 않다.

(24)

ㄱ. 따린다, 따리지, 따리라

ㄴ. 따린다, 따리지, 따래라

(24ㄱ)은 경남의 하위 방언에서, (24ㄴ)은 경북의 하위 방언에서 나타난다. (22)와 비교해 보면 모음 어미와 결합할 때의 활용형에 변화가 생겼음을 알 수 있다. 이러한 변화는 음운 변화의 결과라고 보기는 어렵다.

33 '따랴서/따려서'는 실재하는 형태라기보다는 활음화가 적용되었을 때 나올 것으로 예상되는 형태이다.

이전 시기의 '따라라'가 '따리라' 또는 '따래라'로 바뀌는 음운 변화는 존재한 적도 없을 뿐만 아니라 자연성의 측면에서 존재 가능성이 매우 희박하다.

(24)에서 모음 어미와 결합할 때의 활용형은 각 방언에서 '자음+이'로 끝나는 어간 뒤에 모음 어미가 올 때의 일반적인 모습이다. 즉 경남 방언에서는 '당기라(당기+어라), 견디라(견디+어라), 우기라(우기+어라)' 등에서 보듯이 '자음+이'로 끝나는 어간 뒤에 모음 어미가 올 때 모음 어미의 두음 '어'가 나타나지 않는다. (24ㄴ)과 같은 모습을 보이는 경북 방언은 같은 환경에서 '당게라, 견데라, 우게라' 등으로 나타난다.

이것은 (24)가 (22)와 같은 불규칙적 활용에서 새로운 규칙적 활용으로 바뀌었음을 의미한다. (22)에서는 어간의 일부 활용형에만 전설모음화가 일어나고 다른 활용형은 여전히 예전의 형태를 고수함으로써 불규칙이 되었다. 그러나 (24)의 경우에는 모든 활용형이 기저형 '따리-'로부터 음운 규칙의 적용을 받아서 나올 수 있는 형태로 바뀌었다. 모음 어미와 결합하는 경우에도 해당 방언의 일반적인 양상을 준수함으로써 불규칙이 규칙으로 바뀐 것이다.[34] (24)는 더 이상 복수 기저형을 설정할 필요 없이 단수 기저형 '따리-'를 설정하면 음운 규칙을 통해 충분히 기술할 수 있다.

유음 뒤에서의 전설모음화는 르-규칙 어간에만 적용되지는 않는다. 르-불규칙 어간에도 전설모음화가 적용된다. 르-규칙 어간이 원래 규칙적 교체를 보이다가 전설모음화에 의해 불규칙적 교체를 보이게 되었다면 르-불규칙 어간은 전설모음화가 적용되기 이전부터 불규칙적 교체를 보였다는 차이가 있다.

(25)

모르고, 모르니, 몰라서 〉 모리고, 모리니, 몰라서

34 이처럼 음운 변화가 일부 활용형에만 적용되어 어간 기저형이 바뀌었다가 음운 변화의 적용을 받지 않은 활용형들이 새로운 기저형에 순응하여 형태를 바꾸는 경우가 적지 않다. 이런 활용형의 재조정이 언제 어떤 조건에서 어떻게 이루어지는는지를 밝히는 것도 매우 중요한 문제이다.

르-불규칙 어간 역시 전설모음화는 자음 어미나 매개모음 어미와 결합할 때에만 적용된다는 점에서 동일하다. 전설모음화 이전부터 불규칙적 교체를 보였으며 전설모음화가 적용된 후에도 이런 양상은 차이가 없으므로 (25)를 단수 기저형에 음운 규칙을 적용하는 방식으로 기술하는 것은 애초부터 봉쇄된다. 그런데 복수 기저형을 설정하는 방식은 전설모음화 때문에 상당히 복잡해졌다.

(26)

ㄱ. 모르-(자음 어미, 매개모음 어미 앞) ~ 몰르-(모음 어미 앞)

ㄴ. 모리-(자음 어미, 매개모음 어미 앞) ~ 몰르-(모음 어미 앞)

ㄴ′. 모리-(자음 어미, 매개모음 어미 앞) ~ 뫎-(모음 어미 앞)

전설모음화가 적용되기 전에는 (26ㄱ)과 같이 복수 기저형을 설정하여 기술할 수 있지만 전설모음화가 일어난 후에는 자음 어미나 매개모음 어미와 결합할 때의 기저형을 '모르-' 대신 '모리-'로 바꾸어야만 한다. '모르-'는 더 이상 존재하지도 않을 뿐만 아니라 '모르-'를 복수 기저형 중 하나로 설정하면 전설모음화를 공시적 음운 규칙으로 설정해야 하는데 '모르-'에 적용되는 전설모음화는 형태소 내부에 적용되므로 공시론의 성격에 맞지도 않는다.

그런데 통시적으로 볼 때 전설모음화와는 무관했던 모음 어미와 결합할 때의 어간 기저형 설정이 새로운 난관에 봉착한다. 3.5.3.3.에서 다룬 바와 같이 (26ㄴ)은 기저형 설정 조건을 위배하고 (26ㄴ′)은 형태소 구조 조건을 어기게 되어 어느 쪽도 올바른 기저형으로 보기 어려운 것이다. 전설모음화가 적용되기 전에는 복수 기저형으로 충분히 기술할 수 있었지만 전설모음화 이후에는 그마저 온전하게 하기 힘들어졌다.[35] 이것은 어간

35 이런 점에서 어간과 모음 어미가 결합하는 활용형들을 어휘부에 등재하는 방식으로 기술해야 할지도 모른다. 사실 기저형 설정과 관련된 조건들을 엄밀히 적용하여 활용형의 등재 방식을 택할

이형태들의 음운론적 관계가 전설모음화에 의해 더 멀어진 결과이다.

한편 르-규칙 어간과 마찬가지로 르-불규칙 어간 역시 전설모음화 이후에 더 변화를 거쳐 흥미로운 모습으로 바뀐 경우가 존재한다. 박숙희(2005:101, 429, 467)에 따르면 경북 경주와 포항 지역어에서는 '모르-'가 다음과 같이 나타난다.

(27)

ㄱ. 모리나(모르+나), 모린다(모르+ㄴ다), 모리고(모르+고), 몰래도(모르+아도), 몰래(모르+아)

ㄴ. 모리-(자음 어미, 매개모음 어미 앞) ~ 몰리-(모음 어미 앞)

(27ㄱ)을 전설모음화가 적용된 (25)와 비교하면 모음 어미와 결합할 때의 활용형에 차이가 있다. 즉 '몰라도, 몰라' 대신 '몰래도, 몰래'가 나타나는 것이다. 이 방언에서는 '자음+이'로 끝나는 어간이 모음 어미와 결합할 때 '이게도(이기+어도), 뜨세서(뜨시+어서)'와 같이 나타나는데 '몰래도, 몰래'는 이러한 양상과 정확히 부합한다. 즉 자음 어미나 매개모음 어미 앞에서 전설모음화가 일어나 어간형이 '모리-'로 바뀐 이후에는 모음 어미와 결합할 때에도 마치 '자음+이'로 끝나는 어간에 모음 어미가 결합된 것처럼 활용형이 변화를 입은 것이다. 다만 '모래도, 모래'가 아닌 '몰래도, 몰래'로 나타나 여전히 불규칙적인 활용형을 그대로 유지하고 있다.

이것은 비록 불규칙적 교체를 규칙적 교체로 완전히 변화시키지는 않았으나 불규칙적 교체를 보이는 어간 이형태들의 관계를 조금이라도 가깝게 하려는 유추적 변화의 일종으로 볼 수 있다. 그 결과 (26ㄴ, ㄴ')과는

것인지 아니면 특수한 예외를 인정하여 복수 기저형으로 기술할 것인지를 택하는 것은 쉽지 않다. 어간 뒤에 모음 어미가 결합할 때에는 동일한 어간 이형태가 나타난다는 일관된 정보를 감안하면 활용형의 어휘부 등재보다는 복수 기저형 설정이 낫지만 그렇게 설정된 기저형들이 중요한 조건들을 어긴다는 점을 고려하면 활용형을 그대로 어휘부에 등재하는 방식이 더 낫다.

달리 복수 기저형 설정도 전혀 문제가 없다. (27ㄴ)과 같이 설정하면 어떠한 기저형 설정 조건도 어기지 않는다. 전설모음화에 의해 야기된 (25)의 복잡성은 다시 새로운 유추적 변화에 의해 (27)과 같이 해소된 것이다. 전설모음화가 일어나기 전의 상황과 (27)을 비교하면 복수 기저형으로 설정된 형태들의 말모음이 '으'에서 '이'로 바뀌었다는 점만 다르다.

르-불규칙 어간에 적용되는 전설모음화는 불규칙 어간의 규칙화와 결부되면서 더욱 더 흥미로운 결과를 초래한 경우도 있다.

(28)

ㄱ. 몰리고, 몰리니, 몰래도, 몰래서

ㄴ. 모르문(모르 + 면), 몰라(모르 + 아), 모리고(모르 + 고), 몰링개(모르 + 니까)

(28ㄱ)은 박숙희(2005 : 428~429)에 제시된 울진 지역어의 자료이고 (28ㄴ)은 김옥화(2001 : 97)에 제시된 부안 지역어 자료이다.[36] (28ㄱ)에서는 어간이 더 이상 불규칙적 교체를 보이지 않으며 어간 자체가 '몰리-'로 완전히 재구조화되었다. 이것은 전설모음화 이후 불규칙적인 어간 이형태를 더 가깝게 하려는 노력에 이어 불규칙을 규칙으로 바꾸어 버리는 세 가지 변화가 합쳐진 결과이다.[37] (27ㄱ)에서 한 단계 더 나아간 것이 (28ㄱ)이다. 반면 (28ㄴ)은 세 가지 변화가 일부 활용형에서만 제 각각 일어남으로써 (28ㄱ)과는 정반대로 어간의 교체 양상이 극도로 복잡해진 경우이다. 불규칙적 교체를 그대로 유지하면서 활용형에 따라 전설모음화를 겪은 것과 겪지 않은 것이 모두 존재하고 불규칙적 교체의 규칙화 경향도 일부 활용

36 울진 지역어에서는 '몰리고, 몰리니'와 '모리고, 모리니'가 공존한다. '몰리고, 몰리니'는 '모리고, 모리니'로부터 변화한 형태임에 틀림없으므로 두 가지 형태의 공존은 신형과 구형이 함께 나타나는 것과 동일한 현상이다. 여기서는 논의의 편의상 신형인 '몰리고, 몰리니'만 다룬다.

37 (28ㄱ)과 같은 성격을 가진 자료는 청송 지역어에서도 찾아볼 수 있다. 김세환(2005 : 59, 70)에 따르면 청송 지역어에서는 '고르-(選)'가 '골래라(고르-아라), 골리고(고르-고), 골리이(고르-니), 골레라(고르-아라), 골린다(고르-ㄴ다)'로 나타나 (28ㄱ)과 동일한 변화를 보인다.

형에서만 보인다. (28ㄴ)과 같은 경우의 공시적 기술은 규칙이든 복수 기저형이든 모두 어렵다. 어간 이형태의 출현 환경이 일반화될 수 없기 때문이다. 이런 경우에는 활용형을 어휘부에 등재하는 방식의 기술 외에 다른 대안은 없어 보인다.

5.4. 움라우트와 공시적 음운 기술

5.4.1. 문제 제기

움라우트는 후행하는 '이'나 'y'의 영향을 받아 선행하는 후설모음이 전설모음으로 바뀌는 동화 현상이다. 움라우트는 형태소 내부는 물론이고 활용형이나 파생어에서도 활발히 적용되었다. 그러나 공시적 기술의 대상은 활용형 형성 과정에 국한되며 더 구체적으로는 체언 어간과 '이'로 시작하는 조사가 결합할 때로 한정된다.[38] 용언 어간 뒤에 결합하는 어미 중에는 '이'나 'y'로 시작하는 것이 없고 체언 어간 뒤에 결합하는 조사 중에 순수하게 'y'로 시작하는 것도 없으므로 적용 환경이 좁아진다.

움라우트는 국어 음운론 연구의 초창기부터 논의되었던 대표적인 음운 현상이다. 움라우트에 대한 연구는 여러 단계를 거치면서 심화되었다. 초기에는 현상 자체를 정확하게 이해하는 데 초점이 맞추어졌다. 이 과정에서 개재 자음 조건이나 동화주, 피동화의 성격 등이 밝혀졌다. 다음 단계에는 모음 체계의 변화와 움라우트의 상관성 문제가 깊이 다루어졌다. 이것은 음운 체계와 음운 변화의 관계를 중시했던 당시의 연구 경향과도 무관하지 않다. 1980년대 이후에는 두 가지 측면의 연구가 이루어졌다. 하나는 움라우트 현상 자체를 더욱 정밀화하는 것이었고 다른 하나는 움라우트의

38 파생어 형성은 그 자체가 역사적으로 이미 끝나 버린 과정일 가능성이 크기 때문에 파생어에 적용된 움라우트 역시 공시적 기술의 대상이 되기 어려운 경우가 많다.

공시성 문제를 해결하는 것이었다. 이런 단계를 거쳐 움라우트 자체에 대한 이해는 매우 높은 수준에 다다랐다고 할 수 있다.

앞서 다룬 원순모음화나 전설모음화에 비해 움라우트는 적용되는 위치가 단순한 편이다. 움라우트는 '아기>애기'와 같이 인접 형태소의 영향을 받지 않는 형태소 내부에 적용되거나 '밥이 → 배비'처럼 형태소 경계 사이에서 적용된다. 인접 형태소의 영향을 입는 형태소 내부에 적용되는 경우는 활용형에서 찾을 수 없기 때문에 움라우트 자체만을 공시적으로 기술할 경우에는 큰 문제가 발생하지 않는다. 방언에 따른 모음 체계의 차이, 움라우트의 적용 양상 등에 따라 움라우트를 공시적 규칙으로 볼 수 있는지를 결정하기 애매한 경우도 없지 않지만 움라우트 자체에 대한 공시적 기술이 어려운 것은 아니다.[39]

공시적 기술에서 움라우트를 다룰 때 어려움이 발생하는 경우는 움라우트 외에 다른 음운 변화가 더 개입된 경우이다. 이 때 다른 음운 변화가 공시적 음운 규칙으로서의 자격을 갖추고 있다면 공시적 기술에서도 움라우트와 해당 음운 변화를 규칙으로 설정하여 차례대로 적용할 수 있다. 그러나 움라우트 이후에 적용된 음운 변화가 공시적 규칙으로 설정되기 어렵다면 공시적 기술은 통시적 변화 과정과는 무관한 방식으로 이루어져야만 한다. 여기에 해당하는 경우로 다음을 들 수 있다.

(29)

ㄱ. 비비(법+이), 띠기(떡+이), 눈씨비(눈썹+이), 인징이(인정+이)

ㄴ. 배비(법+이), 배비(밥+이)

ㄷ. 기미(금+이), 이리미(이름+이), 개비(겁+이), 배비(법+이)

ㄹ. 떡기기(떡국+이), 동핑이(동풍+이), 베기(복+이), 게미(곰+이)

ㅁ. 왱이(왕+이), 뭉꽤깄소(뭉꾸+어+기+었소, 묶으셨소)

39 이 문제를 다룬 논의로 최명옥(1988ㄴ)과 박창원(1991)을 들 수 있다. 두 논의는 움라우트의 공시성에 대한 판단에 있어 차이를 보인다.

(29ㄱ~ㅁ)은 각각 다른 방언의 자료를 반영한다. (29ㄱ)은 움라우트가 적용되어 '어'가 '에'로 바뀐 이후 여기에 다시 '에>이'가 적용되었다. (29ㄴ)은 움라우트가 적용된 이후 '에:애'의 대립이 사라져 두 모음이 합류되면서 '아'의 움라우트 출력형과 '어'의 움라우트 출력형이 같아진 경우이다. (29ㄷ)은 '으:어'의 대립이 중화되어 모음 합류가 일어났음에도 불구하고 기원적으로 '으'였던 모음과 '어'였던 모음의 움라우트 결과가 다르게 나타나고 있다. (29ㄹ)은 움라우트가 적용된 이후에 단모음 '외, 위'가 이중모음으로 바뀌고 그 이후 활음까지 탈락하면서 어간의 이형태 실현이 복잡해졌다. (29ㅁ)은 움라우트 이후에 이중모음 '왜, 웨'가 단모음 '외'로 바뀌면서 특이한 움라우트의 모습을 보인다.

이처럼 (29)는 움라우트 외에 다른 음운 변화가 함께 적용된 경우들이다.[40] 그런데 움라우트를 제외하면 (29)에서 나타난 그 어떤 음운 변화도 공시적 음운 규칙으로는 인정할 수 없다.[41] 역사적으로는 둘 이상의 음운 변화가 적용되어 나타났지만 그 음운 변화 중 일부를 공시적 규칙으로 설정할 수 없다면 공시적 기술은 역사적 변화 과정과는 차이를 보일 수밖에 없다.

특히 움라우트는 얼마든지 공시적 음운 규칙으로 설정할 수 있지만 다른 음운 변화들을 공시적 기술에 이용할 수 없게 됨으로써 움라우트 자체도 영향을 받게 된다는 점에 주목해야 한다. 이후의 내용에서 드러나지만 (29) 중 움라우트를 정상적으로 적용하여 기술할 수 있는 경우는 소수에 불과하다. 대부분은 움라우트와 무관한 방식으로 공시적 기술을 하게 된다. 이것은 관계를 맺고 있던 음운 규칙의 지위 변화가 다른 음운 규칙의 적용에도 영향을 미칠 수 있음을 잘 보여 준다.

40 모음의 변화와 움라우트의 상관성 문제는 박창원(1991)에서도 다루어졌다. 그러나 박창원(1991)의 관심은 모음 체계의 변화 양상에 따라 움라우트를 하나의 공시적 규칙으로 인정할 수 있는지 판단하는 데 놓여 있다. 반면 여기서의 초점은 움라우트가 관여되어 있는 자료를 규칙이든 아니든 어떤 방식으로 기술할 것인지에 맞추어져 있다.

41 자세한 내용은 후술한다.

5.4.2. 공시적 기술 방안

5.4.2.1. 움라우트와 '에>이'

'어'에 움라우트가 적용되어 나온 '에'가 다시 '에>이'의 적용을 받으면 결과적으로 '어'가 '이'로 바뀐 셈이 된다. 이런 모습은 동남 방언에서 흔히 발견할 수 있다. 논의의 편의를 위해 (29ㄱ)을 다시 가져오기로 한다.

(30)

비비(법 + 이), 띠기(떡 + 이), 눈씨비(눈썹 + 이), 인징이(인정 + 이)

(30)의 공시적 기술을 통시적 변화 과정과 동일하게 하려면 기저형을 '법 + 이'로 한 후 움라우트와 고모음화(에>이)를 순차적으로 적용해야만 한다. 그러나 이런 방식은 공시적 기술에서는 허용될 수 없다. 무엇보다도 고모음화는 무조건 변화이기 때문에 이런 규칙을 공시적 규칙으로 설정하면 절대 중화 규칙이 된다. 절대 중화 규칙은 극도의 추상적 분석이 유행했을 때의 산물이므로 공시적 음운 규칙으로 인정할 수 없다.

그런데 이 외에도 심각한 문제가 더 있다. (30)과 같은 모습을 보이는 동남 방언 중에는 '으 : 어', '애 : 에'의 구별이 되지 않는 경우가 많다. 이런 방언에서 만약 움라우트와 고모음화를 공시적 규칙으로 설정한다면 움라우트가 적용될 때에는 '어'와 '으'가 구별된다고 보아야 하고 고모음화가 적용될 때에는 '애'와 '에'가 구별된다고 보아야 하는 문제가 발생한다. '으'와 '어'가 구별된다고 보지 않으면 '법 + 이'가 '베비' 대신 곧바로 '비비'가 될 수 있어 고모음화가 적용되지 못하는 결과가 초래될 수 있다. 또한 '애'와 '에'가 구별된다고 보아야만 '법이'에 움라우트가 적용된 '베비'에만 고모음화가 적용되고 '밥이'에 움라우트가 적용된 '배비'에는 고모음화가 적용되지 않는 것을 설명할 수 있다. 이처럼 공시적 기술 과정에서 움라우트나 고모음화를 적용하여 올바른 표면형을 도출하려면 '으 : 어', '애 : 에'의 구별이 사라진 방언에서도 마치 모음들의 대립이 그대로 남아 있는 듯이 기술해야 하는 문제가 발생한다.

이상과 같은 이유 때문에 (30)은 역사적 변화 과정과 동일한 방식으로 기술하기 어렵다. (30)의 공시적 기술 방법은 방언에 따라 차이가 있다. 여기서는 '으 : 어', '애 : 에'가 모두 구별되는 방언과 모두 구별되지 않는 방언으로 나누어 공시적 기술 방법을 살피기로 한다.[42]

'으 : 어', '애 : 에'가 구별되면서 (30)과 같은 모습을 지니는 동남 방언은 8개의 단모음을 지닌다.[43] 이런 방언에서 (30)을 음운 규칙으로 기술하려면 '어'를 곧바로 '이'로 바꾸는 음운 규칙을 설정할 수밖에 없다. 기저형 '법 + 이'가 표면형 '비비'로 실현되는 데 있어 중간 단계를 거치게 하려면 필연적으로 공시성이 의심되는 음운 규칙을 필요로 하기 때문이다.

(31)

ㄱ. '어'는 '이' 앞에서 '이'로 바뀐다. 단 '어'와 '이' 사이에는 양순음이나 연구개음이 개재해야만 한다.

ㄴ. 법 + 이 → 비비

규칙 (31ㄱ)은 어떠한 중간 단계도 거치지 않고 기저형으로부터 표면형을 직접 도출한다. '어 + 양순음/연구개음'으로 끝나는 어간 뒤에 '이'가 올 때 항상 (31ㄱ)의 적용을 받는 한 (31ㄱ)과 같은 규칙을 설정하는 데 큰 문제는 없다. 다만 이러한 기술 방법에서 규칙 (31ㄱ)의 정체성은 여전히 문제가 된다. 이 규칙은 더 이상 움라우트가 될 수 없다. 움라우트는 모음 체계 상에서 혀의 전후 위치만 바꾸는 음운 규칙이다. 즉 모음들 사이의 수평적 이동만 초래할 뿐이다. 그러나 8모음 체계에서 '어'가 '이'로 바뀌는

42 '으 : 어'만 구별되고 '애 : 에'는 구별되지 않는 경우도 있을 수 있지만 두 가지 경우만 다루는 것으로도 충분하다.

43 10모음 체계에서 '외, 위'가 빠진 8모음 체계이다.

것은 사선(斜線)적 이동이므로 움라우트와는 무관하다. 또한 '어'만이 규칙 (31ㄱ)의 적용을 받음으로써 이 방언에 존재하는 정상적인 움라우트 규칙의 피동화주 목록에서 '어'는 제외해야만 한다. '어'가 빠진 움라우트는 규칙의 적용 환경이 축소되면서 규칙이 복잡해지는 결과를 맞는다. 더욱이 (31ㄱ)은 움라우트가 아님에도 불구하고 여전히 움라우트의 개재 자음 조건을 필요로 한다.

규칙 (31ㄱ)은 (30)과 같은 자료를 공시적으로 기술할 수 있는 유일한 음운 규칙이지만 음성적 타당성을 비롯한 여러 가지 측면에서 모호하거나 적지 않은 문제를 지니고 있다. 이것을 감안하여 음운 규칙으로 기술하는 방법을 택하지 않을 경우에는 복수 기저형 설정을 고려할 수 있다. 아래의 (32)는 기저형 설정 조건이나 형태소 구조 조건 등에 비추어 볼 때 어떠한 문제도 지니지 않는다.[44]

(32)

법('이' 앞) ~ 법(그 외의 경우)

한편 '으:어', '애:에'의 구별이 없어진 방언은 6개의 단모음을 지닌다. 이런 모음 체계 내에서도 (31ㄱ)과 같은 음운 규칙을 설정할 수 있지만 규칙의 정체성은 조금 차이가 있다. 6모음 체계에서 같은 규칙의 성격은 단모음들의 대립 관계를 어떻게 규정하느냐에 따라 달라진다.

44 이진호(2002ㄴ : 134)에서는 '빕'과 같은 기저형의 심리적 실재성이 확인되지 않는다면 복수 기저형을 설정하는 방법을 택하기 어렵다고 했다. 각 기저형들의 심리적 실재성이 중요한 것은 사실이지만 심리적 실재성이라는 것 자체가 매우 주관적인 평가 기준이 될 수 있다. 그러므로 여기서는 이 기준을 고려하지 않고 (32)도 공시적 기술 방안으로 충분하다고 본다.

(33)[45]

ㄱ.

	전설	후설	
	평순	원순	평순
고	이	우	어(ㅋ)
저	애(E)	오	아

ㄴ.

<table>
<tr><td rowspan="2"></td><td>전설</td><td colspan="2">후설</td></tr>
<tr><td>평순</td><td>원순</td><td>평순</td></tr>
<tr><td>고</td><td>이</td><td>우</td><td rowspan="2">어(ㅋ)</td></tr>
<tr><td>중</td><td rowspan="2">애(E)</td><td>오</td></tr>
<tr><td>저</td><td></td><td>아</td></tr>
</table>

(33ㄱ)과 (33ㄴ)의 차이는 모음의 분류 기준 중 혀의 높낮이에 의한 대립을 몇 개로 나눌 것인지에 있다. (33ㄱ)은 혀의 높낮이를 '고 : 저'의 두 개로 구분한 것으로 박창원(1986 : 5), 권미경(1991 : 9)에서 이런 태도가 나타난다.[46] 10모음 체계에서나 또는 단모음 '외, 위'가 빠진 8모음 체계에서는 혀의 높낮이를 '고 : 저'의 둘로 할 수 없지만 6모음 체계에서는 (33ㄱ)과 같은 대립 관계의 설정이 가능하다. (33ㄴ)은 기존의 모음 체계와 같이 혀의 높낮이를 '고 : 중 : 저'로 구분하되 합류된 모음들에 한해서만 혀의 높낮이를 구분하지 않은 것이다. 최명옥(1982 : 102)에서 이와 비슷한 대립 관계를 채택한 바 있다.[47]

(33ㄱ)과 (33ㄴ)의 차이는 단순히 혀의 높낮이를 구분한 수에만 국한

45 논의의 편의를 위해 6모음 체계에서 '으 : 어'가 중화된 모음은 '어(ㅋ)'로 '애 : 에'가 중화된 모음은 '애(E)'로 표기한다. 이러한 표기 방법은 이후에도 계속 유지된다.

46 이승재(1977 : 414)는 경상도 방언을 대상으로 한 것은 아니지만 혀의 높낮이를 '고 : 저'의 둘로 나눈 바 있다.

47 최명옥(1982 : 102)에서는 '애(E)'를 중모음으로 설정했다는 점에서 (33ㄴ)과 차이가 있다.

되지는 않는다. 여기에 따라 모음들 사이의 대립 관계도 조금씩 달라진다. (33ㄱ)은 6모음 체계에서 가정할 수 있는 이상적인 대립 관계를 이룬다. '전설:후설'의 대립 관계가 그대로 유지되면서 후설모음들은 다시 '원순:평순, 고:저'의 대립이 완벽하게 이루어지고 있다. 이러한 완벽한 대립 관계는 실제 언어 사실과는 부합하지 않는 측면도 있다. 대표적으로 '아:오'가 원순성 여부에 따른 대립쌍으로 설정된 것을 들 수 있다. 언어 보편적으로 볼 때 평순모음 '아'의 원순성 대립쌍은 존재하지 않는 것이 일반적이라는 점에서 (33ㄱ)은 지나치게 체계 중심적이라는 문제도 안고 있다.

반면 (33ㄴ)은 모음들의 대립 관계가 (33ㄱ)에 비해 매우 불분명하다. 우선 '전설:후설'의 대립 관계부터 문제가 된다. (33ㄴ)에서 전설모음 '이'는 '우'뿐만 아니라 부분적으로는 '어(ㅋ)'와도 전후 대립을 이룬다. 더 복잡한 것은 '애(E)'의 전후 대립 관계이다. (33ㄴ)에서는 '애(E)'가 '우'를 제외한 모든 후설모음과 전후 대립을 이루게끔 되어 있다. 이 외에 후설모음 '어(ㅋ)'의 원순성 대립짝도 '오, 우'가 모두 가능해 전반적으로 모음들의 대립 관계가 상당히 혼란스럽다.

이처럼 동일한 6모음 체계라고 하더라도 모음들의 대립 관계는 전혀 다른 방식으로 규정할 수 있다. 어떤 대립 관계를 설정하느냐에 따라 동일한 음운 규칙의 성격이 전혀 다르게 해석될 수도 있고 심지어는 규칙의 설정 자체에 있어서도 차이가 날 수 있다. 여기서는 (33ㄱ)과 (33ㄴ)이 모두 6모음 체계에서의 가능한 대립 관계로 보고 각각의 경우를 구분하여 논의하고자 한다.

(33ㄱ)과 같은 대립 관계 하에서는 '법+이'가 '비비'로 실현되는 것을 다음과 같은 규칙으로 기술할 수 있다.

(34)

'어(ㅋ)'는 '이' 앞에서 '이'로 바뀐다. 단 '어'와 '이' 사이에는 양순음이나 연구개음이 개재해야만 한다.

(34)는 앞서 8모음 체계에서 살폈던 규칙 (31ㄱ)과 비슷하다. 그러나 그 지위는 전혀 다르다. 8모음 체계에서의 규칙 (31ㄱ)은 움라우트와는 구별되며 여러 가지 점에서 문제를 야기하였다. 그러나 6모음 체계에서의 규칙 (34)는 그런 문제를 지니지 않는다. (33ㄱ)과 같은 모음 체계 하에서 '어(ㅋ)'에 움라우트가 적용되면 그 결과는 '이'가 될 수밖에 없다. '어(ㅋ)'의 전설모음 대립쌍은 '이'이기 때문이다. 더욱이 '법+이'가 '비비'로 실현되는 방언에서는 '으:어'의 대립이 사라지기 이전에 '으'는 움라우트에 의해 '이'로 바뀌고 '어'는 움라우트 이후에 '에>이'에 의해 '이'로 바뀜으로써 결국 '으, 어'가 모두 '이' 앞에서 '이'로 변화했다. 이것이 (33ㄱ)과 같은 대립 관계에서는 중화된 모음 '어(ㅋ)'가 움라우트에 의해 '이'로 바뀐다는 사실로 반영된다.

이처럼 (33ㄱ)과 같은 대립 관계 하에서의 규칙 (34)는 다른 방언의 움라우트와 대등한 성격을 지니므로 공시적인 규칙으로서 어떠한 문제도 일으키지 않는다. 다만 두 가지 측면에서 통시적 변화 양상과 공시적 기술 내용이 달라진 것은 지적하지 않을 수 없다. 하나는 통시적으로 움라우트와 고모음화의 두 음운 변화가 적용된 것을 공시적으로는 움라우트라는 하나의 규칙만으로 기술했다는 점이고 다른 하나는 공시적 규칙으로 설정된 움라우트가 통시적으로 실재했던 움라우트와는 달라졌다는 점이다.

(33ㄱ)과 같은 대립 관계에서는 움라우트만으로도 '비비(법+이)'를 충분히 기술할 수 있지만 (33ㄴ)에서는 상황이 전혀 달라진다. (33ㄴ)에서는 '어(ㅋ)'가 움라우트의 적용을 받으면 '이'가 될 수도 있지만 '애(E)'가 될 수도 있다. 그러므로 '비비(법+이)'를 움라우트라는 규칙으로 기술할 수는 없다. '법+이'에 적용되어 '비비'로 바꾸어 주는 음운 규칙을 (33ㄴ) 하에서도 설정할 수는 있지만 이 규칙은 정상적인 움라우트와는 구별되는 것으로 결국 앞서 8모음 체계에서 보았던 규칙 (31ㄱ)의 문제를 그대로 안고 있다. 따라서 6모음 체계의 대립 관계를 (33ㄴ)과 같이 규정하면 '비비(법+이)'의 공시적 기술도 8모음 체계에서와 같은 방식으로 이루어질 수밖에 없다.

5.4.2.2. 움라우트와 모음의 합류

움라우트가 적용된 후 모음의 합류가 일어나는 경우도 있다. 모음의 합류는 '애 : 에'의 합류와 '으 : 어'의 합류가 있다. 앞에서 살폈던 (29ㄴ, ㄷ)이 여기에 속한다. 이 중 '애 : 에'가 합류된 (29ㄴ)의 공시적 기술 방법부터 살피기로 한다.

(35)

배비(법 + 이), 배비(밥 + 이), 개비(값 + 이), 개비(겁 + 이)[48]

(35)는 전남 방언에서 흔히 볼 수 있다. 기원적으로 '아'에 움라우트가 적용될 때와 '어'에 움라우트가 적용될 때에는 그 출력형이 '애'와 '에'로 다르지만 '애 : 에'의 대립이 사라져 두 모음이 합류되면서 (35)와 같이 '아'와 '어'의 움라우트 결과가 같아졌다.[49] (35)는 역사적으로 움라우트와 모음 합류를 순서대로 적용 받아 나왔지만 공시적으로 기술할 때에는 이러한 변화 과정을 그대로 반영할 수 없다. 모음의 합류와 같이 무조건적 변화이면서 음운 체계의 변화를 초래하는 변화는 공시적 음운 규칙으로 설정할 수 없기 때문이다.

(35)의 공시적 기술은 통시적 변화 과정과는 달리지지만 매우 단순하게 할 수 있다. (35)가 나타나는 방언에서는 '애'와 '에'가 합류되어 전설의 평순모음은 '이, 애(E)'밖에 없다. 이 때 '애(E)'와 혀의 전후 위치에 따라 대립하는 후설모음은 '아'와 '어'이므로 '아, 어'에 움라우트가 적용되면 '애(E)'가 되는 것이 당연하다. 이처럼 '밥 + 이'와 '법 + 이'는 모두 공시적으로는 움라우트의 적용만으로도 '배비'가 되는 것을 설명할 수 있다.

(35)의 공시적 기술은 통시적 변화 과정에 비추어 두 가지 차이가 있다.

48 '개비(값 + 이)'는 '값'이 '갑'으로 재구조화된 지역에서 움라우트를 적용 받아 나온 형태이다.

49 5.4.2.1.에서 다룬 '비비'는 '애'와 '에'가 합류되기 전에 '에'가 '이'로 고모음화한 결과이다. (35)는 고모음화가 일어나지 않은 방언의 모습이다.

우선 움라우트와 모음 합류라는 두 단계의 역사적 변화가 공시론에서는 움라우트라는 하나의 음운 규칙으로 기술된다는 점을 들 수 있다. 다음으로 '어'에 적용되는 움라우트는 역사적으로 '에'를 만들어 냈지만 공시적으로는 '애(E)'라는 출력형을 만들어 낸다는 점이다.

움라우트가 적용된 이후에 '으 : 어'의 대립이 소멸할 수도 있다. '애 : 에'의 합류는 움라우트의 출력형에 직접 적용되어 '아, 어'의 움라우트 결과를 동일하게 만들었지만 '으 : 어'의 합류는 움라우트의 출력형에 직접 영향을 미치지는 않는다. '으'든 '어'든 모두 후설모음이므로 움라우트의 출력형이 될 수 없다. 오히려 '으 : 어'의 합류는 움라우트의 입력형과 관련이 된다.

(36)

기미(금 + 이), 이리미(이름 + 이), 개비(겁 + 이), 배비(법 + 이)[50]

(36)은 경남 방언에서 흔히 나타난다. (36)에서 특이한 것은 '으'와 '어'가 분명 합류되었는데도 불구하고 움라우트의 적용에서는 마치 두 모음이 여전히 변별되는 듯한 모습을 보인다는 사실이다. 기원적으로 '으'였던 모음은 움라우트가 적용되었을 때 '이'가 되지만 원래 '어'였던 모음은 움라우트가 적용되어 '애(E)'가 된다. (36)은 '으'와 '어'가 구분되던 시기의 언어 모습이 지금까지도 남아 있는 일종의 화석형이다.

(36) 역시 역사적 변화 과정과 공시적 기술 방식은 같을 수가 없다. (36)은 역사적으로 '금이〉기미, 겁이〉게비〉개비'와 같은 과정을 거쳤지만 공시적으로는 이런 도출 과정을 상정하기 어렵다. 우선 이와 같은 과정을 거치려면 '어'와 '으'가 변별된다고 보아야 하는데 이것은 매우 곤란하다. 또한 '겁이〉게비〉개비'에서 적용된 모음 합류는 공시적 음운 규칙이 될 수 없다.

50 '개비, 배비'의 '애'는 '에'와 '애'가 합류된 '애(E)'이다.

(36)의 공시적 기술에서 해결해야 하는 문제는 이미 대립이 사라져 버린 '으'와 '어'가 다르게 행동하는 것을 어떻게 반영할 것인가이다.[51] 이런 차이를 음운 규칙으로 기술하기 위해 지금까지 다양한 방안들이 강구되었지만 현재로서 만족스러운 것은 아직 제시된 바 없다.[52] 단수 기저형을 설정하여 음운 규칙을 적용하는 방식으로는 (36)을 제대로 기술할 수 없기 때문에 여기서는 복수 기저형을 설정하는 것이 타당하다고 본다. 복수 기저형은 다음과 같이 설정할 수 있다.

(37)

ㄱ. 김('이' 앞) ~ 검(그 외의 경우)

ㄴ. 뱁('이' 앞) ~ 법(그 외의 경우)

(37ㄱ)은 기원적으로 어간 마지막 음절의 모음이 '으'인 경우, (37ㄴ)은 '어'인 경우의 복수 기저형 설정 방식이다. 움라우트가 적용되는 환경에서 나타나는 어간형은 처음부터 움라우트가 적용된 것을 기저형으로 삼아 (36)의 도출 과정에서 움라우트를 적용시키지 않는다. 이것은 '으'와 '어'가 구별되는 듯한 모습을 음운 규칙으로는 기술할 수 없어 처음부터 기저형에 그 차이를 반영한 결과이다. "이' 앞'을 제외한 나머지 환경에서의 기저형은 기원적으로 '으'를 가졌던 체언이나 '어'를 가졌던 체언이나 어간말 모음이 '어(ㅓ)'로 동일하다. 이것은 이 방언에서 현재 두 모음이 구별되지 않는다는 사실을 반영한 것이다.

5.4.2.3. 움라우트와 '외, 위'의 이중모음화

단모음 '외, 위'는 '오, 우'에 움라우트가 적용되었을 때의 출력형이다.

51 이 문제는 5.5.의 중심 주제이기도 하다. 다만 5.5.에서 다룰 대상은 활용 어미임에 비해 여기서 문제 되는 것은 어간이기 때문에 차이가 있다.

52 구체적인 방안은 5.5.2.에서 자세히 살피기로 한다.

그런데 이 출력형이 변화를 입으면 움라우트에도 영향을 미칠 수밖에 없다. 동남 방언 중에는 단모음 '외, 위'가 이중모음 'wi, we'로 바뀐 후 자음 뒤에서 'w'가 탈락하기도 한다. 이런 방언에서는 다음과 같은 형태들이 나타난다.

(38)

떡기기(떡국+이), 동핑이(동풍+이), 배기(복+이), 개미(곰+이)

(38)은 역사적으로 '움라우트〉외, 위-이중모음화〉w-탈락'이라는 세 단계를 거쳐 나왔지만 이러한 변화 과정을 공시적 도출 과정에 그대로 반영할 수는 없다. 무엇보다도 '외, 위'의 이중모음화가 문제이다. 이 규칙을 설정하기 위해서는 단모음 '외, 위'를 기저형에 설정해야 하는데 (38)과 같은 자료가 나타나는 동남 방언에서는 '외, 위'가 단모음으로 존재하지 않는다. 게다가 단모음 '외, 위'가 존재한다고 하더라도 '외, 위'가 이중모음으로 바뀌는 규칙은 절대 중화 규칙일 뿐만 아니라 음운 체계의 변화를 초래하는 성격을 가지므로 공시적 음운 규칙이 될 수 없다. 이 외에 5.2.2.에서 살펴보았듯이 자음 뒤에서 적용되는 w-탈락 역시 공시적 규칙으로 설정하기에는 문제가 많다.

일반적으로 (38)과 같이 모음과 관련된 경우의 공시적 기술 방안은 해당 방언의 모음 체계에 따라 차이가 있다. 그러나 (38)의 경우에는 모음 체계의 차이가 공시적 기술에 큰 영향을 미치지는 않는다. (38)이 나타나는 동남 방언은 6모음 체계, 7모음 체계, 8모음 체계를 가진 하위 방언들이 있다. 그런데 이 방언들은 공통적으로 전설모음 계열에 원순모음을 지니지 않는다. (38)은 후설원순모음 '오, 우'가 전설모음으로 바뀌는 과정이 매우 중요한데 동남 방언은 모두 전설원순모음이 없기 때문에 어떤 모음 체계를 기준으로 하든 결과는 동일하다. 여기서는 6모음 체계를 논의 대상으로 삼기로 한다.

6모음 체계는 5.4.2.1.에서도 본 바와 같이 모음들의 대립 관계를 (33ㄱ)으로 설정할 수도 있고 (33ㄴ)으로 설정할 수도 있다. 그런데 (38)을 기술할 때에는 어떤 경우든 상관 없이 단수 기저형에 움라우트를 적용하는 방식으로 기술할 수 있다. (33ㄱ, ㄴ)에서 후설모음 '오, 우'에 대응하는 전설모음은 각각 '애(E), 이'이다. 따라서 움라우트 하나만 적용해도 '떡국+이, 복+이'가 각각 '떡기기, 배기'로 실현되는 것을 설명할 수 있다. 통시적으로 여러 단계를 거쳐 형성되었지만 모음 체계의 변화 때문에 하나의 규칙만 적용해도 공시적 기술로 충분한 것이다.

(38)을 설명하기 위해 설정한 움라우트는 역사적 변화에서와는 달리 모음의 원순성도 변화시킨다는 특징을 지닌다. 움라우트는 혀의 전후 위치만 변화시키며 (38)에 적용된 움라우트도 통시적으로는 원순모음 '오, 우'를 원순모음 '외, 위'로 변화시켰었다. 그러나 (38)의 공시적 기술에서 설정된 움라우트는 모음 체계에 전설 원순모음이 없음으로 인해 후설모음을 모두 전설 평순모음으로만 바꾸게 된다. 모음 체계의 변화가 음운 규칙의 변화로 이어진 경우라고 하겠다.

5.4.2.4. 움라우트와 '왜, 웨'의 단모음화

서남 방언에는 이중모음 '왜, 웨'가 단모음 '외'로 축약되는 변화가 존재한다. 이 변화는 최전승(1987:23~24), 김옥화(1994:75), 정인호 (1995:21)에서도 지적된 바 있다.

(39)

ㄱ. 회방[höbaŋ](〈훼방), 왼니리냐[önnirinja](〈웬일이냐), 괴짝[köʧ'ak](〈궤짝)

ㄴ. 굉이[köŋi](〈괭이), 꾕이[k'öŋi](〈괭이), 회[hö](〈홰), 외무시[ömusi](〈왜무우)

(39ㄱ, ㄴ)은 각각 '웨'와 '왜'가 단모음 '외'로 축약된 예들이다. 모음 체계를 고려해 볼 때 (39ㄱ)과 같이 '웨'가 '외'로 축약되는 것은 매우 자연스러운 과정이다. 이중모음 '웨'를 이루는 구성 요소 중 단모음인 '에'는 전설 중모음이므로 활음 'w'와 축약되면 활음의 원순성이 더해져 전설 원순 중모음 '외'로 바뀌는 것이 쉽게 설명된다. 반면 (39ㄴ)의 '왜'가 '외'로

축약되는 것은 일견 부자연스러워 보인다. '왜'를 이루는 단모음 '애'는 저모음으로 국어의 저모음 계열에는 평순모음만 있을 뿐 원순모음이 존재하지 않으므로 'w'와 축약되어도 원순모음이 되기는 어렵다. 그러나 (39)가 나타나는 방언은 '애'와 '에'가 합류되었다는 특징을 지닌다. '애'와 '에'의 합류는 이중모음 '왜'와 '웨'의 구별을 어렵게 만든다. 즉 '애'와 '에'의 합류로 '왜'와 '웨'도 같아짐으로써 '왜, 웨'가 모두 '외'로 축약될 수 있었던 것이다.

'왜, 웨-축약'은 (39)와 같이 형태소 내부는 물론이고 형태소의 교체와 관련된 위치에서도 적용된다. 이 때의 '왜, 웨-축약'은 움라우트와 관련된다. 국어에는 'w'로 끝나는 형태소가 없기 때문에 '왜, 웨-축약'의 입력형은 순수한 형태소의 결합만으로는 만들어지지 않는다. 대신 '와, 워'에 움라우트가 적용되어 나온 '왜, 웨'가 다시 단모음으로 축약되는 변화가 존재한다.

(40)

ㄱ. 욍이[öŋi](왕 + 이), 욍이다[öŋida](왕 + 이다)

ㄴ. 시쾨깄소[sik'ʰökits'o](시쿠 + 어 + 기 + 었 + 소, 식히-[冷]),

뭉꾀깄소[muŋk'ökits'o](뭉꾸 + 어 + 기 + 었 + 소, 묶-[束])

(40)은 정인호(1995 : 21, 63)에 제시된 화순 지역어 자료이다. (40)에서 일어난 '왜, 웨-축약'은 형태소의 교체와 관련되기 때문에 공시적 음운 기술의 대상이 된다. (40ㄱ, ㄴ)의 역사적 형성 과정은 다음과 같다.

(41)[53]

ㄱ. 왕이 〉 왱이 〉 욍이

(움라우트) (왜-축약)

ㄴ. 시쿠어깄소 〉 시쿼깄소 〉 시퀘깄소 〉 시쾨깄소

(활음화) (움라우트) (웨-축약)

(41ㄱ)과 (41ㄴ)의 차이는 활음화의 개재 여부이다. (41ㄱ)은 움라우트의 적용을 받기 전에 이미 '와'가 있으므로 움라우트의 적용만 받았지만 (41ㄴ)은 우-말음 어간 뒤에 모음 어미가 결합하여 활음화가 일어났고 여기에 움라우트가 적용되었다. 그런데 (41)과 같은 통시적 변화 과정은 공시적 기술에는 그대로 반영될 수 없다. 그 이유는 '왜, 웨-축약'에 있다.

앞서도 지적했듯이 '왜, 웨-축약'의 입력형은 형태소의 결합만으로 이루어지지 않는다. 이것은 '왜, 웨-축약'이 일어나기 위해서는 반드시 다른 음운 규칙이 선행해야만 함을 의미한다. 이럴 경우 '왜, 웨-축약'은 항상 중간형만을 입력형으로 삼기 때문에 규칙의 독자적 타당성이 매우 떨어진다. 또한 (41ㄱ)의 경우에는 '왜-축약'이 형태소 내부에 적용되어야 하기 때문에 공시적 규칙으로 설정하기 어렵다는 문제도 있다.

(40)을 공시적으로 기술할 때 단수 기저형에 음운 규칙을 적용하는 방식을 택하려면 다음과 같은 규칙을 설정하는 수밖에 없다.

(42)

ㄱ. '와, 워'는 '이' 앞에서 단모음 '외'로 바뀐다. 단 '와, 워'와 '이' 사이에는 양순음이나 연구개음이 개재해야만 한다.

ㄴ. 왕+이→욍이

ㄷ. 시쿠+어겠소→시쿼겠소→시쾨겠소

(40)과 같은 모습을 보이는 방언은 '와, 워' 뒤에 '이'가 올 때 최종적으로 '와, 워'는 '외'로 나타난다. 그런데 '와, 워'가 중간 단계를 거쳐 '외'로 실현되게끔 기술하려면 문제가 발생하므로 '와, 워'와 '외'를 직접 연결하는 (42ㄱ)과 같은 규칙을 설정해야만 한다. 이 규칙은 움라우트와는 매우 다른 모습을 가진다. 그럼에도 불구하고 개재자음 조건은 움라우트와 동일하다.

53 (41ㄴ)에서 '기+었+소'가 '겠소'로 변화하는 과정은 여기서의 논의와 관련 없으므로 '겠소'로만 제시한다.

이것은 움라우트와 '왜, 웨-축약'이라는 두 개의 변화가 하던 역할을 하나의 규칙이 함으로써 발생한 것이다. 그 결과 규칙의 음성적 타당성이 매우 의심되는 것이다.

음운 규칙을 이용한다면 (42ㄱ) 이외의 대안은 고려하기 힘들다. 그러나 (42ㄱ)이 규칙으로서는 문제가 있다는 점에서 복수 기저형을 설정하여 기술하는 방안도 고려할 수 있다. (40ㄱ)을 복수 기저형으로 기술할 경우 다음과 같이 복수 기저형을 설정할 수 있다.

(43)

왱('이' 앞) ~ 왕(그 외의 경우)

(43)은 기저형 설정과 관련된 어떠한 조건도 위배하지 않는다. '왜, 웨-축약'이 공시적 규칙으로 설정되기 어렵기 때문에 '왜, 웨-축약'의 입력형을 만들어 낸 움라우트 역시 (40ㄱ)에는 적용할 수 없게 되었다. 그리하여 처음부터 기저형에 움라우트와 '왜, 웨-축약'이 모두 적용된 형태를 설정하여 기술하는 것이다.

그런데 (40ㄴ)은 복수 기저형을 설정해서도 기술하기 어렵다. (40ㄱ)은 어간과 조사를 분리하는 것이 쉽지만 (40ㄴ)은 어간과 어미의 분리 자체가 어려울 정도로 녹아 붙은 것이다. 복수 기저형의 설정을 위해서는 어간과 어미의 분석이 용이해야 하지만 (40ㄴ)은 그렇지 못하기 때문에 복수 기저형 설정이 어렵다. (40ㄴ)은 (42ㄱ)과 같은 음운 규칙을 적용하여 기술하지 않는 한 해당 활용형을 그대로 어휘부에 등재하는 방식을 택할 수밖에 없다.

5.5. '으 : 어'의 합류와 공시적 음운 기술

5.5.1. 문제 제기

경남 방언에서는 '으'와 '어'가 합류되어 더 이상 구분되지 않는다. 그런데 이 두 모음이 구분되는 듯한 모습을 보이는 경우도 있다. 앞서 5.4.2.2.에서 보았듯이 움라우트가 적용되었을 때 기원적으로 '으'였던 모음과 '어'였던 모음이 차이를 보이는 것이 대표적이다. 움라우트의 적용에서 두 모음이 구분되는 듯한 모습을 보인 것은 어간에 한정된다. 그러나 어미의 경우에도 두 모음이 구분되는 경우가 있다. 오히려 어미에서는 이런 현상이 어간에 비해 훨씬 광범위하게 나타난다.

지금까지 어미는 그 두음에 따라 자음 어미, 모음 어미, 매개모음 어미로 구분해 왔다. 모음 어미는 환경에 따라 '아'나 '어'가 나타나는데 '어'가 출현하는 환경에서는 '으 : 어'의 대립이 합류될 경우 모음 어미와 매개모음 어미의 두음이 구별되지 않는다. 둘 다 '으'와 '어'가 합류된 '어(ㅋ)'가 어미의 두음으로 쓰인다. 그런데도 음운 규칙이 적용될 때 모음 어미와 매개모음 어미의 두음이 명확히 구분되는 듯한 모습을 보인다.

(44)

ㄱ. 어부모(업+으면), 널분(넓+은), 엷분(엷+은)

ㄱ'. 어버서(업+어서), 널버도(넓+어도), 열버(엷+어)

ㄴ. 지지모(짖+으면), 이씨모(있+으면), 이지모(잊+으면)

ㄴ'. 지저도(짖+어도), 이써도(있+어도), 이저서(잊+어서)

ㄷ. 멀모(멀+으면), 얼모(얼+으면), 덜모(덜+으면)

ㄷ'. 머러서(멀+어서), 어러서(얼+어서), 더러도(덜+어도)

ㄹ. 이모(이+으면, 戴), 싸우모(싸우+으면)

ㄹ'. 여서(이+어서), 싸워도(싸우+어도)

(44ㄱ, ㄱ′)에서는 원순모음화가 기원적으로 '으'를 두음으로 가졌던 매개모음 어미에만 적용되고 원래 '어'가 두음이었던 모음 어미에는 적용되지 않는다.[54] (44ㄴ, ㄴ′)은 전설모음화, (44ㄷ, ㄷ′)은 'ㄹ' 뒤에서 적용되는 어미초 '으-탈락'이 매개모음 어미에만 적용되고 있다. (44ㄱ~ㄷ)이 매개모음 어미에만 규칙이 적용되고 모음 어미에는 적용되지 않는다는 공통점을 보인다면 (44ㄹ, ㄹ′)은 매개모음 어미에 적용되는 규칙과 모음 어미에 적용되는 규칙이 서로 다르다는 특징을 지닌다. 즉 (44ㄹ)과 같이 매개모음 어미와 결합할 때에는 단순히 으-탈락이 일어나지만 (44ㄹ′)처럼 모음 어미와 결합할 때에는 활음화가 적용되는 것이다.

(44)와 같은 현상은 모두 원순모음화를 비롯한 여러 음운 변화가 먼저 일어나고 난 이후에 '으 : 어'의 대립이 사라진 결과이다. 원순모음화나 전설모음화 등이 적용되면 어미의 두음이 '우'나 '이'로 바뀌어서 이후에 '으'와 '어'가 합류되어도 이전의 모습을 그대로 유지한다. 그래서 모음이 합류된 이후에도 이전에 '으'와 '어'가 구분되던 시기의 양상을 간직하는 것이다.

(44)를 공시적으로 기술할 때 역사적 변화 과정을 되풀이할 수 없는 것은 너무나 당연하다. 역사적 변화 과정 중 '으 : 어'의 합류는 공시적 규칙으로서의 자격을 전혀 갖추지 못한다. 무조건 변화이므로 형태소 내부에 적용되며 음운 체계의 변화를 초래할 수밖에 없다. 더욱이 '으 : 어'의 합류를 공시적 규칙으로 인정한다면 기저형에서는 '으'와 '어'를 구별해야 한다는 문제가 추가로 발생한다. 비록 (44)에 적용된 통시적 변화 중 원순모음화, 전설모음화, 으-탈락, 활음화 등은 공시적 규칙으로서도 전혀 문제가 없지만 '으 : 어'의 합류 때문에 (44)는 통시적 변화 과정과는 무관하게 공시적 기술을 하게 된다.

54 경남 방언의 하위 방언 중에는 '절먼(젊 + 은), 매번(맵 + 은), 떨번(떫 + 은)'과 같이 매개모음 어미와 결합해도 원순모음화가 일어나지 않고 합류된 모음 '어(ㅋ)'가 그대로 실현되는 경우가 없지 않다. 이런 경우의 공시적 기술은 어미의 두음 기저형을 '어(ㅋ)'로 설정하여 간단하게 할 수 있다. 그러나 (44ㄱ)과 같은 모습을 보이는 방언이 더 많다.

5.5.2. 공시적 기술 방안

(44)의 공시적 기술 방법을 고려할 때의 초점은 '으'와 '어'가 구별되는 것을 어떻게 반영할 것인가에 놓여 있다. '으'와 '어'의 음운론적 대립이 사라졌음에도 불구하고 구별되는 듯이 행동하므로 두 모음의 차이는 더 이상 음운론적인 방법으로는 나타내기 어렵다. 그런데 음운론적으로 두 모음을 구별하지 않는다면 다른 방편을 고려하기도 쉽지 않다. 여기에 문제 해결의 어려움이 있다. 지금까지 (44)를 공시적으로 기술하기 위해 여러 가지 방안들이 제시되었다. 그 중 음운 규칙을 이용하여 기술하는 방법으로는 다음을 들 수 있다.

(45)

ㄱ. '으'와 '어'를 별개의 모음으로 설정하는 방법

ㄴ. 별개의 모음으로 설정하지는 않고 '으'와 '어'에 구별 자질을 표시

(45ㄱ)은 구분되지 않는 두 모음을 적어도 기저 층위에서는 구분하자는 것으로 최명옥(1980), 민원식(1982) 등에서 제안되었다. '으'와 '어'가 합류된 것은 표면 층위의 문제로 돌리고 기저에는 두 모음을 구별하여 (44)의 문제를 해결하는 방안이 (45ㄱ)이다. 이런 기술 방안은 '으'와 '어'가 보이는 차이를 가장 확실하게 기술할 수 있다는 장점이 있지만 장점보다 더 큰 부담을 떠안아야만 한다. 표면 층위에서 구분되지 않는 두 분절음을 기저 층위에 구분한 뒤 그 차이를 기술하는 것은 대표적인 추상적 분석 방안이다. 이처럼 추상적 분절음을 설정하거나 표면 층위에서 사라진 대립 관계를 기저형에서 이용하면 3.4.1.2.에서 제시한 기저형 설정 조건 중 분절음의 성격과 관련된 조건을 필연적으로 어기게 된다. 또한 기저 층위에서 구분한 '어'와 '으'를 '어(ㅋ)'로 바꾸기 위해서는 절대 중화 규칙이라는 인위적 장치를 필요로 한다. 절대 중화 규칙은 그 자체로도 추상적이지만 (44)의 원순모음화를 비롯한 다른 음운 규칙보다 반드시 늦게 적용해야 한다는 인위적

규칙순도 필요하다. 이러한 인위적 규칙순은 오로지 이 경우에만 필요하기 때문에 그 타당성을 인정하기 어렵다.

(45ㄴ)은 (45ㄱ)이 지닌 부담, 즉 구별되지 않는 두 모음을 별개의 음운으로 설정하는 문제점을 해소하기 위한 것이라고 할 수 있다. 이러한 기술 방법은 최명옥(1978, 1982), 신기상(1987)에서 채택하였다. (45ㄴ)에서는 '으'와 '어'를 별개의 음운으로 인정하지 않는다. 두 모음이 합류된 하나의 모음 '어(ㅋ)'만 설정할 뿐이다. 대신 기원적으로 '으'였던 '어(ㅋ)'와 '어'였던 '어(ㅋ)'를 구분하기 위해 '어(ㅋ)'에 구별 자질을 부여한다. 예를 들어 기원적으로 '으'였던 '어(ㅋ)'에는 '˘'와 같은 표시를 해서 '어(ㅋ)˘'와 같이 나타내고 원래 '어'였던 '어(ㅋ)'는 그대로 두는 방식이다.[55] 이것은 기존의 '약모음 : 강모음' 또는 '이완모음 : 긴장모음'의 구별을 응용한 것으로 '으'는 모음 관련 음운 현상에서 탈락되거나 또는 다른 모음으로 잘 바뀌므로 약모음이나 이완모음으로 규정하여 '어'와 구분한 것이다.[56]

이처럼 '어(ㅋ)'에 구별 자질을 표시하면 비록 음운의 측면에서는 하나의 음운이라도 구별되는 행동을 보이는 현상을 기술할 수 있다. 매개모음 어미의 두음 '어(ㅋ)'와 모음 어미의 두음 '어(ㅋ)'는 구별 자질에 의해 차이가 나므로 이 차이를 이용하여 음운 규칙의 적용 여부를 달리하면 된다. 가령 (44ㄱ, ㄴ)의 원순모음화나 전설모음화는 '어(ㅋ)˘'에만 적용된다고 형식화를 하면 모음 합류 이전의 '으'였던 '어(ㅋ)'에만 규칙이 적용될 뿐이다.

그러나 (45ㄴ)과 같은 방법 역시 (45ㄱ)과 비슷한 비판을 피하기는 어렵다. (45ㄴ)은 '으'와 '어'를 별개의 음운으로 설정하지 않았을 뿐 구별 자질이라는 추상적 장치를 이용해 두 종류의 '어(ㅋ)'를 구별하고 있다. (45ㄱ)과 같이 행동을 달리 한다는 이유만으로 구별되는 두 개의 음운을 설정하거나 또는 (45ㄴ)과 같이 하나의 음운에 인위적인 구별 자질을

55 구별 자질의 표시 방법은 다양하게 이루어질 수 있다. 중요한 것은 어떤 표시를 하든 두 가지를 구분한다는 점이다.

56 약모음이나 이완모음에 대한 발상은 김완진(1972ㄴ)에서 비롯되었다.

부여하여 두 개의 음운처럼 기술하는 방안은 모두 Kiparsky(1968b)에서 비판한 태도로 각각 음운 자질의 구별 자질적 이용(diacritic use of phonological feature), 구별 자질의 음운론적 이용(phonological use of diacritic feature)이라고 부르던 것들이다. 어떤 방식이든 '으'와 '어'를 구분하여 (44)를 기술하는 것은 무리가 따른다.

'으'와 '어'를 구분할 수 없다면 음운 규칙을 이용하여 기술하기도 어렵다. 합류가 일어난 '어(ㅋ)'에 음운 규칙을 적용한다면 일률적으로 적용되든지 또는 적용되지 않아야만 한다. (44)처럼 적용되는 경우와 적용되지 않는 경우가 명확히 구분되는데도 하나의 음운 '어(ㅋ)'만 설정해서는 음운 규칙을 올바르게 적용할 수 없다.

음운 규칙을 이용할 수 없으면 차선책으로 복수 기저형을 설정하는 기술 방법을 고려할 수 있다. 이를 위해서는 우선 (44)에서 구별되는 매개모음 어미와 모음 어미 중 어떤 것을 복수 기저형으로 설정해야 할지부터 정해야 한다. 매개모음 어미를 복수 기저형으로 설정한다면 어미의 두음 '어(ㅋ)'가 있는 것과 없는 것의 두 가지를 설정할 수 있다. 그런데 모음 어미는 복수 기저형으로 설정하기가 매우 애매하다.[57] (44)에서 모음 어미는 어떤 경우든 두음 '어(ㅋ)'가 나타나므로 매개모음 어미처럼 '어(ㅋ)'가 있는 것과 없는 것으로 설정할 수는 없다. 또한 그 두 음이 항상 '어(ㅋ)'로만 나타나므로 다른 모음이 있는 형태를 복수 기저형으로 설정할 수도 없다. 결과적으로 (44)를 복수 기저형으로 기술한다면 매개모음 어미를 복수 기저형으로 해야만 한다.

매개모음 어미를 복수 기저형으로 설정한다면 다음과 같은 형태가 될 것이다.[58]

57 모음 어미의 두음은 환경에 따라 '아' 또는 '어(ㅋ)'로 나타나지만 여기서의 논의 대상은 '어(ㅋ)'에 국한되므로 '아'는 고려하지 않는다.

58 논의의 편의를 위해 조건을 나타내는 어말 어미 '-으모(-으면)'을 대상으로 한다.

(46)

-어(ㅋ)모('ㄹ'을 제외한 자음 뒤) ~ -모(그 이외의 경우)

(46)과 같은 복수 기저형을 설정하면 (44ㄷ, ㄹ)에 대한 기술에는 매우 유리해진다. (44ㄷ, ㄷ')의 경우 'ㄹ' 뒤에 매개모음 어미가 올 때에는 모음 '어(ㅋ)'가 없는 어미의 형태가 결합하고 모음 어미가 올 때에만 '어(ㅋ)'가 오므로 으-탈락의 적용 여부가 처음부터 문제 되지 않는다. 마찬가지로 (44ㄹ, ㄹ')에서도 모음으로 끝나는 어간 뒤에 매개모음 어미가 올 때에는 '어(ㅋ)'가 없는 어미가 오지만 모음 어미가 올 때에는 '어(ㅋ)'가 있는 어미가 오므로 어간 뒤에 '어(ㅋ)'가 결합될 때 활음화만 적용하는 것으로 모든 것이 끝난다. (44ㄷ, ㄹ)에서 문제된 것은 매개모음 어미의 두음 '어(ㅋ)'와 모음 어미의 두음 '어(ㅋ)'의 차이를 반영하는 것이었는데 (44ㄷ, ㄹ)에서는 '어(ㅋ)'가 안 나타나고 (44ㄷ', ㄹ')에서는 '어(ㅋ)'가 나타나므로 이것만으로도 매개모음 어미와 모음 어미를 구별할 수 있다.

그러나 (44ㄱ, ㄴ)은 (46)으로도 결코 해결할 수 없다. (44ㄷ, ㄹ)과 달리 (44ㄱ, ㄴ)은 매개모음 어미의 두음과 모음 어미의 두음이 모두 표면에 실현된다. 그러므로 (46)과 같이 복수 기저형을 설정해도 동일한 '어(ㅋ)'가 보이는 차이를 전혀 기술할 수가 없다. 이 때문에 복수 기저형을 설정하는 방안으로도 (44)를 온전하게 기술하기는 어렵다.

음운 규칙이나 복수 기저형으로 기술할 수 없을 경우 남은 것은 활용형의 어휘부 등재이다. 활용형의 어휘부 등재는 어떤 경우든지 적용할 수 있는 매우 극단적인 기술 방안이다. 그런데 (44)만큼은 활용형의 어휘부 등재도 그리 간단하지 않다. 지금까지 살펴본 대부분의 경우는 어간에 국한되었기 때문에 해당 어간에 몇몇 어미가 결합된 활용형을 어휘부에 등재하는 것이 어렵지 않았다. 그러나 (44)에서 문제가 되는 것은 어간이 아닌 어미이다. 어미의 불규칙성을 활용형의 어휘부 등재로 해결하기 위해서는 그 어미가 어떤 어간과 결합된 활용형을 어휘부에 등재할지 정해야 한다.

그런데 어미와 결합할 수 있는 수많은 어간 중 어느 것을 등재해야 할지를 결정하는 것은 대단히 자의적이다. (44)와 같은 모습을 보이는 어간은 매우 많은데 그 중 하나를 선택할 수 있는 합당한 기준을 찾기는 어렵다.

(44)는 그 어떤 방안으로도 만족스럽게 기술하기 어려운 매우 특수한 경우이다. 음운 규칙의 적용은 물론이고 복수 기저형이나 활용형의 어휘부 등재 등 그 어떤 기술 방법도 만족스러운 결과를 보이지 않는다. 이것은 (44)에만 국한되지 않고 두 모음이 합류되었음에도 불구하고 예전의 구별되는 모습을 그대로 유지하는 어미가 있다면 모두 마찬가지이다. 이미 복수 기저형이나 활용형의 어휘부 등재가 적지 않은 문제를 가지고 있음이 확인된 이상 여기서는 음운 규칙을 적용하는 기술 방법을 다른 각도에서 살펴보고자 한다.

(45)에서 본 바와 같이 지금까지 음운 규칙을 적용하여 기술하고자 했던 제안들은 모두 분절음의 차원에서 기원적으로 '어'였던 것과 '으'였던 것을 구별하여 문제를 해결하고자 하였다. 그런데 여기서는 이것을 분절음의 문제로 보지 않고 어미 부류의 문제로 보고 해결책을 논의하려 한다. 즉 (44ㄱ, ㄴ, ㄷ, ㄹ)과 같이 기원적으로 매개모음 어미였던 부류와 (44ㄱ′, ㄴ′, ㄷ′, ㄹ′)과 같이 기원적으로 모음 어미였던 부류를 구분하는 방식으로 기술하는 것이다.

이 두 부류의 어미는 원래 '으'와 '어'가 합류하기 전에는 어미의 두음에 따라 구분되었다. 그러나 '으'와 '어'와 합류가 일어나면서 더 이상 어미의 두음으로는 구분되지 않는다. 모두가 '어(ㅋ)'로 시작할 뿐이다. 그럼에도 불구하고 두 부류의 어미는 여러 환경에서 매우 분명한 차이를 보여 주고 있다. 모음 어미의 두음은 환경에 따라 '아'로도 실현되지만 매개모음 어미는 그렇지 않다. 매개모음 어미의 두음은 유음이나 모음 뒤에서 나타나지 않지만 모음 어미의 두음은 그렇지 않다. 또한 (44)에 제시된 네 가지 음운 규칙의 적용 양상에서 모음 어미와 매개모음 어미는 분명한 차이를 보여 준다. 이처럼 많은 환경에서 두 부류의 어미는 일관된 차이를 보이기 때문에 모음 어미와 매개모음 어미를 구별 자질로서 구분하는 것이 가능하다.

편의상 모음 어미를 A-부류, 매개모음 어미를 B-부류라는 구별 자질로써 나타낸다면 다음과 같은 음운 규칙을 적용하여 (44)를 기술할 수 있다.

(47)

ㄱ. 양순음 뒤에서 B-부류 어미의 두음 '어(ㅕ)'는 '우'로 바뀐다.
ㄴ. 치찰음 뒤에서 B-부류 어미의 두음 '어(ㅕ)'는 '이'로 바뀐다.
ㄷ. 'ㄹ, 모음' 뒤에서 B-부류 어미의 두음 '어(ㅕ)'는 탈락한다.
ㄹ. 어간말 '이, 우'는 A-부류 어미의 두음 '어(ㅕ)' 앞에서 활음으로 바뀐다.

원래 어미의 두음에 따라 구분되던 모음 어미와 매개모음 어미를 '으'와 '어'가 합류된 이후에는 비음운론적 구별 자질로 구분함으로써 단수 기저형을 설정하고 (47)에 제시된 규칙을 적용하는 방식으로도 기술할 수 있게 되었다. 이러한 기술이 가능해진 것은 모음 어미와 매개모음의 차이가 매우 많은 환경에서 일률적으로 나타났기 때문이다. 많은 환경에서 구별된다면 그 부류를 구별 자질로서 구분하는 것이 충분히 가능하다.

통시적인 차원에서 본다면 (47)에 제시된 규칙들은 음운론적 정보만으로 이루어졌었다. 'A-부류' 또는 'B-부류'와 같은 비음운론적 제약은 전혀 지니지 않았다. 그러나 공시적 규칙으로 설정될 때에는 비음운론적 정보가 필요하다. 이것은 '으'와 '어'의 대립이 없어졌음에도 불구하고 여전히 그 이전 시기의 교체 양상이 남아 있으며 이것을 기술하기 위해서는 비음운론적 성격을 가진 구별 자질이 있어야 하기 때문이다.

이러한 기술 방법은 (45)에 제시된 기존 방법보다는 더 우수하다. 대립하지 않는 '어'와 '으'를 별개의 음운으로 설정하지 않으므로 (45ㄱ)과 같이 추상적 음운을 설정하는 문제를 일으키지 않는다. 또한 구별 자질을 사용하더라도 특정 분절음에 부여하는 것이 아니고 어미 전체에 부여하기 때문에 (45ㄴ)에 비해서는 더 낫다. 구별 자질을 분절음에 직접 부여한다면 추상적 분절음을 설정하는 것과 다름이 없겠지만 같은 양상을 보이는 어미 전체에 구별 자질을 부여하므로 분절음의 추상성 문제를 피해 갈 수 있다.

5.6. 상향 이중모음의 변화와 공시적 음운 기술

5.6.1. 문제 제기

국어 상향 이중모음의 변화에 대한 관심은 하향 이중모음에 비하면 그리 높지 않았다. 또한 논의 대상도 '여'를 중심으로 이루어진 감이 없지 않다. 이것은 '여'가 다른 상향 이중모음에 비해 많은 방언에서 변화를 보이고 있기 때문이기도 하다. 그런데 상향 이중모음의 변화는 '여' 외에도 많이 나타난다. 그 중 여기서는 '여, 워, 웨'의 축약에 대해 다룰 것이다. 뒤에서 다시 언급하겠지만 이들은 '활음 + 중모음'으로 구성되었다는 공통점을 지닌다.[59] 또한 어간 뒤에 어미가 결합하는 과정에서 이들 이중모음의 축약이 나타나므로 공시적 음운 기술의 대상이 된다.

'여, 워, 웨'가 축약되면 결과적으로 '에, 오, 외'가 된다. 이러한 변화는 '별 〉벨, 꿩 〉꽁, 궤 〉괴'와 같이 형태소 내부에서도 일어나지만 형태소 경계 사이에서도 일어난다. 인접 형태소의 영향을 받지 않는 형태소 내부에서 이중모음이 축약된 경우의 공시적 기술은 재구조화된 새로운 기저형을 설정하는 것으로 끝이 난다. 사실상 공시적 기술의 대상도 되지 않는다. 그러나 형태소 경계 사이에서 축약이 일어나면 기저형 설정에서부터 규칙 적용까지 새롭게 공시적 기술을 해야만 한다.

(48)

ㄱ. 펬:다(피 + 었다), 께:(끼 + 어), 세:서(시 + 어서), 게:(기 + 어)

ㄴ. 끓에라(끓이 + 어라), 꼽헤(꽂히 + 어), 씻게(씻기 + 어),

숨게라(숨기 + 어라), 뉘베야(누비 + 어야), 지달레라(기다리 + 어라)

59 '활음 + 중모음'의 구조를 가진 이중모음은 이론적으로 총 8개가 가능하다. 이 중 '여, 워, 웨'만이 논의 대상이 된 것은 이유가 있다. 자세한 것은 5Z.6.2.의 내용을 참고할 수 있다.

형태소 경계 사이에서의 여-축약은 '이'로 끝나는 어간에서 나타난다. (48ㄱ, ㄴ)에서 보듯이 1음절 어간은 물론이고 다음절(多音節) 어간에서도 적용된다. 기저형과 표면형을 비교하면 어간말 모음 '이'와 어미초 모음 '어'가 결합하여 '에:'로 나타난다. (48ㄴ)에서 장모음 대신 단모음이 나타나는 것은 장모음이 실현될 수 없는 2음절 이하에 놓였기 때문이다. 최명옥(1995ㄱ:168)에서 지적한 바와 같이 (48)과 같은 모음 축약은 어간말 모음 '이' 앞의 자음 유무(有無), 자음이 있을 경우 그 종류, 어간의 음절수 등에 따라 방언별로 차이를 보인다. 적용 양상을 단순화하여 적용 여부만을 고려한다면 강원, 충청, 전라, 경북 방언 등에서 이와 같은 모음 축약이 일어나고 있다.

(48)의 통시적 변화 과정에 대해서는 이견들이 많다.[60]

(49)

ㄱ. iə 〉 yə:〉 e:	(축약설)
ㄴ. iə 〉 yə:〉 yəy:〉 ye:〉 e:	(y-첨가설)
ㄷ. iə 〉 yə:〉 ye: 〉 e:	(어-전설화설)
ㄹ. iə 〉 yə:〉 əy: 〉 e:	(도치설)

(49ㄱ~ㄹ)에 부여한 명칭은 '여'가 '에'로 바뀌는 데 가장 결정적인 역할을 한 변화를 고려한 것이다. 이 중 현실적으로 가능성이 희박한 도치설을 제외한 나머지 세 견해는 '여'로부터 '에'로 변화하는 데 중간 단계를 거치는 것과 거치지 않는 것으로 나눌 수 있다. 이 중 축약의 성격에 온전하게 부합하는 것은 (49ㄱ)이다. (49ㄴ)에도 축약 과정이 없지는 않지만 (49ㄴ)의 축약은 여-축약이 아니고 하향 이중모음 '에'의 축약이다. (49ㄷ)은 축약과는 무관하다. 이처럼 (49ㄱ~ㄷ)은 변화의 과정을 달리 상정하고 있지만 그 기저에는 동일한 기제가 들어 있음을 놓쳐서는 안 된다. 즉 '여'가

60 각 이견에 대해서는 김성규(2003), 이진호(2004ㄱ)을 참고할 수 있다.

최종적으로 '에'가 되는 데에는 '여'에 포함된 활음 'y'의 전설성이 중요한 영향을 미쳤다는 점이다.[61]

(49ㄱ~ㄷ)의 세 견해 중 어느 것을 택하더라도 통시적 변화 과정과 공시적 기술의 내용은 일치하기 어렵다. (49ㄱ)과 같은 방식으로 공시적 기술을 할 때에는 여-축약이 공시적 규칙으로서의 자격을 갖추었다고 보기 힘들다는 문제가 있다. 여-축약이 공시적 규칙이라면 이것은 항상 활음화 규칙이 적용된 후에만 적용될 수 있다. 'y'로 끝나는 형태소가 없기 때문에 형태소의 결합만으로는 입력형이 만들어지지 않는다. 이것은 도출 과정에서의 중간형만이 여-축약의 입력형이 됨을 의미하는 것으로 규칙의 독자적 타당성을 의심할 수밖에 없다. 또한 (49ㄱ)과 같은 기술 방식은 이후에 살필 우-말음 어간에는 그대로 적용할 수 있지만 위-말음 어간에는 적용할 수 없다는 문제도 지닌다. '여, 워, 웨'의 축약이 일어나는 '이, 우, 위' 말음 어간은 동일한 방식으로 기술할 필요가 있는데 (49ㄱ)으로는 그것이 어렵다.

(49ㄴ)과 같은 변화 과정 역시 공시적 도출 과정에 반영할 수 없다. (49ㄴ)과 같은 단계를 밟으려면 'y-첨가' 규칙이 필요하다. 그런데 이 규칙은 여러 가지 측면에서 문제가 많다. 이 규칙이 적용되면 하향 이중모음이 만들어지는데 국어에는 '어+y'라는 하향 이중모음은 존재하지 않는다. 게다가 'y-첨가'에 의해 만들어진 하향 이중모음을 단모음으로 축약시키는 규칙 역시 공시적 기술에 설정하기는 어렵다.

(49ㄷ)의 방식은 공시적 기술에 도입된 적이 있다. 배주채(1994:106)에서는 (49ㄷ)이 약간 변형된 다음과 같은 방식을 제안한 바 있다.

61 여기서는 (49ㄱ~ㄷ) 중 어느 과정이 가장 타당한지를 논의하지는 않는다. 근본적인 동기는 세 가지 견해가 모두 같으므로 그 사실만을 강조하고자 한다. 따라서 (48)을 여-축약이라고 한 것은 (48)이 (49ㄱ)의 과정을 거쳤다고 단정한 결과는 아니다. 그보다는 이후에 살필 '워, 웨'가 '오, 외'로 변한 것을 축약으로 볼 수밖에 없기 때문에 '여, 워, 웨'의 변화를 함께 묶기 위한 편의상의 조치이다.

(50)

기: + 어 → 기:에 → 계: → 게:

(50)에서 '어'의 전설화와 활음화의 순서만 뒤바꾸면 (49ㄷ)이 된다. 중요한 것은 공시적 규칙으로서 '어'의 전설화를 인정한다는 점이다. 그러나 이러한 방식도 받아들이기 어렵다. (49ㄷ)이든 (50)이든 표면형을 이끌어 내기 위해서는 활음이 탈락하는 과정이 필요하다. 그런데 자음 뒤에서의 활음 탈락은 5.2.2.에서 살핀 바와 같이 형태소 내부에 적용되는 것일 뿐만 아니라 항상 다른 규칙의 출력형에만 적용되므로 독자적 타당성도 떨어진다. 게다가 (49ㄷ)이나 (50)과 같은 기술 방식은 '우'나 '위'로 끝나는 어간에서 보이는 이중모음 축약에는 적용할 수 없다. '이, 우, 위' 말음 어간이 모이는 '여, 워, 웨' 축약은 동질적인 성격을 가지므로 같은 방식으로 기술할 수 있어야만 한다. 이처럼 형태소 경계 사이에서 적용되는 여-축약의 공시적 기술은 통시적 변화 과정과는 다르게 이루어질 수밖에 없다.

(51)

ㄱ. 노:서(누 + 어서), 도:서(두 + 어서), 조:라(주 + 어라)

ㄴ. 바꼬(바꾸 + 어), 갖초(갖추 + 어), 얼고(얼구 + 어), 말료:라(말류 + 어라)[62]

형태소 경계 사이에서 적용되는 워-축약 역시 1음절 어간과 다음절 어간에서 모두 나타나며 '우'로 끝나는 어간 뒤에 '어'로 시작하는 모음 어미가 올 때 적용된다. 이러한 축약은 주로 강원, 경상 방언에서 나타난다. 경상 방언에서는 주로 1음절 어간에 국한하여 축약이 일어나지만 강원

62 '말료:라'는 강원도 명주에서 발견되는 매우 흥미로운 예이다. 이 방언에서 '말리- (使乾)'는 '말류-'로 나타나는데 여기에 '-어'가 붙을 때 어간말 '유'의 '우'가 후행하는 '어'와 축약되어 '오'가 됨으로써 '말료:라, 말료:'와 같은 형태가 나타났다.

방언에서는 다음절 어간에서도 활발하게 일어난다. (51)의 역사적 형성 과정도 (49)와 마찬가지로 여러 가지가 있을 수 있다. (49ㄹ)을 제외한 (49ㄱ~ㄷ)에 평행하게 변화 과정을 상정하면 다음과 같다.

(52)

ㄱ. uə 〉 wə: 〉 o:	(축약설)
ㄴ. uə 〉 wə: 〉 wəw: 〉 wo: 〉 o:	(w-첨가설)
ㄷ. uə 〉 wə: 〉 wo: 〉 o:	(어-원순화설)

(52)에 제시된 세 가지 변화 과정 중 가장 개연성이 높은 것은 (52ㄱ)이다. (52ㄴ, ㄷ)은 변화의 중간 단계로 'wəw'나 'wo'와 같은 단계를 설정해야 한다. 그런데 이런 이중모음들은 'w'로 끝나는 하향 이중모음이 존재할 수 없다거나 'w'가 원순모음과 결합하여 이중모음을 이룰 수 없다는 강력한 제약을 어기고 있다. 다시 말해서 'wəw'나 'wo'는 역사적으로 실 재하기 어려운 이중모음이다. 음운 변화가 표면 층위에 적용된다는 점을 고려하면 음운 변화의 결과 나타나는 각각의 형태들은 모두 표면에서 실현 가능한 것이어야만 한다.[63] (52ㄴ, ㄷ)은 이런 점에 비추어 볼 때 가능성이 낮은 변화 과정이다.

그런데 (51)에 제시된 활용형들이 (52ㄱ)의 단계를 거쳤다고 하더라도 공시적 도출 과정을 (52ㄱ)과 같이 하기는 어렵다. (52ㄱ)에서 가장 큰 문제는 워-축약 규칙이다. 이 규칙은 (49ㄱ)에서 살펴본 여-축약 규칙과 마찬가지로 독자적 타당성에 문제가 있다. 또한 이후 살필 위-말음 어간은 같은 방식으로 기술할 수 없다. 워-축약 역시 여-축약과 마찬가지로 통시적 변화 과정과는 다른 방식의 공시적 기술을 택해야만 한다.

63 여기에 대해서는 이미 2.5.에서 다룬 바 있다.

(53)

뙤:라(뛰-어라), 쇠:서(쉬+어서), 퇴:(튀+어), 쇘:구나(쉬-었구나)

형태소 경계 사이에서 적용되는 웨-축약은 강원, 전남의 일부 방언에서 보인다.[64] 위-말음 어간 뒤에 모음 어미가 올 때 적용되며 웨-축약이 일어나지 않는 환경, 즉 매개모음 어미나 자음 어미와 결합할 때에는 '뛰고, 뛰니, 쉬고, 쉬니'와 같이 어간말 모음 '위'가 온전하게 나타난다. 웨-축약은 앞서 살펴본 여-축약이나 워-축약과는 달리 주로 1음절 어간에서만 나타난다. 다음절 어간의 경우 동일한 환경에서 다음과 같은 모습을 보인다.

(54)

얼궤서(얼귀+어서, 얼리-[氷]), 바꿨다(바뀌+었다), 사궸(사귀+었다)

(54)에 제시된 어간 역시 자음 어미나 매개모음 어미 앞에서는 '위'가 온전하게 실현되고 다만 모음 어미 앞에서만 어간말 모음 '위'와 모음 어미의 두음이 합쳐져 '웨'로 실현되고 있다. (54)는 웨-축약이 일어나기 전 단계이다. 이것은 (53)의 역사적 형성 단계를 고찰하면 알 수 있다. (53)과 같은 활용형의 통시적 변화 과정도 워-축약과 마찬가지로 세 가지 가능성을 모두 고려할 수 있다.

(55)

ㄱ. uyə 〉 ue: 〉 we: 〉 ö: (축약설)

ㄴ. uyə 〉 ue: 〉 we: 〉 wew: 〉 wö: 〉 ö: (w-첨가설)

ㄷ. uyə 〉 ue: 〉 we: 〉 wö: 〉 ö: (에-원순화설)

64 (53)을 보면 '웨'가 나타나지 않는데도 웨-축약이라고 한 것은 (53)의 통시적 변화 과정 중에 웨-축약이 있기 때문이다. 자세한 것은 후술된다.

위-말음 어간의 말음 '위'는 단모음으로 바뀌기 이전에 'y'로 끝나는 이중모음이기 때문에 모음 어미와 결합하여 변화가 일어나는 출발점은 'uyə'가 된다. (55ㄱ, ㄴ, ㄷ)은 앞서 살핀 여-축약과 워-축약 때의 변화 과정인 (49ㄱ, ㄴ, ㄷ), (52ㄱ, ㄴ, ㄷ)과 평행한 설명 방식이다. 이 중 (55ㄴ, ㄷ)은 (52ㄴ, ㄷ)의 문제점과 마찬가지 이유 때문에 실제 변화 과정이라고 보기는 매우 어렵다. 특히 웨-축약의 경우에는 (55ㄱ)이 실제 변화 과정임을 입증해 주는 형태들이 인접 방언에 많이 나타난다.

(56)

ㄱ. 뛔:두(뛰+어도), 뛔:라(뛰+어라)

ㄴ. 뚜에(뛰+어), 두에:두(뒤+어도)[65]

(56ㄱ)은 (55ㄱ)의 변화 과정 중 'we:〉o:'가 일어나기 전 단계의 활용 양상이고 (56ㄴ)은 'we:〉o:' 이전의 'ue:〉we:'도 일어나기 전 단계의 활용 양상이다. 웨-축약은 여-축약이나 워-축약에 비해 변화가 더디게 진행되었으며 지역적으로도 매우 제한되어 있다. 그리하여 (56ㄱ, ㄴ)과 같이 웨-축약이 완전히 이루어지지 않고 중간에 멈추어 버린 형태가 나타난다.[66] 이를 통해 (55ㄱ)과 같은 변화의 타당성을 간접적으로 확인할 수 있다.

(55ㄱ)이 역사적 변화 과정이지만 공시적 기술은 역사적 변화 과정을 그대로 수용할 수 없다. 여-축약이나 워-축약에서 이미 살핀 바와 같은 이유 때문에 웨-축약을 공시적 규칙으로 설정하기 어렵다. 그뿐만 아니라 (55ㄱ)에서는 변화의 출발점이 'uy+ə'이지만 현재는 'uy'라는 하향 이중모음이 존재하지 않고 그런 이중모음으로 끝나는 용언 어간도 없으므로

65 '뒤-'는 '뒤지-(索)'의 강원도 방언형이다.

66 (56ㄱ, ㄴ)은 웨-축약이 완성되어 가는 과정이라고 할 수도 있다. 다만 단모음 '외'의 전국적 분포가 점차 줄어들고 있다는 점을 감안하면 앞으로는 웨-축약이 더 확산될 가능성이 매우 희박하다. 그런 점에서 (56)을 웨-축약이 중간에 멈추어 버린 형태라고 보았다.

변화의 출발점을 공시적 도출 과정의 기저형으로 삼을 수가 없다.

지금까지 다소 장황하게 상향 이중모음 '여, 워, 웨'의 축약 과정이 역사적으로 어떻게 이루어졌는지를 살폈다. 또한 역사적 변화 과정을 어떻게 설정하든 이 과정을 거쳐 기저형이 표면형으로 나오게 하는 공시적 기술은 성립할 수 없음도 확인하였다. 다음 절에서는 세 가지의 서로 다른 축약 과정을 공시적 기술에서는 어떻게 다룰 수 있는지 살필 것이다.

5.6.2. 공시적 기술 방안

지금까지의 '여, 워, 웨'의 축약을 다룬 논의들은 대부분 세 변화를 개별적으로 다루었다. 표면적으로 드러나는 이질성만을 중시하여 각 변화들이 지닌 공통점을 파악하지 못했다고 하겠다. 그러나 앞서의 논의를 통해 드러났듯이 세 변화는 동질적인 성격을 지닌다. 그러므로 이 변화들의 공시적 기술을 위해서는 공통점을 좀 더 분명히 인식하는 것이 중요하다. 그래야만 같은 방식으로 기술할 수 있다. 세 변화의 공통점을 공시적 측면과 통시적 측면에서 살펴보도록 한다.[67]

통시적 차원에서 볼 때 '여, 워, 웨'의 축약은 변화의 환경이나 동기가 비슷하다. 세 변화는 각각 '이, 우, 위'로 끝나는 어간 뒤에 모음 어미가 결합할 때 적용된다. 그런데 일차적으로는 활음화를 겪거나 활음이 후행 음절로 넘어가서 이중모음이 형성되었으며 이중모음을 이루는 활음이 다시 후행 모음에 영향을 미쳐 단모음으로 바뀌었다.

또한 축약의 입력형도 비슷한 구조를 지닌다. 축약의 입력형인 '여, 워, 웨'는 활음 'y, w' 뒤에 혀의 높낮이가 중간인 단모음, 즉 중모음이 결합된 이중모음이라는 공통점을 가진다. 이미 앞에서도 잠깐 언급했듯이 10모음 체계를 기준으로 할 때 '활음(y, w)+중모음'의 구조를 가진 이중모음은 최대

67 이 문제는 이진호(2004ㄱ)에서 매우 자세하게 논의한 바 있으며 여기서는 그 중 일부를 발췌하여 논의를 진행한다.

8개가 가능하다. '여, 워, 웨'를 제외하면 'y+에, y+외, y+오, w+외, w+오'가 남는다. 이 중 'y+외, w+외, w+오'는 활음과 단모음의 배열 제약 때문에 나타나지 않는다. 그리고 '예'는 활음 'y'에 후행하는 모음이 이미 전설모음이므로 'y'의 전설성이 후행모음에 영향을 미쳐도 별다른 변화를 일으킬 수 없다. 다만 '요'는 몇몇 방언에서 '요〉외[ö]'의 변화를 보이는데 이는 '여〉에'와 같은 성격의 변화라고 할 수 있다.[68] 이처럼 '활음+중모음'으로 이루어진 이중모음 중 축약이 가능한 것은 모두 비슷한 변화를 보인다. 이것을 고려할 때 '여, 워, 웨'가 각각 '에, 오, 외'로 바뀐 것은 통시음운론적인 관점에서 볼 때 '활음+중모음'에 적용된 더 큰 변화의 일부로 볼 수 있으며 따라서 이들 변화는 동질적이라는 사실을 다시 한 번 확인할 수 있다.

공시적인 차원에서도 비슷한 점이 많다. 우선 모음 어미 앞에 오는 어간의 말모음은 모두 고모음이라는 공통점을 지닌다. 10모음 체계에서 상정할 수 있는 4개의 고모음 중 '으'를 제외한 나머지 고모음이 어간말 모음으로 올 때 축약이 일어난다. '으'로 끝나는 어간 뒤에 모음 어미가 올 때에는 축약이 일어나지 않는데 이것은 역사적으로 볼 때 두 가지 이유가 있다.

하나는 '으'에 대응하는 활음이 국어에 없다는 사실과 관련된다. (49), (52), (55)에서도 알 수 있었듯이 모음 축약과 관련된 활용형들의 역사적 변화 단계에는 활음화의 적용을 받거나 그와 비슷한 단계가 반드시 있다. 그런데 어간말 모음 '으'는 활음화의 적용을 받을 수 없으므로 뒤에 모음 어미가 와도 이중모음이 만들어질 수 없다. 그러므로 으-말음 어간은 여타의 '이, 우, 위-말음 어간'과는 행동을 달리할 수밖에 없다. 또 다른 이유는 역사적으로 이중모음의 축약이 일어나기 이전에 이미 어간말 모음 '으'는 모음 어미 앞에서 탈락했기 때문이다. 즉 '여, 워, 웨'와 같은 이중모음의 변화가 있기 훨씬 이전부터 으-말음 어간은 으-탈락의 적용을 받았기

68 그렇지만 '요〉외'는 형태소의 교체에 대한 공시적 기술 과정과는 별 관련이 없으므로 논의 대상에서 제외한다. 강원도 방언의 '요〉외'는 이병근(1973), 충남 방언의 '요〉외'는 도수희(1977), 19세기 전라 방언의 '요〉외'는 오종갑(1983), 최전승(1986)을 참고할 수 있다. 이 중 오종갑(1983), 최전승(1986)은 '요〉외'를 단순한 축약으로 보지 않는다는 점에서 다른 논의와는 구별된다.

때문에 어간말의 '으'가 후행하는 모음 '어'와 결합하여 다른 모음으로 축약되는 변화는 기대할 수 없는 것이다.

공시적인 차원에서 볼 때 어간말 모음이 모두 고모음일 때 모음 축약이 일어난다는 사실 이외에 다른 공통점도 발견된다. 가령 후행하는 모음 어미의 두음은 '아'가 아니라 '어'이어야만 한다. 만약 모음 어미의 두음이 '아'가 결합하는 경우에는 모음 축약 대신 다른 음운 변화가 나타난다.[69] 또한 기저형과 표면형을 직접 비교했을 때 어간말의 고모음과 어미초의 '어'가 결합하여 표면형에 나타나는 모음은 어간말 고모음의 모음 높이를 중모음으로 바꾼 것이라는 점도 확인할 수 있다.

(57)

ㄱ. 이 + 어 - 이(고모음) ⇒ 에 : (중모음). 예) 페 : 서(피 + 어서)

ㄴ. 우 + 어 - 우(고모음) ⇒ 오 : (중모음). 예) 노 : 라(누 + 어라)

ㄷ. 위 + 어 - 위(고모음) ⇒ 외: (중모음). 예) 쇠 : 서(쉬 + 어서)

(57)에서 드러나듯이 어간말 모음이 모음 어미의 두음 '어'와 결합했을 때 모음 어미의 두음은 나타나지 않고 대신 어간말 모음이 고모음에서 중모음으로 바뀌었다. 고모음이 중모음으로 바뀐 것은 어미초 모음 '어'가 중모음이기 때문이다. 만약 어미초 모음 '어'를 기준으로 한다면 어간말의 고모음은 사라지고 어미초 모음 '어'는 어간말 모음의 원순성 자질과 후설성 자질을 물려 받는다고 할 수도 있다. 가령 '이 + 어'는 '어'가 '이'의 '[- 원순성], [- 후설성]'을 물려 받을 경우 '에'가 된다. '우 + 어'는 '우'의 '[+ 원순성], [+ 후설성]'이, '위 + 어'는 '위'의 '[+ 원순성], [- 후설성]'이 '어'로 넘어갔을 때 각각 '오, 외'가 될 수밖에 없다.[70]

69 가령 '바꾸 + 어'는 '바꼬'로 축약이 되지만 '바꾸 + 아'에는 결코 축약이 적용되지 않는다. 이것은 '이'나 '위'로 끝나는 어간도 마찬가지이다.

이처럼 이중모음 축약을 보이는 이-말음 어간, 우-말음 어간, 위-말음 어간의 활용형들은 통시적인 면이나 공시적인 면에서 많은 공통점을 지닌다. 그러므로 세 현상에 대한 공시적 기술 역시 같은 방식으로 하는 것이 더 타당하다. 통시적 변화 과정을 그대로 수용할 수 없다는 것은 이미 앞에서 지적했으므로 여기서는 역사적 변화 과정과는 다르면서도 세 가지 축약을 함께 기술할 수 있는 방안을 모색하기로 한다.[71]

역사적 변화 과정에서도 드러났듯이 '이, 우, 위' 말음 어간에 적용된 '여, 워, 웨'의 축약은 여러 단계를 거쳐 이루어졌다. 공시적 도출 과정에서도 여러 단계를 인정하면 그만큼 필요한 규칙의 수가 많아져야만 하는데 이 중 몇몇 규칙의 공시성이 문제가 되었다. 이런 문제를 없애기 위해서는 중간 단계를 거치지 않고 기저형과 표면형을 직접 이어 주는 새로운 규칙을 설정할 필요가 있다. 즉 다음과 같은 공시적 규칙을 설정하여 활용형들을 기술할 수 있는 것이다.

(58)

ㄱ. 이+어→에:
ㄴ. 우+어→오:
ㄷ. 위+어→외:

(58)에 제시된 규칙들은 어간말의 모음 '이, 우, 위'가 모음 어미의 두음 '어'와 결합할 때 각각의 모음 연쇄를 '에:, 오:, 외:'로 바꾸어 준다. 규칙 (58)을 설정하면 중간 단계가 필요하지 않다. 활음화나 이중모음 축약과 같은 규칙이 필요하지 않기 때문에 5.6.1.에서 살펴보았던 문제들이 전혀 나타나지 않는다.

70 이것은 축약의 전형적인 모습이다. 축약의 경우 합쳐지는 두 음운의 특성이 적절히 녹아들어 하나의 음운으로 바뀌는데 (57)에서 이 같은 점이 잘 드러난다.

71 지금까지 여-축약이나 워-축약을 기술하는 방안은 몇 가지 제안된 적이 있지만 여기서 따로 살피지는 않는다. 기존 논의들이 가진 문제점은 이진호(2004ㄱ)에서 지적한 바 있다.

규칙 (58)은 역사적으로 실재한 것은 아니지만 '이, 우, 위' 말음 어간의 활용형들을 기술하는 공시적 규칙으로서는 전혀 손색이 없다. (58)은 앞서 살폈던 기술 방안들이 가졌던 문제들을 지니지 않는다. 또한 음성적 동기도 분명히 가지고 있다. 국어에서 모음으로 끝나는 어간 뒤에 모음 어미가 결합하면 모음 충돌 회피를 위해 음운 규칙이 적용되는데 (58)도 그런 규칙 중의 하나로 볼 수 있다. 게다가 규칙의 적용 결과 역시 음성학적인 근거를 지닌다. 어간말의 고모음과 '어'가 결합했을 때 어간말 고모음이 중모음으로 실현되는 것은 후행하는 '어' 때문이다. 두 모음이 축약되면서 후행하는 '어'의 중음성([-고음성, -저음성])이 선행 모음에 영향을 미쳐 결국 선행하는 고모음이 중모음으로 바뀌는 것이다.[72] 축약된 모음이 장모음인 것은 축약되기 전의 두 모음이 지니던 시간 단위가 그대로 유지된 것으로 모음 축약에서 흔히 볼 수 있는 현상이다.

무엇보다도 (58)은 세 가지 유형의 모음 축약을 단일한 방식으로 기술할 수 있다는 장점이 있다. (58ㄱ~ㄷ)은 표면상의 이질성에도 불구하고 같은 기능을 하는 규칙이다. 즉 '으'를 제외한 고모음 뒤에 '어'가 오면 해당 고모음을 '[+장음성]'인 중모음으로 바꾸고 후행하는 '어'는 삭제하는 공통의 역할을 한다. 따라서 세 유형의 모음 축약이 지닌 동질성을 공시적 기술에도 그대로 반영할 수 있다.[73]

(58)에 제시된 세 개의 하위 규칙들은 방언에 따라 모두 나타나기도 하고 일부만 나타나기도 한다.[74] 강원도의 영동 지역 방언에서는 세 개의

---

72 후행 모음 '어'가 선행 모음의 '원순성, 후설성' 자질 값을 그대로 물려 받는다고 해도 선행 모음이 후행 모음에 영향을 미치는 것이 되므로 여전히 음성학적 설명은 유효하다.

73 이 외에도 새로운 축약 규칙 (58)은 여러 가지 의미를 가진다. 여기에 대해서는 이진호(2004ㄱ)을 참고할 수 있다.

74 모음 축약이 나타나는 방언의 지리적 분포는 어간말 모음의 종류에 따라 차이를 드러낸다. 5.6.1.에서도 지적했듯이 이-말음 어간에서 나타나는 모음 축약은 상당히 많은 방언에서 나타나지만 우-말음 어간의 모음 축약은 이보다 범위가 좁으며 위-말음 어간의 모음 축약은 강원, 전남의 일부 하위 방언에서만 나타난다. 어간말 모음에 따라 모음 축약의 지역적 분포가 차이를 보이는 것은 국어 모음 체계의 통시적 변화 과정과 밀접한 관계를 맺는다. 여-축약은 '어:에'의 대립 관계와 관련이 있는데 '에'는 전설모음 중 비교적 일찍 확립되었으며 움라우트 등의 음운 현상을

하위 규칙들이 모두 나타나는 경우가 많다. 또한 경북 방언에서는 (58ㄱ, ㄴ)만 나타나기도 한다. 이처럼 둘 이상의 규칙이 나타난다면 (58)과 같이 규칙들을 따로 나타낼 것이 아니라 하나의 규칙으로 통합해야만 규칙들의 동질성을 완벽하게 반영하는 것이 된다.

세 개의 축약 규칙이 모두 나타나는 방언의 경우에는 다음과 같은 통합 규칙을 설정할 수 있다.

(59)

$$\begin{bmatrix} 1 \\ +\text{모음성} \\ +\text{고음성} \end{bmatrix} \begin{bmatrix} 2 \\ \text{어} \end{bmatrix} \rightarrow \begin{bmatrix} 1 \\ +\text{장음성} \\ -\text{고음성} \end{bmatrix} \begin{bmatrix} 2 \\ \varnothing \end{bmatrix}$$

(59)와 같이 여러 개의 하위 규칙을 하나로 통합할 수 있는 것은 그만큼 세 규칙이 내용상으로나 형식상으로 공통점을 지니고 있기 때문이다. 다만 (59)와 관련하여 한 가지 짚어야 할 부분이 있다. (59)는 '이, 우, 위'로 끝나는 어간 뒤에 '어'로 시작하는 어미가 올 때 올바른 활용형을 도출하지만 '으'로 끝나는 어간 뒤에도 적용되어 잘못된 표면형을 이끌어 낼 수 있다. 통시적인 측면에서 볼 때 '으'로 끝나는 어간은 이중모음의 축약이 일어나기 훨씬 이전부터 으-탈락이 적용되었다. 그러므로 축약 규칙의 적용을 받지 않는다.

통해 그 대립 관계를 확인할 수 있다. 그런 이유 때문에 여-축약은 많은 하위 방언에서 일어날 수 있었다. 워-축약은 '오:어'의 원순성 대립과 관련되는데 원래 '오'의 원순성 대립짝은 'ᆞ'였다. '오'의 원순성 대립짝은 'ᆞ'의 소멸과 함께 '어'로 바뀌었는데 '워-축약'이 일어날 무렵에는 '오'와 '어'의 원순성 대립이 확고하게 자리 잡지 못한 것으로 추정된다. 또한 중부 방언에서 부분적으로 나타난 비원순모음화를 제외하면 '오:어'의 원순성 대립을 강화하는 음운 변화도 거의 일어나지 않았다. 이런 이유 때문에 워-축약은 여-축약에 비해 지리적으로 좁은 분포를 지닌 것으로 보인다. 마지막으로 웨-축약이 극히 일부 방언에서만 확인되는 것은 무엇보다도 단모음 '외'가 늦게 형성되었다는 점, 여전히 단모음으로서의 지위가 불안하다는 점, 그 결과 모음 체계 내에서의 대립 관계가 확립되기 어려웠다는 점 때문인 듯하다.

만약 축약 규칙이 '으'를 제외한 나머지 고모음에만 적용된다고 형식화를 한다면 (59)와 같이 간단한 모습을 가지기는 어렵다. '으'를 제외한 나머지 고모음을 일반화하기가 무척 어렵기 때문이다. 따라서 (59)에 '으+어'는 제외된다는 제약을 부여하거나 또는 (59)를 그대로 유지한 채 으-탈락이 (59)보다 먼저 적용된다는 규칙순을 설정해야만 '여, 워, 웨-축약'이라는 통시적 음운 변화의 공시적 기술은 마무리된다.

한편 강원도 방언을 제외한 다른 방언에서는 세 개의 축약 규칙이 모두 나타나지는 않는다. 하나의 축약 규칙만 나타난다면 별 문제가 없겠지만 두 개의 축약 규칙이 나타난다면 역시 통합하여 하나의 규칙으로 설정해야만 한다. 두 개의 축약 규칙을 가진 방언에서는 (58ㄱ, ㄴ)이 나타난다. (58ㄱ, ㄷ) 또는 (58ㄴ, ㄷ)과 같은 두 개의 축약 규칙이 나타나는 경우는 드물다. 이것은 축약 규칙 사이의 함의 관계가 반영된 것이다. (58ㄷ)이 규칙으로 존재하는 방언에서는 (58ㄱ)이나 (58ㄴ)도 존재한다. 반면 그 역은 성립하지 않는다.[75] 이러한 함의 관계 때문에 두 개의 축약 규칙이 나타난다면 주로 (58ㄱ, ㄴ)이 되는 것이다. (58ㄱ, ㄴ)은 다음과 같이 통합할 수 있다.

(60)

$$\begin{bmatrix} 1 \\ +\text{모음성} \\ +\text{고음성} \\ \alpha\text{원순성} \\ \alpha\text{후설성} \end{bmatrix} \begin{bmatrix} 2 \\ \text{어} \end{bmatrix} \rightarrow \begin{bmatrix} 1 \\ +\text{장음성} \\ -\text{고음성} \end{bmatrix} \begin{bmatrix} 2 \\ \varnothing \end{bmatrix}$$

'우'와 '이'는 '원순성'과 '후설성' 자질 값이 동일한 모음들이다. 둘 다 '+'이면 '우'이고 둘 다 '-'이면 '이'이다. 따라서 (60)과 같이 통합할 수 있다. 하나의 축약 규칙만으로도 두 개의 축약 규칙이 하던 기능을 모두 할 수

75 이것은 (58ㄱ, ㄴ)이 더 보편적이며 일반적이고 (58ㄷ)은 상대적으로 특수하다는 것을 의미한다. 실제로 각 규칙들의 지역적 분포를 보면 이러한 사실이 잘 드러난다.

있으므로 두 규칙이 지닌 공통점을 잘 포착할 수 있다.

5.7. 하향 이중모음 '외, 위'의 변화와 공시적 음운 기술

5.7.1. 문제 제기

국어 음운사에서 하향 이중모음의 변화는 매우 중요한 의미를 지닌다. 하향 이중모음이 어떻게 변화하든지 음운 체계에 직접적인 영향을 미쳤기 때문이다. 하향 이중모음의 종류는 매우 많지만 여기서는 '외, 위'의 변화만을 다룬다. 다른 하향 이중모음이 주로 단모음으로의 변화만을 보인다면 '외, 위'는 좀 더 다양한 변화를 겪었으며 방언에 따른 차이도 더 두드러진다. 또한 공시적 음운 기술에서 야기하는 문제도 다른 하향 이중모음의 변화와는 구별된다.[76]

'외, 위'의 변화 중 공시적 음운 기술의 대상이 되는 것은 '외, 위'로 끝나는 어간의 교체 양상이다. 다른 환경에서의 변화는 그 결과를 기저형에 반영하여 공시적 기술을 하면 되지만 '외, 위' 말음 어간의 교체 양상은 그리 단순하지 않다. '외, 위' 말음 어간의 활용형 중에서도 모음 이미와 결합하는 경우가 복잡하다. 자음 어미나 매개모음 어미가 결합하면 어간말의 '외, 위'는 단모음으로의 변화만을 보인다.[77] 그러나 모음 어미와 결합하는 경우에는 사정이 다르다.

우선 외-말음 어간 뒤에 다양한 형태의 어미가 올 때의 활용 양상은

76 5.8.에서는 하향 이중모음 '애, 에'의 변화와 관련된 공시적 기술의 문제를 다룰 것이다. '외, 위'의 변화와 '애, 에'의 변화를 구분한 것은 두 경우의 공시적 음운 기술이 전혀 다른 방식으로 이루어져야 하기 때문이다.

77 물론 단모음 '위, 외'가 'wi, we'와 같은 이중모음으로 바뀐 방언에서는 자음 어미나 매개모음 어미 앞에서도 어간말의 '위, 외'가 단모음으로 온전히 실현되지는 않는다. 그러나 이것은 이중모음 '위, 외'가 단모음으로 바뀐 이후에 다시 변화를 거친 결과이다. 여기서는 자음 어미나 매개모음 앞에서 '위, 외'가 온전히 실현되는 방언을 대상으로 논의를 진행한다.

방언에 따라 다음의 여러 가지가 있다.[78]

(61)[79]

ㄱ. 되고(되+고), 되니(되+니), 되여서(되+어서)

ㄴ. 되고(되+고), 되니(되+니), 되야서(되+어서)

ㄷ. 되고(되+고), 되니(되+니), 돼:서(되+어서)

ㄹ. 되고(되+고), 되니(되+니), 뒈:서(되+어서)

ㅁ. 되고(되+고), 되니(되+니), 되:서(되+어서)

ㅂ. 되고(되+고), 되니(되+니), ᄃᅶ:서(되+어서)[80]

ㅅ. 되고(되+고), 되니(되+니), 뒤야서(되+어서)

(61ㄱ~ㅅ)은 모두 어간 뒤에 모음 어미가 올 때 어떤 모습을 보이느냐에 따라 구분된다. (61ㄱ)은 충청, 경기 방언에서 나타나는 형태로 모음 어미가 결합될 때 어간의 모음은 그대로 실현되고 다만 어미의 두음에 활음 'y'가 첨가된다. 경우에 따라서는 활음 첨가가 일어나지 않은 '되어서'가 나타나기도 한다. 이런 모습은 (61ㄴ)도 완전히 일치한다. 다만 (61ㄴ)은 (61ㄱ)이 나타나는 지역보다는 더 남쪽인 전라, 충남 방언에서 나타나며 모음 어미의 두음이 '어'가 아닌 '아'라는 점에서 차이가 있다. (61ㄴ)이 나타나는 방언에서도 활음 첨가가 일어나지 않은 '되아서'가 '되야서'와 공존한다.

(61ㄷ)은 전라, 충청, 경기 방언에서 두루 나타나는 형태로 현재 표준어

78 외-말음 어간에는 '되-, 뵈-, 쇠-, 쬐-' 등이 있는데 여기서는 가장 널리 쓰이는 '되-'를 중심으로 논의하기로 한다.

79 여기에 제시한 자료는 어간 뒤에 자음 어미, 매개모음 어미, 모음 어미가 올 때의 활용형들을 약간은 단순화시켜 제시한 것이다. 실제 사용에 있어서는 둘 이상의 형태가 공존하는 경우도 매우 많다.

80 'ᄃᅶ:서'는 'ᄃᅶ:서' 또는 'ᄃᅶ:서'로 표기하는 것이 음운론적으로는 더 정확할지 모르나 초출자는 초출자끼리 합치고 재출자는 재출자끼리 합친다는 《훈민정음해례본》의 합자해(合字解) 정신을 존중하여 'ᄃᅶ:서'로 표기한다.

로 규정한 활용 양상이다. 모음 어미와 결합할 때 어간말 모음과 어미초 모음이 합쳐져 이중모음 '왜:'로 실현되고 있다. (61ㄹ)은 (61ㄷ)과 매우 비슷한데 다만 모음이 '왜:' 대신 '웨:'라는 차이만 있다. (61ㄹ)은 충청, 경기 방언에서 나타난다. (61ㄷ)과 (61ㄹ)의 차이는 모음 어미의 두음으로 '아'가 왔는지 '어'가 왔는지에 따른 것이다.[81]

(61ㅁ)은 충청, 경기, 강원 방언에서 나타난다.[82] 모음 어미와 결합했을 때 표면에 어미의 두음이 전혀 나타나지 않는다. (61ㅂ)은 전라 방언에서 흔히 나타나는 활용 양상이다. 어간말 '외'와 어미 초 '아'가 결합하여 '왜[ɥa]'라는 이중모음으로 실현된다.[83] (61ㅅ)은 전북 남원을 비롯한 극소수의 방언에서만 나타나는 형태이다. 어간말 모음이 '외' 대신 '위'로 나타났다는 점이 큰 특징이다. 활음 첨가가 일어나지 않은 '뒤아서'가 '뒤야서'와 공존하기도 한다. (61ㅅ)은 매우 드문 자료이기는 하지만 그 존재를 부인할 수는 없다. 이용호(1984:14)나 《한국방언자료집(전북편)》의 남원 지역어는 물론이고 경기도 김포 지역어에도 비슷한 자료가 발견되며 형태소 내부에서는 '뒤아지~되아지, 쉬악~쇠악'과 같이 원래 '외+아'가 '위+아'로 변화한 예가 다수 존재하기 때문이다.[84]

(61ㄱ~ㅅ)의 통시적 변화 과정은 다음과 같았을 것으로 추정된다.[85]

81 이것은 (61ㄷ, ㄹ)의 역사적 변화 과정을 설명하면서 드러날 것이다.

82 여러 대방언권에서 발견되지만 (61ㅁ)을 보이는 방언은 대방언권의 하위 방언 중 일부에 국한된다.

83 이중모음 '왜'의 음운 분석은 복잡한 문제를 안고 있다. 이 문제에 대해서는 후술한다.

84 김계곤(2001)에 따르면 김포 외에도 경기도의 여러 하위 방언에서 '뒤어(되+), 뒤였다(되+었다)'와 같은 예가 발견된다.

85 통시적 변화 과정은 어간과 모음 어미가 결합할 때의 활용형만 보인다. 자음 어미나 매개모음 어미와 결합할 때에는 '외'의 단모음화만 적용되었으므로 따로 상론하지 않는다.

(62)

ㄱ. toy + əsə 〉 töəsə 〉 töyəsə
(oy-축약) (y-첨가)

ㄱ′. toy + əsə 〉 toyyəsə 〉 töyəsə
(y-첨가) (oy-축약)

ㄴ. toy + asə 〉 töasə 〉 töyasə
(oy-축약) (y-첨가)

ㄴ′. toy + asə 〉 toyyasə 〉 töyasə
(y-첨가) (oy-축약)

(62ㄱ, ㄱ′)은 (61ㄱ)의, (62ㄴ, ㄴ′)은 (61ㄴ)의 역사적 변화 과정이다. (61ㄱ, ㄴ)은 역사적 변화 과정도 평행적인 모습을 보인다. (62ㄱ, ㄴ)에서는 '외'가 하향 이중모음이었던 시절 모음 어미와 결합할 때 '외'가 단모음으로 바뀐 후 활음이 첨가되었다. 그런데 '외, 위'가 하향 이중모음이었던 시절에는 하향 이중모음으로 끝나는 어간 뒤에 모음 어미가 올 경우 어간말의 활음 'y'가 후행 음절로 넘어가든지 또는 'y'가 첨가되는 것이 일반적이었다. 예를 들어 '되+아서'는 '도야서'나 '되야서'와 같이 실현되었다. 이 사실을 감안하면 (62ㄱ′, ㄴ′)과 같은 변화 과정도 충분히 가능하다.[86]

86 여러 가지 가능한 통시적 변화 중 어느 것이 가장 타당한지를 확신하기 어려울 때에는 가능성만 보이는 차원에서 논의를 진행할 것이다. '외, 위'로 끝나는 어간의 역사적 변화 과정은 문헌에서 일일이 발견되는 경우가 거의 드물어서 변화 단계를 재구할 수밖에 없다. 이런 상황에서는 여러 가능성 중 하나를 택하는 것이 큰 의미가 없다. 어떤 변화 과정을 거쳤든지 그 과정을 공시적 기술에는 그대로 반영할 수 없다는 점은 분명하므로 가능한 변화 단계를 제시하고 각각의 문제점을 지적하는 것만으로도 충분하다.

(63)

ㄱ. toy+asə 〉 toyasə 〉 toɛsə 〉 twɛ:sə
(y-연음) (야-축약) (활음화)

ㄴ. toy+əsə 〉 toyəsə 〉 toesə 〉 twe:sə
(y-연음) (여-축약) (활음화)

(63ㄱ, ㄴ)은 각각 (61ㄷ, ㄹ)의 통시적 변화 과정으로 역시 평행적인 모습을 보인다. 하향 이중모음 뒤에 '아, 어'가 올 때 어간말 이중모음의 활음 'y'가 후행 음절로 넘어간 후 '야, 여'가 '애, 에'로 축약되고 다시 활음화를 거쳐 '돼:서, 뒈:서'와 같은 활용형이 나오게 되었다. 상향 이중모음 '야, 여, 요' 등의 축약은 이미 많은 방언에서 확인되므로 (63)과 같은 변화 과정은 의심할 수 없다. 이런 변화 과정은 이상신(1998:63), 유필재(2001:134), 이혁화(2002ㄱ:361)에서도 설정한 바 있다.

(64)

ㄱ. toy+əsə 〉 tö:əsə 〉 tö:sə
(oy-축약) (모음 탈락)

ㄴ. toy+əsə 〉 toyəsə 〉 toesə 〉 twe:sə 〉 tö:sə
(y-연음) (여-축약) (활음화) (웨-축약)

(64ㄱ, ㄴ)은 (61ㅁ)의 변화 과정을 추측한 것이다. (64ㄱ)은 '외'의 단모음화 이후에 '어'가 모음 충돌을 회피하기 위해 탈락했다고 본 것이다. 충분히 가능성은 있지만 일반적으로 (64ㄱ)과 같은 환경에서는 모음의 두음이 단순히 탈락하지 않았다는 점이 문제이다. 이러한 사실을 감안하여 (64ㄴ)과 같은 변화 과정을 상정할 수 있다. (64ㄴ)은 (63ㄴ)에서 웨-축약이 더 적용된 것이다. (61ㅁ)과 같은 활용형이 나타나는 지역은 (61ㄹ)이 나타나는 지역과 지리적으로 인접했다는 점을 고려할 때 (61ㄹ) 단계에서

웨-축약을 더 거쳐 (61ㅁ)이 나왔다고 보는 것은 어느 정도 합당하다. 다만 (61ㅁ)이 나타나는 방언에서는 웨-축약이 활발하게 일어나지 않았다는 점이 문제로 남는다.[87]

(65)

ㄱ. toy + asə〉 toyasə 〉 twyasə 〉 tɥa : sə
(y-연음) (활음화) (wy-축약)

ㄴ. toy + asə〉 töasə 〉 tɥa : sə
(oy-축약) (활음화)

(65)는 (61ㅂ)의 'ᄃᆦ:서'와 같은 활용형이 형성된 과정을 보인 것이다. 'ᄃᆦ:서'의 변화 과정을 추론하기는 매우 어렵다. (65ㄱ)은 '야' 앞에서 '오'가 활음화 한 후 'w + y'가 'ɥ'로 축약되었다고 본 것이다. 'ɥ'는 원순성과 전설성을 모두 지닌 활음이므로 'w'와 'y'가 합쳐진다면 'ɥ'가 될 수 있다. 그러나 과연 '야'라는 이중모음 앞에서 활음화가 일어날 수 있는지가 문제이다. 단모음과 단모음 사이에 'y'가 개재되어 있으므로 활음화가 일어날 수 있는 환경은 아닌 것이다. (65ㄴ)에서는 하향 이중모음 '외'가 단모음으로 바뀐 후 곧바로 활음화의 적용을 받았다고 할 때의 변화 과정이다. 단모음 '외'는 전설원순모음이므로 활음으로 바뀐다면 전설성과 원순성을 모두 갖춘 'ɥ'로 변할 공산이 크다. 그러나 이런 변화가 다른 환경에서는 잘 나타나지 않는다는 문제점을 여전히 지니고 있다.

87 강원도 방언을 대상으로 한 한영균(1995 : 829)에 따르면 'toy + ase>twεese>twεse>töse' 와 같은 변화 단계가 예상된다. 이러한 변화 과정에서는 'oy'가 'wε'로 직접 변화한다고 보아야 하고 'ε' 뒤에서 'e'가 탈락한다고 해야 하는데 이 역시 부담이 되기는 마찬가지이다.

(66)

ㄱ. toy+asə 〉 toyyasə 〉 töyasə 〉 tweyasə 〉 twiyasə 〉 tüyasə
(y-첨가) (oy-축약) (외-분열) (에〉이) (wi-축약)

ㄴ. toy+asə 〉 toyyasə 〉 töyasə 〉 tüyasə
(y-첨가) (oy-축약) (ö 〉 ü)

(66)은 (61ㅅ)에 제시된 '뒤야서'의 역사적 변화 과정이다. '뒤야서'의 변화 과정은 가장 복잡해서 정확한 경로를 밝히기 무척 어렵다. (66ㄱ, ㄴ)은 지금까지 제안된 변화 과정이다. (66ㄱ)은 이진호(2002ㄴ:140)에서 제시한 것으로 어간말의 이중모음 '외(oy)'가 단모음화를 거쳐 다시 상향 이중모음 'we'로 바뀐 후 모음 상승인 '에〉이'를 거쳐 다시 단모음화가 되었다고 보고 있다. 각 단계를 이어 주는 음운 변화 각각은 모두 국어 음운사에서 실재했던 것이지만 지나치게 복잡한 과정이라는 문제가 제기된다. 더욱이 (61ㅅ)의 '뒤야서'를 발화하는 방언 화자들은 아직 단모음 '외'의 이중모음화를 경험하지 않았으므로 (66ㄱ)은 적지 않은 문제를 지니고 있다.

(66ㄴ)은 정인호(2006ㄱ:142)의 설명을 '뒤야서'에 적용했을 때 나오는 변화 과정이다. 변화 과정으로 이중모음 '외(oy)'의 단모음화와 모음 상승만을 설정했기 때문으로 (66ㄱ)에 비해 매우 단순하다. 또한 단모음 '외'가 'we'로 바뀌는 변화 단계도 없으므로 (66ㄱ)의 문제를 지니지도 않는다. 그러나 단모음 '외'가 '위'로 상승하는 변화가 실재했는지는 무척 의문이다. 다른 중모음 '오, 어, 에'가 고모음 '우, 으, 이'로 바뀌는 변화는 존재했지만 단모음 '외'가 직접 '위'로 바뀌는 변화는 지금까지 논의된 바 없다. 더욱이 이러한 모음 상승은 유독 'oya'라는 연쇄에만 적용된다는 점을 주시할 필요가 있다.[88] 순수하게 이중모음 '외(oy)'에 모음 상승이 일어난 것이 아니고 반드시 뒤에 '아'라는 단모음이 올 때에만 모음 상승이 일어

88 이 사실은 정인호(2006ㄱ : 142)에서도 지적한 바 있다.

난다면 이것은 단순한 모음 상승이 아니고 'oy'에 후행하는 모음 '아'가 변화에 관여하고 있음을 암시한다. 그런 점에서 (66ㄴ)도 타당한 변화 과정이라고 보기는 어렵다.

여기서는 '뒤야서'와 같은 활용형이 (61ㅂ)에 제시된 '돠:서'에 다른 변화가 더 적용된 형태로 보고자 한다. '뒤야서'가 나타나는 지역은 '돠:서'가 나타나는 지역과 인접했으므로 '뒤야서'가 '돠:서'로부터의 후대 발달형일 가능성이 높다. 구체적으로는 다음과 같은 변화 과정을 상정한다.[89]

(67)

tɥa:sə 〉 tüas 〉 (tüyasə)
(ɥ-단모음화) (y-첨가)

(67)은 이중모음 '와'가 단모음 연쇄인 '위아'로 바뀐 후 활음 첨가가 적용되는 두 단계 변화를 보인다. 이러한 변화 과정에서 특이한 것은 이중모음이 단모음의 연쇄로 바뀐 것이다. 단모음 연쇄가 활음화의 적용을 받아 이중모음으로 바뀌는 변화는 많지만 이중모음이 단모음 연쇄로 변화하는 것에 대해서는 많은 논의가 없었다. 그런데 이런 변화는 (67)만이 아니고 다른 경우에도 많이 나타난다.

(68)

ㄱ. 부아라(보+아라), 부아(보+아), 부와(보+아),
누와라(놓+아라), 쑤아서(쏘+아서)

ㄴ. 쭈아(쪼+아)

(68ㄱ)은 경기, 충남, 전북의 일부 방언에서 보이며 (68)은 강원도 홍천

89 '돠:서(tɥa:sə)'까지의 변화 과정은 이미 (65)에 제시되어 있으므로 여기서는 '돠:서'를 변화의 출발점으로 삼고 논의를 진행한다.

지역어에서 보인다.[90] 공통적으로 원래 어간말 음절의 모음이 '오'였는데 '우'로 나타난다. 표면적으로는 '오'가 '우'로 상승한 것처럼 보이지만 (68)을 모음 상승이라고 보기는 어렵다. 우선 '오'가 '우'로 상승하는 변화는 주로 2음절 이하에서 나타난다. 1음절에서 나타나는 경우도 없지는 않으나 용언 어간에서는 '물:르-(모르-)'를 비롯한 몇몇 어간에만 한정해서 모음 상승이 일어날 뿐이다. (68)에 제시된 어간들은 일반적으로 모음 상승의 적용을 받지 않는다. 또한 단순한 모음 상승이라면 모음 어미가 아닌 자음 어미나 매개모음 어미와 결합할 때에도 (68)과 같은 변화가 보여야 하지만 항상 모음 어미와 결합할 때에만 어간말 모음이 '우'로 나타나고 그 외의 환경에서는 '오'로 나타난다. 이것은 (68)과 같은 변화를 모음 상승으로 볼 수 없게 한다.

(68)을 기존 활용형의 재분석으로 볼 수도 없다. (68)과 같은 변화가 일어나기 전의 활용형 '봐:서'를 '부+아서'로 재분석할 수 있으려면 '우'로 끝나는 어간 뒤에 결합하는 모음 어미의 두음이 '아'이어야만 한다. 그런데 (68)이 나타나는 방언에서는 '우'로 끝나는 어간 뒤에 결합하는 모음 어미의 두음이 '어'이다. 그러므로 '봐:서'와 같은 활용형을 '부+아서'로 재분석하기는 매우 어렵다.

(68)은 이전의 활용형에 있던 이중모음 '와:'가 단모음 연쇄 '우+아'로 변화한 것으로 보인다. 이것은 모음 연쇄가 활음화를 겪는 것과 정반대의 현상이다.[91] 이중모음의 활음을 충분하게 발음하는 과정에서 단모음 연쇄로 바뀌었다고 할 수 있다. 활음은 단모음 중에서도 혀의 높낮이가 높은 고모음과 비슷한 속성을 지닌다.[92] 따라서 'w'가 단모음으로 바뀐다면 '우'가

90 《한국방언자료집》(한국정신문화연구원 간행)을 참고할 수 있다.

91 이러한 변화는 활음화에 비해서는 매우 빈도가 낮고 산발적인 모습을 보인다. 활음화가 모음 충돌을 회피하고자 하는 자연스러운 과정이므로 여기에 반대되는 현상이 드물게 나타나는 것은 당연한 일이다.

92 활음화의 적용을 받는 모음이 주로 고모음이라는 점에서도 이 사실을 확인할 수 있다. 다만 국어에서는 중모음 '오'도 활음화의 적용을 받는다. 이것은 어쩌면 모음 추이가 일어나기 이전의 '오'가 고모음이었다는 사실과 관련될지도 모른다.

될 수밖에 없다.

(67)은 (68)과 같은 성격의 변화라고 파악된다. (68)과 같이 '활음+단모음'이 '단모음+단모음'으로 바뀐다고 할 때 'ɥㅑ'의 활음 'ɥ'는 그 속성상 전설원순고모음 '위'로 변화할 수밖에 없다. (68)과 같은 변화가 분명히 발견되는 이상 (67) 역시 그와 동질적인 변화로 파악할 때 가장 무리 없는 변화 과정이 된다. 특히 (68)과 같은 변화가 매우 산발적으로 일어난다는 점과 '뒤야서'라는 활용형이 나타나는 방언이 매우 드물다는 사실, '뒤야서'가 나타나는 방언과 (68)이 일어나는 방언이 지리적으로 인접하고 있다는 사실도 이것을 뒷받침한다.

지금까지 다소 장황하지만 '외' 말음 어간의 각기 다른 방언 활용형들이 어떤 역사적 변화 과정을 거쳤는지 살펴보았다. 그 중에는 변화 과정을 정확히 알 수 있는 것도 있었고 여러 가지 가능성만을 타진한 것도 있었다. 그런데 그 어떤 경우든 역사적 변화 과정을 공시적 음운 기술에 그대로 반영할 수는 없다. 그 이유로는 무엇보다도 하향 이중모음 '외(oy)'를 현대국어 공시적 기술에서는 인정할 수 없다는 점을 들지 않을 수 없다. 역사적 변화는 하향 이중모음에서부터 출발하지만 공시적 기술의 출발점인 기저형에는 하향 이중모음을 설정할 수 없으므로 통시적 변화 과정과 공시적 음운 기술의 내용은 서로 다를 수밖에 없다. 이 외에 통시적 변화 과정에서 존재했던 음운 변화 중 상당수는 공시적 음운 규칙으로 설정하기 어렵다는 점도 지적해야만 한다. 이미 앞 장의 여러 부분에서 살핀 것과 동일한 문제점을 지닌 변화들이 외-말음 어간 활용형의 변화 과정에도 들어 있는 것이다.

이제 위-말음 어간의 활용 양상이 방언에 따라 어떻게 다르며 어떤 변화 과정을 거쳤는지 살필 차례이다. 위-말음 어간은 '뛰-'를 대상으로 논의하기로 한다.

(69)

ㄱ. 뛰고(뛰+고), 뛰니(뛰+니), 뛰여서(뛰+어서)

ㄴ. 뛰고(뛰+고), 뛰니(뛰+니), 뛰:서(뛰+어서)

ㄷ. 뛰고(뛰+고), 뛰니(뛰+니), 뛰ᅥ:서((뛰+어서)[93]

ㄹ. 뛰고(뛰+고), 뛰니(뛰+니), 뛔:서(뛰+어서)

ㅁ. 뛰고(뛰+고), 뛰니(뛰+니), 뙤:서(뛰+어서)

(69) 역시 (61)과 마찬가지로 어간 뒤에 모음 어미가 결합할 때의 활용형에서 차이를 보인다. (69ㄱ)은 전라, 충남 방언에서 나타나는 형태로 외-말음 어간 중 (61ㄱ)과 활용 양상이 매우 비슷하다.[94] 모음 어미가 결합해도 어간말 모음 '위'는 변화가 없고 다만 어미 두음에 활음 'y'가 첨가된다. 때로는 활음 첨가가 일어나지 않은 '뛰어서'가 나타나기도 한다. (69ㄴ)은 충북 방언에서 나타나며 외-말음 어간 중 (61ㅁ)과 평행적인 모습을 보인다. 어간 뒤에 모음 어미가 결합할 때 표면적으로 모음 어미의 두음이 모습을 드러내지 않는다. (69ㄷ)에서는 어간말 모음 '위'와 어미초 모음 '어'가 결합하여 'ɥə:'라는 이중모음이 만들어졌다. 서울 지역어나 강원도 원주 지역어에서 나타나는 것으로 보고되었는데 활음 'ɥ'가 나타난다는 점에서 외-말음 어간 중 (61ㅂ)과 매우 비슷하다.[95] (69ㄹ)은 전라, 강원 방언에서 보이며 활용형에 w-계 이중모음이 나타난다는 점에서 외-말음 어간의 (61ㄷ, ㄹ)과 성격이 비슷하다. (69ㅁ)이 나타나는 지역은 (69ㄹ)이 나타나는 지역과 비슷하며 (69ㄹ)과 밀접한 관계를 가진다.

93 '뛰ᅥ:서'는 '뚜ᅥ:서' 또는 'ᄄᆑ:서'로 표기하는 것이 음운론적으로는 더 정확하지만 역시 재출자끼리 합쳐야 한다는 《훈민정음해례본》의 정신에 따라 'ᄄᆑ:서'로 표기한다.

94 위-말음 어간 뒤에 모음 어미가 올 때의 활용 양상은 외-말음 어간 뒤에 모음 어미가 올 때와 매우 비슷하다. 이것은 역사적으로 '위, 외'는 모두 하향 이중모음이었으며 모음 어미가 올 때 활음화를 비롯한 여러 음운 변화에서 비슷한 적용 양상을 보였기 때문이다.

95 서울 지역어는 유필재(2001 : 117), 원주 지역어는 김봉국(2002 : 100)을 참고할 수 있다.

(69)의 역사적 변화 과정은 외-말음 어간과 마찬가지로 모음 어미와의 결합형에 대해서만 살핀다. 자음 어미나 매개모음 어미와 결합할 때에는 공통적으로 하향 이중모음 '위(uy)'의 단모음화만 일어났다. 아래의 (70)은 (69ㄱ)의 '뛰여서'가 형성된 과정이다.

(70)

ㄱ. t'uy+əsə 〉 t'üəsə 〉 t'üyəsə
(uy-축약) (y-첨가)

ㄴ. t'uy+əsə 〉 t'uyyəsə 〉 t'üyəsə
(y-첨가) (uy-축약)

(70)은 외-말음 어간 중 '되여서'가 형성된 것과 동일하다. (70ㄱ)은 하향 이중모음 '위(uy)'가 축약된 후 모음 충돌 회피를 위해 활음 'y'가 첨가되는 과정으로 이루어져 있다. 이전 시기에 하향 이중모음으로 끝나는 어간과 모음 어미가 결합할 때의 활용 양상을 반영하면 (70ㄴ)과 같이 볼 수도 있다. 이것은 '되여서'의 역사적 변화 과정으로 (62ㄱ)과 (62ㄱ')이 모두 가능했던 것과 평행적이다.

(71)

ㄱ. t'uy+əsə 〉 t'üəsə 〉 t'ü:sə
(uy-축약) (모음 탈락)

ㄴ. t'uy+əsə 〉 t'uyəsə 〉 t'uesə 〉 t'we:sə 〉 t'wi:sə 〉 t'ü:sə
(y-연음) (여-축약) (활음화) (에〉이) (wi-축약)

(69ㄴ)의 '뛰:서'는 (61ㅁ)의 '되:서'와 활용 양상이 비슷하므로 변화 과정도 (61ㅁ)과 평행하게 고려할 수 있다. (61ㅁ)의 통시적 변화 과정인 (64)를 '뛰+어서'에 적용하면 (71)과 같다. 그런데 (64ㄱ, ㄴ)이 모두 문제를 지니듯 (71ㄱ, ㄴ)도 완벽한 변화 과정으로 보기는 어렵다. (71ㄱ)은 하향

이중모음 '위(uy)'가 축약된 후 모음 충돌을 회피하기 위해 모음 어미의 두음 '어'가 탈락했다고 보는 방법이다. 그런데 위-말음 어간의 경우 뒤에 모음 어미가 와도 어미의 두음이 단순히 탈락하지 않는 것이 일반적인 경향임을 고려할 때 문제가 있다. 이러한 문제를 없애려면 변화 과정을 다소 복잡하게 할 수밖에 없다. (71ㄴ)은 모음 어미의 두음이 탈락했다고 보지 않고 다른 변화 과정을 거쳤다고 본다. 다섯 단계의 변화를 거치게 되는데 마지막 단계인 'wi-축약'이 가능한 변화인지도 확신하기 어렵고 변화 과정도 지나치게 복잡하다.

(69ㄷ)의 '뛰:서'가 거친 통시적 변화 과정 역시 간단하지는 않다. (72)는 '뛰:서'의 변화 과정으로 설정 가능한 몇 가지 방안이다.

(72)

ㄱ. t'uy+əsə 〉 t'üəsə 〉 t'ɥə:sə
(uy-축약) (활음화)

ㄴ. t'uy+əsə 〉 t'üəsə 〉 t'wiəsə 〉 t'wyə:sə 〉 t'ɥə:sə
(uy-축약) (ü-분열) (활음화) (wy-축약)

(72ㄱ)은 두 가지 음운 변화만으로 '뛰:서'의 형성을 설명하고 있다. (72ㄱ)에서 단모음 '위'가 같은 성질을 가진 활음 'ɥ'로 바뀌는 것은 음성적으로 아무런 문제가 없지만 이런 변화 과정이 존재했는지를 입증하기 어렵다. 이 문제를 피하려면 (72ㄴ)과 같이 복잡한 단계를 거쳐야 한다. 그러나 '뛰:서'와 같은 활용형을 발화하는 화자들은 단모음 '위'의 분열을 겪지 않았으며 역시 그 존재를 확신하기 어려운 wy-축약을 인정해야 한다는 점에서 (72ㄴ)이 (72ㄱ)보다 더 낫다고 보기는 어렵다.

(69ㄹ,ㅁ)의 역사적 변화 과정은 이미 5.6.1.에서 살펴본 바 있다. (69ㄹ)은 't'uyəsə' 단계에서 여-축약(t'uesə), 활음화(t'we:sə)의 적용을 받은 것이다. 여기에 웨-축약이 더 적용되면 (69ㅁ)와 같은 '뙤:서'가 나온다. (69ㄹ)과 (69ㅁ)이 나타나는 지리적 분포가 비슷하다는 것은 (69ㄹ)로부터

(69ㅁ)이 발달해 온 것임을 잘 말해 준다.

이상에서 살펴본 위-말음 어간 뒤에 모음 어미가 올 때의 활용형이 거쳐 온 역사적 변화 과정은 외-말음 어간과 마찬가지로 공시적 음운 기술에는 그대로 반영할 수 없다. 앞에서의 변화 과정을 그대로 공시적 기술에 적용하려면 하향 이중모음 '위(uy)'를 기저형에 설정해야 하는데 이런 기술 방안은 하향 이중모음 '위'가 존재하지 않는 현대국어에 비추어 볼 때 받아들일 수 없다.[96] 또한 역사적 변화 중 상당수는 공시적 음운 규칙으로서의 자격을 지니지 않는다. 따라서 통시적 변화 과정과는 다른 방식의 공시적 기술이 이루어져야만 한다.

5.7.2. 공시적 기술 방안

5.7.2.1. 외-말음 어간

(61)에서 살펴보았던 외-말음 어간의 다양한 교체 양상 중 다음과 같은 경우의 공시적 기술은 매우 단순하다.

(73)

ㄱ. 되고(되+고), 되니(되+니), 되여서(되+어서)

ㄴ. 되고(되+고), 되니(되+니), 되야서(되+어서)

어간의 모든 이형태는 항상 '되'로 실현되므로 '되-'를 기저형으로 한 후 모음 어미가 후행할 때 y-첨가 규칙을 적용하는 것으로 충분하다. 전설모음으로 끝나는 어간 뒤에 모음 어미가 결합하여 활음이 첨가될 때에는 항상 'y'가 첨가되므로 (73ㄱ, ㄴ)은 국어의 활음 첨가 규칙을 잘 따른다.

96 일부 방언에서는 하향 이중모음 '위(uy)'가 존재하는 것으로 보고되기도 했지만 대부분의 방언에서는 하향 이중모음 '위'가 사라졌다.

다만 (73ㄱ)에서는 모음 어미의 두음으로 '어'가 선택되고 (73ㄴ)에서는 '아'가 선택된다는 점만 다르다. 이것은 해당 방언의 모음조화 양상과 관련되므로 더 이상 다루지는 않는다.

단수 기저형에 음운 규칙을 적용하여 쉽게 기술할 수 있는 (73)과 달리 (74)는 그리 단순하지 않다.

(74)

ㄱ. 되고(되+고), 되니(되+니), 돼:서(되+어서)

ㄴ. 되고(되+고), 되니(되+니), 뒈:서(되+어서)

(74ㄱ, ㄴ) 중 지금까지는 주로 (74ㄱ)을 논의 대상으로 삼았다. (74ㄱ)과 (74ㄴ)는 모음 어미의 두음에서 각각 '아'와 '어'로 차이가 있을 뿐이므로 (74ㄱ)의 기술 방법은 (74ㄴ)에도 적용될 수 있다. (74ㄱ)을 단수 기저형에 음운 규칙을 적용하여 기술하는 방안으로는 다음과 같은 것들이 있었다.

(75)

ㄱ. tö + asə → twa:sə → twɛ:sə
(활음화) (이 전설화)

ㄴ. tö + asə → töɛsə → twɛ:sə
(아-전설화) (활음화)

(75ㄱ)은 이승재(1980:98)에서 제시한 것으로 허 웅(1985:278), 김경아(2000:167)에서도 비슷한 방식이 나온다. 이에 따르면 단모음 '외'가 활음으로 바뀌면 이 활음은 원순성과 전설성을 모두 갖추어야 하지만 국어에는 이런 활음이 없으므로 단모음 '외'는 원순성을 가진 활음 'w'로 바뀌고 남아 있는 전설성은 후행 모음 '아'로 넘어가 결국 '돼:서'와 같은 활용형이 만들어진다. 이런 설명은 하나의 음운 '외(ö)'가 두 개의 구성 요소로 분리되어 원순성과 전설성이 따로 따로 행동해야 한다고 보는

것인데 이런 과정은 받아들이기 쉽지 않다. 한 음운을 변별적 자질의 묶음으로 쪼갤 수는 있어도 쪼개어진 변별적 자질이 음운 현상에서 따로 기능하는 것은 다른 경우에는 찾아 볼 수 없다. 오로지 '돼:서'을 설명하는 데에서만 발견할 수 있을 뿐이다.

(75ㄴ)은 (75ㄱ)과 비교할 때 관여하는 규칙은 동일하되 다만 그 순서만 바뀐 것으로 보인다. 그러나 실제로는 규칙의 순서 외에 관여하는 규칙의 성격도 다르다. (75ㄱ)의 아-전설화는 변화 이전의 단모음 '외'가 지니던 전설성이 '아'과 결합하면서 일어난 것이지만 (75ㄴ)의 아-전설화는 단모음 '외'에 동화되어 '아'가 전설모음으로 바뀐 것이다. 또한 활음화 역시 (75ㄱ)은 '오'가 'w'로 바뀐 것이지만 (75ㄴ)은 단모음 '외'가 'w'로 바뀐 것이다.[97] 따라서 (75ㄴ)은 (75ㄱ)과는 성격이 다른 기술 방법이다.

(75ㄴ)은 (75ㄱ)과 같은 문제점을 지니지는 않지만 여전히 공시적 음운 규칙으로 받아들이기는 어렵다. 우선 '외'가 후행하는 후설모음을 전설모음으로 바꿀 수 있는 견인력이 있는지 의심된다. 또한 '외'가 활음화의 적용을 받을 때 'w'가 된다는 것도 부자연스럽다. (75ㄱ)과 같은 방안을 채택한 논의에서 보듯이 전설원순모음이 활음화된다고 할 때 'w'로만 바뀐다면 전설성은 사라져 버리는 셈이 되므로 '이'나 '오, 우'의 활음화와는 다른 모습을 보인다.

음운 규칙을 적용하는 방식은 어떤 것이든 (75ㄱ, ㄴ)과 비슷한 문제점을 지닐 수밖에 없다.[98] 역사적으로는 '야'가 단모음 '애'로 축약된 후 활음화가 일어났는데 이것을 공시적 도출 과정에서는 음운 규칙으로 만들어 내기가 어렵다. 음운 규칙을 설정하기 어려운 이상 복수 기저형을 설정하는 기술 방안을 고려할 수밖에 없다. (74ㄱ)은 다음과 같이 복수 기저형을 설정하여 기술할 수 있다.

---

97 (75ㄱ)에서의 활음화는 '외'가 가진 원순성에만 관여하고 전설성은 후행 모음으로 넘어가므로 결과적으로는 '오'에 활음화가 적용된 것과 같다.

98 현행 학교문법에서는 '되+어서'가 '돼:서'로 바뀌는 것을 축약으로 보고 있다. 그러려면 이중모음을 하나의 음운으로 분석해야 하며 어떤 점에서 축약인지 설명할 수 있어야 한다.

(76)

되-(자음 어미, 매개모음 어미 앞) ~ 돼-(모음 어미 앞)

(76)과 같이 복수 기저형을 설정하면 '돼:서'와 같은 활용형은 '돼+아서'에 완전순행동화를 적용하여 이끌어 낼 수 있다. 국어에서는 '애, 에'로 끝나는 어간 뒤에 모음 어미가 결합하면 완전순행동화가 적용되어 '깨:서(깨+어서), 개:서(개+어서), 세:서(세+어서)'와 같이 실현된다.[99] '돼-' 역시 '애'로 끝나므로 동일한 음운 규칙이 적용되어 '돼:서'로 나타나는 것을 기술할 수 있다.[100] (75ㄴ)의 경우 복수 기저형을 설정하는 것은 같되 모음 어미 앞에 오는 어간의 기저형을 '퉤-'로 하는 것만 차이가 난다. '퉤-'는 '에'로 끝나는 어간과 동일하므로 뒤에 모음 어미가 오면 완전순행동화에 의해 '퉤:서'가 도출된다.

(77)

되고(되+고), 되니(되+니), 되:서(되+어서)

(77)과 같은 양상을 보이는 경우의 공시적 기술은 모음의 완선순행동화를 이용하는 것이 가장 나은 듯하다. (77)은 어간 모음은 그대로 실현되되 다만 모음 어미와 결합할 때에 한해 모음 어미의 두음이 안 보이고 장모음이 나타난다. 이런 양상은 '애, 에'로 끝나는 어간의 교체 양상과 정확히 일치하므로 같은 방식을 취하는 것이 좋다. 5.8.에서 논의하겠지만 '애, 에'로 끝나는 어간 뒤에 모음 어미가 올 때에는 모음의 완전순행동화로 기술하는 것이 가장 합리적이다. 따라서 (77)도 어간말 모음 '외'에 의한 완전순행

99 완전순행동화는 5.8.에서 다룬다.

100 이러한 분석 방안은 김봉국(2000 : 28), 유필재(2001 : 136), 이혁화(2002ㄱ : 361)에서도 제안한 바 있다.

동화로 기술할 수 있다. (77)이 나타나는 방언은 모음의 완전 순행동화를 일으킬 수 있는 동화주가 '애, 에'에서 '애, 에, 외'로 늘어 난다.

(78)

되고(되+고), 되니(되+니), 돠:서(되+어서)

(78)을 공시적으로 기술할 때에는 우선적으로 '돠:서'에 들어 있는 활음 'ɥ'의 음운 분석 문제를 해결해야만 한다. 이혁화(2002ㄱ:348~353)에서 언급했듯이 활음 'ɥ'의 출현 환경은 크게 세 가지이다. 모음 '이' 앞에 'w'가 와서 '이'의 전설성에 동화되는 경우, 모음 '오, 우' 앞에 'y'가 와서 후행 모음의 원순성에 동화되는 경우, 그 외의 경우이다. 첫번째와 두번째 경우의 'ɥ'는 각각 'w'와 'y'의 변이음으로 분석된다. 그러나 그 외의 경우 즉 (78)의 '돠:서'의 경우에는 'ɥ'를 'w'나 'y'의 변이음이라고 할 수 없다. 출현 환경이 일치하기 때문이다. 그렇다고 해서 'ɥ'를 단모음 '외'의 변이음이라고 볼 수 없다. 활음과 단모음은 음절핵으로서의 기능 여부, 즉 음운론적 기능이 다르므로 변이음으로 설정하기 어렵다.[101]

이처럼 '돠:서'의 'ɥ'는 다른 음운의 변이음으로 분석될 수는 없다. 모든 음성은 음운 체계에 속하는 음운 중 어느 하나에 소속되어야 한다는 점을 고려할 때 '돠:서'의 'ɥ'는 그 자체가 하나의 음운이 될 수밖에 없다. 표면에 실현되는 음성 'ɥ'는 이혁화(2002ㄱ:352~353)의 지적대로 환경에 따라 세 개의 다른 음운으로 분석된다. '이' 앞에서는 'w'로, '오, 우' 앞에서는 'y'로, 그 밖의 환경에서는 'ɥ'이라는 음운에 속한다. 또한 그 분포도 매우 제한되어 있다. 그러나 이런 문제점에도 불구하고 독립된 음운으로 설정하는 것이 가장 문제를 덜 일으킨다. 만약 'ɥ'을 별개의 음운으로 설정하지 않으면 '돠:서'의 'ɥ'는 음성만 있고 대응하는 음운은 없는 매우 기이한 존재가 된다. 이것은 현재의 음운 분석에서는 상상할 수 없다. 따라서 '돠:서'와 같은

101 이것은 이혁화(2002ㄱ:348)에서도 지적된 바 있다.

자료가 존재하는 방언에서는 'ɥ'를 별개의 음운으로 설정하는 것이 가장 타당하다.[102]

'ɥ'를 독립된 음운으로 설정하면 (78)의 공시적 기술은 매우 간단해진다. 어간말 단모음 '외'가 모음 어미 앞에서 활음화의 적용을 받아 곧바로 표면형이 된다고 기술하면 된다. 단모음 '외'는 전설원순모음이므로 같은 성격을 지닌 'ɥ'로 활음화 되는 것이 매우 자연스럽다.

(79)

되고(되+고), 되니(되+니), 뒤야서(되+어서)

외-말음 어간이 (79)와 같은 양상을 보일 경우 자음 어미나 매개모음 어미와 결합할 때의 어간 이형태와 모음 어미와 결합할 때의 어간 이형태는 매우 다른 형태를 지닌다. 이런 경우 일반적으로는 음운 규칙을 적용하는 것이 쉽지 않지만 (79)는 가능하다. 모든 외-말음 어간이 (79)와 같은 패턴을 보인다면 어간말 '외'가 모음 어미 앞에서 '위'로 바뀌는 음운 규칙을 적용할 수 있다. 그 후 활음 첨가 규칙을 적용하면 표면형이 올바르게 도출된다.

(80)

ㄱ. 어간말 '외'는 모음 어미 앞에서 '위'로 바뀐다.

ㄴ. 되+아서 → 뒤아서 → 뒤야서

(80ㄱ)은 규칙 그 자체로서는 어떠한 문제도 지니지 않는다. 규칙의 정보를 일반화할 수 있으며 형태소 경계를 사이에 두고 적용되므로 규칙성 조건이나 공시성 조건을 위배하지 않는다. 또한 기저형과 표면형을 대비해 보면 규칙의 적용 여부도 분명히 드러나므로 독자적 타당성도 지닌다.

102 물론 '돠:서'와 같은 자료가 존재하지 않는 방언에서는 'ɥ'를 독립된 음운으로 설정할 필요가 없다.

그렇지만 국어의 일반적인 양상과 대비해 보면 특이성이 드러난다. 국어에서는 모음으로 끝나는 어간 뒤에 모음 어미가 올 때 어간말 모음은 그대로 있든지 변화를 겪는다면 탈락하거나 활음으로 바뀌는 모습만 보인다. (80)에서와 같이 어미초 모음은 그대로 있고 어간말 모음만 단순히 다른 모음으로 대치되는 경우는 찾아볼 수 없다.

이런 문제를 고려하여 (80ㄱ)을 인정하지 않는다면 단수 기저형에 음운 규칙을 적용하는 방식으로는 (79)를 기술할 수 없다. 만약 복수 기저형을 설정한다면 다음과 같은 모습을 지닌다.

(81)

되-(자음 어미, 매개모음 어미 앞) ~ 뒤-(모음 어미 앞)

(79)를 위한 복수 기저형 설정은 매우 단순해 보이지만 한 가지 고려 사항이 있다. 만약 모음 어미 앞에 오는 어간 기저형을 '뒤-'로 설정한다면 '뒤야서'가 도출되기 위해서는 모음 어미의 두음이 '아'이어야만 한다. (79)가 나타나는 방언에서 위-말음 어간 뒤에 결합하는 모음 어미의 두음이 '아'라면 아무런 문제가 없겠지만 위-말음 어간 뒤에 '어'가 결합된다면 (81)과 같이 복수 기저형을 설정해서는 '뒤야서'가 실현되는 것을 설명하기 어렵다. 실제로 (79)가 나타나는 방언에서는 위-말음 어간 뒤에 모음 어미가 올 때 어미의 두음이 '어'로 나타난다.

이 사실은 복수 기저형을 설정해서는 반영할 수 없다. 어간의 교체 양상뿐만 아니라 어미의 교체 양상까지 고려한다면 복수 기저형의 설정 대신 활용형 '뒤야X'가 어휘부에 등재된다고 기술하는 편이 더 나을 수 있다. '뒤야X'는 어간 뒤에 모음 어미가 결합할 때 어간과 모음 어미의 두음까지는 '뒤야'로 나타나고 어미의 나머지는 그대로 실현됨을 표시한다.[103] 이처럼 (79)는 (80ㄱ)과 같은 음운 규칙을 설정하거나 또는 활용형을 어휘부에

103 5.3.2.1.의 (20)처럼 '뒤야X' 대신 '뒤야'라는 활용형을 어휘부에 등재해도 상관 없다.

등재하는 방식으로 기술할 수 있다.

5.7.2.2. 위-말음 어간

위-말음 어간의 공시적 기술 방법은 관련이 있는 외-말음 어간의 공시적 기술과 비슷한 모습을 지닌다.

(82)

ㄱ. 뛰고(뛰+고), 뛰니(뛰+니), 뛰여서(뛰+어서)
ㄴ. 뛰고(뛰+고), 뛰니(뛰+니), 뛰:서(뛰+어서)

(82ㄱ, ㄴ)은 (69ㄱ, ㄴ)을 옮겨 온 것이다. (82ㄱ)은 기저형을 '뛰-'로 설정한 후 모음 어미와 결합할 때 'y'가 첨가되는 음운 규칙을 적용하면 된다. 이것은 외-말음 어간 중 '되여서'의 기술 방법과 일치한다. (82ㄴ)은 역시 기저형을 '뛰-'로 설정한 후 모음의 완전순행동화를 적용하여 기술할 수 있다. 앞서 (77)에서 살핀 '되:서'와 똑같은 교체 양상을 보이므로 동일한 방식으로 기술하는 것이 바람직하다.

(83)

뛰고(뛰+고), 뛰니(뛰+니), 뛔:서(뛰+어서)

(83)의 '뛔:서(t'ɥəːsə)'는 (78)의 '돠:서'와 동일하다. 여기서도 활음 'ɥ'의 처리가 관건이다. (78)을 기술할 때와 같이 'ɥ'를 독립된 음운으로 설정한다면 '뛔:서'는 기저형 '뛰+어서'에 활음화 규칙을 적용하는 것으로 충분하다. 단모음 '위'와 활음 'ɥ'는 전설성과 원순성을 공유하므로 활음화에 의해 연결될 수 있다.

(84)

뛰고(뛰+고), 뛰니(뛰+니), 뛔:서(뛰-어서)

(84)는 외-말음 어간 중 '되고, 되니, 돼:서'와 같은 성격을 지닌다. 외-말음 어간과 마찬가지로 복수 기저형을 설정하여 기술하는 방안을 고려할 수 있다. 복수 기저형은 '뛰-(자음 어미, 매개모음 어미 앞) ~ 뛔-(모음 어미 앞)'으로 설정할 수 있다. '뛔-'가 모음 어미와 결합할 때에는 모음의 완전순행동화가 적용되어 '뛔:서'로 실현된다. 이것은 '돼:서'의 도출 과정과 일치한다.

한편 위-말음 어간 중 '뛰고, 뛰니, 뙤:서'와 같은 모습을 보이는 경우의 공시적 기술은 이미 5.6.2.에서 다룬 바 있다. '뙤:서'는 기저형 '뛰+어서'에 모음 축약 규칙을 직접 적용하여 '뙤:서'를 이끌어 낼 수 있다. 이 때의 모음 축약은 규칙으로서의 요건을 충분히 갖추며, 여러 개의 중간 단계를 거칠 경우 나타나는 문제점이 사라지므로 가장 나은 기술 방법이다.

5.8. 모음의 완전순행동화와 공시적 음운 기술

5.8.1 문제 제기

모음의 완전순행동화란 그 용어에서도 드러나듯이 선행하는 모음이 동화주가 되어 후행하는 모음을 같은 모음으로 바꾸는 음운 현상이다. 모음의 완전순행동화가 적용되면 같은 모음이 두 개 나란히 놓이므로 표면에서는 장모음이 실현된다. 즉 'A+B'라는 모음 연쇄에 모음의 완전순행동화가 적용되면 'AA'가 되며 이것은 표면에 'A:'와 같이 장모음으로 나타나는 것이다.[104]

104 굳이 단계를 나타낸다면 'AB→AA→A:'이다. 기존의 몇몇 논의에서는 'AA→A:'을 동일 모음 축약으로 보기도 했지만 이러한 태도는 받아들이기 어렵다. 만약 'AA→A:'가 축약이라면 변화 전의 'AA'가 제삼의 음운인 'A:'로 바뀌었다고 보아야 한다. 일반적으로 장모음은 단모음에 장단이라는 운소가 결합된 것으로 분석하며 장단은 분절음과는 다른 층렬에 있다고 볼 때 'A:'는 음운 'A'에 음장이 얹혀 있는 셈이 된다. 따라서 'AA → A:'를 축약으로 볼 수는 없다. 여기서는 'AA'와 'A:'를 같다고 보고 논의를 진행한다. 엄밀히 보자면 'AA'는 같은 모음이 별개의 두 음절을 이루는 것이고

지금까지 모음의 완전순행동화로 다루어져 왔던 자료는 다음과 같다.

(85)

ㄱ. 깨:도(깨 + 어도), 채 : 서(채 + 어서), 개 : 라(개 + 어라), 달래라(달래 + 어라), 보채도(보채 + 어도), 떼 : 서(떼 + 어서), 메 : 도(메 + 어도), 데 : 서(데 + 어서)

ㄴ. 노:면~노으면(놓 + 으면), 나 : 니~나으니(낳 + 으니), 싸:면~싸으면(쌓 + 으면)

ㄷ. 끼 : 도(끼 + 어도), 신끼라(신기 + 어라), 맽깄다(맡기 + 었다), 잡히서(잡히 + 어서)

ㄹ. 쏘 : 도(쏘 + 아도), 쏘 : 서(쏘 + 아서), 꼬 :도(쏘 + 아도), 두 : 서(두 + 어서), 주 : 서(주 + 어서), 꾸:서(꾸 + 어서), 무:라(먹 + 어라)

ㅁ. 바 : 서(방 + 에서), 방바다 : 서(방바닥 + 에서), 일터 : 서(일터 + 에서), 학교 : 서(학교 + 에서), 등디 : 서(등디 + 에서)[105]

(85ㄱ)은 '애, 에'로 끝나는 어간 뒤에 모음 어미가 결합할 때 모음 어미의 두음 '이'가 어간말 모음에 동화되었다고 본다. 이러한 유형의 자료는 전국 대부분의 방언에서 나타나고 있다. (85ㄴ)은 후음으로 끝나는 어간 뒤에 매개모음 어미가 올 때 후음이 탈락한 후 매개모음 어미가 어간말 모음에 동화된 경우이다. (85ㄴ)도 전국적인 분포를 지닌다. 경우에 따라서는 완전순행동화가 적용되지 않은 '노으면, 나으니, 싸으면'이 공존하는 모습을 보이기도 한다.

(85ㄱ, ㄴ)이 전국적인 분포를 지닌다면 (85ㄷ~ㄹ)은 그 분포가 일부 방언에 국한된다. 주로 경상도 방언에서 발견된다. (85ㄷ)은 경남 방언에서

'A:'은 한 음절 내에 장모음이 오는 것으로 그 가치가 다르다. 그러나 이 문제는 해석하기에 따라 달라질 수 있으므로 여기서는 더 이상의 논의를 하지 않는다.

105 원래는 비모음도 함께 나타나는 경우가 많으나 여기서의 논의와 관련 없으므로 비모음 표시는 생략한다.

흔히 나타나며 '이'로 끝나는 어간 뒤에 모음 어미가 올 때 모음 어미의 두음이 어간말 '이'에 동화된 것이다. 다만 어간이 '경구개음+이'로 끝날 때에 한해서는 완전순행동화의 적용 양상이 방언에 따라 크게 세 부류가 나뉜다.

(86)

ㄱ. 짔다(지+었다), 치서(치+어서), 만지도(만지+어도), 다치서(다치+어서)
ㄴ. 졌다(지+었다), 처서(치+어서), 만지도(만지+어도), 다치서(다치+어서)
ㄷ. 졌다(지+었다), 처서(치+어서), 만저도(만지+어도), 다처서(다치+어서)

(86ㄱ)은 '경구개음+이'로 끝나는 어간 역시 모음의 완전순행동화를 정상적으로 적용 받는 방언의 모습이다. 다만 음장 또는 성조의 실현 여부는 차이가 날 수도 있다. (86ㄴ)은 1음절 어간에는 완전순행동화가 적용되지 않고 2음절 이상 어간에만 완전순행동화가 적용되는 방언이며 (86ㄷ)은 전혀 완전순행동화가 적용되지 않는 방언이다.[106] '경구개음+이'로 끝나는 어간이 이러한 특수한 모습을 보이는 것은 경구개음 뒤에 활음 'y'가 올 수 없다는 사실과 관련된다. 모음의 완전순행동화는 역사적으로는 활음화와 밀접한 관련이 있는데 (85ㄷ)은 활음화가 되어도 'y'가 자음 뒤에 온전히 올 수 있지만 (86)은 그럴 수 없으므로 결합에 제약을 받는다.

(85ㄹ)은 경상도 방언을 대상으로 한 논의에서 흔히 거론하던 것으로 어간말 모음 '오, 우' 뒤에 모음 어미가 올 때 모음 어미의 두음이 나타나지 않는다.[107] 어간말 모음이 장모음으로 실현되는 것으로 보아 모음의 완전순행동화가 적용되었다고 파악하였다. 일반적으로는 이러한 환경에서

106 '경구개음+이'로 끝나는 어간 뒤에 모음 어미가 올 때 방언이나 음절 수에 따라 차이를 보이는 것은 강원도의 하위 방언에서도 목격되는 현상으로 결코 특이한 일이 아니다. 강원도 방언에 대해서는 김봉국(2002)를 참고할 수 있다.

107 자료는 최명옥(1976 : 76), 김충회(1982 : 62), 윤병택(1983 : 14), 성인출(1984 : 31), 이동화(1984 : 5), 신기상(1987 : 44) 등을 참고할 수 있다.

활음화가 적용되지만 (85ㄹ)과 같이 활음화 대신 완전순행동화가 적용되는 방언이 존재한다.[108]

(85ㅁ)은 체언 어간 뒤에 처격 조사가 결합할 때 모음의 완전순행동화가 적용된 것이다. 체언 어간말 모음은 '아, 어, 오, 이' 등 매우 다양하다. 이렇게 다양한 모음 뒤에서 처격 조사가 동화를 입는 것은 역사적으로 쉽게 설명하기는 어렵다. (85ㅁ) 역시 표면에 장모음이 실현되고 있어 완전순행동화가 적용되었다고 볼 수 있다.

이상에서 살펴본 다섯 가지 유형 중 여기서 다룰 것은 (85ㄱ)과 (85ㄷ)이다. 나머지는 공시적 음운 기술이 그리 복잡하지도 않으며 역사적 변화 과정을 그대로 되풀이할 수 있는 경우이다. 반면 (85ㄱ, ㄷ)은 역사적 변화 과정도 단순치 않고 변화 과정을 공시적 기술에 그대로 반영할 수도 없다.

(85ㄱ)은 다음과 같은 형성 과정을 밟은 것으로 보인다.

(87)

ㄱ. k'ay+ado 〉 k'ayyado 〉 k'ɛyado 〉 k'ɛɛdo
(y-첨가) (ay-단모음화) (야-축약)

ㄴ. t'əy+ədo 〉 t'əyyədo 〉 t'eyədo 〉 t'eedo
(y-첨가) (y-단모음화) (여 축약)

(87ㄱ, ㄴ)은 각각 '애'와 '에'로 끝나는 어간 뒤에 모음 어미가 올 때의 변화 과정으로 그 방식이 정확히 일치한다. '애, 에'가 하향 이중모음이던 시절에는 뒤에 모음 어미가 올 때 어간말 이중모음 '애, 에'의 활음 'y'가 후행 음절로 넘어가든지 또는 후행 음절에 'y'가 덧붙었다. 이 중 y-첨가가 일어났다. 그 후 어간말 하향 이중모음의 단모음화와 상향 이중모음의 축약을

108 (85ㄹ) 중 '무우라'는 완전순행동화가 모음 어미에 적용될 때 개재 자음이 없어야 함을 잘 말해준다. 박명순(1987 : 56), 김영송(1977 : 106)에는 '무구도(먹+어도), 무구라(먹+어라)'와 같이 개재 자음이 있어도 완전순행동화가 적용된 예가 제시되어 있지만 극소수에 불과하다. 대부분은 개재 자음이 없을 때 모음의 완전순행동화가 적용된다.

거쳐 (85ㄱ)이 형성되었다.

그런데 이러한 역사적 변화는 공시적 기술에는 그대로 반영할 수 없다. 현대국어에는 하향 이중모음이 존재하지 않기 때문에 변화의 출발점과 공시적 기술의 기저형이 다르며 또한 앞에서 여러 번 살펴보았듯이 하향 이중모음이나 상향 이중모음의 축약은 공시적 음운 규칙으로서의 자격을 지니지 않는다. 따라서 (85ㄱ)의 공시적 도출 과정은 (87ㄱ, ㄴ)과는 달라진다.

(88)

k'i+ədo 〉 k'yə:do 〉 k'e:do 〉 k'i:do
(활음화) (여-축약) (모음 상승)

(88)은 (85ㄷ)이 거친 역사적 변화 과정이다. (88)과 같은 변화 과정은 이론의 여지가 없다.[109] (88) 역시 공시적 도출 과정으로 그대로 설정할 수는 없다. 앞서 논의한 대로 여-축약이나 모음 상승이 공시적 음운 규칙으로는 부적당하다.

(85ㄷ)과 비슷하지만 '이' 앞에 경구개음이 옴으로써 차이를 보이는 (86ㄱ)의 역사적 변화 과정은 (88)과 동일하다고 간주하기 어려운 측면이 있다. 만약 같은 과정을 밟았다면 'ㅈ, ㅊ, ㅉ'이 치음에서 경구개음으로 바뀌기 이전에 활음화와 여-축약을 겪었다고 보아야 한다. 'ㅈ, ㅊ, ㅉ'이 경구개음으로 바뀐 이후에는 활음 'y'가 'ㅈ, ㅊ, ㅉ' 뒤에서 탈락하므로 여-축약이 일어날 수 없기 때문이다. 그런데 여-축약의 적용 시기는 'ㅈ, ㅊ, ㅉ'이 경구개음으로 바뀐 시기보다 더 늦다. 그러므로 (86ㄱ)의 '짔다 (지+었다), 치서(치+어서)'가 (88)과 같은 변화 과정을 거쳤다고 보기에는 어려움이

109 여-축약은 변화 과정을 어떻게 보느냐에 따라 중간 단계가 있을 수 있다. 여기서는 논의의 편의상 바로 축약되는 것으로 간주하지만 중간 단계가 더 있다고 하더라도 논의에 영향을 미치지는 않는다. 여-축약의 다양한 변화 과정에 대한 기존 논의는 5.6.1.의 (49)를 참고할 수 있다.

있다. (86ㄱ)이 음운 변화의 결과인지 아니면 다른 이-말음 어간의 활용 양상에 영향을 받은 비음운론적 변화의 결과인지 알 수는 없다.[110] 그러나 음운 변화를 거쳤다고 하더라도 그 과정을 공시적 기술에 그대로 반영할 수 없다는 사실만큼은 분명해 보인다.

한편 (85ㄷ)이 나타나는 방언에서는 기원적으로 어간말 모음이 '이'가 아닌데도 불구하고 후대의 변화에 의해 '이'로 끝나는 어간이 (85ㄷ)과 동일한 활용 양상을 보이는 경우가 있다.

(89)

ㄱ. 지고(쥐+고), 지니(쥐+니), 지:따(쥐+었다)

ㄴ. 기고(기+고, 〈긔-〉, 기니(기+니), 기:서(기+어서)

ㄷ. 디고(데+고), 디니(데+니), 디:서(데+어서)

(89ㄱ)은 원래 '위'로 끝나는 어간인데 단모음 '위'의 이중모음화와 자음 뒤에서의 활음 탈락을 거쳐 이-말음 어간으로 바뀐 경우이다. '뀌-, 퓌-, 바뀌-'로부터 변화한 '지-, 피-, 바끼-'도 같은 모습을 보인다. (89ㄴ)은 '자음+의'로 끝나는 어간이 음운 변화를 거쳐 '자음+이'로 끝나게 된 경우로 '기-' 이외에 '시-(酸), 비-(空), 이기-(勝)' 등이 모두 여기에 속한다. (89ㄷ)은 '에'로 끝나는 어간이 모음 상승의 적용을 받아 이-말음 어간이 된 경우이다.

(89ㄱ~ㄷ)에 속하는 어간은 자음이나 매개모음 어미와 결합할 때의 변화 과정과 모음 어미와 결합할 때의 변화 과정이 다르다. 자음이나 매개모음 어미와 결합하는 경우 (89ㄱ)은 하향 이중모음 '위(uy)'의 단모음화, 단모음 '위'의 이중모음화(ü >wi), 자음 뒤에서의 활음 탈락을 겪었으며,

110 같은 구조를 가진 다른 어간의 활용 양상에 영향을 받아 활용형이 바뀌는 경우는 이미 5.3.2.2.의 (24)에서도 확인한 바 있다. 경남, 경북 방언에서 유음 뒤의 전설모음화가 일어나 '따른다, 따르지'가 '따린다, 따리지'로 바뀐 이후에 모음 어미와의 결합형인 '따라서'가 '따리서, 따래서'로 바뀐 것은 음운 변화의 결과가 아니고 다른 이-말음 어간의 활용 양상에 영향을 받은 결과이다.

(89ㄴ)은 자음 뒤에서 적용된 '의>이', (89ㄷ)은 모음 상승이 적용되었다. 그러나 같은 어간이 모음 어미와 결합할 때에는 훨씬 복잡한 과정을 겪게 된다. (89)와 같이 하향 이중모음으로 끝나는 어간 뒤에 모음 어미가 결합하면 어간말 'y'의 음절화 양상 및 이중모음의 변화가 어우러지면서 여러 단계의 변화가 적용되기 때문이다.[111]

(89)에 속하는 어간들은 (85ㄷ), (86ㄱ)에 속하는 어간과는 다른 역사적 변화 과정을 겪었다. 그러나 그 변화의 결과 (85ㄷ), (86ㄱ)과 동일한 활용 패턴을 보이므로 공시적 음운 기술에서는 같은 방식으로 다루어야만 한다. 어떤 방식이 되든 역사적 변화 과정과는 무관한 방식의 공시적 기술이 이루어질 수밖에 없다.

5.8.2. 공시적 기술 방안

'애, 에'로 끝나거나 '이'로 끝나는 어간 뒤에 모음 어미가 결합할 때의 활용형은 역사적으로 여러 단계를 거쳐 형성되었다. 그러나 이런 중간 단계 중에는 공시적으로 허용되지 않는 것이 많다. 허용되지 않는 중간 단계만 빼고 공시적 기술을 할 수는 없다. 왜냐하면 단순히 중간 단계 하나만 빼더라도 빠진 중간 단계에 선행하거나 후행하는 단계들을 잇는 방법이 어색해질 수밖에 없기 때문이다. 가령 앞서 (88)에서 여-축약이나 모음 상승이 문제된다고 하여 이것들만 제외하고 나머지를 공시적 도출 과정으로 설정하면 매우 부자연스러운 것이 되고 만다. 아래의 (90ㄴ)에서 보듯이 '껴:도'를 곧바로 '끼:도'로 바꾸는 도출 과정은 공시적 음운 기술에서는 설정하기 어렵다.

111 이것은 5.7.1.에서 '외, 위' 말음 어간의 변화 과정을 살피면서 확인한 바 있다.

(90)

ㄱ. k'i+ədo 〉 k'yə:do 〉 k'e:do 〉 k'i:do

ㄴ. k'i+ədo → k'yə:do → k'i:do

이러한 상황은 (90ㄴ)에만 국한되지 않는다. 통시적으로 여러 단계의 변화를 거쳤지만 공시적으로는 이 중 일부를 음운 규칙으로 설정할 수 없을 때 단순히 중간의 몇몇 단계만 제외하는 방식으로 공시적 기술을 하면 대부분 (90ㄴ)과 같은 문제가 발생한다. 도출 과정에서 관계를 맺던 규칙들 중 어느 하나를 제거하면 필연적으로 관계를 맺고 있는 다른 규칙에도 영향을 미칠 수밖에 없는 것이다.

'애, 에'로 끝나거나 '이'로 끝나는 어간도 기존의 통시적 변화 중 일부를 단순히 제거하는 방식으로는 기술할 수 없다. 다른 방식을 찾아야만 한다. 우선 '애, 에'로 끝나는 어간의 경우에는 공통적으로 모음 어미와 결합할 때 모음 어미의 두음이 표면에 나타나지 않으며 어간 모음은 장모음으로 실현된다. 이것은 어간말 모음에 모음 어미의 두음이 동화되었다고 기술할 수 있다. 통시적으로는 여러 단계를 거쳤지만 공시적으로는 하나의 음운 규칙이 적용된 것으로 처리하는 것이다.

이-말음 어간도 기본적으로는 비슷하다. (88)에 설정된 여러 음운 변화를 모두 공시적 음운 규칙으로 설정하여 여러 단계의 도출 과정을 밟을 수는 없다. 이 역시 모음의 완전순행동화라는 하나의 규칙으로 기술하는 것이 공시적으로는 가장 적은 문제를 일으킨다. 다만 이-말음 어간의 경우에는 (85ㄷ)과 (86)의 통합 기술 문제를 더 고려해야만 한다.

(85ㄷ, 86ㄱ)과 같은 모습을 보이는 방언의 공시적 기술은 비교적 단순하다. 어간말 모음 '이'에 선행하는 자음의 종류와 상관 없이 모음의 완전순행동화가 적용된다고 기술할 수 있다.[112] (85ㄷ)과 함께 (86ㄴ)이

112 다만 (85ㄷ)과 같은 환경과 (86ㄱ)과 같은 환경에서 운소의 실현 양상에 차이가 있을 가능성도

나타날 경우에는 '경구개음+이'로 끝나는 어간에 한해서 2음절 이하에서만 적용된다는 제약을 모음의 완전순행동화 규칙에 설정해야 한다. 그렇지 않으면 1음절 어간 '지-, 치-, 찌-'에 완전순행동화가 적용되어 잘못된 표면형을 도출할 수 있다.

(85ㄷ, 86ㄷ)이 같이 나타나는 경우에는 모음의 완전순행동화 규칙이 적용되는 환경이 조금 달라진다. 즉 '이' 앞에 경구개음이 올 때에는 모음의 완전순행동화를 적용해서는 안 되는 것이다. 그런데 (89ㄱ)과 같이 '지'로 끝나더라도 '쥐-'로부터 변화한 '지-'는 모음의 완전순행동화의 적용을 받는 경우가 있다. 원래부터 '지-'였던 어간과 '쥐-'로부터 변화한 '지-'는 모음 어미가 후행할 때 적용되는 규칙에 차이가 있으므로 이것을 어떤 방식으로든 공시적 기술에 반영해야 한다. 원래부터 '지-'였던 어간과 원래는 '쥐-'였던 어간의 기저형을 달리 설정하면 소위 추상적 분석 방법이 된다. 또한 둘 다 '지-'로 기저형을 설정하되 구별 자질을 표시해도 같은 비판을 면하기 어렵다. 복수 기저형을 설정하는 방식으로도 두 단어에 적용되는 규칙의 양상이 다른 것을 나타낼 수 없다.

(86ㄷ)이 나타나는 방언에서는 '경구개음+이'로 끝나는 어간 뒤에 모음 어미가 결합할 때 어간말의 '이'가 나타나지 않는 것이 일반적이다. 그런 점에서 '지:서(쥐+어서)'가 특이한 형태이므로 원래 '쥐-'였던 어간의 활용형 '지:X'를 어휘부에 등재하는 방식으로 공시적 기술을 하는 것이 나을 듯하다. '쥐-'에서 변화한 '지-' 뒤에 모음 어미가 결합될 때의 활용형은 어휘부에 등재되어 있으므로 '지:X'가 그대로 표면에 실현되고 원래부터 '지-'였던 어간은 뒤에 모음 어미가 결합될 때 '저서, 젔다'와 같이 실현된다.

지금까지 살펴본 모음의 완전순행동화 규칙은 역사적으로는 실재한 적이 없다. 이중모음들의 변화와 다른 변화가 결합되어 나온 결과물을 하나의 과정으로 통합한 것이 모음의 완전순행동화이다. 그렇지만 이 규칙은 공시적 규칙으로 설정함에 있어 어떠한 문제도 없다. 동화 규칙이며 모음

있다. 그럴 경우의 공시적 기술은 복잡해진다.

충돌을 회피하기 위해 적용되므로 적용 동기나 과정이 타당하다. 형태소 경계를 사이에 두고 적용되며 기저형과 표면형을 비교했을 때 독자적 타당성도 지닌다.

이 규칙은 전설모음으로 끝나는 어간 뒤에 모음 어미가 결합할 때 주로 적용된다.[113] 그 이유는 역사적으로 볼 때 자명하다. 모음의 완전순행동화는 역사적으로 'y'가 결합된 이중모음의 변화와 관련되기 때문에 'y'를 지니고 있는 전설모음이나 또는 'y'로 바뀔 수 있는 전설모음이 규칙의 적용 환경을 이룬다. 후설모음으로 끝나는 어간 뒤에 모음 어미가 결합하면 중세국어 시기부터 이미 w-활음화나 으-탈락, 동일 모음 탈락이 적용되었으므로 이런 환경에서는 모음의 완전순행동화가 적용되었다고 볼 수 없다. 이처럼 역사적으로 실재하지 않았다는 점을 제외하면 모음의 완전순행동화 규칙은 다른 음운 규칙과 비교해도 손색이 없다.

지금까지는 전설모음으로 끝나는 어간 뒤에 모음 어미가 결합할 때 모음 어미의 두음이 나타나지 않고 장모음이 실현되는 것을 모음의 완전순행동화로 기술할 수 있다고 했다. 그런데 같은 현상에 대해 단순히 어미초 모음이 탈락했다고 보기도 한다. 모음이 탈락해도 보상적 장모음화가 일어나 장모음이 실현되는 것을 설명할 수 있다. 최명옥(1976)은 동화설을 대표하는 논의이고 이병근(1978)은 탈락설을 대표하는 논의이다. 동화이든 탈락이든 역사적으로는 실재하지 않은 규칙들이다. 그런데 어떤 규칙을 설정하느냐에 따라 공시적 기술에 미치는 영향은 다르다.

동화 규칙 대신 탈락 규칙을 설정한 이병근(1978:15~16)에서는 '패+어서'가 '패서'로 실현되는 것을 중시한다. 만약 동화 규칙이 적용 되었다면 '패+어서'는 '패:서'와 같이 장모음으로 실현되어야만 한다는 것이다. 이런 지적은 매우 타당한 것이기는 하지만 그렇다고 해서 탈락설을 일방적

113 (85ㄹ)에서 본 바와 같이 방언에 따라서는 후설모음으로 끝나는 어간 뒤에 모음 어미가 결합할 때에도 모음의 완전순행동화가 적용되기는 한다. 그러나 전설모음 뒤에서 적용되는 완전순행동화의 비율이 훨씬 높은 것은 분명하다.

으로 지지해 주는 것이라고 보기는 어렵다. 어미초 모음이 탈락해도 보상적 장모음화가 실현되어야 하므로 '패+어서'가 '패서'로 실현되는 것은 탈락설의 입장에서도 여전히 문제가 되는 예이다.

동화 규칙과 탈락 규칙 중 어느 것이 좀 더 타당한지를 쉽게 판단하기는 어렵다. 두 가지 방식 모두 완벽한 것이 아니고 각각 문제점을 지니고 있기 때문이다. 그렇지만 모음으로 끝나는 어간 뒤에 모음 어미가 올 때 탈락이 일어나는 다른 경우와 대비해 볼 때 동화 규칙을 설정하는 것이 좀 더 타당한 것으로 보인다.

(91)

ㄱ. 가서(가+아서), 나도(나+아도), 차라(차+아라), 서도(서+어도)

ㄴ. 커서(크+어서), 떠서(뜨+어서), 꺼서(끄+어서)

(91ㄱ)은 어간말 모음이 모음 어미의 두음과 같을 때 두 모음 중 하나가 탈락하는 경우이고 (91ㄴ)은 어간말 모음 '으'가 모음 어미와 결합할 때 탈락하는 경우이다. '애, 에, 이' 말음 어간 뒤에 모음 어미가 결합하면 어미의 두음이 나타나지 않음에 비해 (91ㄱ)은 탈락하는 모음이 어간말 모음인지 어미초 모음인지 명확하지 않다는 점, (91ㄴ)은 어간말 모음 '으'가 탈락했다는 점에서 약간의 차이가 있지만 모음 충돌 회피를 위해 두 모음 중 하나가 나타나지 않는다는 것은 동일하다. 그런데 (91ㄱ, ㄴ)에서는 모음이 탈락해도 보상적 장모음화가 일어나지 않지만 '애, 에, 이' 말음 어간의 경우에는 보상적 장모음화가 일어난다.

만약 탈락 규칙을 설정한다면 모음으로 끝나는 어간 뒤에 모음 어미가 결합할 때 보상적 장모음화의 적용 여부에서 차이를 보이는 이유를 공시적 기술 과정에서 설명하기 어렵다.[114] 반면에 동화 규칙을 설정한다면 동화에

114 음운 규칙의 수의성 여부와 음장의 역사적 발달 과정을 바탕으로 설명하려는 시도가 있었지만 공시적 기술 내용에 이 사실을 효과적으로 반영하기는 쉽지 않다. 자세한 것은

의해 같은 모음이 연속할 때에는 당연히 장모음이 실현되고 (91)처럼 탈락이 일어날 때에는 장모음이 나타나지 않는다고 할 수 있으므로 장모음의 실현 여부에 대한 설명이 더 자연스러워진다. 따라서 모음의 탈락 규칙을 설정하지 않고 모음 의 완전순행동화 규칙을 설정하는 기술을 택하는 것이 더 낫다.[115]

한영균(1988)을 참고할 수 있다.

115 (85ㄴ)에 제시된 바와 같이 모음의 완전순행동화는 모음 어미가 결합할 때에만 적용되는 것이 아니라 매개모음 어미가 결합해도 적용된다. 이 때에도 역시 동화 규칙 대신 탈락 규칙을 적용하여 기술할 수 있다. 만약 탈락 규칙을 적용하여 (85ㄴ) 유형의 자료를 기술한다면 보상적 장모음화를 초래하지 않는 으-탈락과 구별해야 하는 문제가 발생한다. 즉 '낳+으니'가 '나:니'로 실현되는 것이나 '나+으니'가 '나니'로 실현되는 것 모두 으-탈락을 적용해야 하는데 장단 실현에서 차이가 나므로 두 개의 으-탈락을 동일한 규칙으로 다룰 수는 없는 것이다. 한영균(1988)에서 지적한 바와 같이 '낳+으니'와 '나+으니'에 적용되는 으-탈락은 수의성 여부에서도 차이가 나고 역사적인 적용 시기에서도 차이가 난다. 그러나 공시적 음운 기술에서 이런 차이를 반영하여 으-탈락을 두 가지로 구분하는 것은 불필요한 복잡성을 초래한다. 이런 점을 감안하여 이진호(2002ㄴ : 117~118)에서는 (85ㄴ) 역시 모음의 완전순행동화로 기술하는 것이 공시적으로는 더 타당하다는 논의를 한 바 있다.

6. 자음의 통시적 변화와 공시적 음운 기술

6.1. 도입

5장에서 살펴본 모음의 변화와 마찬가지로 자음의 변화도 규칙의 변화 유형에 따라 규칙 첨가, 소실, 적용 환경의 변화로 나눌 수 있다. 그 유형에 따라 공시적 음운 기술에서 야기되는 문제가 달라진다. 이 장에서 다룰 자음의 변화는 모두 여섯 가지이다. 유음 탈락, 후음 탈락, 'ㅈ, ㅊ, ㅉ'의 조음 위치 변화와 음절말 평파열음화, 음절말 'ㅎ'의 실현, ㅅ-불규칙 어간의 변화, ㅂ-불규칙 어간의 변화가 여기에 속한다.

이 중 유음 탈락과 후음 탈락은 공통적으로 기존 음운 규칙의 적용 환경에 변화가 생겼음에도 불구하고 음운 규칙은 이전 시기의 모습을 그대로 유지하는 문제를 다룬다. 'ㅈ, ㅊ, ㅉ'의 조음 위치 이동과 음절말 'ㅎ'의 실현 문제는 기존 규칙은 아무런 변화를 겪지 않았지만 다른 음운 변화가 개입되면서 기존 규칙이 영향을 입은 경우이다. ㅅ-불규칙 어간이나 ㅂ-불규칙 어간의 변화는 기본적으로 'ㅿ, ㅸ'의 소멸을 공시적 음운 기술에서는 어떻게 반영하는지를 다룬다. 특히 ㅂ-불규칙 어간의 변화는 'ㅸ'의 소멸 이후에 일어난 다른 변화의 공시적 기술까지도 논의에 포함된다.

6.2. 유음 탈락과 공시적 음운 기술

6.2.1. 문제 제기

유음 탈락은 특수한 조건 아래에서 유음이 탈락하는 음운 규칙이다. 이병근(1981)에서는 유음 탈락을 음운론적 성격을 지닌 것과 형태론적 제약을 지닌 것으로 구분하였으며 음운론적 성격을 지닌 것은 동기관적 이화에 의한 유음 탈락과 음절 구조 제약에 의한 유음 탈락으로 나누었다. 음운론적 성격을 지닌 것 중 엄밀한 의미에서의 유음 탈락은 동기관적 이화에 의한 유음 탈락에 국한된다. 음절 구조 제약에 의한 유음 탈락은

자음군 단순화 규칙에 속할 뿐이다.[1]

공시적 음운 기술과 관련된 유음 탈락은 'ㄹ'로 끝나는 용언 어간 뒤에 'ㄴ, ㅅ'이 결합될 때 적용된다. 어미의 두음이 '으'로 시작하더라도 'ㄹ' 뒤에서 으-탈락이 적용되어 'ㄹ'과 'ㄴ, ㅅ'이 만나면 유음 탈락이 적용된다. '아는(알+는), 아신다(알+으신다)' 등이 대표적인 유음 탈락의 예이다. 이 외에 특정한 어미 앞에서 적용되는 유음 탈락도 있다.

여기서는 세 가지 환경의 유음 탈락을 다루고자 한다. 첫번째는 비모음화와 관련된 유음 탈락으로 동남 방언을 비롯한 여러 방언에서 나타난다.

(1)

아~이~께네(알+으~이~께네, 아니까), 가~이~께네(갈+으~이~께네, 가니까),

아~이~(알+으~이~, 아니), 사~이~(살+으~이~, 사니)

(1)에서는 'ㄹ'로 끝나는 어간 뒤에 비모음으로 시작하는 어미가 결합했을 때 유음 탈락이 적용되고 있다. 비모음으로 시작하는 어미 '-으~이~께네, -으~이~'는 역사적으로는 '-으니께네, -으니'로부터 변화한 것이다. 그러므로 (1)도 역사적으로는 'ㄴ' 앞에서 일어난 동기관적 이화에 의한 유음 탈락의 예이다.

(2)

알+으니께네 〉알니께네 〉아니께네 〉아~이~께네

1 이 사실은 이병근(1981 : 234)에서도 지적한 바이다. 그러나 음운론 개론서를 비롯한 많은 논의에서 아직도 음절 구조 제약에 의한 유음 탈락을 자음군 단순화로 다루지 않고 유음 탈락으로 분류하고 있는데 이것은 명백한 잘못이다. 이병근(1981)에서 동기관적 이화에 의한 것과 음절 구조 제약에 의한 것을 모두 유음 탈락 속에 포함시킨 것은 탈락하는 자음이 유음이라는 사실 때문일 뿐이다. 두 가지 유음 탈락을 묶어 하나의 규칙으로 설정하기 위해서라고 볼 수는 없다. 만약 음절 구조 제약에 의해 'ㄹ'이 탈락하는 것도 유음 탈락이라면 '옮+는'이 '옴는'으로 실현되는 것도 유음 탈락이라고 해야만 할 것이다.

(2)에서 볼 수 있듯이 역사적으로는 으-탈락, 유음 탈락, 비모음화라는 세 개의 음운 변화가 차례대로 적용되어 (1)과 같은 활용형들이 나왔다. 그런데 이러한 역사적 변화 과정을 그대로 공시적 도출 과정에 수용할 수는 없다. 무엇보다도 어미의 기저형을 변화 이전의 '-으니께네'로 설정할 수 없다는 점이 제일 문제이다. 어미의 이형태 중 어디에도 'ㄴ'은 나타나지 않는다. 그러므로 어미의 기저형에 이미 사라져 버린 'ㄴ'을 설정할 수는 없다.[2] 기저형에 'ㄴ'이 없는 한 (2)를 공시적으로 기술할 때 'ㄴ' 앞에서의 유음 탈락을 적용하는 것은 불가능하다.

어간과 어미를 분리해서 고려할 때 (1)은 유음 탈락이 일어날 수 없는 환경이다. 비모음 앞에서의 유음 탈락은 국어에서는 존재한 적이 없다. 비모음 앞에서 유음 탈락이 적용된 것처럼 보이는 것은 역사적 변화 과정에서 유음 탈락이 이루어진 후에 비모음화가 일어나면서 유음 탈락의 환경이 사라져 버렸기 때문이다. 이처럼 규칙의 적용 환경에 변화가 생기면 음운 규칙이 그 변화에 순응해야 하지만 (1)의 경우 예전에 어미가 'ㄴ'을 간직할 때의 활용 양상을 그대로 고수하고 있다. 즉 화석화된 활용형이 되어 버린 것이다. 화석화된 활용형은 그 속에 이전 시기의 언어 질서를 담고 있으며 이것은 현재의 언어 상태와는 부합하지 않는다. 따라서 화석화된 활용형의 공시적 기술은 통시적 변화 과정과는 무관하게 이루어질 수밖에 없다.[3]

두번째 유음 탈락은 'ㅿ' 앞에서 적용된 유음 탈락이다.

(3)

아오(알+오), 아오며(알+오며), 아오니(알+오니), 아옵고(알+옵고),

가오(갈+오), 가오며(갈+오며), 가오니(갈+오니), 가옵고(갈+옵고)[4]

2 '-으ˇ이ˇ께네'와 같이 형태소 내부에 비모음화가 일어난 경우의 기저형을 설정할 때 비모음화에 의해 사라진 비자음(鼻子音)을 기저형에 포함시킬 수 없는 이유는 3.3.2.의 (4)를 설명하면서 제시하였다.

3 자세한 것은 김성규(1989), 이진호(2002ㄱ)을 참고할 수 있다.

(3)은 하오체 명령법 어미 '-오'나 공손한 의미를 지닌 어미 '-오X, -옵X' 앞에서 어간말 유음이 탈락하고 있다. 어간말의 유음 뒤에 후행하는 모음이 모두 '오'라는 공통점이 있지만 이것은 '오'에 의한 유음 탈락이 아니다. 이병근(1981:239)에서도 지적되었듯이 이러한 유음 탈락은 역사적으로는 'ㅿ' 앞에서 일어났다. '-오며, -오니, -옵고'의 두음이 기원적으로 객체존대 선어말 어미 '-ᅀᆞᇦ-'에서 온 것임은 너무나 자명하다. 'ㄹ'로 끝나는 어간 뒤에서는 이형태 중 'ᅀᆞᇦ'이 결합했으며 'ㅿ' 앞에서 유음이 탈락한 후 'ㅿ'이 소멸하여 '아오니, 아옵고'와 같은 활용형들이 생겨났다.

하오체 명령법 어미 '-오'는 (4)에서 보듯이 이전 시기에 그 두음이 'ㅿ, ㅅ, ㅈ'으로 나타난다.

(4)

큰 형님 몬져 혼잔 자ᅀᅩ(번역노걸대 상 63),
큰 형님 몬져 례 받조(번역노걸대 상 63),
ᄉᆞ월 초다엿쇄 젼으로 들게 보내오(송강 간찰 5)

이것은 객체존대 선어말어미 '-ᅀᆞᇦ-'의 두음 교체 양상과 대체로 부합한다.[5] 이 때문에 허 웅(1999 : 172)에서는 명령형 종결어미 '-ᅀᅩ, -소, -조'가 '-ᅀᆞᇦ-'의 변이형인 '-ᅀᆞ오-, -ᄉᆞ오-, -ᄌᆞ오-'에서 변화한 것이라고 했다. (4)를 통해 볼 때 하오체 명령형 어미 '-오'는 '-ᅀᆞᇦ-'과의 관련성이 충분해 보이므로 '아오(알+오)'에서 보이는 유음 탈락도 역사적으로는 'ㅿ' 앞에서 일어났다고 볼 수 있다.

그런데 유음 탈락이 일어난 후 음운의 소멸로 인해 'ㅿ'는 표면형에서 자취를 감춘다. 유음 탈락의 적용 환경이 사라진 것이다. 이처럼 규칙의 적용

4 '-오며, -오니, -옵고'는 형태소를 더 분석할 수도 있으나 여기서의 논의에는 영향을 미치지 않으므로 단순히 어간과 어미로만 분석한다.

5 허 웅(1999 : 173), 장윤희(1998 : 227)에는 '-오'가 쓰여야 할 자리에 '-소'가 쓰인 예가 상당수 제시되어 있다. 이것은 형태소 두음의 실현 양상이 그 이전 시기와 달라졌기 때문으로 보인다.

환경이 없어졌는데도 불구하고 유음 탈락은 여전히 적용되고 있다. 이것은 유음 탈락 후 비모음화에 의해 비자음이 사라진 후에도 여전히 유음 탈락이 그대로 적용되는 것과 동일하다. (3) 역시 화석화된 활용형의 일종이며 현대국어에서는 'ㅿ'이 더 이상 음운으로 존재하지도 않고 기저형에 설정할 수도 없기 때문에 역사적 변화 과정과는 무관한 공시적 기술이 이루어져야만 한다.

세번째 유음 탈락은 다음과 같은 경우이다. (5)에서는 자음군 단순화와 유음 탈락, 유음화의 관련성이 중요하다.

(5)

ㄱ. 사는(살+는), 우느냐(울+느냐)

ㄴ. 끌른(끓+는), 훌르냐(훑+느냐)

ㄷ. 끓+는→끓는→끌는→끌른

유음 탈락이 'ㄹ+ㄴ' 연쇄에 적용된다면 (5ㄴ)과 같이 ㄹ-계 어간말 자음군을 가진 어간 뒤에 'ㄴ'으로 시작하는 어미가 올 때에도 유음 탈락이 적용될 수 있어야 한다. (5ㄷ)의 공시적 도출 과정에서도 드러나듯이 기저 층위에서는 'ㄹ'과 'ㄴ'이 직접 결합하지 않지만 자음군 단순화가 적용된 후에는 'ㄹ+ㄴ' 연쇄가 만들어지므로 유음 탈락의 적용 조건이 충족된다. 그러나 (5ㄴ)과 같은 ㄹ-계 어간말 자음군은 유음 탈락 대신 순행적 유음화만 겪을 뿐이다.[6]

(5)와 같은 모습을 보이게 된 것은 유음 탈락, 자음군 단순화, 순행적 유음화의 역사적 적용 시기와 밀접한 관련이 있다. 이진호(1997ㄱ: 63~77)에서 다룬 바와 같이 중세국어 시기의 자음군 단순화는 현대국어와 비교할

6 이 때문에 용언 활용형에 적용되는 순행적 유음화가 간접 동화로 기술된 적도 있었던 것이다. 간접 동화로서의 유음화에 대한 여러 가지 문제점은 이진호(1997ㄱ), 이진호(1998)에서 상세히 논의한 바 있다.

때 사뭇 다른 모습을 보여 준다. 특히 'ㄹㅎ'을 제외하면 'ㄹ'이 선행하는 자음군은 음절말에서 자음군 단순화의 적용을 받지 않았다.

(6)

ㄱ. 홁과(월인석보 2:28), 숣거니(용비어천가 72), 넓디(금강경삼가해 3:50), 곪디(구급방 상 81), 쌃고(구급간이방 2:13), 몱고(월인석보 1:18), 돐(능엄경 8:91)

ㄴ. 늙ᄂᆞ니(석보상절 3:17), 볿놋다(두시언해초 8:27), 늙놋다(두시언해초 16:36)

(6)에서 보듯이 음절말에 'ㄹㄱ, ㄹㅂ' 자음군이 오면 자음군 단순화가 적용되지 않았다. 따라서 뒤에 'ㄴ'으로 시작하는 어미가 와도 'ㄹ'과 'ㄴ' 사이에 개재한 'ㄱ, ㅂ' 때문에 유음 탈락이 적용될 수 없었다. 그런데 ㄹㅎ 자음군에 한해서는 중세국어 시기에도 자음군 단순화가 적용되었다.

(7)

할놋다(월인석보 9:36, 핥-), 글는(월인석보 1:29, 긇-), 알는(두시언해초 9:16, 앓-), 슬노니(두시언해초 7:16, 슳-)

(6ㄴ)과 (7)은 모두 어간말 자음군을 가진 어간 뒤에 'ㄴ'으로 시작하는 어미가 오는 경우이지만 (6ㄴ)과는 달리 (7)은 자음군 단순화가 적용되어 'ㅎ'이 탈락하였다. 'ㄹ + ㄴ'에 적용되는 유음화는 16세기에 생성되기 때문에 15세기에는 자음군 단순화가 적용되면 (7)과 같이 'ㄹ'과 'ㄴ'이 직접 결합할 수 있었다. 흥미로운 것은 (7)에 유음 탈락이 적용되지 않았다는 사실이다. (8)에서 보듯이 15세기에도 유음 탈락이 적용되고 있었지만 자음군 단순화에 의해 'ㅎ'이 탈락한 경우에 한해서는 유음 탈락이 적용되지 않았다.

(8)

아ᄂᆞ니라(석보상절 13 : 40, 알-), 우는다(월인석보 8 : 85, 울-),
ᄂᆞ는(월인석보 1 : 11, ᄂᆞᆯ-)

유음 탈락은 'ㄹ+ㄴ' 연쇄에 적용되었으므로 (8)에 유음 탈락이 적용된다면 (7)에서도 유음 탈락이 적용되어야만 한다. 그러나 'ㄹㅎ'으로 끝나는 어간에 자음군 단순화가 적용된 경우에는 유음 탈락이 일어나지 않았다. 만약 자음군 단순화가 유음 탈락보다 먼저 발생하였다면 (7)과 (8)의 차이는 생겨날 수 없다. 자음군 단순화가 먼저 적용되었다면 어간말 'ㄹㅎ' 뒤에 'ㄴ'으로 시작되는 어미가 와도 'ㄹㄴ' 연쇄가 남고 'ㄹ'로 끝나는 어간 뒤에 'ㄴ'으로 시작하는 어미가 와도 'ㄹㄴ'이 남으므로 이후에 유음 탈락이 적용되었을 때 모두 유음 탈락을 겪어야만 한다. 그런데 실제로 차이가 난다는 것은 유음 탈락이 먼저 생겼고 자음군 단순화가 후대에 발생했음을 말해 준다.

(7)은 새로 생겨난 자음군 단순화가 기존에 존재하던 유음 탈락의 입력형을 만들어 준 상황이다. 새로운 입력형이 생겨났다면 기존 규칙은 여기에도 적용되는 것이 정상적이지만 유음 탈락은 그런 모습을 보이지 않는다.[7] 예전의 적용 영역만 유지하고 새로운 영역으로 확장되지 못하는 것이다. 이것은 유음 탈락이 이미 2.4.에서 살펴본 음운 변화의 변천 단계 중 '동결'의 단계에 접어들었음을 나타낸다.[8] 그리하여 새로 만들어진 유음 탈락의 입력형은 유음 탈락의 적용을 받지 않고 그대로 유지되다가 16세기 들어 새로 형성된 유음화의 적용을 받게 된다.

7 이런 점에서 앞서 다룬 두 가지 유음 탈락과는 성격이 상반된다. 앞서 다룬 유음 탈락은 적용 환경이 사라졌는데도 여전히 적용된다면 세번째 유형의 유음 탈락은 적용되어야 하는데도 적용되지 않는 상황이다.

8 이동석(2002 : 107~54)에서는 활용뿐만 아니라 합성, 파생의 경우까지 포함하여 유음 탈락의 발생과 소멸에 대해 논의한 바 있다. 그러나 (7)에 제시된 자료는 다루지 않고 있다. 유음 탈락의 약화 과정을 논의하기 위해서는 (7)에 대한 고려가 어떤 방식으로든 이루어져야 할 것으로 생각된다.

사실 (5ㄱ)에 적용된 유음 탈락은 역사적으로 보면 매우 단순하다. 'ㄹ'이 'ㄴ' 앞에서 탈락한 것 이외에는 아무것도 없다. 또한 자음군 단순화나 유음화도 통시적인 측면에서 본다면 입력형에 적용되는 것 이외에는 다른 복잡한 것이 없다. 그러나 공시적 음운 기술에서는 세 규칙 사이의 관계를 고려해야 하기 때문에 통시적 변화 과정에서는 나타나지 않는 복잡성이 발생한다. 가령 (5ㄱ)에는 유음화가 일어나지 않으며 (5ㄴ)에는 유음 탈락이 일어나지 않는 것을 공시적 음운 기술에서는 설명할 수 있어야 하는 것이다. 세번째 유형의 유음 탈락은 역사적 변화 과정과 공시적 기술 내용이 일치하지 않는 문제를 다룬다기보다는 역사적 변화 과정에서는 고려할 필요가 없던 규칙들 사이의 관계를 공시적 기술에서 어떻게 반영해야 하는지를 다룬다고 할 수 있다.

6.2.2. 공시적 기술 방안

6.2.2.1. 비모음화와 유음 탈락

공시음운론에서 '아˜이˜께네(알+으˜이˜께네), 아˜이˜(알+으˜이˜)'와 같은 유형의 자료를 단수 기저형에 음운 규칙을 적용하는 방식으로 기술하기 위해서는 비모음 앞에서 유음이 탈락하는 것으로 기술할 수밖에 없다. 어미의 기저형은 유음 탈락을 일으킬 수 있는 자음 'ㄴ' 대신 비모음이 설정되어 있으므로 동기관적 이화로서의 유음 탈락을 적용할 수는 없고 대신 비모음이 유음 탈락의 새로운 적용 환경으로 자리잡는 것이다. 그러나 이런 규칙을 적용하는 것은 매우 부자연스러운 방식이다. 이런 규칙은 음성적 동기나 일반성을 전혀 지니지 못하는 소위 비정상적인 규칙(crazy rule)에 불과하다.

비음운론적 제약을 가진 음운 규칙으로 기술하는 것도 가능하지 않다. 비음운론적 제약을 가진 규칙이라고 하더라도 비모음 앞에서 유음이 탈락한다는 부자연성은 그대로 남아 있다. 또한 유음 탈락을 일으키는 어미들을 일반화시킬 수 있는 비음운론적 정보도 설정하기 쉽지 않다. '-으~이~께네, -으~이~'와 같은 어미들은 공통점이 발견되지 않으므로 이것들을 묶어 일반화된 비음운론적 제약으로 규정하기는 어렵다.

음운 규칙을 이용할 수 없는 경우에는 복수 기저형의 설정 가능성을 검토하게 된다. 그런데 비모음화와 관련된 유음 탈락의 경우에는 복수 기저형을 설정하는 것도 어려움이 따른다. 만약 복수 기저형을 설정한다면 다음과 같은 형태가 될 것이다.

(9)

아-('-으~이~께네, -으~이~' 앞) ~ 알-(그 외의 환경)

어간의 활용형 중 문제가 되는 것은 특수한 환경에서의 유음 탈락이다. 따라서 (9)와 같이 복수 기저형을 설정하면 '아~이~께네(알 + 으~이~께네), 아~이~(알 + 으~이~)'와 같이 특정 어미와 결합할 때의 유음 탈락은 규칙이 아닌 기저형 설정을 통해 기술하고 '아는(알 + 는)'과 같이 다른 환경에서 유음이 탈락하는 것은 음운 규칙을 통해 기술하게 된다. 그러나 3.5.3.1.에서 살폈듯이 복수로 설정되는 기저형 각각의 출현 환경은 일반화할 수 있어야만 한다. 만약 공통점이 전혀 없는 개별 환경을 단순히 나열하는 것이라면 복수 기저형을 설정할 수 없다.

(9)에서 '아-'라는 기저형의 출현 환경은 개별적인 어미의 나열에 불과하다. 더욱이 '-으~이~께네, -으~이~'와 같이 'ㄴ'이 안 나타나면서도 유음 탈락을 일으키는 어미는 그 수가 여기에 제시한 것보다 더 많으므로 기저형의 출현 환경은 더욱 더 복잡해진다. 복수 기저형의 설정은 비록 형태소의 교체 양상을 음운 규칙으로 기술하는 것은 포기하지만 엄연히 일반성을 포착하는 기술 방식이다. 즉 기저형들의 출현 환경이 일반화될 수 있는 것이어야만 한다. 그러나 (9)에서는 그러한 일반성이 존재하지 않으므로 복수 기저형을 설정하는 방안도 채택하기 어렵다. 결과적으로 '아~이~께네(알 + 으~이~께네), 아~이~(알 + 으~이~)'와 같은 활용형들은 그 자체를

어휘부에 등재하는 방식으로 기술해야만 한다.

6.2.2.2. 'ㅿ'의 탈락과 유음 탈락

'아오(알 + 오), 아오니(알 + 오니), 아옵고(알 + 옵고)' 유형의 공시적 기술은 앞 절에서 살펴본 '아~이~께네(알 + 으~이~께네), 아~이~(알 + 으~이~)'와 비슷한 양상을 띨 수밖에 없다. 둘 다 화석화된 활용형으로서 예전 시기의 언어 모습을 담고 있기 때문에 공시적 음운 기술이 매우 어렵다. 단수 기저형에 음운 규칙을 적용하여 기술하려면 '오' 앞에서 유음이 탈락하는 것으로 기술해야만 한다. 동기관적 이화로서 유음 탈락을 일으킨 'ㅿ'에 후행하는 모음은 우연히도 모두 '오'로 바뀌어 버렸다. 그러므로 '오' 앞에서 유음이 탈락하는 새로운 규칙을 설정하면 공시적 기술은 가능할지 모른다.

그러나 앞서 비모음 앞에서 유음을 탈락시키는 음운 규칙이 부자연스러운 것과 마찬가지로 '오' 앞에서의 유음 탈락 역시 음운 규칙으로 받아들이기는 어렵다. 음운 규칙으로서의 자연성이 전혀 갖추어지지 않았다. 비음운론적 정보를 가진 규칙을 설정하기도 어렵다. 유음 탈락의 환경이 되는 여러 어미들을 일반화하는 것이 어렵기 때문이다. 게다가 비음운론적 정보를 가진 유음 탈락은 '아오(알 + 오), 아오니(알 + 오니)'류 외에도 더 존재한다.

(10)

드마(들 + 으마), 부마(불 + 으마), 만드마(만들 + 으마)

이병근(1981:239)에서 밝혔듯이 어간말 유음은 약속을 나타내는 어말어미 '-으마' 앞에서 수의적으로 탈락한다. 이 때의 유음 탈락은 동기관적 이화와는 성격이 다르므로 구별해야 한다. 굳이 규칙으로 (10)을 다루려면 비음운론적 정보를 규칙에 부여할 수밖에 없으며 그럴 경우 '아오, 아오니'와 같은 자료와의 통합 기술이 다시 부각되는 것이다.

그런데 '아오(알 + 오), 아오니(알 + 오니)'나 (10)을 별개로 기술하든 통합하여 기술하든 비음운론적 제약을 가진 음운 규칙을 적용하기는 어렵다. '아오(알+오), 아오니(알+오니)'는 이미 지적한 바와 같이 규칙의 적용 환경을 일반화할 수 없으므로 음운 규칙의 조건을 위배한다. (10) 역시 '-으마' 앞에서만 적용된다는 제약은 매우 개별 어휘적인 성격을 지니므로 음운 규칙에 이용되는 일반적인 정보와는 거리가 멀다. 따라서 기원적으로 'ㅿ' 앞에서 적용되었던 유음 탈락이나 '-으마' 앞에서 적용되는 유음 탈락은 음운 규칙을 이용해서는 적용할 수 없다.

복수 기저형의 설정으로도 '아오(알+오), 아오니(알+오니), 아옵고(알+옵고)'를 기술하기 어렵다. 유음 탈락을 일으키는 어미들의 부류를 일반화할 수 없다면 복수 기저형 중 하나로 설정된 '아-'의 출현 환경 역시 범주화하지 못한다. 대신 어간 기저형과 결합하는 개별 어미들을 일일이 나열할 수밖에 없으므로 복수 기저형의 설정 조건을 위배한다. 그런 점에서 'ㅿ'에 의해 일어난 어간말 유음의 탈락은 역시 개별 활용형들을 어휘부에 등재하는 방식으로 기술해야만 한다. 즉 '아오(알+오), 아옵X(알+옵고, 알+옵니다, …), 아오X(알+오니, 알+오며, …)'와 같은 활용형들을 어휘부에 등재하는 것이다.

이것은 (10)의 경우도 마찬가지이다. 단수 기저형에 음운 규칙을 적용하여 기술할 수 없다면 복수 기저형을 고려해야만 한다. (10)을 복수 기저형으로 기술한다면 (11)과 같은 모습이 된다.

(11)

드-('-으마' 앞) ~ 들-(그 밖의 환경)

(11)과 같이 복수 기저형 중 하나의 출현 환경이 하나의 형태소 앞에 국한된다면 이것은 곧 두 형태소의 결합형을 외운다고 하는 것이나 다름없다. 어떤 형태가 유일하게 하나의 형태소와 결합한다면 그 둘은 이미 하나의 단위로 굳어져 있을 가능성이 크다. 따라서 (10)도 (11)과 같은 복수 기저형 설정 방식보다는 활용형 전체가 어휘부에 등재되어 있을 가능성이 높다.[9]

6.2.2.3. 자음군 단순화와 유음 탈락

앞서 살핀 (5)에서 문제되는 것은 유음 탈락이라는 규칙 자체가 아니고 관련되는 다른 규칙들과의 관계였다. 'ㄹ'로 끝나는 어간 뒤에서는 유음화 대신 유음 탈락을 적용해야 하고 'ㄹ'이 선행하는 어간말 자음군을 가진 어간 뒤에서는 유음 탈락 대신 유음화를 적용해야만 하는 상황을 공시적 기술에서는 어떻게 반영할 것인지가 논의의 초점이었다. 유음 탈락과 관련을 맺는 자음군 단순화, 유음화는 모두 규칙으로서의 자격을 갖추고 있으므로 이 문제는 복수 기저형을 설정하거나 활용형을 어휘부에 등재하는 방식의 기술과는 무관하다.

유음 탈락과 유음화가 올바른 표면형을 도출하는 방식으로는 세 가지를 고려할 수 있다. 하나는 유음 탈락이나 유음화에 별도의 제약을 부여하는 것이다. 유음 탈락 규칙에는 ㄹ-계 어간말 자음군에 적용되지 않는다는 제약을, 유음화 규칙에는 'ㄹ'로 끝나는 어간에는 적용되지 않는다는 제약을 덧붙일 수 있다. 또는 유음 탈락 규칙에 자음군 단순화가 이미 적용된 경우에는 적용될 수 없다는 제약을 추가할 수도 있다. 그러나 이런 제약들은 모두 음운 규칙이 이용할 수 있는 정보로서는 너무나 과도한 것들이다. 음운 규칙은 입력형이 거쳐 온 과거나 앞으로 거칠 미래에 대한 정보는 이용할 수 없는 것이다.[10]

다음 방법은 규칙순을 이용하는 것이다. 유음 탈락이 자음군 단순화나 유음화보다 일찍 적용된다는 외재적 규칙순을 부여하면 (5ㄱ, ㄴ)의 차이는

9 '-으마'는 동사에 붙을 수 있으므로 공시적 기술의 일관성을 고려하면 모든 동사 어간들은 '-으마'와 결합된 활용형이 어휘부에 등재되어 있다고 해야만 한다. 그런데 변화의 관점 또는 실제 사용의 측면에서 본다면 빈도수나 그 밖의 조건에 따라 등재된 활용형들의 지위가 다를 수도 있다. 즉 빈도수가 높고 확고한 지위를 가진 활용형들은 유음이 없는 형태로 잘 실현되겠지만 빈도수도 낮고 애매한 지위를 가진 활용형들은 (10)과 같은 형태로 실현되는 데 어색함이 있을 것이다. 가령 '사마(살+으마), 만드마(만들+으마)'와 같은 활용형들은 실제 발화에서 부자연스러움이 없지만 '고마(골+으마, 코를 -), 허마(헐+으마, 집을 -)' 등은 부자연스럽다. 이것은 해당 활용형의 빈도수 또는 '-으마'와의 결합에 있어 자연성 등에 차이가 있는 데서 기인한다.

10 생성음운론에서는 이것을 전국 조건(global condition)으로 규정하였다. 음운 규칙은 입력형에 포함된 분절음 정보 또는 문법 정보만 볼 수 있을 뿐이다.

쉽게 기술할 수 있다. '알+는'은 유음 탈락이 먼저 적용되어 '아는'이 된다. 그러나 '앓+는'에는 유음 탈락이 적용될 수 없어 이후에 자음군 단순화가 적용되며 마지막으로 유음화가 적용된다.[11] 유음 탈락과 유음화는 모두 'ㄹ+ㄴ' 연쇄에 적용되지만 유음 탈락을 먼저 적용하여 (5ㄱ, ㄴ)을 말끔히 기술할 수 있다. 일반적으로 세력이 약한 음운 규칙이 규칙순에서 앞서고 세력이 강한 음운 규칙은 늦게 적용된다는 사실을 감안해도 유음 탈락이 유음화보다 앞서는 규칙순은 매우 타당하다.[12]

최근에는 서로 다른 규칙들 사이의 적용 방식에 일종의 원칙을 정해서 해결하려는 시도도 나타났다. 임석규(2002)에서 제안한 '탈락 제약'이나 최명옥(2005)에서 제시한 '음운 규칙의 적용 한계'가 여기에 해당한다. 여기에 따르면 탈락 규칙은 연속하여 적용할 수 없다. 탈락 규칙이 잇따라 적용되면 그만큼 형태의 파괴가 심해져 의사 소통에 어려움을 겪는다는 것이다. 자음군 단순화에 의해 만들어진 'ㄹ+ㄴ' 연쇄에 유음 탈락 대신 유음화가 적용되는 것은 이런 관점에서 보면 당연하다. 자음군 단순화 이후에 다시 유음 탈락이 적용되면 음운의 탈락 규칙이 연속되는 셈이기 때문에 상위의 제약을 어기는 것이다.

그런데 이러한 입장을 따라도 여전히 규칙순은 필요하다. '알+는(知)'에 유음화가 적용되는 것을 막기 위해서는 여전히 유음 탈락이 유음화보다 앞선다는 규칙순이 있어야만 한다. 그렇지 않으면 '알+는(知)'에 유음화가 적용되어 '알른'이 되는 것을 막을 수 없다. 탈락 제약이나 음운 규칙의 적용 한계를 설정하면 '앓+는'에 자음군 단순화가 적용된 '알는'이 유음 탈락을 겪지 않는 이유는 설명할 수 있어도 원래부터 'ㄹ'로 끝나는 '알-'에 'ㄴ'으로

11 자음군 단순화와 유음화의 규칙순은 따로 정할 필요가 없다. 음절말 자음군에 자음군 단순화가 적용되어야만 'ㄹ'과 'ㄴ'이 직접 만나 유음화가 적용될 수 있으므로 자음군 단순화와 유음화의 규칙순은 내재적인 것이다.

12 세력이 강한 규칙일수록 늦게 적용되는 것은 당연하다. 세력이 강하면 그만큼 표면형에서 예외를 허용하지 않는다. 따라서 도출 과정에서 마지막까지 기다려 가능한 한 많은 입력형에 모두 적용되려면 규칙순에서 후순위가 될 수밖에 없다.

시작하는 어미가 결합되었을 때 유음화가 적용되지 않는 이유는 설명할 수 없다. 이처럼 음운 규칙들 사이의 적용 원리를 따로 설정하면서 아울러 규칙순도 더 필요하다면 이런 기술 방법이 규칙순만으로도 기술할 수 있는 방법에 비해 더 낫다고 보기는 어려울 것이다.

6.3. 후음 탈락과 공시적 기술 방안

6.3.1. 문제 제기

국어에서 후음 'ㅎ'은 그 분포가 매우 제한되어 있다. 가장 자유롭게 올 수 있는 환경은 어두에 국한된다. 그 이외의 환경에서는 'ㅎ'의 실현에 제약이 있다. 이러한 분포의 편재성은 후음 탈락 때문에 나타났다.

후음 탈락은 비어두의 'ㅎ' 뒤에 모음이 후행할 때 적용된다. 구체적으로는 모음과 모음 사이 또는 공명음과 모음 사이에 있는 'ㅎ'이 탈락한다. 이 환경은 비어두의 음절초라고 일반화할 수 있다. 'ㅎ'이 음절말에 올 수 없음을 함께 고려하면 'ㅎ'이 어두에서만 자유롭게 올 수 있는 이유가 후음 탈락을 통해 분명해진다.

공시적 음운 규칙으로서의 후음 탈락은 'ㅎ'으로 끝나는 어간 뒤에 모음으로 시작하는 어미가 결합할 때 적용된다. 체언 어간 중에는 'ㅎ'으로 끝나는 것이 없으므로 용언 어간에서 후음 탈락이 일어난다.[13] 'ㅎ'으로 끝나는 어간에 매개모음 어미가 결합할 때 후음 탈락이 적용되면 어미초 으-탈락이 적용될 수 있는 환경이 만들어진다. 그런데 (12)에서 보듯이 후음 탈락에 의해 으-탈락의 환경이 조성될 경우에는 으-탈락이 적용되지 않는다.

---

13 'ㅎ'으로 시작하는 조사인 '-하고, -한테' 등에도 후음 탈락이 적용될 수 있지만 그 양상은 용언 어간의 경우와 동일하므로 따로 다루지는 않는다.

(12)

ㄱ. 나으니까~나:니까(낳+으니까), 노으면~노:면(놓+으면),
조으니~조:니(좋+으니까), 찌으면~찌:면(찧+으면),
싸으니~싸:니(쌓+으니)

ㄴ. 시르면(싫+으면), 아르니(앓+으니), 다르면(닳+으면)

(12ㄱ)은 'ㅎ'으로 끝나는 어간이 매개모음 어미와 결합할 때 후음 탈락이 적용되어 으-탈락의 적용 환경이 충족되었다. (12ㄴ)은 'ㄹㅎ'으로 끝나는 어간 뒤에 매개 모음이 결합하여 후음 탈락이 적용된 결과 'ㄹ' 뒤 으-탈락의 적용을 받을 수 있게 되었다. 그러나 (12ㄱ, ㄴ) 그 어떤 경우에도 으-탈락은 일어나지 않는다. (12ㄱ)은 으-탈락 대신 모음의 완전순행동화가 수의적으로 적용되었고 (12ㄴ)은 으-탈락이 전혀 일어나지 않았다. 이것은 (13)과 같이 원래부터 모음이나 'ㄹ'로 끝나는 어간과 비교할 때 매우 대조적이다.

(13)

ㄱ. 나니까(나+으니까), 누면(누+으면), 주리라(주+으리라)

ㄴ. 알면(알+으면), 살리라(살+으리라), 도니까(돌+으니까)

(12)와 (13)을 비교하면 알 수 있듯이 어미초의 으-탈락은 모음으로 끝나는 어간이나 'ㄹ'로 끝나는 어간 뒤에서만 적용된다. 후음으로 끝나는 어간이 후음 탈락에 의해 으-탈락의 환경이 만들어지면 으-탈락은 적용되지 않는다. 그런데 이렇게 구별되는 모습은 으-탈락에서만 나타나지 않는다. 동일 모음 탈락에서도 같은 양상이 보인다.

(14)

ㄱ. 나서(나 + 아서), 서도(서 + 어도), 싸라(싸 + 아라), 땄다(따 + 았다)

ㄴ. 나아서(낳 + 아서), 너어도(넣 + 어도), 싸아라(쌓 + 아라)

(14ㄱ)에서 보듯이 '아'나 '어'로 끝나는 어간 뒤에 모음 어미가 결합하여 어간말 모음과 어미초 모음이 같을 때에는 두 모음 중 하나가 탈락하였다. 이러한 동일 모음 탈락은 김종규(1989:48~49)에서 논의한 바대로 15세기에 이미 존재했다.

(15)

가(가 + 아, 월인천강지곡 175), 나(나 + 아, 월인석보 7:3),

하(하 + 아, 多, 선종영 가집언해 상 40)

그런데 후음 말음 어간 뒤에 모음 어미가 결합하여 후음 탈락이 일어난 후에는 역시 어간말 모음과 어미초 모음이 같음에도 불구하고 동일모음 탈락이 적용되지 않는다. (14ㄴ)이 이것을 잘 말해 준다. 어미에 적용되는 으-탈락과 마찬가지로 동일 모음 탈락 역시 후음 탈락에 의해 만들어진 입력형에는 적용되지 않는다. 이것은 '경구개음 + 이'로 끝나는 어간 뒤에 모음 어미가 결합될 때의 이-탈락도 동일하다.[14]

(16)

ㄱ. 저서(지 + 어서), 처라(치 + 어라), 쪘다(찌 + 었다)

ㄴ. 찌어서~찌여서~쩌:서(찧 + 어서), 찌어도~찌여도~쩌:도(찧 + 어도)

14 5.3.2.1.에서도 논의했듯이 '이-탈락'은 음운 규칙으로서 몇몇 문제점이 있지만 다른 기술 방법 역시 문제점을 지니므로 여기서는 '이-탈락'을 규칙으로 설정하는 기술 방안을 채택했다고 가정하고 논의를 진행한다. 6.6.에서도 마찬가지이다.

(16ㄱ)에서 볼 수 있듯이 '경구개음+이'로 끝나는 어간 뒤에 모음 어미가 결합하면 역사적으로 활음화에 이은 활음 탈락이 적용되었다. 이것을 공시적으로 기술할 때에는 5.3.2.1.에서 살핀 이-탈락 규칙을 적용할 수도 있다. 그런데 '찧-'에 후음 탈락이 적용되면 이-탈락의 적용 환경이 만들어지는데도 이-탈락이 적용되지는 않는다. 대신 아무런 변동이 일어나지 않든지 y-첨가가 적용되든지 또는 경우에 따라 '쩌:서, 쩌:도'와 같은 형태가 나타난다. '쩌:서, 쩌:도'는 이-탈락이 적용된 것과 비슷하지만 장모음이 실현되는 것을 통해 단순히 이-탈락이 적용되지는 않았음을 알 수 있다. 만약 이-탈락이 적용되었다면 '쩌서, 쩌도'와 같이 단모음이 포함된 활용형이 나타나야만 한다.

이상에서 살핀 으-탈락, 동일 모음 탈락, 이-탈락은 공통적으로 기저 층위에서부터 적용 조건을 만족시키는 음운 연쇄에만 적용되고 도출 과정에서 후음 탈락에 의해 만들어진 음운 연쇄에는 적용되지 않는다. 정상적인 음운 규칙이라면 기저 층위의 입력형이든 도출 과정에서 만들어진 입력형이든 모두 적용되어야 한다. 가령 평파열음 뒤의 경음화는 '먹떠라(먹+더라)'에서 보듯이 기저 층위에 있던 평파열음 뒤에서도 적용되고 '묻떠라(←묻더라 ←웃+더라)'와 같이 도출 과정에서 형성된 평파열음 뒤에서도 적용된다. 반면 으-탈락, 동일 모음 탈락, 이-탈락은 그렇지 못하다.

이런 이유는 후음 탈락의 역사적 적용 시기 및 세 가지 음운 규칙의 지위에서 찾을 수 있다. 우선 후음 탈락은 중세국어 시기에는 존재하지 않았다. (17)에서 보듯이 'ㅎ'으로 끝나는 어간 뒤에 모음 어미나 매개모음 어미가 결합해도 'ㅎ'은 온전히 실현되었다.[15]

15 ㅎ-말음 체언의 경우에는 모음으로 시작하는 조사 앞에서 'ㅎ'이 나타나지 않는 예가 중세국어 시기에도 보이지만 이것은 후음 탈락과 관련된 것은 아니고 ㅎ-말음 체언 자체의 변화와 관련된 것이다.

(17)

녀허(넣+어, 월인석보 23:75), 골하(곯+아, 석보상절 11:41),
다핫고(닿+았고, 번역박통사 상:68), 나하ᅀᅡ(낳+아야, 번역박통사 상:58),
알ᄒᆞ니(앓+ᄋᆞ니, 능엄경언해 5:74), 쓸흘(쓿+을, 석봉천자문 5)

근대국어 시기에도 'ㅎ'이 탈락한 모습은 좀처럼 보이지 않는다.[16] 그러나 '가히, 막다히' 등이 '개, 막대'로 바뀐 것을 볼 때 늦어도 하향 이중모음 '애(ay)'가 단모음 '애'로 바뀌기 전에는 후음 탈락이 일어났으리라 추측된다. '가히'는 후음이 먼저 탈락하여 '가이'가 된 후 '개(kay)'를 거쳐 '개(kɛ)'가 되었으므로 하향 이중모음의 단모음화보다는 후음 탈락이 앞서야 한다.[17]

이에 비해 으-탈락이나 동일 모음 탈락은 이미 중세국어 시기부터 존재하고 있었다. 또한 'ㅈ, ㅊ, ㅉ+이'로 끝나는 어간 뒤에 모음 어미가 올 때 표면상 어간말의 '이'가 탈락하는 현상도 후음 탈락이 발생하기 이전부터 있었다.[18] 으-탈락을 비롯한 세 음운 규칙은 후음 탈락이 생기기 이전부터 적용되었던 것이다. 그런데 이후에 후음 탈락이 새로 생겨 모음과 모음 사이 또는 'ㄹ'과 모음 사이의 'ㅎ'을 없애 줌으로써 기존의 세 규칙에 새로운 입력형을 제공하기에 이르렀다. 이 때 세 규칙이 강한 세력을 그대로 유지하고 있었다면 후음 탈락에 의해 만들어진 새로운 입력형에도 적용되었을 것

16 후음 탈락은 문헌에 잘 드러나지는 않는다. 드물지만 다음과 같은 예가 있다 : 쑤러시면(뚫+었으면, 증수무원록 3:27), 쓸을(끓+을, 왜어유해 상 : 48), 너어(넣+어, 규합총서 3), 조아하기를(좋+아 하기를, 조군영적지 4), 끄너(끊+어, 관성제군명성경언해 14) 등. 더 많은 예는 정우택(1987), 정윤자(1990)을 참고할 수 있다.

17 '개(kay)' 단계를 거치지 않고 '가이'에서 곧바로 '개(kɛ)'로 바뀌었다고 하더라도 '아이>애(ɛ)'는 하향 이중모음의 단모음화와 관련이 깊으므로 별다른 차이가 없다.

18 '지, 치, 찌'로 끝나는 어간 뒤에 모음 어미가 결합하면 중세국어 시기에 활음화가 적용되어 '져, 쳐, 쪄'로 실현되었다. 'ㅈ, ㅊ, ㅉ'이 아직 치음의 음가를 지니던 중세국어 시기에는 'ㅈ, ㅊ, ㅉ' 뒤에 활음 'y'가 올 수 있었지만 이후에 'ㅈ, ㅊ, ㅉ'이 경구개음으로 바뀌면서 'ㅈ, ㅊ, ㅉ' 뒤에 오던 활음 'y'가 탈락하여 결과적으로 어간말의 '이'가 탈락했다. 이 시기는 적어도 후음 탈락의 발생 시기보다는 앞선다.

이다. 그러나 기존에 적용되던 규칙들은 원래부터 적용되던 영역만 그대로 유지한 채 새롭게 만들어진 입력형에는 더 이상 세력을 뻗치지 못했다. 이것은 음운 변화의 변천 단계 중 전형적인 '동결' 단계의 모습이다. 으-탈락, 동일 모음 탈락, 이-탈락은 모두 적용 영역이 굳어져 버린 것이다.

이상의 과정을 통해 후음 탈락에 의해 만들어진 음운 연쇄에 으-탈락을 비롯한 다른 음운 규칙이 적용되지 못하는 역사적 이유는 어느 정도 분명해졌다. 그런데 공시적 음운 기술을 할 때에는 어떤 방식으로든 이 사실을 밝혀 주어야만 한다. 아무런 제약이 없는 한 음운 규칙들은 적용 환경이 만족되면 적용되어야 한다. 후음 탈락에 의해 조성된 것이라도 으-탈락, 동일 모음 탈락, 이-탈락의 적용 환경이 충족되면 적용되어야 하며 만약 그렇지 않다면 그 이유를 공시적 기술에 반영해야 하는 것이다.

여기서는 바로 이 문제를 다룬다. 기저 층위에서 조성된 음운 연쇄와 도출 과정에서 다른 음운 규칙에 의해 만들어진 음운 연쇄가 서로 다르게 행동할 때 이것을 공시적 기술에서는 어떻게 다루는 것이 좋을지를 고찰한다. 따라서 후음 탈락과 관련된 논의는 통시적 변화 과정과 공시적 기술의 불일치가 문제 되지는 않다. 대신 역사적으로 무관했던 규칙들의 관계를 공시적으로는 어떻게 설정해 주느냐에 논의의 초점이 맞추어진다.

6.3.2. 공시적 기술 방안

으-탈락, 동일 모음 탈락, 이-탈락은 모두 후음 탈락에 의해 만들어진 입력형에는 적용되지 않는다. 기저 층위에서 형태소의 결합만으로 형성된 입력형에만 세 규칙이 적용될 뿐이다. 이것을 공시적으로 어떻게 밝혀 주는가가 문제 해결의 핵심이다. 으-탈락을 포함한 세 규칙에 이러한 사실을 직접 표시해 주는 방법을 고려할 수 있다. 가령 동일 모음 탈락 규칙 (18ㄱ)에 (18ㄴ) 또는 (18ㄴ')과 같은 정보를 추가하는 것이다.

(18)

ㄱ. 어간말 '아, 어'와 모음 어미가 결합하면 모음이 하나 탈락한다.

ㄴ. 어간말 모음과 모음 어미의 두음은 기저 단계에서부터 인접해야 한다.

ㄴ'. 후음 탈락의 적용을 거친 연쇄에는 적용되지 않는다.

(18ㄴ)이나 (18ㄴ')은 내용은 다르지만 결국 같은 기능을 한다. (18ㄴ, ㄴ')을 규칙에 표시하면 후음 탈락에 의해 만들어진 동일 모음 연쇄에는 결코 동일 모음 탈락 규칙이 적용되지 못한다. 으-탈락이나 이-탈락도 같은 정보를 부여하여 문제를 해결할 수 있다.

그러나 이러한 기술 방법은 최선이라고 볼 수는 없다. 6.2.2.3.에서도 비슷한 경우를 봤듯이 (18ㄴ, ㄴ')은 음운 규칙에 포함시키기에는 너무나 지나치다. 음운 규칙은 입력형이 가지고 있는 정보만을 이용할 수 있을 뿐 그 입력형이 이전의 도출 과정에서 밟아 온 단계는 알 수 없다. 동일한 모음의 연쇄가 기저 층위부터 있었는지 아니면 후음 탈락에 의해 만들어진 것인지를 음운 규칙은 알 수 있는 방법도 없고 알아서도 안 된다. 그런 점에서 (18ㄴ, ㄴ')은 소위 말하는 전국 조건(global condition)으로 음운 규칙에 부여하기에는 부적당하다.

(18ㄴ, ㄴ')과 같은 정보를 이용할 수 없는 경우에는 규칙순을 정해 주든지 규칙들 사이의 적용 방식에 대한 제약을 설정하는 방법을 고려할 수 있다. 우선 관계를 맺고 있는 여러 규칙 사이에 인위적 순서를 정해서 기술할 수 있다. 으-탈락, 동일 모음 탈락, 이-탈락이 모두 후음 탈락보다 일찍 적용된다는 규칙순을 정하면 앞에서 살핀 문제는 모두 사라진다. 으-탈락을 통해 이것이 어떻게 문제를 해결할 수 있는지를 보이면 다음과 같다.

(19)

	가+으면	앓+으면	놓+으면
으-탈락	○	×	×
ㅎ-탈락	×	○	○ (노으면)
(완전순행동화)	–	–	○
	가면	아르면	노:면

(19)에서 보듯이 원래부터 모음으로 끝나는 어간 뒤에 매개모음 어미가 결합하면 으-탈락이 제일 먼저 적용되어 '가면'이 도출된다. 반면 후음으로 끝나는 어간들은 후음 탈락이 적용되기 전에는 'ㅎ'이 개재하고 있으므로 으-탈락이 적용될 수 없다. 대신 후음 탈락이 적용되어 '아르면(앓+으면), 나으면(낳+으면)'이 나온다. 으-탈락은 이미 적용될 수 있는 기회를 잃었으므로 후음 탈락이 적용되어 나온 '아르면, 나으면'에는 적용될 수 없다. 대신 모음의 완전순행동화가 여기에 적용되면 '노으면'은 '노:면'으로 실현된다.

동일 모음 탈락이나 이-탈락도 같은 방법으로 기술할 수 있다.

(20)

	가+아서	낳+아서
동일 모음 탈락	○	×
ㅎ-탈락	×	○
	가서	나아서

(21)

	찌+어서	찧+어서
이-탈락	○	×
ㅎ-탈락	×	○(찌어서)
(y-첨가)	-	○
	쩌서	찌여서

이상과 같이 규칙순을 이용하여 (12)와 (13)의 차이, (14ㄱ)과 (14ㄴ)의 차이, (16ㄱ)과 (16ㄴ)의 차이를 말끔하게 기술할 수 있다. 문제가 된 세 규칙은 모두 후음 탈락보다 먼저 적용되므로 후음 탈락이 적용되어 생긴 음운 연쇄에는 더 이상 세 규칙이 적용될 기회를 갖지 못한다. 역사적으로 이미 동결화된 규칙들이 공시적 기술의 규칙순에서 앞선 순위를 차지하는 것은 유음 탈락의 경우와 동일하다.

규칙순을 이용하지 않는다면 6.2.2.3.에서 본 '탈락 제약'이나 '음운 규칙의 적용 한계'를 규정하여 기술할 수도 있다. ㅇ-탈락, 동일 모음 탈락, 이-탈락은 모두 탈락 규칙이므로 후음 탈락이 먼저 적용되고 나면 탈락 규칙이 연속해서 적용될 수 없다는 제약 때문에 더 이상 적용의 기회를 가지지 못한다. 따라서 후음 탈락이 적용된 이후에 다른 탈락 규칙이 적용되지 않는 것을 잘 설명할 수 있다.

그러나 앞서 살펴본 유음 탈락의 경우와 마찬가지로 '탈락 제약'이나 '음운 규칙의 적용 한계'만으로는 완벽한 기술을 할 수 없다. 여전히 규칙순이 필요한 것이다. 가령 으-탈락 규칙이 모음의 완전순행동화보다 먼저 적용된다는 규칙순이 없다면 '보+으면'이 '보:면'과 같은 잘못된 형태로 도출되는 것을 막을 수가 없다.[19] 유음 탈락의 경우와 마찬가지로 탈락 규칙 사이의 적용 원리를 정해 주는 상위의 제약이 있어도 규칙순은 따로 설정해 주지 않으면 안 된다.

6.4. 'ㅈ, ㅊ, ㅉ'의 조음 위치 변화와 공시적 음운 기술

6.4.1. 문제 제기

'ㅈ, ㅊ, ㅉ'의 음가가 현대국어와 중세국어 시기에 서로 다르다는 것은 이미 널리 알려진 사실이다. 현대국어에서 'ㅈ, ㅊ, ㅉ'은 경구개음으로 분류되지만 중세국어에서는 치음(齒音)으로 분류된다. 이것은 단순히 《훈민정음해례본》의 설명에만 의지한 것이 아니고 'ㅈ, ㅊ, ㅉ'과 활음 'y'의 결합 양상, 구개음화의 적용 시기, 전설모음화의 적용 시기 등에서 명확히 드러난다.

'ㅈ, ㅊ, ㅉ'은 음절초에 놓일 때와 음절말에 놓일 때 겪은 역사적 변화 과정이 상이하다. 음절초에 놓인 'ㅈ, ㅊ, ㅉ'은 치음에서 경구개음으로 음가가 변화하였다. 이 변화를 'ㅈ, ㅊ, ㅉ'과 인접한 다른 자음과 함께 보이면 다음과 같다.

19 임석규(2002:132~133)은 '알+으니'가 '아니'로 도출되는 경우 탈락 규칙이 두 번 연속 적용되어 탈락 제약을 어기므로 이것을 막기 위해 매개모음 어미의 기저형을 '으X'로 설정하지 않고 복수 기저형으로 설정하였다. 이런 방법을 택하면 '보면'은 기저 층위에서도 '보+면'이 되므로 모음의 완전순행동화와는 무관할 수 있다. 즉 규칙순을 설정해 줄 필요가 없는 것이다. 그러나 6.2.2.3.에서 살펴본 유음 탈락의 경우에는 이런 방법이 적용되지 않는다.

(21)

	치음	설음
파열음		ㄷ, ㅌ, ㄸ
마찰음	ㅅ, ㅆ	
파찰음	ㅈ, ㅊ, ㅉ	

〉

치조음	경구개음
ㄷ, ㅌ, ㄸ	
ㅅ, ㅆ	
	ㅈ, ㅊ, ㅉ

중세국어 시기에 조음 위치가 치음으로 동일했던 ㅅ-계 자음과 ㅈ-계 자음은 이후의 변화를 통해 조음 위치가 달라졌다.[20] 이것은 단순히 조음 위치만 변화한 것이 아니고 자음들 사이의 대립 관계도 변했음을 의미한다. 'ㅈ, ㅊ, ㅉ'은 조음 위치가 경구개음으로 바뀌면서 홀로 고립되었다. 반면 'ㅅ, ㅆ'은 'ㅈ, ㅊ, ㅉ'과의 관계가 청산되고 대신 ㄷ-계 자음들과 동일한 조음 위치에 놓이게 되었다.[21]

음절초의 'ㅈ, ㅊ, ㅉ'이 치음에서 경구개음으로 바뀌었음에 비해 음절말의 'ㅈ, ㅊ, ㅉ'은 전혀 다른 변화 과정을 겪는다. 현대국어에서는 'ㅈ'이 음절말에 올 수 없지만 중세국어 이전 시기에는 'ㅈ'도 음절말에 올 수 있었다. 그 근거는 크게 세 가지이다. 첫째 차자 표기 자료에서 음절말의 'ㅈ'을 '次'로 표기하고 있는데 '次'는 'ㅈ'이 음절말에서 온전히 실현되었음을 보여 준다.[22] 둘째, 이기문(1983:10)에서 언급했듯이 '아자비(앚+아비)'와 같은

20 김주필(1985:41~45)에서 논의한 것처럼 국어사의 어느 시기엔가는 'ㅅ, ㅆ'도 일시적으로나마 'ㅈ, ㅊ, ㅉ'과 함께 경구개음으로 바뀌었을 가능성이 있다.

21 현대국어에서 ㅅ-계 자음과 ㅈ-계 자음의 조음 위치 분류는 연구자에 따라 상이하다. 일반적으로는 여기서와 같이 ㅅ-계 자음을 ㄷ-계 자음과 합쳐 치조음으로 분류하고 ㅈ-계 자음은 경구개음으로 분류한다. 그러나 배주채(1996)과 같이 치조음과 경구개음을 구분하지 않고 모두 합쳐 전설음으로 분류하는 방식도 존재하고 김봉국(2002)처럼 ㅅ-계 자음과 ㅈ-계 자음을 묶어 치조음과 구별되는 치경구개음을 설정하기도 한다. 문제의 핵심은 ㅈ-계 자음의 조음 위치를 ㄷ-계 자음이나 ㅅ-계 자음과 동일하게 볼 수 있는가에 있다. 활음 'y'와의 결합 여부, 활음 'y'와 경구개라는 조음 위치의 관련성을 고려하면 ㅈ-계 자음은 다른 자음들과 구별되는 모습을 보이므로 같은 조음 위치로 분류하는 것은 합당해 보이지 않는다.

22 가령 《향약구급방》에서는 '도랒'을 '道羅次'로 표기하고 있다.

합성어를 통해 '앚'의 'ㅈ'이 온전하게 실현되었음을 알 수 있다. 만약 'ㅈ'이 음절말에서 발음되지 못했다면 합성어 경계 사이에서 다른 자음으로 바뀐 후 연음되므로 결코 '아자비'와 같이 'ㅈ'이 그대로 발음될 수는 없다. 셋째, '늦갑다, 돚가비'가 '나찹다, 도채비'로 변화한 것을 음운사적으로 설명하기 위해서는 그 이전 형태로 '늦갑다, 돚가비'를 재구할 수밖에 없으며 여기서 'ㅈ'이 음절말에서 온전하게 실현되었음을 확인할 수 있다.

음절말에서 실현되던 'ㅈ'은 다음과 같은 변화 단계를 거친다.

(23)

15세기 이전	ㅈ	ㅅ	ㄷ
	↘	↓	↓
15세기		ㅅ	ㄷ
		↘	↓
16세기 중엽			ㄷ

'ㅈ'은 15세기 이전의 어느 순간부터 더 이상 음절말에서 그대로 실현되지 못하고 'ㅅ'으로 바뀌었다. 이 시기는 'ㅈ'이 아직 경구개음으로 바뀌기 전이므로 'ㅈ'이 'ㅅ'으로 바뀐 것은 치음 'ㅈ'이 같은 치음인 'ㅅ'으로 변한 것이다. 이후 'ㅅ'이 다시 'ㄷ'으로 바뀌면서 최종적으로 음절말 'ㅈ'은 'ㄷ'으로 변화한다. 이처럼 역사적으로 본다면 경구개음 'ㅈ'이 음절말에서 'ㄷ'으로 바뀐 적이 없다. 치음인 'ㅈ'이 바뀌었을 뿐이다. 그것도 'ㅈ'이 'ㄷ'으로 직접 바뀐 것이 아니고 'ㅈ'은 'ㅅ'으로 바뀌면서 끝나고 이후에 'ㅅ'이 'ㄷ'으로 바뀌면서 마치 'ㅈ'이 'ㄷ'으로 변화한 것처럼 보이는 것이다.

'ㅈ'은 음절초에서만 그 음가가 치음에서 경구개음으로 바뀌었고 음절말에서는 치음이던 시절에 'ㅅ'으로 변화했다. 그러나 이러한 역사적 변화 과정을 현대국어의 공시적 기술에는 그대로 반영할 수 없다. 현대국어에서 음절말의 'ㅈ'은 치음이고 음절초의 'ㅈ'은 경구개음이라고 음운 분석을 할 수도 없을 뿐만 아니라 음절말의 'ㅈ'이 'ㅅ'을 거쳐 'ㄷ'으로 바뀌었다고 기술할 수도 없다. 'ㅈ'이 'ㅅ'으로 바뀌는 것은 전혀 드러나지 않으므로 공시적 기술에서는 그런 단계를 설정하는 것 자체가 봉쇄된다.

6.4.2. 공시적 기술 방안

'ㅈ'의 음가가 음절초와 음절말에서 상이하게 변했다고 해서 현대국어에서도 초성에 쓰인 'ㅈ'과 종성에 쓰인 'ㅈ'의 음가를 구분할 수는 없다. 현대국어의 'ㅈ'은 항상 경구개음으로만 실현될 뿐이다. 또한 'ㅈ'이 음절말에서 'ㄷ'으로 바뀌는 것은 부인할 수 없는 사실이므로 음절말의 'ㅈ'을 'ㄷ'으로 바꾸는 음절말 평파열음화를 적용하여 공시적 기술을 하게 된다. 그런데 경구개음이 'ㄷ'으로 바뀐다고 해야 하기 때문에 음절말 평파열음화의 규칙 기술은 복잡해진다.

음절말 평파열음화는 예외 없이 적용되는 가장 강력한 음운 현상이다. 또한 음절말에 올 수 없는 장애음이 같은 조음 위치에서 음성적으로 막히는 과정을 통해 다른 자음으로 바뀐다. 그러므로 음절말 평파열음화는 원칙적으로 장애음의 조음 위치는 변화하지 않고 조음 방식만 평파열음으로 바뀐다. 여기에 예외가 바로 ㅈ-계 자음과 'ㅎ'이다. 'ㅎ'은 구강 내에서의 뚜렷한 조음 위치가 없다는 특징 때문에 어차피 다른 자음들과는 구별할 수밖에 없다.[23] 그런데 ㅈ-계 자음은 'ㅎ'과 달리 구강 내에서 명확한 조음 위치가 있음에도 불구하고 음절말 평파열음화가 적용되었을 때 조음 방식은 물론 조음 위치까지 바뀐다.

이 때문에 음절말 평파열음화를 형식화하기가 쉽지 않다. 기존 논의에서는 음절말 평파열음화를 형식화하기 위해 특수 부호까지 동원해야만 했다.

23 더 자세한 내용은 6.5.에서 다룬다.

(24)

ㄱ.

$$\begin{bmatrix} +\text{obst} \\ \langle +\text{cor} \rangle \end{bmatrix} \rightarrow \begin{bmatrix} -\text{cont} \\ -\text{strid} \\ -\text{asp} \\ -\text{glot} \\ \langle +\text{ant} \rangle \end{bmatrix} \Big/ \;\_\_\_ \begin{bmatrix} \# \\ \text{C} \end{bmatrix}$$

ㄴ.

$$\begin{bmatrix} +\text{cont} \\ -\text{son} \\ \langle +\text{cor} \rangle \end{bmatrix} \rightarrow \begin{bmatrix} -\text{str} \\ -\text{ten} \\ \langle +\text{ant} \rangle \end{bmatrix} \Big/ \;\_\_\_ \$$$

(24ㄱ)은 최명옥(1982:143)에 제시된 음절말 평파열음화의 형식화이다. 장애음은 자음이나 휴지 앞에서 평음으로 바뀌되 그 장애음이 '[+설정성]'을 가진 치조음이나 경구개음일 경우에는 'ㄷ'으로 바뀐다는 내용을 담고 있다. (24ㄴ)은 같은 규칙을 배주채(1989:81)에서 형식화한 것으로 '자음이나 휴지 앞'을 음절 경계로 대치한 것을 제외하면 비슷하다. (24ㄱ, ㄴ)이 복잡하게 된 것은 순전히 '〈 〉'를 사용하였기 때문이다. (24ㄱ, ㄴ) 모두 '〈 〉'를 규칙 형식화에 포함시킨 것은 'ㅈ, ㅊ, ㅉ'을 고려한 결과이다. 통시적 변화로서 음절말 'ㅈ'이 'ㅅ'으로 바뀐 후 'ㄷ'으로 바뀐 것은 경구개음이 아닌 치음 상태에서의 일이므로 '〈 〉'와 같은 추가 기호가 필요 없다. 그러나 공시적 기술에서는 'ㅈ, ㅊ, ㅉ'이 음절말 평파열음으로 바뀔 때 조음 위치도 변한다는 것을 나타내기 위해 '〈 〉'이 필요하다.

6.5. 음절말 'ㅎ'의 실현과 공시적 음운 기술

6.5.1. 문제 제기

음절말에 'ㅎ'이 올 수 없다는 것은 중세국어 시기나 현대국어 시기나 모두 마찬가지이다. 그러나 음절말 'ㅎ'이 다른 자음으로 바뀌는 양상은 시기별로 차이가 있다. 음절말 'ㅎ'의 실현 양상은 ㅎ-말음 어간에서 찾을 수 있으므로 ㅎ-말음 용언 어간의 활용형이 어떻게 변화해 왔는지를 통해 음절말 'ㅎ'의 변화 양상을 살필 수 있다.

(25)

어미 두음	시기(Ⅰ)		시기(Ⅱ)		시기(Ⅲ)		시기(Ⅳ)
모음	노하, 노ᄒᆞ니	〉	노하, 노흐니	〉	노아, 노으니	〉	노아(~놔:) 노으니(~노:니)
ㄱ, ㄷ	노코, 노터라		노코, 노터라		노코, 노터라		노코, 노터라
ㄴ	논는(~놀는)		논는		논는		논는
ㅅ	놋ᄉᆞᆸ고		논ᄉᆞᆸ고		논ᄉᆞᆸ고		노씁니다

(25)에서 볼 수 있듯이 음절말에 'ㅎ'이 오는 경우는 후행 어미가 'ㄴ'이나 'ㅅ'으로 시작할 때이다. 모음으로 시작하는 어미가 결합하면 'ㅎ'이 연음되어 음절말에 오지 않으며 평파열음이나 평파찰음이 오면 유기음화가 일어난다. 반면 비음이나 'ㅅ'이 오면 유기음화가 적용될 수 없어 'ㅎ'이 음절말에 놓인다.

(25)의 시기(I)은 대략 15세기에 해당하며 'ㅎ'이 'ㄴ' 앞에서는 'ㄷ' 또는 'ㄴ'으로 나타난다. 'ㄴ'은 비음 동화의 결과이므로 'ㅎ'이 'ㄴ' 앞에서는 'ㄷ'으

로 실현되다가 이후에 비음 동화의 적용을 받았음을 알 수 있다. 반면 'ㅅ'이 후행하면 'ㅎ'은 'ㅅ'으로 바뀌었다.[24] 그러다가 16세기 중엽에 음절말의 'ㅅ'이 'ㄷ'으로 바뀌는 변화가 일어나면서 시기(Ⅱ)와 같은 모습이 되었다. 시기(Ⅱ)에서는 더 이상 'ㅎ'이 음절말에서 'ㅅ'으로 실현될 수 없다. 시기(Ⅲ)은 후음 탈락이 새로 추가된 시기로 음절말 'ㅎ'의 실현 양상은 변화가 없다. 그러다가 시기(Ⅳ)에 'ㅆ' 앞의 'ㄷ'이 탈락하는 변화가 추가되면서 지금과 같은 모습이 되었다.[25]

어간말 'ㅎ'이 음절말에 놓일 때 거쳐 온 변화를 요약하면 아래와 같다.

(26)

ㄷ, ㅅ	〉	ㄴ, ㅅ	〉	ㄴ, ㄷ	〉	ㄴ
Ⅰ기		Ⅱ기		Ⅲ기		Ⅳ기

(26)에서 볼 수 있듯이 음절말에 'ㅎ'이 놓일 경우 처음에는 후행 자음에 따라 'ㄷ, ㅅ'으로 실현되다가 비음 동화 때문에 'ㄴ, ㅅ'으로 바뀌었다. 그 후 음절말 평파열음화의 적용으로 'ㄴ, ㄷ', 'ㅆ' 앞에서의 ㄷ-탈락이 적용되어 'ㄴ'으로만 실현되기에 이르렀다. 특히 마지막 음운 변화는 매우 심각한 결과를 초래하였다. 'ㅎ'이 'ㄷ'으로 실현되던 유일한 표면형에서 'ㄷ'을 탈락시킴으로써 'ㅎ'이 'ㄷ'으로 실현되는 직접적인 증거를 없애 버린 것이다. (26)의 Ⅱ기에서도 음절말 'ㅎ'이 'ㄷ'으로 바뀌는 것을 표면에서 직접 확인할 수 없지만 대신 'ㅎ'이 같은 장애음인 'ㅅ'으로 실현되었기 때문에 큰 문제가 없다. 그러나 Ⅳ기에는 음절말 'ㅎ'이 표면에 실현될 때 조음 방식이 전혀 다른 'ㄴ'으로만 나타날 뿐이다.

---

24 '놋숩고'는 '노쏩고'로도 나타나지만 둘 다 'ㅅ + ㅅ'의 자음 연쇄를 나타낸다고 해석해야만 한다. 그 이유는 이진호(2003ㄱ : 177)에서 논의한 바 있다.

25 'ㅆ' 앞에서 'ㄷ'이 탈락하는 것은 '노씁니다(놓 + 습니다), 노쏘(놓 + 소)'에서 첫 음절의 종성에 폐쇄되는 순간이 없다는 사실에서도 드러나지만 '빋싸다〉비싸다'와 같은 역사적 변화에서도 확인된다.

이런 사정은 공시적 기술의 부담으로 고스란히 넘어 온다. 시기(IV) 이전까지는 'ㅎ'이 'ㄷ'으로 직접 실현되는 것을 확인할 수 있었지만 IV-시기부터는 그럴 수가 없다. 따라서 음절말 'ㅎ'이 'ㄷ'으로 바뀐다는 규칙을 설정하면 이 규칙은 독자적 타당성에 문제가 발생한다.[26] 기저형과 표면형을 직접 비교했을 때 'ㅎ'이 'ㄷ'으로 실현되는 것을 확인할 수 없기 때문이다. 또한 음절말 'ㅎ'이 걸어온 역사적 변화 과정을 공시적 음운 기술에 그대로 반영할 수 없다는 문제도 생긴다. 가령 음절말 'ㅎ'이 'ㅅ'으로 바뀌었다가 'ㄷ'으로 변화한 단계를 공시적 도출 과정으로 설정할 수는 없다. 'ㅎ'이 'ㄷ'으로 바뀌는 것도 직접 확인할 수 없는데 그 중간에 'ㅅ'을 더 거친다고 하는 것은 더 큰 문제를 야기한다.

6.5.2. 공시적 기술 방안

지금까지 음절말 'ㅎ'의 실현을 설명하기 위한 여러 가지 이론적 방안이 나와 있다. 문제의 핵심은 'ㅎ'이 무엇으로 바뀌는지 그리고 어떤 과정을 통해 바뀌는지를 명쾌히 설명해 주는 것이다. 앞에서 본 바와 같이 음절말 'ㅎ'이 역사적으로 거쳐 온 단계를 공시론에 그대로 반영할 수 없는 것이 자명해진 이상 순수하게 공시론의 입장에서 가장 타당한 것을 찾아야만 한다.

우선적으로 해결해야 하는 것은 음절말의 'ㅎ'이 어떤 자음으로 바뀌는지를 정하는 일이다. (26)에서도 알 수 있듯이 현대국어의 표면형만을 보면 'ㅎ'은 'ㄴ'으로만 실현될 뿐이다. 그러나 'ㅎ'이 'ㄴ'으로 바뀐다고 주장할 수는 없다. 이것은 '논는(놓+는)'과 같이 ㅎ-말음 어간이 'ㄴ'으로 시작하는 어미와 결합할 때에 한해서이다. '노쏘(놓+소), 노씁니다(놓+습니다)'의 경우에는 'ㅎ'이 'ㄴ'으로 바뀐다고 볼 수 없다. 결국 'ㅅ'으로 시작하는 어미 앞에서 음절말 'ㅎ'이 어떻게 바뀌는지를 정해 주어야만 한다.

음절말의 'ㅎ'이 'ㄷ'으로 실현되는 예가 존재하지는 않지만 그럼에도

26 음운 규칙의 독자적 타당성에 대해서는 3.4.4.를 참고할 수 있다.

불구하고 여기서는 음절말의 'ㅎ'이 'ㄷ'으로 바뀐다고 본다. 그 이유는 몇 가지가 있다. 첫째, 음절말 'ㅎ'이 'ㄷ'으로 실현되지 않는다고 한다면 '논는(놓+는), 노쏘(놓+소)'의 기술 방법이 더 큰 문제를 야기한다. 가령 이승재(1980)를 비롯하여 'ㅎ'이 'ㄷ'으로 바뀌는 과정을 인정하지 않는 논의에서는 '노쏘'의 경우 기저형 '놓소'에서 먼저 'ㅎ'와 'ㅅ'이 축약되어 가상의 유기음 's^h'가 된 후 음운 체계에 이런 유기음이 없으므로 결국 'ㅆ'으로 바뀐다고 기술한다. 또한 '놓는'은 비음 동화에 의해 곧바로 '논는'으로 바뀐다고 본다.

이러한 기술 방법을 택하면 'ㅎ'이 'ㄷ'으로 바뀐다고 할 때의 문제는 사라지겠지만 더 심각한 문제가 가로놓인다. 가상의 분절음 's^h'을 설정함으로써 절대 중화라는 추상적 장치가 더 필요하다는 점은 차치하고라도 '놓는'이 곧바로 '논는'으로 바뀐다고 보면 비음 동화의 자연성이 훼손된다. 비음 동화는 조음 위치는 그대로 둔 채 조음 방식만 바꾸는 음운 규칙인데 음절말 'ㅎ'에 한해서 곧바로 'ㄴ'으로 바꾼다고 함으로써 비음 동화의 기본 성격을 무너뜨리는 결과를 초래하는 것이다.[27]

둘째, 음절말 'ㅎ'이 'ㄷ'으로 직접 드러나지는 않지만 'ㄷ'으로 바뀌었다는 간접적인 증거들이 존재한다. 가령 'ㄷ'으로 끝나는 어간 뒤에 'ㅅ'으로 시작하는 어미가 결합하면 '노쏘(놓+소)'와 동일한 모습을 보인다. '드쏘(듣+소), 어쏘(얻+소)' 등이 그것을 잘 말해 준다. 또한 비음 동화가 자음의 조음 방식만 바꾼다는 점을 고려할 때 '논는'은 '녿는'에 비음 동화가 적용된 것일 수밖에 없다.

'ㅎ'이 음절말에 올 수 없는 자음이라는 사실만으로도 'ㅎ'은 음절말에 올 수 있는 'ㅂ, ㄷ, ㄱ' 중 하나로 바뀌어야만 함을 알 수 있다. 이 중 여러 가지 증거로 볼 때 'ㅎ'은 'ㄷ'으로 바뀌었음이 틀림없다. 문제는 'ㅎ'이 'ㄷ'으로 바뀐 상태에서 그대로 멈추지 않고 다른 음운 규칙이 더 적용되면서 'ㄷ'이 사라져

27 송철의(1990 : 30)에서도 두 가지 문제점을 들어 '놓는'이 비음 동화에 의해 곧장 '논는'으로 바뀐다고 보기는 어렵다고 하였다.

버렸다는 데 있다. 비음 동화나 ㄷ-탈락이 적용되지 않았다면 'ㄷ'이 온전히 표면형에 드러났을 것이다.

그런데 음절말에 올 수 없는 자음이 종성 위치에 놓일 때 단순히 다른 자음으로 바뀌는 것에서 끝나지 않고 다른 음운 현상의 적용을 더 받는 것은 'ㅎ-말음 어간'에만 국한되지는 않는다. 용언 어간 중 음절말 평파열음화만 적용되어 표면형이 도출되는 경우는 없다. 비음 동화가 더 적용되든 경음화가 더 적용되든 하나 이상의 규칙이 더 적용되어야만 표면형이 도출된다.[28] 이것이 ㅎ-말음 어간에는 좀 더 극단적으로 나타났을 뿐이다.

기저형 설정 조건을 고찰할 때도 드러났듯이 국어의 'ㅎ'은 매우 특수한 위치에 있다. 이런 특수성이 음절말에서도 나타나고 있다. 이런 특수성을 강조하여 'ㅎ'이 음절말에서 'ㄷ'으로 바뀌는 것을 부인하는 것은 더 큰 문제를 불러일으킬 수 있다. 'ㅎ'이 음절말에서 'ㄷ'으로 바뀐다고 봄으로써 생기는 문제는 'ㅎ'이 음절말에서 'ㄷ'으로 바뀌지 않는다고 주장하여 생기는 문제에 비하면 사소할 수 있다.

음절말의 'ㅎ'이 'ㄷ'으로 바뀐다면 과연 어떤 과정을 거쳐 'ㄷ'으로 실현되는지도 설명할 수 있어야 한다. 'ㅎ'을 제외한 다른 장애음들이 음절말에 올 때에는 조음 위치가 같거나 비슷한 자음으로 바뀜에 비해 'ㅎ'은 전혀 무관한 자음인 'ㄷ'으로 바뀐다.[29] 이에 대해 'ㄷ'이 국어에서 가장 무표적인 자음이기 때문에 'ㅎ'은 'ㄷ'으로 바뀐다는 주장이 있기도 했다. 이 주장이 성립되려면 'ㄷ'이 정말 국어에서 제일 무표적인 자음인지가 증명되어야 하고 음절말에 놓인 'ㅎ'이 왜 무표적인 자음으로 바뀌어야 하는지에 대해서도 해명해야만 한다. 한편 이진호(2003ㄱ:185)에서는 'ㅎ'이 구강 내에 조음 위치가 없기 때문에 어두에서는 후행 모음으로부터 조음 위치를 물려받고 음절말에서는 후행 자음으로부터 조음 위치를 물려 받는다고 보았다.

28 이것은 '엄는(엎+는), 업꼬(엎+고), 업찌(엎+지)' 등을 고려하면 잘 알 수 있다.

29 어두의 'ㅎ'이 후행 모음에 따라 다양한 조음 위치에서의 변이음을 지니지만 치조에서 발음되는 변이음은 없다. 이것만 보아도 음절말의 'ㅎ'이 치조음인 'ㄷ'으로 바뀌는 것은 공시론의 측면에서 매우 특이하다.

'ㅎ'은 뒤에 'ㄴ, ㅅ'이 올 때 음절말에 놓이며 'ㄴ, ㅅ'은 모두 치조음이므로 여기서 조음 위치를 받는다면 결국 'ㄷ'이 될 수밖에 없다.[30]

이처럼 음절말의 'ㅎ'이 어떤 방식으로 'ㄷ'이 되든지 다른 장애음에 적용되는 음절말 평파열음화와는 다른 성격을 지닌다. 음절말 평파열음화가 적용되면 장애음이 원래의 조음 위치와 비슷한 위치의 평파열음으로 바뀌지만 'ㅎ'은 전혀 그렇지 못한 것이다. 그러나 음절말의 'ㅎ'이 'ㄷ'으로 바뀌는 현상이 음절말 평파열음화와 전혀 무관하다고 볼 수도 없다. 'ㅎ'이 음절말에 올 수 없는 자음이라는 점, 음절말에 실현될 수 있는 평파열음 중 하나인 'ㄷ'으로 바뀐다는 점은 음절말 평파열음과의 관련성을 말해 준다.

음절말 평파열음화의 적용 대상에 'ㅎ'을 포함시킨다면 규칙의 구조 기술은 앞서 살핀 (24ㄱ, ㄴ)보다 훨씬 더 복잡해질 것이다. 그 대신 음절말의 'ㅎ'이 'ㄷ'으로 바뀌는 현상이나 다른 장애음들이 평파열음으로 바뀌는 현상의 공통점을 포착할 수 있다. 반면 음절말 'ㅎ'이 'ㄷ'으로 바뀌는 현상을 음절말 평파열음화와는 다른 별개의 규칙으로 기술한다면 기존의 음절말 평파열음화는 (24ㄱ, ㄴ)과 같이 형식화할 수 있지만 둘 사이의 관련성 포착에는 실패하게 된다. 둘 중 어느 편이 절대적으로 옳다고 하기는 어렵지만 'ㅎ'이 'ㄷ'으로 바뀌는 과정은 다른 장애음이 'ㅂ, ㄷ, ㄱ' 중 하나로 바뀌는 과정과 다른 성격을 지니므로 구분하는 것이 더 낫다고 본다. 이렇게 되면 음절말에 올 수 없는 자음이 'ㅂ, ㄷ, ㄱ' 중 하나로 바뀌는 규칙은 두 개가 필요하다.

30 이런 설명 방식은 중세국어 시기에 더 유용하다. 앞서 (25), (26)에서도 보았듯이 중세국어 시기에는 'ㅎ'이 음절말에 놓일 때 'ㄴ' 앞에서는 'ㄷ', 'ㅅ' 앞에서는 'ㅅ'으로 바뀌었다. 'ㄴ'은 설음 계열이고 'ㅅ'은 치음 계열이므로 'ㅎ'이 후행 자음의 조음 위치를 받게 되면 'ㄴ' 앞에서는 'ㄷ'이 될 수밖에 없고 'ㅅ' 앞에서는 'ㅅ'이 될 수밖에 없다. 자세한 것은 이진호(2003ㄱ)을 참고할 수 있다.

6.6. ㅅ-불규칙 어간의 변화와 공시적 음운 기술

6.6.1. 문제 제기

ㅅ-불규칙 어간은 자음 어미와 결합할 때에만 어간말의 자음이 나타나고 모음 어미나 매개모음 어미와 결합할 때 어간말 자음이 나타나지 않는다. 이것을 국어의 음운 규칙으로는 설명할 수 없기 때문에 불규칙 어간으로 분류한다. ㅅ-불규칙이라고 한 것은 어간말의 자음이 'ㅅ'으로 표기되었기 때문이지만 실제로는 'ㅅ'이 전혀 나타나지 않고 오히려 'ㄷ'이 나타나기 때문에 ㄷ-불규칙으로 분류하기도 한다.[31] ㅅ-불규칙 어간은 역사적으로 두 단계의 변화를 거쳐 형성되었다.

(27)

시기(I)		시기(II)		시기(III)
짓고	〉	짇고	〉	짇고
지ᅀᅥ		지ᅀᅥ		지어
지ᅀᅳ며		지ᅀᅳ며		지으며

시기(I)과 같이 'ㅿ'이 음운으로 존재하고 'ㅅ'이 음절말에 올 수 있을 때에는 기저형을 'ᄌᆝᇫ-'으로 설정하고 음절말의 'ㅿ'을 'ㅅ'으로 바꾸는 음운 규칙을 적용하여 규칙적으로 기술할 수 있다. 시기(II)는 음절말의 'ㅅ'이 'ㄷ'으로 바뀌는 변화가 일어났지만 아직 'ㅿ'이 음운으로 남아 있는 경우이다. 이 때에도 역시 단수 기저형에 음운 규칙을 적용하여 표면형을 도출할 수 있다.[32] 어간의 기저형은 시기(I)과 마찬가지로 'ᄌᆝᇫ-'으로 설정하되 다만 'ㅿ'

31 대표적으로 유필재(2001 : 104)를 들 수 있다.

32 이기문(1977 : 38, 86)에 따르면 음절말 ㅅ이 ㄷ으로 바뀌기 시작한 것은 16세기 초반이고 ㅿ이 소멸한 모습을 보이는 것은 16세기 후반이다. 따라서 16세기 중엽 무렵이 시기(Ⅱ)의 모습을 보였다고 할 수 있다.

을 'ㅅ'이 아닌 'ㄷ'으로 바꾸는 규칙이 적용된다는 점만 다르다. 'ㅿ'과 조음 위치가 같은 'ㅅ'이 'ㄷ'으로 바뀌었으므로 'ㅿ'이 'ㄷ'으로 바뀌는 과정 역시 자연스럽다. 그 후 'ㅿ'이 탈락하여 시기(Ⅲ)과 같이 되면 비로소 불규칙적인 활용을 보이게 된다. 이러한 활용 양상의 공시적 기술은 음운 규칙을 적용하는 방식으로는 할 수 없다.

(27)과 같이 ㅅ-불규칙 어간이 형성되는 과정을 단계적으로 살펴보면 실제로 어간말의 'ㅅ'이 자음 어미 앞에서는 나타나고 모음 어미나 매개모음 어미 앞에서는 사라지는 모습을 보인 시기는 역사적으로 존재하지 않았음을 알 수 있다. 어간말 자음이 음절말에서 'ㅅ'으로 나타나던 시기는 있었지만 그때에는 'ㅿ'이 소멸하지 않았다. 또한 'ㅿ'이 소멸하기 전에 이미 어간말 자음이 'ㄷ'으로 바뀜으로써 어간의 이형태가 'ㅅ'의 유무에 따라 구분되던 시기는 없었다. 즉 현대국어의 어간 활용 양상에서는 물론이고 역사적인 변화 과정에서도 진정한 ㅅ-불규칙이라고 부를 만한 현상은 실재하지 않은 것이다.

ㅅ-불규칙 어간의 역사적 변화 과정은 공시적 기술에는 그대로 반영할 수 없다. 'ㅿ'이 음운으로 존재하지 않는 한 (27)과 같은 변화 과정은 공시적 기술의 성격에 위배된다. 따라서 역사적 변화 과정과는 무관하게 공시적 기술이 이루어질 수밖에 없다.

6.6.2. 공시적 기술 방안

ㅅ-불규칙 어간은 음운 규칙을 통한 기술이 처음부터 봉쇄된다. ㅅ-불규칙 어간의 공시적 기술은 주로 복수 기저형을 어떻게 설정할 수 있는가에 초점이 맞추어진다. 지금까지 여러 가지 방안이 제시된 바 있다.

(28)

ㄱ. 짓-(자음 어미 앞) ~ 지-(모음 어미 앞)

ㄴ. 짇-(자음 어미 앞) ~ 지으-/짛-/징-(모음 어미 앞)

(28ㄱ)은 ㅅ-불규칙 어간이라는 사실을 고려하면서 활용형들을 기계적으로 형태 분석하여 복수 기저형을 설정한 것이다. 이러한 기저형 설정 방식은 두 가지 문제를 야기한다.[33] 하나는 자음 어미 앞에서 한 번도 어간 말음이 'ㅅ'으로 나타나지 않는다는 점이다. 이것은 기저형 설정 조건을 명백히 어긴다. 다음으로 모음 어미 앞에서의 어간 실현 양상을 보면 순수하게 '이'로 끝나지 않는다는 문제가 있다. 만약 모음 어미와 결합하는 어간이 '지-'라면 비슷한 구조를 가진 단수 기저형 어미 '지-, 치-, 찌-'가 모음 어미나 매개모음 어미와 결합할 때 '저서, 처도, 쩌라, 지니, 치면, 찌니'로 나타나는 것과 비교할 때 큰 차이가 있다. (28ㄱ)의 '지-'는 모음 어미나 매개모음 어미와 결합할 때 '지어서, 지어도, 지으니, 지으면'과 같이 실현되는 것이다. 이와 비슷한 현상은 동일 모음 탈락에서도 나타난다.

(29)

저어서(젓+어서), 나아도(낫+아도)

(29)에서 알 수 있듯이 ㅅ-불규칙 어간은 모음 어미와 결합할 때 동일 모음 탈락이 적용되지 않는다.[34] 따라서 (29)의 경우에도 복수 기저형을 설정할 때 모음 어미와 결합하는 어간 기저형을 단순히 '저-'나 '나-'로 설정하는 것은 곤란하다. 이처럼 ㅅ-불규칙 어간은 모음 어미나 매개모음 어미와 결합할 때 활용형으로부터 단순히 어미를 제거하는 방식으로 복수 기저형을 설정하면 문제를 야기할 수 있다.

이상의 두 가지 문제 중 첫 번째 문제는 쉽게 해결할 수 있다. 복수 기저형 중 하나를 '짓-' 대신 '짇-'으로 수정하면 된다. 문제는 모음 어미나 매개모음 어미 앞에 오는 어간의 기저형을 정하는 것이다. (28ㄴ)의 '지으-,

33 이 두 가지 문제점은 이미 최명옥(1985), 김성규(1988)에서 지적된 바 있다.

34 이것은 후음 탈락이 일어난 이후에 으-탈락, 동일 모음 탈락, 이-탈락이 더 이상 적용되지 않는 것과 동일하다.

짛-, 짛-'은 이 사실을 감안하여 설정한 것이다. 이 중 음운으로서의 지위가 의심되는 'ㆆ'을 기저형에 설정하는 것이 부담이 되어 '짛-'을 후보에서 제외한다고 하더라도 '지으-'와 '짛-'이 남는다.

'지으-'와 '짛-' 중 기저형 설정 조건에 비추어 보면 '지으-'가 타당하다. '지으-'의 '으'는 매개모음 어미와 결합할 때의 활용형에서 나타나지만 '짛-'의 'ㆆ'은 표면형 중 어디에도 나타나지 않기 때문이다.[35] 그런데 과연 '지으-'라는 기저형이 타당한 것인지는 의문이 들지 않을 수 없다.

첫째, '지으-'의 '으'는 항상 매개모음 어미와의 결합형에서만 나타난다. 다른 경우에는 나타나지 않으므로 이 때의 '으'는 어미의 두음일 가능성이 더 높음을 말해 준다. 둘째, 어간 기저형으로 '지으-'를 설정하면 으-탈락보다 이-탈락이 선행한다는 규칙순이 필요하다.[36] 그렇지 않으면 '지으 + 어서'에 으-탈락이 적용된 후 다시 이-탈락이 적용되어 '저서'와 같은 잘못된 표면형을 도출할 수 있다. 그런데 으-탈락과 이-탈락은 서로 무관한 규칙이다. '지으-'를 제외한 그 어떤 경우에도 두 규칙이 모두 적용될 수 있는 경우는 없다. 이처럼 서로 무관한 규칙들 사이에 인위적인 규칙순을 정해 주는 것은 매우 추상적인 분석 방법이다.[37]

셋째, '지으 + 으니'가 '지으니' 될 때에는 반드시 어미의 두음이 탈락한다고 보아야 한다. 각주 (35)에서 지적하였듯이 기저형 설정 조건을 지키려면 어미의 두음이 탈락해야만 한다. 그런데 '지으 + 으니'에서 탈락하는 '으'가 어미의 두음이라는 보장이 없다. 넷째, ㅅ-불규칙 어간 중 일부는 방언에 따라 후음으로 끝나는 규칙 어간으로의 변화를 보인다.[38] 이

35 물론 '지으니'의 '으'가 반드시 어간 이형태의 일부라는 조건이 충족되어야 한다. 만약 '으'가 어미의 일부라면 '지으-' 역시 기저형 설정 조건을 위배한다.

36 (29)의 '젓-'이나 '낫-'의 경우에는 복수 기저형으로 '저으-, 나으-'를 설정하게 되며 이 때에는 으-탈락보다 동일 모음 탈락이 먼저 적용된다는 규칙순을 부여해야만 한다.

37 인위적인 규칙순은 최소화하는 것이 좋다. 보통은 경쟁 관계에 있거나 한 규칙이 다른 규칙의 적용에 직접적인 영향을 주는 경우에 한해 인위적 규칙순이 필요하다. 으-탈락과 이-탈락과 같이 서로 무관한 규칙 사이의 순서를 정해 주는 것은 타당하다고 보기 어렵다.

38 이런 변화는 서남 방언을 비롯한 여러 방언에서 산발적으로 일어나고 있다.

변화는 모음 어미나 매개모음 어미와 결합할 때의 기저형은 후음으로 끝나는 것이 화자들의 심리적 실재에 더 부합하는 것일 수 있음을 말해 준다.

이런 점들을 고려하면 복수 기저형 중 하나로는 '지으-'보다 '짛-'을 택하는 것이 더 적절할 수도 있다. 그러나 '짛-'의 어간말 자음 'ㅎ'은 표면에 전혀 나타나지 않으므로 기저형 설정 조건을 어긴다는 문제를 지닌다. (27)에서 볼 수 있듯이 ㅅ-불규칙 어간 뒤에 자음 어미가 오면 어간말 자음이 'ㄷ'으로 나타날 뿐 'ㅎ'으로 나타나지는 않는다. 특히 'ㅎ'은 비어두에서는 직접 모습을 드러내지 못한다는 분포 제약을 지니므로 더더욱 표면형에서 그 존재를 확인할 수 없다.

이처럼 모음 어미나 매개모음 어미와 결합하는 어간의 기저형은 '지으-'로 설정하든 '짛-'으로 설정하든 문제를 지니고 있다. 이런 결과는 어쩌면 당연할 수도 있다. 어간의 기저형에 추가한 '으'나 'ㅎ'은 모두 표면에서 실현되는 것을 그대로 반영한 것이라기보다는 으-탈락, 동일 모음 탈락, 이-탈락이 적용되는 것을 막기 위해 인위적으로 첨가한 음운에 불과하다. 그러한 인위적인 조치가 결국 다른 측면에서 문제를 일으킨 것이다.

이런 문제점들을 심각하게 생각한다면 복수 기저형을 설정하는 것도 힘들어진다. 활용형을 어휘부에 등재하는 기술 방법을 택할 수밖에 없다. 모음 어미와 결합할 때에는 '지어X'와 같은 활용형을, 매개모음 어미와 결합할 때에는 '지으X'와 같은 활용형을 어휘부에 등재하는 것이다. 과연 복수 기저형을 설정할 때 발생하는 문제점이 더 큰 것인지 아니면 활용형을 어휘부에 등재함으로써 발생하는 복잡성이 더 큰 것인지를 결정하기란 무척 어렵다. 다만 3.4.1.2.나 3.5.3.3.에서 보았듯이 기저형 설정 조건에서 'ㅎ'은 예외적인 존재이며 복수 기저형을 설정할 때에 간혹 기저형 설정 조건을 적용하기 어려운 경우가 있음을 감안한다면 '짛-'과 같이 'ㅎ'을 말음으로 가지는 형태를 복수 기저형 중 하나로 설정하는 것이 낫지 않을까 한다.

6.7. ㅂ-불규칙 어간의 변화와 공시적 음운 기술

6.7.1. 문제 제기

ㅂ-불규칙은 자음 어미 앞에서는 어간말의 'ㅂ'이 온전하게 실현되지만 모음 어미나 매개모음 앞에서는 그렇지 않다. 모음 어미와 결합할 때에는 'ㅂ' 대신 활음 'w'가 나타나며 매개모음 어미와 결합할 때에는 'ㅂ'이 안 나타나는 대신 어미의 두음 '으'와 합쳐져 '우'로 바뀐다. '돕-'이 '돕고, 도와, 도우니'와 같이 나타나는 것이 ㅂ-불규칙 어간의 대표적인 모습이다.[39] ㅂ-불규칙 어간의 활용 양상은 두 단계의 변화를 거쳤다.

(30)

시기(Ⅰ)		시기(Ⅱ)		시기(Ⅲ)
돕고		돕고		돕고
도바		도와		도와
도ᄫᆞ며	〉	도오며	〉	도우며
눕고		눕고		눕고
누ᄫᅥ		누워		누워
누ᄫᅳ며		누우며		누우며

(30)에서 보듯이 ㅂ-불규칙 어간의 변화 중 가장 중요한 것은 'ㅸ'의 소멸이다. 'ㅸ'은 모음 어미 앞에서는 'w'로 바뀌었으며 매개모음 어미와 결합할 때에는 어미의 두음 'ᄋᆞ, 으'와 합쳐져 '오, 우'로 바뀌었다.[40] 그 후

39 ㅂ-불규칙 어간이라고 하더라도 두 가지가 구분된다. 배주채(2003 : 152)에 제시되었듯이 '뵙-, 뵈옵-, 여쭙-'와 같은 어간들은 '뵙고, 뵈어~봬, 뵈니'와 같은 실현되므로 '돕-'과는 다른 양상을 보인다. 모음 어미나 매개모음 어미 앞에서 'ㅂ'이 사라질 뿐 'w'가 나타나거나 또는 매개모음 어미의 두음이 '우'로 바뀌는 일은 없다. 이런 용언들은 모두 역사적으로 객체존대 선어말어미 '-숩/ᅀᆞᆸ/ᄌᆞᆸ-'이 결합되어 만들어졌으며 그 특수성도 선어말어미와 관련된 것으로 보인다. 따라서 여기서는 '돕-'과 같은 모습을 보이는 ㅂ-불규칙 어간으로 논의를 한정한다.

비어두의 '오'가 '우'로 바뀌면서 오늘날과 같은 모습을 보이게 되었다. ㅂ-불규칙 어간의 활용형들이 밟아 온 역사적 변화 과정은 명확하지만 이것을 공시적 기술에 그대로 반영할 수는 없다. 'ㅸ'이 현대국어의 음운 체계에 존재하지 않기 때문에 'ㅸ'의 변화 과정을 공시적 기술에 담아 내기는 어렵다.

한편 ㅂ-불규칙 어간은 방언에 따라 또 다른 변화를 겪고 있다.[41]

(31)

가찹고(가깝+고), 가찬(가깝+은), 가차(가깝+아),

무겁고(무겁+고), 무건(무겁+은), 무거(무겁+어)

(30)의 시기(III)과 비교할 때 (31)은 모음 어미와 결합할 때 'w'가 나타나지 않으며 매개모음 어미와 결합할 때 'ㅂ'이 없어지고 어미의 두음 '으'도 탈락한다는 차이가 있다.[42] 이런 변화는 서남 방언에서 흔히 나타나지만 단어에 따라 지역에 따라 아직은 매우 혼란스러운 모습을 보인다.[43]

(31)과 같은 변화가 일어나게 된 데에는 역사적으로 어중의 w-탈락이 관여하고 있음에 틀림 없다. 김 현(1999)에서 다루고 있듯이 어중의 'w'는 오래 전부터 산발적으로 탈락해 왔는데 이러한 w-탈락이 모음 어미와의 결합형에 적용되면 'ㅸ'이 'w'로 바뀐 흔적은 사라진다. 그렇지만 (31)이

40 'ㅸ'이 'ᄋᆞ, 으'와 결합하여 '오, 우'로 변화한 것을 'ㅸ > w'의 공식으로 설명하기도 하지만 2.5.에서 논의한 것처럼 'w+ᄋᆞ, w+으'라는 이중모음이 존재하지 않는 한 'ㅸ > w'를 통해 'ᄫᆞ, 브'가 '오, 우'로 바뀐다고 보기는 어렵다.

41 이런 변화는 김규남(1991), 정인호(1997), 김 현(1999), 김옥화(2001) 등에서도 다룬 바 있다.

42 이것은 앞서 각주 (39)에서 다룬 '뵙-, 뵈옵-, 여쭙-'과 매우 비슷하다. 그러나 '뵙-' 등은 모음 어미와 결합할 때 'w'만 나타나지 않지만 (31)에서는 어간 뒤에 모음 어미가 결합할 때 모음이 하나 없어진다는 차이가 있다.

43 중앙어에서도 (31)과 비슷한 성격의 변화가 없지는 않다. 대표적으로 '-스럽-'이 결합된 파생어의 활용 양상을 들 수 있다. '별스럽-'은 흔히 '별스럽고(별스럽+고), 별스런(별스럽+은), 별스러(별스럽+어)'로 실현되는데 이것은 (31)과 정확히 일치한다. '-스럽-' 이외에 '더럽-', '부끄럽-'을 비롯한 몇몇 어휘에서도 비슷한 양상이 나타난다.

오로지 w-탈락에 의해 형성된 것은 아니다. 단순히 'w'만 탈락했다면 (31)의 '가찬, 무건' 대신 '가차운, 무거운'이 나타나야 하고 '가차, 무거' 대신 '가차아, 무거어'가 나타나야만 하기 때문이다. 'w'가 탈락하면서 불규칙적 교체를 보이는 어간 이형태들 사이의 관계를 새롭게 정립하려는 변화가 뒤따른 결과 (31)과 같이 되었다고 할 수 있다.[44] (31) 역시 역사적 변화 과정을 공시적 기술 과정에 그대로 반영할 수 없다는 점은 다른 ㅂ-불규칙 어간과 동일하다.

6.7.2. 공시적 기술 방안

(30)에 제시된 시기(I)의 공시적 기술은 어간 기저형을 'ㅸ'으로 끝나게 한 후 자음 어미가 후행할 때 'ㅸ'이 'ㅂ'으로 바뀌는 음운 규칙을 적용하는 것으로 충분하다.[45] 반면 시기(II)와 시기(III)은 단수 기저형에 음운 규칙을 적용하는 방식으로는 기술할 수 없다. 음운 규칙을 적용하려면 입력형들을 묶을 수 있는 일반화된 정보가 있어야 하는데 'ㅸ'이 소멸된 이후에는 (30)과 같은 모습을 보이는 어간들을 묶을 수 있는 방법이 없기 때문이다. 불규칙 어간으로 분류하는 것도 이것을 감안한 결과이다.

시기(II)와 시기(III)은 모두 복수 기저형을 설정하는 방법으로 기술해야 한다. '돕-'과 같이 기원적으로 설축(舌縮) 계열의 모음으로 이루어진 어간은 시기(II)와 시기(III)의 활용 양상이 다르므로 복수 기저형의 설정도 두 시기가 달라진다. 반면 '눕-'과 같이 설소축(舌小縮) 계열의 모음으로 이루어진 어간은 시기(II)와 (III)의 복수 기저형 설정이 동일하다. 이것은 후행하는 매개모음 어미의 두음이 어간의 모음에 따라 'ᄋᆞ' 또는 '으'로 달라지기

44 정인호(1995, 1997)에서는 이것을 'ㅂ'의 유무와 관련된 재분석으로 해석한 바 있다. 정확한 원인이 무엇이든지 음운 변화가 적용되어 '가차운, 가차아'가 '가찬, 가차'로 바뀌었다고 보기는 어렵다.

45 여기에 대한 상반된 기술 방법에 대해서는 이진호(1999)와 이 책의 3.6.1.에서 자세히 논의하였다.

때문이다.

(32)

ㄱ. 돕-(자음 어미 앞) ~ 도오-(매개모음 어미, 모음 어미 앞)

ㄴ. 돕-(자음 어미 앞) ~ 도우-(매개모음 어미, 모음 어미 앞)

ㄷ. 눕-(자음 어미 앞) ~ 누우-(매개모음 어미, 모음 어미 앞)

(32ㄱ)은 시기(Ⅱ)의 복수 기저형이다. 모음 어미 앞에서는 두 번째 음절이 활음화를 겪어 '도와'로 실현되며 매개모음 어미와 결합할 때에는 어미초의 '으'가 탈락하여 '도오며'가 도출된다. (32ㄴ)은 시기(Ⅲ)의 복수 기저형이다. 시기(Ⅱ)의 기저형 '도오'가 '도우'로 바뀌었다. 이러한 수정은 '도오'의 두 번째 음절 '오'가 음운 변화에 의해 더 이상 표면에 나타나지 않기 때문에 취한 조치이다. 논의에 따라서는 모음 어미의 두음이 '어'가 아닌 '아'임을 설명하기 위해 시기(Ⅲ)의 복수 기저형으로 '돕-(자음 어미 앞), 도오-(모음 어미 앞), 도우-(매개모음 어미 앞)'의 세 가지를 설정하기도 한다. 그러나 모음조화는 이미 세력이 약해졌으며 2음절 이상의 어간에서는 첫번째 음절의 모음이 모음조화 양상을 결정하기 때문에 굳이 '도오-'라는 기저형을 설정할 필요는 없다. 시기(Ⅲ)의 기저형에 '도오-'를 포함시키면 '도오-'의 '오'는 어떠한 표면형에도 나타나지 않으므로 기저형 설정 조건을 어기게 된다. (32ㄷ)은 '눕-'의 교체를 기술하기 위한 복수 기저형으로 시기(Ⅱ)와 (Ⅲ) 모두 동일하다.

한편 (31)과 같이 ㅂ-불규칙 어간이 또 다른 변화를 경험한 경우에는 (32)와 같은 복수 기저형을 설정해서는 곤란하다. (31)과 같은 변화를 겪게 되면 (30)에 비해 ㅂ-불규칙 어간의 교체 양상이 상대적으로 매우 단순해진다. 자음으로 시작하는 어미와 결합할 때에는 'ㅂ'이 나타나고 모음으로 시작하는 어미와 결합할 때에는 'ㅂ'이 전혀 나타나지 않는 것이다. 정인호(1995:67~68)에서는 이것을 ㅂ-탈락 규칙으로 기술할 수 있다는 견해를 선보인 바 있다.[46] 여기에 따르면 단수 기저형으로 ㅂ-말음 어간을 설정한 후

모음 앞에서 'ㅂ'을 탈락시키는 방식으로 기술하게 된다.

(33)

ㄱ. 가찹+고→가찹꼬

ㄴ. 가찹+은→가차은→가찬

ㄷ. 가찹+아→가차아→가차

(33)에서 보듯이 ㅂ-탈락 규칙을 설정하면 그 후에 으-탈락과 동일 모음 탈락을 적용하여 모든 표면형을 도출할 수 있다. 그러나 이런 기술 방법을 쓸 수 있기 위해서는 모든 ㅂ-말음 어간들이 (31)과 같은 모습을 보여야만 한다. (31)은 원래 ㅂ-불규칙 어간이었던 것이 후대의 변화를 더 거친 결과일 뿐이다. 이전부터 ㅂ-규칙 어간이었던 '굽-(曲), 비좁-(狹), 수줍-(恥)' 등이 여전히 예전과 같은 규칙적 교체를 보인다면 ㅂ-탈락 규칙을 설정하기 어렵다. 'ㅂ'으로 끝나는 어간이라 하더라도 어떤 것은 (31)과 같이 환경에 따라 'ㅂ'이 탈락하고 어떤 것은 항상 'ㅂ'이 나타나는데 이러한 차이를 음운 규칙으로 포착할 수는 없기 때문이다. 두 유형의 ㅂ-말음 어간을 구분할 수 있는 예측 가능한 정보를 마련할 수 없다면 ㅂ-탈락 규칙을 설정해도 적용 환경을 일반화할 수 없다. 원래부터 불규칙적인 어간과 원래는 규칙적인 어간이 모두 동일한 활용 양상을 보이지 않는 한 (31)은 여전히 불규칙적인 모습을 보이는 셈이므로 복수 기저형을 설정하여 기술해야 한다는 사실은 변함이 없다.

복수 기저형은 다음과 같이 설정할 수 있다.

(34)

가찹-(자음 어미 앞) ~ 가차-(매개모음 어미, 모음 어미 앞)

46 이 때의 ㅂ-탈락 규칙은 형용사에만 적용된다는 비음운론적 제약을 가지고 있다.

(31)과 같은 후대의 변화가 일어나기 전의 복수 기저형 (32)와 비교할 때 (34)는 복수 기저형들 사이의 형태가 좀 더 유사해졌음을 알 수 있다. 가령 (32ㄴ)에서 복수 기저형으로 설정된 '돕-'과 '도우-'를 비교하면 공통적인 부분 '도'를 제외했을 때 'ㅂ : 우'의 대응 관계가 성립한다. 반면 (34)에서는 공통 부분 '가차'를 빼고 나면 'ㅂ : ∅'의 대응 관계가 성립한다. 'ㅂ'과 '우'는 원순성을 공유하기는 해도 자음과 모음이라는 매우 이질적인 요소이므로 둘 사이에는 많은 차이가 존재한다. 그러나 'ㅂ'와 '∅'은 단순한 분절음의 유무에 따른 차이에 불과하다. 따라서 (32)에 비해 (34)가 복수 기저형들 사이의 형태상 유연성이 높다고 하겠다.[47]

47 각주 (44)에서 언급한 정인호(1995, 1997)의 해석도 바로 이런 사실을 지적한 것이라고 할 수 있다. (30)에서 (31)로의 변화가 일어난 이유가 복수 기저형들을 좀 더 유사하게 만들기 위한 화자들의 노력 때문이라는 것이다.

7. 맺음말

맺음말

존재하는 것은 모두 변화의 결과물이다. 시간의 흐름 속에서 실제로 일어난 변화가 축적되어 한 시기 언어의 공시태를 이룬다. 공시적 기술의 대상이 되는 공시태는 그 속에 이전 시기의 변화들을 담고 있다. 그렇지만 공시태를 공시론의 방법에 입각해 기술하는 것은 단순히 이전 시기에 있어 왔던 변화를 추적하여 그 변화 과정을 그대로 재현하는 것과는 다르다. 즉 통시적 변화 과정과 공시적 기술 양상은 차이를 보이는 것이다.

변화 과정이란 곧 통시론의 영역이므로 공시론에서는 통시론에서 다루는 것과 같은 방식으로 자료를 분석할 수 없다. 더욱이 변화가 일어나던 시기의 언어와 공시적 기술을 하는 시점의 언어 질서가 다르다면 통시적 변화 과정과 공시적 기술 내용이 일치하지 않는 것은 당연하다고 하겠다. 화자들이 이전의 변화를 알지 못한다는 점을 고려해도 공시적 기술을 통시적 변화 과정과 항상 동일하게 할 수는 없다.

이것은 마치 과거에 일어났던 역사적 사실을 어느 시기에 어떤 사관을 가지고 어떤 측면을 중시하느냐에 따라 그 해석이 제각각인 것과 매우 비슷하다. 과거에 일어났던 역사적 사실은 하나이지만 그것을 어떻게 바라보느냐에 따라 하나의 사건이라도 전혀 다르게 보일 수 있다. 역사적 사실을 바라보는 시기나 사관, 강조하는 측면 등이 기본적으로는 언어학에 있어서 공시론의 방법론에 대응한다고 하겠다.

여기서는 음운 변화에 의해 야기된 형태소의 교체를 논의 대상으로 하여 다음의 의문들에 대한 답을 구하고자 하였다.

1. 통시적 변화 과정과 공시적 기술 양상이 달라진다는 것은 무엇인가?
2. 달라진다면 구체적으로 무엇이 달라지는가?
3. 달라지는 이유는 무엇인가?
4. 어떻게 달라지는 것이 좋은가?

여기에 대한 올바른 해결책을 구하기 위해 우선 통시론과 공시론의 개념을 명확히 하고자 하였다. 이 문제는 전체 논의를 위한 가장 기초적이면서도 중요한 것이다. 통시론과 공시론의 차이로부터 통시적 변화 과정과 공시적 기술 양상의 일치 여부가 결정되기 때문이다. 통시론과 공시론은 같은 언어 현상에 대해서도 서로 다른 시각을 가지고 바라본다는 점에서 상호 이질적이지만 또 한 편으로는 상호 보완적이라고 할 수 있다.

다음으로 형태소 교체를 야기하는 음운 변화의 기본적인 속성에 대해서도 살펴보았다. 음운 변화가 어떤 문법 변화를 야기하는지, 음운 변화를 어떤 기준으로 분류할 수 있는지를 살폈다. 음운 변화가 생성되어 소멸되기까지 밟게 되는 변천 단계, 음운 변화가 일어나는 층위, 음운 변화가 일으키는 재구조화 양상 등도 고찰하였다. 이것은 모두 음운 변화의 성격과 그 음운 변화에 의해 일어나는 형태소 교체가 밀접한 관련을 맺으며 공시적 기술에 미치는 영향도 다르기 때문이다.

통시적 음운 변화에 대한 개략적인 내용을 다룬 이후에는 공시적 음운 기술과 관련된 내용도 검토하였다. 이 부분은 매우 형식적이고 이론적인 측면이 강하다. 공시적 기술이라는 것 자체가 관점의 문제이기 때문에 그러하다. 이 부분에서는 공시적 기술의 개념, 공시적 기술의 기본적인 구조, 그 구조를 이루는 구성 요소, 공시적 기술의 여러 가지 유형과 타당성 검토 기준 등을 다루었다. 여기서 다룬 내용은 공시적 기술의 뼈대를 이루는 것으로 여기에 따라 공시적 기술의 태도가 좌우된다.

통시적 음운 변화와 공시적 음운 기술에 대한 개관을 마친 후에는 이 둘이 서로 어떤 방식으로 관련되는지를 다루었다. 두 가지가 서로 일치하거나 일치하지 않는 두 가지 모습을 보이는데 일치 여부는 어떤 기준을 가지고 판단할 수 있는지를 먼저 살폈다. 또한 일치하거나 일치하지 않는 원인이 무엇이며 그 의미는 무엇인지도 다루었다. 이러한 과정을 거쳐 구체적인 현상을 다루기 위한 이론적인 점검이 끝난 셈이다.

다음으로는 모음의 변화, 자음의 변화로 구분하여 구체적인 경우에 있어 어떤 통시적 변화 과정이 있었으며 그것을 그대로 공시적 기술에 반영할 때에는 어떤 문제가 발생하는지를 제시하였다. 주로 음운 변화를 그대로 공시적 음운 규칙으로 설정하기에는 부적당한 경우가 많았다. 또한 문제점을 해결할 수 있는 최선의 공시적 기술 방법은 무엇인지도 제시하려 하였다. 이 과정에서 지금까지 제안된 여러 가지 기술 방법들을 검토하면서 그 장단점도 알아 보았다.

결국 여기서는 음운 변화가 일어나서 형태소의 교체가 일어났을 때 그러한 교체가 일어나게 된 역사적 변화 과정과 그 교체를 설명하기 위해 기저형으로부터 표면형을 도출하는 공시적 기술 방식이 어떤 관련성을 맺는지를 살폈다고 할 수 있다. 이를 위해서는 통시적 음운 변화가 가진 특징, 공시적 기술을 할 때의 기본적인 방식을 고찰할 수밖에 없으며 변화와 기술이 서로 어떤 관련성을 맺는지도 다루어야만 한다. 전체 논의의 흐름도 이런 순서에 따른 것이다.

물론 통시적 변화 과정과 공시적 기술 내용이 항상 다른 것은 아니다. 양자가 일치하는 경우가 더 많다. 변화 과정이 단순할 경우에는 특히 그렇다. 역사적 변화 과정이 문헌을 비롯한 다른 자료에서 드러나지 않아도 다른 정황에 비추어 큰 문제가 없다고 판단되면 공시적 기술 내용이 곧 통시적 변화 과정이라고 해도 큰 무리는 없다. 이 때에는 소위 내적 재구의 방법을 사용하는 것이 가능하다.

그러나 역시 흥미로운 것은 통시론의 내용과 공시론의 내용이 서로 일치하지 않는 경우이다. 그런데 공시론의 내용이 역사적 변화와 무관하게 이루어진다고 해서 공시론을 허구(虛構)라고 속단할 수는 없다. 공시적 기술은 역사적 변화를 모른 채 현재의 언어를 구사하는 언중들의 실제 문법일 수 있기 때문이다. 공시적 기술의 의의와 가치는 바로 여기에 담겨 있다고 해도 과언이 아니다.

참고문헌

강정희(1980), 제주방언의 처격 '-디'에 관한 일고찰, 《방언》 4, 한국정신문화연구원.

강창석(1982), 현대 국어의 형태소 분석과 음운 현상-활용, 곡용에서의 '으~Ø'를 중심으로, 《국어연구》 50, 서울대 국어연구회.

강창석(1985), 활용과 곡용에서의 형태론과 음운론-음운현상에 대한 비음운론적 제약의 극복을 위하여-, 《울산어문론집》 2, 울산대 국문과.

강창석(1989), 현대국어 음운론의 허와 실, 《국어학》 19, 국어학회.

강희숙(1998), '오 > 우' 변화와 언어적 화석-전남방언을 중심으로-, 《국어문학》 33, 전북대 국문과.

고동호(1995), 국어 마찰음의 통시적 연구, 서울대 박사학위논문.

고영근(1989), 《국어 형태론 연구》, 서울대 출판부.

고영근(1993), 《우리말의 총체서술과 문법체계》, 일지사.

고영근(1997), 중세어에는 과연 'ㅂ, ㅅ' 불규칙활용이 없을까, 《국어학논집》 3, 서울대 국문과.

고영근(2005), 형태소의 교체와 형태론의 범위-형태음운론적 교체를 중심으로-, 《국어학》 46, 국어학회.

곽동기(1992), 운율단위에 의한 국어 음운현상의 분석, 서울대 박사학위논문.

곽충구(1982), 아산 지역어의 이중모음 변화와 이중모음화-y계 이중모음과 ə>wə 변화를 중심으로-, 《방언》 6, 한국정신문화연구원.

곽충구(1984), 체언어간말 설단자음의 마찰음화에 대하여, 《국어국문학》 91, 국어국문학회.

곽충구(1985), 'ᄢᅦ-'(貫)의 통시적 변화와 방언분화, 《국어학》 14, 국어학회.

곽충구(1990), 원순모음화 및 비원순모음화, 《국어연구 어디까지 왔나》, 동아출판사.

곽충구(1994ㄱ), 《함북 육진방언의 음운론-20세기 러시아의 Kazan에서 간행된 문헌 자료에 의한-》, 태학사.

곽충구(1994ㄴ), 계합 내에서의 단일화에 의한 어간 재구조화, 《남천 박갑수선생 화갑기념논문집》, 태학사.

곽충구(2001), 구개음화 규칙의 발생과 그 확산, 《진단학보》 92, 진단학회.

곽충구(2003), 현대국어의 모음체계와 그 변화의 방향, 《국어학》 41, 국어학회.

구현옥(1992), 함안 지역어의 음장 연구-용언 활용을 중심으로-, 동아대 석사학위논문.

권경근(2005), 현대국어의 음운론적 역사성, 《국어학》 45, 국어학회.

권미경(1991), 상주지역어의 음운론적 연구, 계명대 석사학위논문.

권병로(1987), 무풍지역어의 음운론적 연구, 전북대 박사학위논문.

권인한(1987), 음운론적 기제의 심리적 실재성에 대한 연구-발화실수와 외래어 수용의 자료를 중심으로-, 《국어연구》 76, 서울대 국어연구회.

권인한(1990), 알타이어학상 r^2, l^2 논의의 현상과 과제, 《주시경학보》 6, 탑출판사.

권인한(1998), 《조선관역어의 음운론적 연구》, 태학사.

기세관(1989), 국어 Glide화의 제약성, 《제효 이용주박사 회갑기념논문 집》, 한샘.

기세관(1992), 국어 음운론 기술의 새로운 방안, 《난대 이응백박사 고희 기념논문집》, 한샘.

김경아(1990), 활용에서의 기저형설정과 음운현상, 《국어연구》 94, 서울대 국어연구회.

김경아(1991), 중세국어 후음에 대한 일고찰, 《국어학의 새로운 인식과 전개》, 민음사.

김경아(2000), 《국어의 음운표시와 음운과정》, 태학사.

김경훤(1998), 국어 하향이중모음의 통시적 연구-'ㅚ, ㅟ'의 변화를 중심으로, 《성균어문연구》 33, 성균어문학회.

김계곤(1998), 《경기도 사투리 연구》, 박이정.

김규남(1991), 전북 방언의 'ㅂ'불규칙 활용과 재구조화, 《어학》 18, 전북대 어학연구소.

김남미(1997), 이중모음의 단모음화에 관한 연구-음절구조 조정을 중심으로-, 서강대 석사학위논문.

김동언(1990), 17세기 국어의 형태음운 연구, 고려대 박사학위논문.

김방한(1988), 《역사-비교언어학》, 민음사.

김봉국(2000), 강릉·삼척 지역어의 활음화, 《한국문화》 26, 서울대 한국문화연구소.

김봉국(2001), "강릉·삼척 지역어 '-어/-아'계 어미의 교체와 음운현상, 《어문연구》 29-2, 한국어문교육연구회.

김봉국(2002), 강원도 남부지역 방언의 음운론, 서울대 박사학위논문.

김봉국(2003ㄱ), 복수기저형의 유형(1)-생성 요인의 관점에서-, 《진단학보》 95, 진단학회.

김봉국(2003ㄴ), 복수 기저형의 설정과 그 타당성 검토, 《어학연구》 39-3, 서울대 언어교육원.

김성규(1987), 어휘소설정과 음운현상, 《국어연구》 77, 서울대 국어연구회.

김성규(1988), 비자동적 교체의 공시적 기술, 《관악어문연구》 13, 서울대 국문과.

김성규(1989), 활용에 있어서의 화석형, 《주시경학보》 3, 탑출판사.

김성규(1998), 중세국어 2음절 용언 어간의 성조 유형, 《국어학》 32, 국어학회.

김성규(1999), 빠른 발화음에서 음절 수 줄이기, 《애산학보》 23, 애산학회.

김성규(2003), '여>예>에'의 변화 과정에 대하여, 《관악어문연구》 28, 서울대 국문과.

김성규(2004), '워 > 오'의 통시적 고찰, 《국제어문》 30, 국제어문학회.

김성규(2006), 음장의 변화 방향-1음절 용언 어간을 중심으로-, 《이병근선생퇴임기념 국어학논총》, 태학사.

김성규(2007), 중세국어의 형태 분석과 성조, 《한국어학》 37, 한국어학회.

김세환(2005), 청송 지역어의 음운론적 연구, 《국어연구》 180, 서울대 국어연구회.

김영선(1992), 제약 규칙의 기술 방식에 대하여, 《국어국문학》 11, 동아대 국문과.

김영송(1977), 경남 방언 음운, 《한글》 159, 한글학회.

김옥화(1994), 고창방언의 이중모음에 대한 통시적 연구, 《국어연구》 121, 서울대 국어연구회.

김옥화(2000), 전북방언 '-어X'계 어미의 재구조화, 《국어학》 36, 국어학회.

김옥화(2001), 부안지역어의 음운론적 연구, 서울대 박사학위논문.

김완진(1963), 국어 모음체계의 신고찰, 《진단학보》 24, 진단학회.

김완진(1964), 중세국어 이중모음의 음운론적 해석에 대하여, 《학술원논문집》 4, 대한민국 학술원.

김완진(1968), 고구려어에 있어서의 t구개음화작용에 대하여, 《이숭녕박사 송수기념논총》, 을유문화사

김완진(1971), 음운현상과 형태론적 제약, 《학술원논문집》 10, 대한민국 학술원.

김완진(1972ㄱ), 다시 β>w를 찾아서, 《어학연구》 8-1, 서울대 어학연구소.

김완진(1972ㄴ), 형태론적 현안의 음운론적 극복을 위하여-이른바 장모음의 경우-, 《동아문화》 11, 서울대 동아문화연구소.

김완진(1974), 음운변화와 음소의 분포-순경음 'ㅸ'의 경우-, 《진단학보》 38, 진단학회.

김완진(1975), 음운론적 유인에 의한 형태소중가에 대하여, 《국어학》 3, 국어학회.

김완진(1978), 모음체계와 모음조화에 대한 반성, 《어학연구》 14-2, 서울대 어학연구소.

김완진(1986), 모음조화의 예외에 대한 연구, 《한국문화》 6, 서울대 한국문화연구소.

김유범(1995), 국어 유음의 음운사적 연구, 고려대 석사학위논문.

김유범(2001ㄱ), 시간성 의존명사 '다'를 찾아서, 《형태론》 3-2, 박이정.

김유범(2001ㄴ), 15세기 국어 문법형태소의 형태론과 음운론, 고려대 박사학위논문.

김유범(2007), 형태론적 과정에 나타나는 음운론적 현상에 대하여, 《한국어학》 37, 한국어학회.

김재문(1977), 서부경남방언의 음운연구, 《논문집》 15, 진주교대.

김정우(1984), 국어 음운론의 경계문제에 관한 연구, 《국어연구》 59, 서울대 국어연구회.

김정우(2000), 국어 음운 변화의 한 기제, 《경남어문논집》 11, 경남대.

김정태(1996), 《국어 과도음 연구》, 박이정.

김종규(1989), 중세국어 모음의 연결제약과 음운현상, 《국어연구》 90, 서울대 국어연구회.

김종규(2003), 히아투스와 음절, 《한국문화》 31, 서울대 한국문화연구소.
김종규(2007), 동화에 의한 재구조화와 비자동적 교체, 《어문학》 98, 한국어문학회.
김주필(1985), 구개음화에 대한 통시론적 연구, 《국어연구》 68, 서울대 국어연구회.
김주필(1988), 중세국어 음절말 치음의 음성적 실현과 표기, 《국어학》 17, 국어학회.
김주필(1990), 국어 폐쇄음의 음성적 특징과 음운현상, 《강신항교수 회갑기념 국어학논문집》, 태학사.
김주필(1994), 17·18세기 국어의 구개음화와 관련 음운현상에 대한 통시론적 연구, 서울대 박사학위논문.
김주필(1995), 두음법칙의 음운론적 해석에 대하여, 《한일어학논총》, 국학자료원.
김주필(2001), ㅸ의 [순음성] 관련 현상과 ɦ로의 약화, 《국어학》 38, 국어학회.
김진우(1971ㄱ), 국어 음운론에 있어서의 공모성, 《어문연구》 7, 충남대.
김진우(1971ㄴ), 소위 변격용언의 비변격성에 대하여, 《한국언어문학》 8·9, 한국언어문학회.
김차균(1971), 변칙 용언의 연구, 《한글》 149, 한글학회.
김차균(1996), 음운 규칙의 일반화와 내포, 《음성학과 언어학》, 서울대 출판부.
김춘자(2003), 중국 연변 용정지역 한국어의 음운현상에 대한 연구, 명지대 석사학위논문.
김충회(1982), 충북 단양 방언 연구(I)-음운론적 고찰을 중심으로-, 《개신어문연구》 2, 개신어문연구회.
김 현(1997), 15세기 국어 자음 연쇄에 대한 연구, 《국어연구》 145, 서울대 국어연구회.
김 현(1999), 모음간 w 탈락과 w 삽입의 역사적 고찰, 《애산학보》 23, 애산학회.
김 현(2001), 활용형의 재분석에 의한 용언 어간 재구조화, 《국어학》 37, 국어학회.
김 현(2003), 경구개음의 음소 분석, 《어문연구》 31-4, 한국어문교육연구회.
김 현(2006ㄱ), 음운론적 제약과 음소 변동의 기술, 《이병근선생퇴임기념 국어학논총》, 태학사.
김 현(2006ㄴ), 《활용의 형태음운론적 변화》, 태학사.
도수희(1977), 충남방언의 모음변화에 대하여, 《이숭녕선생 고희기념 국어국문학논총》, 탑출판사.
도수희(1983), 음운 변화의 잠재기능에 대하여, 《어문연구》 13, 어문연구회.
민원식(1982), 문경 지역어의 음운론적 연구, 충북대 석사학위논문.
박기영(1995), 국어 유음에 대한 통시적 고찰, 《국어연구》 131, 서울대 국어연구회.
박명순(1987), 거창지역어의 음운연구, 성균관대 박사학위논문.
박보연(2005), 현대국어 음절축소형에 대한 연구, 《국어연구》 185, 서울대 국어연구회.
박선우(2006), 국어의 유추적 음운현상에 대한 연구, 고려대 박사학위논문.
박숙희(1999), 영일 지역어의 형태음운론적 연구, 충남대 석사학위논문.
박숙희(2005), 경북 동해안 방언의 성조 연구, 충남대 박사학위논문.

박정수(1999), 《경남방언 분화연구》, 한국문화사.

박종희(1983), 《국어 음운론 연구》, 원광대 출판부.

박진호(1994), 선어말어미 '-시-'의 통사구조상의 위치, 《관악어문연구》 19, 서울대 국문과.

박창원(1983), 고성지역어의 모음사에 대하여, 《국어연구》 54, 서울대 국어연구회.

박창원(1984), 중세국어의 음절말 자음체계, 《국어학》 13, 국어학회.

박창원(1986), 음운교체와 재어휘화, 《어문논집》 2, 경남대 국문과.

박창원(1990), 음운 규칙의 통시적 변화, 《강신항교수 회갑기념 국어학 논문집》, 태학사.

박창원(1991), 음운 규칙의 변화와 공시성, 《국어학의 새로운 인식과 전개》, 민음사.

박창원(1997ㄱ), 연구방법과 변화유형, 《국어사연구》, 태학사.

박창원(1997ㄴ), 동남 방언의 모음체계(I)-모음사에서의 상대적 위치를 중심으로-, 《애산학보》 20, 애산학회.

배병인(1983), 산청방언의 음운론적 연구-음운체계와 용언활용시의 음운현상을 중심으로-, 고려대 석사학위논문.

배영환(2005), 'ㅎ'-말음 어간의 재구조화 연구, 한국학중앙연구원 박사학위논문.

배주채(1989), 음절말자음과 어간말자음의 음운론, 《국어연구》 91, 서울대 국어연구회.

배주채(1993), 현대국어 매개모음의 연구사, 《주시경학보》 11, 탑출판사.

배주채(1994), 고흥방언의 음운론적 연구, 서울대 박사학위논문.

배주채(1996), 《국어음운론 개설》, 신구문화사.

배주채(2003), 《한국어의 발음》, 삼경문화사.

배두현(1983), 금릉지역어의 음운론적 연구, 경북대 석사학위논문.

백두현(1992ㄱ), 《영남 문헌어의 음운사 연구》, 태학사.

백두현(1992ㄴ), 경남방언의 모음체계와 모음중화, 《어문교육논집》 12, 부산대.

백두현(1997), 19세기 국어의 음운사적 고찰-모음론-, 《한국문화》 20, 서울대 한국문화연구소.

서보월(1984), 안동지역어의 음운론적 연구-모음현상을 중심으로-, 《안동문화》 5, 안동대.

성인출(1984), 창녕지역어의 음운론적 연구, 계명대 석사학위논문.

소강춘(1983), 남원지역어의 음운론적 연구, 전북대 석사학위논문.

소강춘(1991), 움라우트 현상에 의한 충남 서천지역어의 공시성과 통시성, 《국어학》 21, 국어학회.

소강춘(1993), 구개음화의 통시성과 그 공시적 분화상에 관한 연구-전북방언을 중심으로-, 《국어문학》 28, 전북대 국문과.

소신애(2004), 어간 재구조화의 진행 과정(1)-훈천지역 세대별 화자들의 활용 어간의 차이를 중심으로-, 《어문연구》 32-4, 한국어문교육연구회.

소신애(2005), 어간 재구조화의 진행 과정(2)-훈천 지역 세대별 화자들의 활용 어간의 차이를 중심으로-, 《국어학》 45, 국어학회.
소신애(2006), 공시적 음운 변이와 통시적 음운 변화의 상관성-함북 육진 방언을 중심으로-, 서강대 박사학위논문.
송원용(1998), 활용형의 단어 형성 참여 방식에 대한 연구, 《국어연구》 153, 서울대 국어연구회.
송원용(2002), 국어 어휘부와 단어 형성 체계에 대한 연구, 서울대 박사학위논문.
송철의(1982), 국어의 음절문제와 자음의 분포제약에 대하여, 《관악어문연구》 7, 서울대 국문과.
송철의(1987), 15세기 국어의 표기법에 대한 음운론적 고찰, 《국어학》 16, 국어학회.
송철의(1991), 국어 음운론에 있어서 체언과 용언, 《국어학의 새로운 인식과 전개》, 민음사.
송철의(1992), 《국어의 파생어형성 연구》, 태학사.
송철의(1993), 언어 변화와 언어의 화석, 《국어사 자료와 국어학의 연구》, 문학과 지성사.
송철의(1995), 국어의 활음화와 관련된 몇 문제, 《단국어문논집》 1, 단국대 국문과.
송철의(1996), 국어의 음운현상과 변별적 자질, 《이기문교수 정년퇴임기념논총》, 신구문화사.
송철의(2000), 형태론과 음운론, 《국어학》 35, 국어학회.
신기상(1987), 동부경남방언의 음운 연구, 성균관대 박사학위논문.
신승용(1999), '-으X~-X'계 어미의 기저구조, 《국어학》 34, 국어학회.
신승용(2002), 표시층위 재론, 《어문학》 75, 한국어문학회.
신승용(2003ㄱ), 《음운 변화의 원인과 과정》, 태학사.
신승용(2003ㄴ), 공시적 /o/, /u/ 움라우트의 성격과 'ㅚ/oy/', 'ㅟ/uy/'의 변화, 《어문학》 81, 한국어문학회.
신승용(2004), 교체의 유무와 규칙의 공시성·통시성, 《어문연구》 32-4, 한국어문교육연구회.
신승용(2007), 사전(lexicon)과 복수기저형 및 활용형, 《한국어학》 37, 한국어학회.
신승원(1997), 경북 의성지역어의 음운론적 분화 연구, 영남대 박사학위논문.
심병기(1985), 임실지역어의 음운론적 연구, 전북대 석사학위논문.
안병희(1959), 십오세기 국어의 활용어간에 대한 형태론적 연구, 《국어연구》 7, 서울대 국어연구회.
엄태수(1999), 《한국어의 음운규칙 연구》, 국학자료원.
오정란(1991), 모음강화 현상으로서의 원순·전설모음화, 《국어학》 21, 국어학회.
오정란(1995), 비음화와 비음동화, 《국어학》 25, 국어학회.
오종갑(1983), 'ㅑ, ㅕ, ㅛ, ㅠ'의 변천, 《한국학논집》 10, 계명대 한국학연구원.
원훈의(1991), 강원도 방언연구(6-2)-춘천·춘성군 방언의 음운을 중심으로-, 《논문집》 31, 춘천교대.
유필재(1994), 발화의 음운론적 분석에 대한 연구-단위설정을 중심으로-, 《국어연구》 125, 서울대 국어연구회.

유필재(2001), 서울 지역어의 음운론적 연구, 서울대 박사학위논문.

유필재(2002), '뵙다'류 동사의 형태음운론, 《한국문화》 29, 서울대 한국문화연구소.

윤병택(1983), 선산방언의 제일부사형 어미 음운연구, 대구대 석사학위논문.

이경희(1993), 함양지역어의 음운론적 연구, 부산외대 석사학위논문.

이금화(2007), 평양 지역어의 음운론적 연구, 서울대 박사학위논문.

이기동(1993), 《북청 방언의 음운론》, 고려대 민족문화연구소.

이기문(1962), 중세국어의 특수 어간교체에 대하여, 《진단학보》 23, 진단학회.

이기문(1968), 고구려의 언어와 그 특징, 《백산학보》 4, 백산학회.

이기문(1968), 모음조화와 모음체계, 《이숭녕박사 송수기념논총》, 을유문화사.

이기문(1969), 중세국어 음운론의 제문제, 《진단학보》 32, 진단학회.

이기문(1971), 모음조화의 이론, 《어학연구》 7-2, 서울대 어학연구소.

이기문(1977), 《국어음운사연구》, 탑출판사.

이기문(1978), 《국어사개설 개정판》, 탑출판사.

이기문(1979), 중세국어 모음론의 현상과 과제, 《동양학》 9, 단국대 동양학연구소.

이기문(1983), '아자비'와 '아ᄌᆞ미', 《국어학》 12, 국어학회.

이기문(1991), 《국어 어휘사 연구》, 동아출판사.

이동석(2000), ㄹ탈락 현상과 '으'계 어미의 기본형, 《21세기 국어학의 과제》, 월인.

이동석(2002), 국어 음운 현상의 소멸과 변화에 대한 연구, 고려대 박사학위논문.

이동화(1984), 고령지역어의 모음순행동화, 《영남어문학》 11, 영남어문학회.

이문규(1999), 음소 'ㅎ'와 유기음화, 《언어과학연구》 16, 언어과학회.

이문규(2004), 《국어 교육을 위한 현대 국어 음운론》, 한국문화사.

이병근(1967), 중부방언의 어간형태소 소고-구어상의 규칙성을 위하여-, 《문리대학보》 13, 서울대.

이병근(1971), 현대한국방언의 모음체계에 대하여, 《어학연구》 7-2, 서울대 어학연구소.

이병근(1973), 동해안 방언의 이중모음에 대하여, 《진단학보》 36, 진단학회.

이병근(1975), 음운규칙과 비음운론적 제약, 《국어학》 3, 국어학회.

이병근(1976), 파생어형성과 i역행동화규칙들, 《진단학보》 42, 진단학회.

이병근(1978), 국어의 장모음화와 보상성, 《국어학》 6, 국어학회.

이병근(1979), 《음운현상에 있어서의 제약》, 탑출판사.

이병근(1981), 유음 탈락의 음운론과 형태론, 《한글》 173·174, 한글학회.

이병근(1986), 발화에 있어서의 음장, 《국어학》 15, 국어학회.

이병운(1993), 중세국어의 음절구조와 음운현상, 부산대 박사학위논문.

이상신(1998), VyV 연쇄에 대한 통시론적 연구, 《국어연구》 155, 서울대 국어연구회.

이상신(2002), 반모음 y의 음절 구조적 지위와 음절화에 의한 방언분화, 《관악어문연구》 27, 서울대 국문과.
이상신(2007), '아' 말음 처격형에 대한 음운론적 연구-경주지역어를 중심으로-, 《어문연구》 35-2, 한국어문교육연구회.
이상억(1979), 국어음운론에 있어서의 공모성에 대한 재론, 《한글》 165, 한글학회.
이상억(1986), 모음조화 및 이중모음, 《국어학신연구II》, 탑출판사.
이숭녕(1954ㄱ), 15세기의 모음체계와 이중모음의 Kontraktion적 발달에 대하여, 《동방학지》 1, 연세대 동방학연구소.
이숭녕(1954ㄴ), 순음고, 《논문집》 1, 서울대.
이숭녕(1956), ㅿ음고, 《논문집》 3, 서울대.
이승재(1977), 남부방언의 원순모음화와 모음체계, 《관악어문연구》 2, 서울대 국문과.
이승재(1980), 구례지역어의 음운체계, 《국어연구》 45, 서울대 국어연구회.
이승재(1983), 재구와 방언분화-어중 '-ㅺ'류 단어를 중심으로-, 《국어학》 12, 국어학회.
이승재(1992), 융합형의 형태분석과 형태의 화석, 《주시경학보》 10, 탑출판사.
이승재(1993), 모음의 발음, 《새국어생활》 3-1, 국립국어연구원.
이승재(1996), 'ㄱ' 약화·탈락의 통시적 고찰, 《국어학》 28, 국어학회.
이용호(1984), 남원 지역어의 모음 음운현상, 계명대 석사학위논문.
이익섭(1972), 강릉방언의 형태음소론적 고찰, 《진단학보》 33, 진단학회.
이익섭(1981), 《영동 영서의 언어분화-강원도의 언어지리학-》, 서울대 출판부.
이진호(1997ㄱ), 국어 어간말 자음군과 관련 현상에 대한 통시음운론, 《국어연구》 147, 서울대 국어연구회.
이진호(1997ㄴ), ㄹㄹ~ㄹㄴ 표기의 공존에 대한 음운론적 고찰, 《관악어문연구》 22, 서울대 국문과.
이진호(1998), 국어 유음화에 대한 종합적 고찰, 《국어학》 31, 국어학회.
이진호(1999), 중세국어 어간말 유성마찰음의 설정 여부, 《형태론》 1-2, 박이정.
이진호(2001), 국어 비모음화와 관련된 이론적 문제, 《국어학》 37, 국어학회.
이진호(2002ㄱ), 화석화된 활용형에 대하여, 《국어국문학》 130, 국어국문학회.
이진호(2002ㄴ), 음운 교체 양상의 변화와 공시론적 기술, 서울대 박사학위논문.
이진호(2003ㄱ), 국어 ㅎ-말음 어간의 음운론, 《국어국문학》 133, 국어국문학회.
이진호(2003ㄴ), 음운론적 시각에서 본 중세국어 합성어의 긴밀성, 《진단학보》 95, 진단학회.
이진호(2004ㄱ), 국어 활용형에 적용되는 모음 축약, 《어학연구》 40-1, 서울대 언어교육원.
이진호(2004ㄴ), '삿(簟)'에 대한 국어사적 고찰, 《국어학》 43, 국어학회.
이진호(2005ㄱ), 《국어 음운론 강의》, 삼경문화사.
이진호(2005ㄴ), 국어의 음운론적 제약 체계, 《어문연구》 33-2, 한국어문교육연구회.

이진호(2006ㄱ), 음운 규칙의 공시성을 바라보는 시각, 《국어학》 47, 국어학회.
이진호(2006ㄴ), 국어 음운론의 중간 층위, 《어문연구》 34-3, 한국어문교육연구회.
이진호(2006ㄷ), 우리말 접사의 음운론적 고찰, 《우리말연구》 19, 우리말학회.
이진호(2007ㄱ), 국어의 기저형 설정 조건, 《어문학》 96, 한국어문학회.
이진호(2007ㄴ), 음운 변화에 의한 어간 재구조화, 《어문연구》 35-3, 한국어문교육연구회.
이춘영(2004), 함북 명천 방언의 불규칙 활용 연구, 서울대 석사학위논문.
이혁화(2002ㄱ), 국어 반모음 'ɥ'의 음성학과 음운론, 《어학연구》 38-1, 서울대 언어교육원.
이혁화(2002ㄴ), 교체에 대하여, 《형태론》 4-1, 박이정.
이혁화(2005), 무주, 영동, 김천 방언의 음운론적 대비 연구, 서울대 박사학위논문.
이혁화(2007), '애아' 모음 연쇄의 통시적 변화와 공시적 기술, 《국어국문학》 146, 국어국문학회.
이현희(1991), 중세국어의 합성어와 음운론적인 정보, 《석정 이승욱선생 회갑기념논총》, 서강대 국문과.
이현희(2002), 중세·근대국어 형태론의 몇 문제, 《문법과 텍스트》, 서울대 출판부.
임석규(1999), 영주 지역어의 음운론적 연구, 《국어연구》 160, 서울대 국어연구회.
임석규(2002), 음운탈락과 관련된 몇 문제, 《국어학》 40, 국어학회.
임석규(2004ㄱ), 동남방언 음운론 연구를 위한 제언, 《국어학》 43, 국어학회.
임석규(2004ㄴ), 음운규칙 간의 위계 검토, 《관악어문연구》 29, 서울대 국문과.
임석규(2006), 성조방언에서의 모음동화, 《이병근선생퇴임기념 국어학논총》, 태학사.
장윤희(1998), 중세국어 종결어미에 대한 통시적 연구, 서울대 박사학위논문.
전광현(1979), 경남 함양지역어의 음운론적 고찰, 《동양학》 9, 단국대 동양학연구소.
전광현(1997), 근대 국어 음운, 《국어의 시대별 변천 연구 2》, 국립국어연구원.
전상범(1980), 《생성음운론 개정판》, 탑출판사.
전상희(1987), 합천지역어의 음운론적 연구, 영남대 석사학위논문.
정승철(1988), 제주도방언의 모음체계와 그에 관련된 음운현상, 《국어연구》 84, 서울대 국어연구회.
정승철(1991), 음소연쇄와 비음운론 경계-제주도방언을 중심으로-, 《국어학의 새로운 인식과 전개》, 민음사.
정승철(1995), 《제주도 방언의 통시음운론》, 태학사.
정승철(2004), 음운사 연구에서의 언어 변화 이론의 수용과 전개-'ㆍ'의 음운사 연구를 중심으로-, 《국어학》 43, 국어학회.
정연찬(1981), 근대국어 음운론의 몇 가지 문제, 《동양학》 11, 단국대 동양학연구소.
정우택(1987), 후기근대국어의 형태음소론적 고찰, 《국어연구》 79, 서울대 국어연구회.
정윤자(1990), 근대국어 활용어간에 대한 형태음소론적 연구, 단국대 석사학위논문.

정인상(1982), 통영지역어의 용언활용에 대한 음운론적 고찰, 《방언》 6, 한국정신문화연구원.

정인호(1995), 화순지역어의 음운론적 연구, 《국어연구》 134, 서울대 국어연구회.

정인호(1997), ㅂ-불규칙 용언 어간의 변화에 대하여, 《애산학보》 20, 애산학회.

정인호(2004), '자음-ㅎ' 연쇄에서의 음변화, 《한국문화》 34, 서울대 한국문화연구소.

정인호(2006ㄱ), 《평북방언과 전남방언의 음운론적 대비 연구》, 태학사.

정인호(2006ㄴ), 제2음절 이하의 'ᄋᆞ' 변화에 대한 일고찰, 《진단학보》 101, 진단학회.

정 철(1991), 《경북 중부 지역어 연구》, 경북대출판부.

조경하(2006), 국어의 후두 자질과 음운 현상, 이화여대 박사학위논문.

조규태(2000), 우리말 'ㅟ + ㅓ'의 준말에 대하여, 《한글》 249, 한글학회.

조신애(1986), 안동지역어의 음운론적 연구, 계명대 석사학위논문.

주상대(1989), 울진 지역어 모음의 음운현상 연구, 계명대 박사학위논문.

차재은(2003), 우리말 음운 자질의 설정에 대하여, 《한글》 259, 한글학회.

채현식(1994), 국어 어휘부의 등재소에 관한 연구, 《국어연구》 120, 서울대 국어연구회.

채현식(2000), 유추에 의한 복합명사 형성 연구, 서울대 박사학위논문.

최명옥(1974), 경남 삼천포방언의 음운론적 연구, 《국어연구》 32, 서울대 국어연구회.

최명옥(1976), 서남경남방언의 부사화접사 '-아'의 음운현상, 《국어학》 4, 국어학회.

최명옥(1978), 동남방언의 세 음소, 《국어학》 7, 국어학회.

최명옥(1980), 《경북 동해안방언 연구-영덕군 영해면을 중심으로-》, 영남대 출판부.

최명옥(1982), 《월성지역어의 음운론》, 영남대 출판부.

최명옥(1985), 변칙동사의 음운현상에 대하여-p-, s-, t- 변칙동사를 중심으로-, 《국어학》 14, 국어학회.

최명옥(1988ㄱ), 변칙동사의 음운현상에 대하여-lɨ, lə, ɛ(jə), h-변칙동사를 중심으로-, 《어학연구》 24-1, 서울대 어학연구소.

최명옥(1988ㄴ), 국어 Umlaut의 연구사적 검토-공시성과 통시성의 문제를 중심으로-, 《진단학보》 65, 진단학회.

최명옥(1989), 국어 움라우트의 연구사적 고찰, 《주시경학보》 3, 탑출판사.

최명옥(1991), 어미의 재구조화에 대하여, 《국어학의 새로운 인식과 전개》, 민음사.

최명옥(1993), 어간의 재구조화와 교체형의 단일화 방향, 《성곡논총》 24, 성곡학술문화재단.

최명옥(1995ㄱ), 'X ㅣ]$_{Vst}$어Y'의 음운론, 《진단학보》 79, 진단학회.

최명옥(1995ㄴ), 경남 합천지역어의 음운론, 《대동문화연구》 30, 성균관대 대동문화연구소.

최명옥(2005), 한국어 음운규칙 적용의 한계와 그 대체 기제, 《인문논총》 53, 서울대 인문학연구원.

최명옥(2006), 경북 상주지역어의 공시음운론, 《방언학》 4, 한국방언학회.

최명옥 외(2002), 《함북 북부지역어 연구》, 태학사.

최임식(1994), 《국어 방언의 음운사적 연구》, 문창사.

최전승(1980), 규칙재배열에 관한 몇가지 문제-단모음화와 i-Umlaut-, 《일산 김준영선생 화갑기념논총》, 형설출판사.

최전승(1981), 국어의 통시적 음운변화와 공시적 구조, 《선청어문》 11·12 합집, 서울대.

최전승(1986), 《19세기 후기 전라방언의 음운현상과 그 역사성》, 한신문화사.

최전승(1987), 이중모음 '외', '위'의 단모음화 과정과 모음체계의 변화, 《어학》 14, 전북대 어학연구소.

최전승(1997), 용언 활용의 비생성적 성격과 부사형어미 '-아/어'의 교체 현상, 《국어학 연구의 새 지평》, 태학사.

최전승(2004), 《한국어 방언의 공시적 구조와 통시적 변화》, 역락.

최태영(1983), 《방언음운론-전주지역어를 중심으로-》, 형설출판사.

하신영(2004), '$X\{C, V\}]_{Vst}$ 아/어Y'의 음운론적 연구, 《국어연구》 175, 서울대 국어연구회.

한성우(1996), 당진 지역어의 음운론적 연구, 《국어연구》 141, 서울대 국어연구회.

한성우(2006), 《평안북도 의주방언의 음운론》, 월인.

한수정(2006), 우리말 /ㅎ/의 음운현상과 제약, 부산대 석사학위논문.

한영균(1985), 음운변화와 어휘부의 재구조화-순경음 ㅸ의 경우-, 《관악어문연구》 10, 서울대 국문과.

한영균(1988), 비음절화규칙의 통시적 변화와 그 의미, 《울산어문논집》 4, 울산대 국문과.

한영균(1991), 모음체계의 재정립과 현대국어의 비음절화, 《진단학보》 71·72, 진단학회.

한영균(1995), 'ㅚ, ㅟ' 단모음화와 방언분화, 《국어사와 차자표기》, 태학사.

허 웅(1985), 《국어 음운학-우리말 소리의 오늘·어제-》, 샘문화사.

허 웅(1999), 《16세기 우리 옛말본》, 샘문화사.

홍윤표(1985), 구개음화에 대한 역사적 연구, 《진단학보》 60, 진단학회.

황선엽(1998), 중세국어 '슬갑다'에 대한 고찰, 《한국문화》 21, 서울대 한국문화연구소.

Anderson, S.(1974), *The Organization of Phonology,* Academic Press.

Bach, E. & R.T. Harms(1972), How do languages get crazy rules?, in Stockwell, & Macaulay eds. (1972).

Bach, E. & R.T. Harms eds.(1968), *Universals in linguistic theory*, Holt, Rinehart & Winston.

Baldi, P. & R.N. Werth eds.(1978) *Readings in Historical Phonology–Chapters in the Theory of Sound Change–*, Pennsylvania State Univ. Press.

Bermúdez–Otero, R.(1999), Constraint Interaction in Language Change–Quantity in English and German–, Ph.D. Dissertation in Manchester University.

Brame, M.K. ed.(1972), *Contributions to Generative Phonology*, Texas Univ. Press.

Bromberger, S. & M. Halle(1989), Why Phonology is different?, *Linguistic Inquiry* 20.

Bybee, J.L.(1988), The diachronic dimension in explaining, in Hawkins ed.(1988).

Bybee, J.L.(2001), *Phonology and Language Use*, Cambridge Univ. Press.

Carstairs–McCarthy, A.(1990), Phonologically conditioned suppletion, in Dressler etc. eds. (1990), *Contemporary Morphology*, Mouton de Gruyter.

Carstairs–McCarthy, A.(1992), *Current Morphology*, Routledge.

Chen, M.(1974), Natural Phonology from the Diachronic Vantage Point, in Bruck etc. eds. (1974), *Papers from the Parasession on Natural Phonology*, CLS.

Chomsky, N. & M. Halle(1968), *The Sound Pattern of English*, Harper & Row.

Dinnsen, D.A.(1974), Constraints on Global Rules in Phonology, *Language* 50.

Durand, J.(1990), *Generative and nonlinear phonology*, Longman.

Fischer–Jørgensen, E.(1975), *Trends in phonological theory–a historical introduction–*, Akademisk Forlag.

Foley, J.(1977), *Foundation of theoretical Phonology*, Cambridge Univ. Press.

Goldsmith, J. ed.(1993), *The Last Phonological Rule–Reflections on Constraints and Derivations–*, Chicago Univ. Press.

Goldsmith, J. ed.(1995), *The Handbook of Phonological Theory*, Basil Blackwell.

Goldsmith, J.(1995), Phonological Theory, in Goldsmith ed.(1995).

Halle, M.(1959), *The Sound Pattern of Russian*, Mouton.

Halle, M.(1962), Phonology in Generative Grammar, *Word* 18.

Harris, J.(1985), *Phonological Variation and Change*, Cambridge Univ. Press.

Hawkins, J. ed.(1988), *Explaining language universals*, Basil Blackwell.

Hoard, J.E.(1972), Naturalness conditions in phonology–with particular reference to English vowels–, in Brame ed.(1972).

Hock, H.H.(1986), *Principles of Historical Linguistics*, Mouton de Gruyter.

Hoenigswald, H.M.(1960), *Language Change and Linguistic Reconstruction,* Chicago Univ. Press.

Hooper, J.B.(1976), *An Introduction to Natural Generative Phonology*, Academic Press.

Hyman, L.M.(1970), How Concrete is Phonology?, *Language* 46.

Hyman, L.M.(1975), *Phonology–Theory and Analysis–*, Holt, Rinehart & Winston.

Idsardi, W.J.(1997), Phonological Derivations and Historical Changes in Hebrew Spirantization, in Roca ed.(1997).

Itô, J.(1988), *Syllable theory in prosodic phonology*, Garland Press.

Jeffers, R. & I. Lehiste(1979), *Principles and methods for historical linguistics,* The MIT Press.

Kahn, D.(1976) *Syllable–based generalizations in English phonology*, IULC.

Kang, O.(1993), *Korean Prosodic Phonology*, Taehaksa.

Kaye, J., J. Lowenstamm & J.–R. Vernaud(1985), The internal structure of phonological elements–A theory of charm and government–, *Phonology* 2.

Kenstowicz, M. & C.W. Kisseberth(1977), *Topics in phonological theory*, Academic Press.

Kenstowicz, M.(1994), *Phonology in Generative Grammar*, Basil Blackwell.

Kilbury, J.(1976), *The Development of Morphophonemic Theory*, John Benjamins B.V.

Kim–Renaud, Y.–K.(1974), *Korean Consonantal Phonology*, Hanshin Publishing Co.

Kim–Renaud, Y.–K.(1976), Semantic features in Phonology–Evidence from vowel harmony in Korean–, *Korean Linguistics* 1.

King, R.D.(1967), Functional Load and Sound Change, *Language* 43, reprinted in Baldi & Werth eds.(1978).

King, R.D.(1969), *Historical Linguistics and Generative Grammar*, Prentice–Hall.

Kiparsky, P.(1968a), Linguistic universals and language change, in Bach & Harms eds.(1968), reprinted in Kiparsky(1982).

Kiparsky, P.(1968b), How Abstract is Phonology?, IULC, reprinted in Kiparsky(1982).

Kiparsky, P.(1971), Historical linguistics, in W. Dingwall ed., *A Survey of Linguistic Science*, Maryland Univ. Linguistics Program.

Kiparsky, P.(1973a), Phonological Representations, in O. Fujimura ed., *Three Dimensions of Linguistic Theory*, TEC Company.

Kiparsky, P.(1973b), 'Elsewhere' in phonology, in S. Anderson & P. Kiparsky eds., *A festschrift for Morris Halle,* Holt, Rinehart & Winston.

Kiparsky, P.(1982), *Explanation in Phonology*, Foris.

Kisseberth, C.W.(1970a), The treatment of exceptions, *Papers in Linguistics* 2.

Kisseberth, C.W.(1970b), On the functional unity of phonological rules, *Linguistic Inquiry* 1.

Lahiri, A. ed.(2000), *Analogy, Levelling, Markedness–Principles of Change in Phonology and Morphology–*, Mouton de Gruyter.

Lass, R.(1984), *Phonology–an introduction to basic concepts–*, Cambridge.

Lee, Ki–Moon(1992), Remarks on the Study of Word–Formation, *SICOL'92 Proceedings*, The Linguistic Society of Korea.

Makkai, V.B. ed.(1972), *Phonological theory–Evolution and Current Practice–*, Holt, Rinehart & Winston.

McMahon, A.(2000), *Change, Chance, and Optimality*, Oxford Univ. Press.

Mohanan, K.P.(1995), The Organization of the Grammar, in Goldsmith ed.(1995).

Paradis, C.(1988), On constraints and repair strategies, *The Linguistic Review* 6.

Picard, M.(1994), *Principles and Methods in Historical Phonology From Proto–Algonkian to Arapaho*, McGill–Queen's Univ. Press.

Postal, P.(1968), *Aspects of Phonological Theory*, Harper & Row.

Prince, A. & P. Smolensky(1993), Optimality theory–Constraint interaction in generative grammar–, MS.

Roca, I. ed.(1997), *Derivations and Constraints in Phonology*, Oxford Univ. Press.

Roca, I.(1997), Derivations or Constraints, or Derivations and Constraints?, in Roca ed.(1997).

Saporta, S.(1965), Ordered Rules, Dialect Differences, and Historical Processes, *Language* 41.

Schane, S.A.(1971), The Phoneme Revisited, *Language* 47.

Schane, S.A.(1972), Natural Rules in Phonology, in Stockwell & Macaulay eds.(1972).

Schane, S.A.(1973), *Generative Phonology*, Prentice–Hall.

Shibatani, M.(1973), The Role of Surface Phonetic Constraints in Generative Phonology, *Language* 49.

Skousen, R.(1975), *Substantive Evidence in Phonology*, Mouton.

Sommerstein, A.H.(1974), On Phonotactically motivated rules, *Journal of Linguistics* 10.

Sommerstein, A.H.(1977), *Modern Phonology*, Park Univ. Press.

Stampe, D.(1972), How I Spent my Summer Vacation, Unpublished Doctoral Dissertation in Chicago Univ.

Stanley, R.(1967), Redundancy Rules in Phonology, *Language* 43.

Stockwell, R.P. & R.K.S. Macaulay eds.(1972), *Linguistic Changes and Generative Theory*, Indiana Univ. press.

Vennemann, T.(1974), Word and syllable in natural generative grammar, in Bruck etc. eds.(1974),

Papers from the Parasession on Natural Phonology, CLS.

Wang, W. S.-Y.(1969), Competing Changes as a Cause of Residue, *Language* 45.

Zonneveld, W.(1978), *A Formal Theory of Exceptions in Generative Phonology*, The Peter de Ridder Press.

Zwicky, A.(1974), Taking a false step, *Language* 50.

찾아보기

【ㄱ】

【ㅂ】

【ㅅ】

【ㅇ】

【ㅈ】

【ㅊ】

【ㅌ】

지은이 소개

이진호는 부산에서 출생하였으며 1991년 서울대학교 국어국문학과에 입학한 후 같은 곳에서 계속 공부하여 문학박사학위를 취득하였다. 2003년 전남대학교 국어국문학과 교수로 임용되어 현재에 이르고 있다. 음운론 연구에서는 뛰어난 통찰력과 번뜩이는 직관이 중요하다는 것을 알고 한 때 좌절하기도 했지만 꾸준하고 성실하게 연구하는 과정에서도 의미 있는 결과를 내놓을 수 있을 것이라는 막연한 기대를 품고 열심히 공부하고 있다. 최근에는 20세기 전반기에 이루어진 음운론 연구 성과와 학교 문법과의 관련성에 관심을 갖고서 그에 대한 연구서와 번역서를 준비 중이다. 조만간 새로운 책으로 독자들을 찾아갈 예정이다. 2005년에 《국어 음운론 강의》를 집필한 바 있으며 그 외에 여러 편의 논문이 있다.

전자우편 ljhgj@chonnam.ac.kr, ljhseoul@hanmail.net

홈페이지 http://www.gukmun.net

통시적 음운 변화의 공시적 기술

2008년 10월 1일 초판 1쇄 발행
2014년 8월 1일 초판 2쇄 발행

지은이 이진호
발행인 박종성
발행처 삼경문화사
주소 우편번호 121-842
서울시 마포구 서교동 468-24
전화 732-1244
등록 1998년 7월 6일 제 10-1614호
ISBN 978-89-88408-31-5 93710
북디자인 ns-pole

값 30,000원